한 국 의
시대정신

한국미래정부연구회 연구총서 14

한국의 시대정신

| 박재창 지음 |

HU:iNE

서문

언제 한시라도 마음 편한 때가 있었냐고 묻는다면 딱히 할 말이 없다. 그러나 지금 우리 사회가 건너는 시간대는 혼돈과 불안이 어우러져 깊은 소용돌이 속으로 빨려 드는 세월의 늪지대를 연상케 한다. 어쩌다 우리가 이런 소용돌이의 한 가운데에 서게 되었을까? 아니 안절부절 못하는 가운데 눈망울만 굴리는 신세가 되었을까? "내 그럴 줄 알았다!" 지나가는 이들이 흘리는 가벼운 말 한 마디에도 온 몸의 뼈마디가 일어나 서로 부딪히는 고통이 전류처럼 흐른다. 행정학, 정치학, 정책학의 교차로를 배회하며 이 나라 국정운영의 현주소를 추적해 온 한 사람으로서 회한에 찬 눈으로 지난날을 반추해 보지 않을 수 없다.

그 동안 우리는 정말 저주 받을 만큼 나태했던 것일까? 아니 살갗이 찌기도록 열심이었지만 사악한 근로에 열심이었던 것이었을까? 군부권위주의체제가 끝나고 문민정부가 들어선 이래로 어언 4반세기가 흘렀다. 독재정권만 끝나면 국민이 주인이 되는 나라가 절로 열리는 줄로만 알았다. 권력과 보통사람의 삶이 서로 나뉘어 딴 세상처럼 돌아가리라고는 차마 상상조차 못했다. 적어도 최순실을 통해 이 나라 권력의 현주소가 적나라하게 밝혀지기 전까지는 어떤 권력의 카르텔이 따로 있어 우리 모두를 그들의 울타리 밖으로

밀쳐내 놓았다는 사실을 너무나도 까맣게 몰랐다.

국민주권의 시대, 내가 내 손으로 국정의 대리인을 뽑아 나라의 경영을 맡기면 당연히 나를 위해 복무할 것이라는 믿음으로 문민정부, 국민의 정부, 참여정부, 이명박 정부, 박근혜 정부를 맞았다. 그런 탓에 그들이 어떻게 하면 보다 더 효율적으로 공익에 봉사할 수 있게 할 것인가가 우리 모두의 최우선적인 관심사였다. 이루어지지 않는 꿈이기는 했지만, 그 동안 지속적으로 정치개혁을 주문하고 적폐청산을 강조하는 가운데 우리가 주목하고자 했던 것은 국가 권력의 내부, 그러니까 대리인들 사이의 관계를 조정하는 문제였지 그들과 우리의 관계를 재설정해야 한다는 것에까지는 미처 생각이 미치지 못했다.

천진난만한 탓이었을까? 권력의 대리인이 우리를 이렇듯 처절하게 배반할 것이라고는 의심해 보지 못한 탓이었다. 이는 우리의 상상력이 부족했던 때문이라기보다는 사실 자유민주주의의 철학적 가치에 근거한 근대 대의정치이론이 우리를 오랜 동안 그렇듯 멍청한 존재로 쇠뇌하고 훈육해 두었던 탓이 컸다. 대의민주주의는 대의의 실존적 실체가 소여의 것으로 이미 주어져 있다는 가정 하에 성립된다. 그 대의를 결집하는 우리끼리의 소통과정 자체가 민주주의의 핵심적 요소이고 따라서 결정적 과제가 되어야 한다는 인식이 부족했다. 당연히 우리 모두는 이런 문제에 눈 뜨기 어려웠다.

근대를 가로 질러온 뉴토니언 디모크라시(Newtonian Democracy), 기계론적 세계관에 기초한 근대 민주주의는 모래처럼 흩어져 있는 개인이 아니라 응집된 전체로서의 국민을 전제로 성립된다. 그런데 파편적 존재로서의 개인이 응집된 전체가 되려면 그들 사이의 상호작용과 의견의 교환, 학습을 통한 공명과 화학적 숙성 과정이 전제되어 있어야 한다. 공동의 정책 대안을 융합해 내기 위해 정보와 의견을 지속적으로 교환하고 수용하는 과정이 자리 잡고 있어야 하는 법이다. 이는 국가와 시민사회 사이에서도 마찬 가지이다. 숙의민주주의가 작동하고 있다는 전제하에서나 대의민주주의는 제몫을 다하게 된다는 뜻이다.

그래야 국가와 시민 사이에 간극이 없어질 뿐만 아니라 그 과정에서 이미 보통사람들이 실질 권력의 중심에 서게 되기 때문에 권력 공백의 여지가 없어지고, 그렇기 때문에 연고 없는 타자가 마치 주인인양 권력의 똬리를 트는 일도 없어지게 된다. 정책결정과정에 대한 직접적인 참여 없이 다만 선거 때 국정운영 담임권을 위임하는 요식 행위 하나만으로는 결코 권력의 중심축이 될 수 없는 일이다. 그러나 우리는 선거권 행사 하나에 만족하고 마치 나라를 실제 쥐락펴락하기라도 하고 있는 양 스스로를 착각하고 살아왔다. 이것이 지금껏 우리가 감당해 온 주권재민 시대의 실체였다. 이 허구의 시대로부터 벗어나려면 당연히 이제부터라도 대의를 모색하기 위한 숙의를 시작하는 일 외에 다른 대안이 있을 수 없다.

숙의(deliberation)는 담론(discourse)을, 담론은 토론(discussion)을 토대로 전개된다. 숙의가 구체적인 정책대안의 개발을 염두에 두는 정보와 의견의 교환과정이라고 한다면, 담론은 그런 과정의 토대가 되는 분야별 영역에서의 정보와 의견의 교환, 그리고 그런 교환을 가능케 하는 이해의 구조 내지는 소통의 토대로서 작동하는 사회적 프레임을 함축한다. 이런 작업의 최외부적 표현 또는 행태론 차원의 현상을 토론이라고 말할 수 있을 것 같다. 따라서 담론은 그런 담론의 토대가 되는 사회적 합의를 전제로 성립되는 셈인 데, 이런 사회적 합의를 시대정신이라고 해서 무리는 없지 않을까?

그런 점에서 이 시대의 시대정신은 당연히 숙의민주주의를 지향하는 데에 있다. 숙의 과정을 통해 일반시민의 의사가 국정운영에 직접적으로 간여하는 과정을 낳는다는 점에서는 참여민주주의라고 할 수 있고, 그 결과 국민이 원하는 바와 국정운영을 책임지고 있는 대리인들의 전문가적인 판단이 융합된다는 점에서는 균형 민주주의(balanced democracy)의 구현이라고 말할 수 있을 것이다. 국가와 시민사회 사이에서 상향식 요구와 하향식 판단이 서로 결집한다는 점에서는 융합 민주주의(convergence democracy) 또는 대안 민주주의(alternative democracy)인 셈이다. 간접 민주주의에 직접 민주주의 요소를 가미하는 것이라는 점에서는 준직접 민주주의(semi-direct democracy)에 해당된다. 이런 국정운영의 한 양식을 거번먼트(government)에 빗대어 거버넌스(governance)라고 부르는 셈이기도 하다.

결국 오늘날 우리가 겪고 있는 민주주의의 후퇴 내지는 지체 현상은 그 동안 우리가 담론에 소홀했던 탓이라고 말해 잘못이 없을 것 같다. 이렇듯 담론의 시대를 여는 것이 시대적 과제라고 한다면 토론의 한 양식이라고 할 수 있는 대담에 주목하지 않을 수 없게 된다. 사실 대담을 정치분야 담론으로, 나아가 사회공동체의 숙의과정으로 연계, 발전시키지 못한 것이 오늘날 우리가 문민시대를 낙담하게 되는 출발점이었던 셈이다. 이 점은 불행하게도 그 동안 사회각계의 지도층 인사들과 지난 4반세기 동안 나누었던 대담을 회고해 보는 과정에서 확인되고 있다. 시대정신이 무엇인가를 파악하는 데 실패한 것이라기보다는 그것을 사회적 담론으로 승화시키는 노력이 부족했던 것이다.

돌이켜 보면 지방자치의 시대를 열돼 제대로 된 지방분권의 시대를 열어야 한다는 것이 문민시대 이후 지속적으로 제기되어 온 첫 번째 화두였다. 무당파의 등장, 부동층의 확대를 우려하면서 노후한 정당정치의 개혁 없이 우리 정치의 미래가 있을 수 없다는 점도 지난 25년간 줄기차게 제기되었다. 자본이 국가의 통제에서 벗어나 국가권력의 일부를 형성하려 한다는 경고를 내놓았지만 자본이 결국은 국가권력을 포획한 끝에 이를 지배하는 지경에까지 이른 것이 최근의 국정논단 사태에서 밝혀지고 있다.

기성 정당의 이념적 좌표가 보수 쪽으로 편향되어 있다는 점에서 이념적 스펙트럼을 보다 더 다양화해야 한다는 주문을 지속적으로 제기한 결과, 이제 과거보다는 극단적 보수로의 쏠림 현상이 많이 줄어들었다고는 하지만 아직도 이념적 균형추가 형성될 만큼 세계관의 다원화가 이루어졌다고는 보기 어려운 실정이다. 통일 문제가 우리 사회의 진로를 결정하는 핵심 변수 가운데 하나라는 주장이 일찍부터 제기되었지만, 이를 관리하는 사회적인 능력은 오히려 축소 일변도를 향해 걷고 있다. 통일 변수의 유동성 내지는 불안정성이 오리혀 확장일로에 있다. 국민통합이 모든 사회적 가치의 최우선적 과제가 되어야 한다는 데에 이의를 제기하는 이는 있을 수 없는 일지만, 오히려 갈등의 다원화와 심도는 강화 일로에 있다. 지역 갈등, 이념 갈등, 노사 갈등에 이어 세대 갈등이 심각한 수준에 이르렀다.

정보사회와 지구화 시대의 도래에 부응하는 대응전략의 수립이 시급하고 핵심적인 과제라는 주장을 제기해 왔지만, 이에 대응하는 유효 전략의 부상을 아직까지는 목격하지 못하고 있다. 사실 정보사회의 도래로 인해 이미 구식이 되어 버린 대의민주주의의 구조적인 한계를 벗어나는 길은 직접민주주의 요소를 가미하는 것 외에 다른 방도가 있을 수 없다는 점을 이미 25년 전부터 대담을 통해 밝혀 왔다. 다만 그것이 사회적인 담론으로 발전, 확산되지를 못했다.

지난 25년이 우리 사회는 물론 지구촌 전반에 걸쳐 격동기였다는 점을 감안해 보면 시대정신을 찾아보려는 우리의 노력이 부족했거나 부적절했던 것이라기보다는 이를 사회적인 담론의 핵심과제로 전환하고 부상시켜야 한다는 문제의식 또는 그런 사회적인 능력이 부족했다는 점을 반성해 보게 된다. 이제 더 이상 물러설 수도 없는 시대 전환의 극점에 들어섰다. 바로 이런 인식이 지난 25년 동안 가졌던 대담, 좌담, 인터뷰 등을 엮어 하나의 책으로 묶어내도록 견인하는 주요 동인 가운데 하나가 되었다.

이 책 발간으로 인해 사회적인 담론의 확산 필요성을 절감하는 이들이 한 명이라도 더 늘어날 수만 있다면, 이 책은 자기소임을 다하는 것이라고 믿는다. 우리 사회의 시대정신이 지난 25년 동안 어떻게 변화해 왔는지를 반추해 보는 추적과 반성의 창구가 될 수도 있을 것 같다. 그런 점에서 보면, 지난 시대의 실패를 기록으로 남겨 새로운 채찍의 계기로 삼고자 하는 욕심도 실렸음을 고백하지 않을 수 없다. 강호제현의 편달과 지도를 고대한다. 나아가 시대정신에 공감하는 뜻에서 출판을 결심했을 도서출판 휴인의 관계자 여러분께 감사의 말씀을 전한다. 삽화를 그려 출판에 동참해준 초등학생 손녀 박정원에게도 고마움을 표한다.

2017년 10월

분당 우거에서 박재창

감사의 말씀

대담, 좌담, 인터뷰 등을 통해 고견을 나누어 주신 여러분께 진심으로 감사의 말씀을 올린다.

김기현, 김병준, 김석준, 김세중, 김신복, 김재목, 김창우, 김태동, 김형준, 남부원, 백경남, 백낙청, 서광선, 손호철, 송 복, 안병직, 안재웅, 윤평준, 이부영, 이상언, 이성복, 이윤호, 이택휘, 임혁백, 신형식, 장 훈, 전성환, 조규석, 조기숙, 조성호, 하승수(존칭생략).

목차

I

정보사회와 거버넌스

1. 낡은 시대와의 이별

대담 : 박재창 외대 L&D학부 석좌교수, 장훈 중앙대 정치학과 교수
일시 : 2015년 6월 16일
장소 : 중앙일보 대회의실

국회가 합의한 연금 개혁 법안이 여론의 비판에 부닥쳐 표류하는 사회적 기현상이 나타났다. 그만큼 제도 정치권에 대한 시민들의 실망감도 확산되고 있다. 이에 제도 정치권과 시민들의 바람 및 기대 사이에 존재하는 괴리를 어떻게 좁힐 것인가를 고심하게 됐다. 지난 30여 년간 오직 국회 개혁과 시민운동 연구에 노력해 온 한국외대 박재창 석좌교수를 만났다. 박 교수가 말하는 시민주도형 정치에 부응하기 위해 국회는 무엇을 바꿔야 할까.

시민이 나서 낡은 시대의 패러다임과의 작별 주도해야

장　훈 : 지난 2일 국회 합의 이후 진통을 겪고 있는 공무원 연금 개혁안의 진행 과정을 어떻게 평가하시는지요? 국회의 능력보다 한계를 더 보여준 사례가 아닌지요?

박재창 : 지금까지 한국 의회정치의 수준을 고려하면 이번 정도의

합의를 도출한 것은 점수를 줘야 한다고 봅니다. 여야가 일단 합의에 이르렀다는 것은 공무원 연금 개혁안의 구체적인 내용이 객관적, 경제적 합리성의 잣대로는 다소 미흡하더라도 정치적으로는 충분히 평가될 가치가 있습니다. 시시때때로 변화하는 유권자의 요구를 담아내는 것이 국회의 역할이라고 볼 때, 이번 합의는 그 성과를 인정해 줘야 합니다. 다만 여야 합의에도 불구하고 국민적 감동이 크지 않은 것은 공무원 연금 개혁에 대한 사회적 의사 결집 과정이 빈약했기 때문입니다. 다양한 맥락에서 사회 구성원들 간에 토론·네트워크·연대작용이 진행되고, 그것의 총합 결과물을 처리하는 것이 국회의 정상적인 모습입니다. 하지만 이번 공무원 연금 개혁안의 진행 과정에서는 이 같은 일반의지 결집 과정이 제대로 작동하지 않았습니다.

장 훈 : 시민 참여가 충분치 않은 여야 합의에는 감동이 없다는 말씀이신지요.

박재창 : 그렇습니다. 여야가 합의로 연금 개혁을 이뤄내려 한 것은 생활정치의 측면에서 평가할 만한 일입니다. 하지만 여전히 그 과정은 낡은 패러다임에 갇혀 있습니다. 보통 시민들은 정책의제들에 대해 주도적으로 정보를 확보하고 주체적으로 판단하고 적극적으로 참여하려는 시민들로 이미 바뀌어 있는데, 우리 국회는 여전히 산업사회적인 양식에

기초한 대의정치에 머물러 있습니다.

장 훈 : 시민이 바뀌었는데, 국회와 대의정치가 이를 따라잡지 못하고 있다는 건지요?

박재창 : 20여 년에 걸친 민주화와 정보사회화를 거치면서 시민들은 자아를 실현하려는 시민들로 진화해 왔습니다. 매슬로의 '인간 욕구 성장 5단계론'에서 말하듯 가장 기본적인 의식주의 욕구, 안전에 대한 욕구, 소속감에 대한 욕구 등을 거쳐 그 다음 단계에서는 자아존중에 대한 욕구가 커지기 마련입니다. 시민 스스로가 국정에 참여해 자신의 존재이유를 확인하고, 이를 통해 스스로를 존중받고자 하는 사회 시민적 욕구가 폭주하는 단계에 와 있습니다. 공동체적 가치, 도덕적·윤리적 가치들을 구현하고자 하는 자아실현의 욕구를 표현하려는 단계에 한국 사회가 이미 도달해 있습니다. 과거 산업사회에서는 국민이 정치적 대리인에게 국정 운영을 맡기고, 그들이 전문가적 판단을 하게 되면 그 결정을 수동적으로 수용하는 피동적 존재가 국민이었습니다. 오늘날의 시민은 SNS의 폭발적 사용에서 목격하듯이 모든 구성원이 정보를 생산·유통하는 정보소통의 주도자입니다. 이 새로운 시민들은 자아중심적 또는 자아주도적 민주주의에 대한 욕구가 클 수밖에 없습니다. 이런 시민들의 욕구에 부응하려면 국회의 입법절차라는 보이는 과정 이전

에 보이지 않는 과정에서부터 시민 의사의 결집 과정이 있어야 하는데 우리 체제에서는 이것이 전혀 작동하지 않고 있습니다. 우리의 일상생활에서 마주치는 작은 기업이나 작은 모임에서부터 개방적이고 공개적인 토론을 통해 갈등이나 대립적 이익을 조정하는 노력들이 이루어지고, 이러한 노력이 대의제 국회와 연결돼야 합니다. 그러나 우리는 여전히 정치권과 시민사회가 따로 노는 사회, 시민사회가 실질적으로 무엇을 원하는지에 대한 의견을 내놓지 못하고 있는 대의정치에 머물고 있습니다.

장 훈 : 민주화 이후 20여 년의 실험에도 불구하고 여전히 시민과 대의정치의 간극은 좁혀지기는커녕 오히려 벌어지고 있다는 건지요?

박재창 : 이명박 정부 초기의 촛불시위에서 보듯 시민들이 자아주도적 욕구를 분출하는 일련의 사건이 계속 이어지고 있습니다. 유모차를 끌고 나섰던 젊은 주부들, 다양한 정보통신기기로 무장한 젊은 시민들이 제기하는 자기주도적 민주주의의 욕구가 제도권 밖에서 폭발적으로 분출하고 있습니다. 시민사회는 부글부글 끓고 있지만, 이러한 자기주도의 욕구를 수용하거나 처리할 상부구조가 마련돼 있지 못한 것이 우리 정치의 현주소입니다. 3개월에 걸쳐 촛불시위가 계속될 수밖에 없고, 소위 명박산성이라고 하는 대치를

낳을 수밖에 없었던 것이 우리 사회의 현실입니다. 그래서 시급한 것이 시민의 자아실현 욕구와 참여에 대한 준비, 그리고 이들을 수용하고 대응해 나가는 데 초점을 둔 체제의 정비입니다. 그런 의미에서 정치적 상부구조의 재 디자인이 절실합니다.

장 훈 : 정치적 상부구조의 재 디자인이란 결국 내년 총선까지 국회, 정당, 선거 과정을 개혁해야 한다는 말씀인데, 이미 숱한 개혁 의제가 제기돼 온 바 있습니다. 20대 총선 전에 반드시 해야 하는 개혁은 무엇인지요?

박재창 : 먼저 국회 개혁을 생각해 보면 제가 다른 기회에도 국가옴부즈맨제, 전자국민창안제, 스마트 상임위원회 제도 등을 제안한 바 있습니다. 가장 시급한 변화 하나를 꼽으라면, 의원들에 대한 국민소환제를 도입해야 한다고 봅니다. 헌법에서 규정하는 국회의원의 핵심 의무 세 가지, 즉 청렴의 의무, 국가 이익 우선의 의무, 지위 남용 금지의 의무를 지키지 못한 의원들은 유권자들이 임기 4년과 상관없이 언제든지 소환할 수 있도록 해야 합니다. 요즘처럼 급변하는 사회 환경에서 의원들이 4년간 무조건적으로 고용계약을 유지할 수는 없다고 봅니다. 우리가 미국처럼 2년에 한 번씩 자주 선거를 치를 형편은 되지 못하니 3대 핵심 의무를 지키지 못하는 의원들은 시민들이 계약을 파기할 수 있는

국민소환제를 도입해야 합니다.

장 훈 : 국민소환제에 대한 위헌 논란이 있는데 어떻게 보시는지요?

박재창 : 의원 소환의 요건을 앞에서 말한 헌법상 세 가지 핵심 의무 위반으로 한정한다면 위헌 논란은 더 이상 호소력이 없을 것입니다. 국회가 스스로 국민소환제를 도입함으로써 대의기관의 횡포와 독단을 사전적으로 방지하는 획기적 장치를 이번 기회에 마련해야 합니다.

장 훈 : 국회가 변하려면 정당이 먼저 변해야만 한다는 주장도 제기돼 왔는데요?

박재창 : 우리 정당의 현실이 몇몇 인사가 좌지우지하는 과두제 정당과 크게 다르지 않습니다. 지금 여야 정당과 전문가들이 한결 같이 논의하고 있는 바대로 유권자 중심의 후보 공천이 이뤄져야 합니다. 특히 중요한 것은 개방형 경선제처럼 유권자에게 공천 권력을 돌려주는 것만으로 정당 개혁이 완결되는 것은 아닙니다. 지금 우리 현실을 돌아보면 돈도 없고, 연줄도 없고, 오로지 표밖에 가진 것 없는 보통사람들이 자기 문제를 들고 찾아갈 창구가 없습니다. 지연도 없고, 학연도 없는 사람들이 문제를 호소할 데가 없다는 것은 곧 정당이 지역사회의 밑바닥과 철저하게 유리돼 있다

는 것입니다. 이는 정당의 실패 정도가 아니라 정당의 부재를 말합니다. 정당이 시민사회의 밑바닥과 긴밀하게 연계되는 구조가 이뤄져야 합니다. 이런 관점에서 지구당 조직에 준하는 정당 조직의 부활까지도 고려해야 합니다.

장　훈 : 정당의 실패, 제도정치의 실패를 국가와 시민사회의 전반적인 실패로 봐야 하는지요.

박재창 : 정당, 국회가 좀 더 유연하고 유능한 연결고리로 개혁돼야 하는 것은 분명합니다. 하지만 역설적으로 오늘날의 시민주도형 정치가 열리기 위해서는 국가와 시민사회의 연결고리가 보다 간결해야 하고, 이런 점에서는 우리가 갖고 있는 역설적인 행운도 있습니다.

장　훈 : 역설적인 행운이란 무얼 말씀하는지요.

박재창 : 산업사회의 대의정치에서는 국가와 시민이 직접 만나지 않고 다양한 중간자를 거쳐 진행됐습니다. 그 과정에서 다양한 양식의 권력 남용이나 정보 왜곡, 일처리의 지체가 일어납니다. 이에 따라 부패가 자라나곤 했습니다. 하지만 정보사회에 와서는 더 이상 그런 일들이 용인될 수 없습니다. 정보사회는 사회적 이슈가 하나 발생하면 정보통신기기에 의해 일시에 전국적으로 공유됩니다. 지역 단위에서 이슈

갈등이 잠정적으로 조정·통합되는 사회적 여백이 허용되지 않는 것입니다. 예전 같으면 하나의 커다란 재난 사태가 일어났을 때 지역단위에서 상황을 파악하고, 온 사회가 이를 공유하는 데에는 시간적인 지체가 일어나곤 했습니다. 그 사이에 감정적으로나, 정서적으로 재난사태를 대응·조정하고 관리할 여백이 있었다고 할 수 있습니다. 그런데 정보화 사회에서는 그런 공간이 다 증발해 버렸습니다. 그런 의미에서 우리가 갖고 있는 긍정적인 역사 DNA가 있습니다. 서구나 일본은 국가 권력과 일반시민의 만남이라는 것이 역사적으로 직접화돼 있지 않았습니다. 이를테면 서구사회의 농노와 봉건 영주 사이에 부르주아가 있고, 이들이 현대 민주주의로의 이행에 중간자 역할을 했었습니다. 그런데 우리하고 중국은 중간자가 없는 전통사회였습니다. 농민과 국가 권력이 직접 맞부닥치는 구조를 가졌었고, 따라서 국가와 시민이 직접 만난다는 것이 우리에겐 훨씬 익숙합니다. 그런 의미에서 보면 중간자를 매개로 하는 산업사회와 대의제가 일본의 사회문화 구조와 정합성이 높은 체제였다면, 정보사회와 시민주도형 민주정치는 한국 사회와 정합성이 높다고 말할 수 있습니다.

장 훈 : 국가와 직접 만나곤 하던 우리 시민들의 DNA를 어떻게 살려가야 할까요?

박재창 : 자기주도형 민주주의를 이끌어 가는 시민으로 가꾸어 가야 합니다. 우리 시민들이 욕구와 자아를 실현하고자 하는 자아중심주의가 충만해 있음에도 불구하고 민주정치의 철학적 원리에 따라 자아와 욕구를 분출하고 조정하는 훈련은 아직 충분하지 못합니다. 여기서 시민교육의 역할과 중요성이 대두됩니다. 시민교육의 핵심은 정치적 독립과 재정적 독립입니다. 정치적 독립성을 지닌 민주시민교육원이 시급히 설립돼 시민교육에 필요한 연구, 훈련, 조사, 평가를 해야 합니다. 또한 다양한 양식과 차원에서 시민교육이 이뤄지기 위해서는 시민교육의 재정적 독립이 관건이고, 이를 위한 민주시민교육기금이 설치돼야 합니다.

장 훈 : 정리해 보면 산업화 시대의 국가주의 패러다임, 대의제 패러다임으로는 시민이 주도하는 민주주의의 심화가 어렵다는 말씀으로 들립니다.

박재창 : 시민들이 나서서 낡은 시대, 낡은 패러다임과의 작별을 주도해야 합니다. 지금 우리가 직면하고 있는 문제들은 총체적 접근과 시스템의 근본적인 재 디자인을 통해서만 해결할 수 있습니다. 과거처럼 일방적으로 국가가 시민사회를 관리하고 이끌어 나갈 수 없는 시대입니다. 시민들의 사회적 권력, 예컨대 정보에 대한 접근성이라든지, 자기 확신성 등이 엄청나게 확장된 상황 속에서 낡은 패러다임에 의해

운영되고 있는 행정국가·대의정치로는 오늘 우리가 당면하고 있는 문제를 해결할 수 없습니다. 국가는 실수하지 않는다고 가정하고 경제성, 과학성에 기초해 국가를 편제하고 운영해 나가는 것은 더 이상 가능하지 않습니다. 지금까지 국가가 공적 과제에 대해 갖던 독점적 권력을 포기하고 문제해결의 권한을 시민과 함께 나누어야 합니다. 이 같은 거버넌스 양식으로 전환해야만 우리가 직면한 숱한 문제들의 해결 실마리를 찾을 수 있습니다.

[인터뷰 후기] 굵고 우렁찬 목소리엔 절박감 담겨

정치구조의 지체와 시민사회의 개혁 과제들을 열정적으로 전부 쏟아내기에 두 시간의 인터뷰는 박재창 교수에게 충분치 않았다. 종내는 그의 굵고 우렁찬 목소리마저 꽉 잠겨 버렸다. 하지만 그는 마지막까지 정보사회의 눈부신 변화와 자아주도적 시민의 등장, 그리고 이에 뒤처져 있는 우리 정치구조의 개혁을 역설하고 또 역설했다. 대학에서 정년퇴임을 한 67세의 나이지만 시민교육과 정치개혁의 절박함을 말하는 그의 열정은 대학에서 만나는 청년들과 다를 바가 없었다. 곧 30주년을 맞이하는 우리의 민주주의와 시민사회가 회복해야 하는 것이 바로 이 같은 청년 정신이 아닐까. 중년의 진부함·안온함·보신주의를 떨치고 한국 민주주의가 새로운 실험에 과감히 몸을 던져야 할 시점이 아닐까.

(「중앙일보」, [직격 인터뷰] 장훈 묻고 박재창 답하다. 2015.06.16.)

2. 국가 혁신의 열쇠는 시민
- 이념 틀 뛰어 넘는 시민교육 시급

대담 : 박재창 숙명여대 교수, 이상언 중앙선데이 기자
일시 : 2014년 9월 23일
장소 : 중앙선데이 회의실

그는 1시간 30분 동안 쉬지 않고 열변을 토했다. 정부·관료·정당·정치인에 대한 비판에 거침이 없었다. 모두 시대에 뒤떨어진 '구식'이라고 했다. 정보사회의 도래에 따른 변신에 실패했다는 지적이었다. 그러면서 시민 참여 정치로의 패러다임 변화를 정부·의회 개조의 해법으로 제시했다. 이를 관철시키기 위해 국민이 처절한 투쟁을 벌여야 한다고 주장하기도 했다.

지난해 새누리당 정치쇄신특별위원회 위원장을 맡았던 박재창(66) 한국외대 석좌교수(행정학 전공)의 진단이다. 그는 새누리당에 '국회의원 국민소환제' 등의 파격적 제도 도입을 건의했으나 받아들여지지 않았다. 당시 자신의 역할에 대해서는 '실패'라고 자평했다.

박 교수는 최근 『정치쇄신 4.0』이라는 책을 펴냈다. '민주주의 4.0 시대, 우리 정치의 혁신 방향과 과제'라는 부제가 달렸다. 그가 말하는 '민주주의 4.0'은 정보화 시대에 걸맞는 정치체제를 의미한다. 그는 정부와 의회가 국민의 기대에 크게 못 미치는 것은 "진화에 실패했기 때문"이라고 주장했다.

이상언 : 나라를 걱정하는 사람이 많습니다. 지금의 한국 사회를 어떻게 보시는지요.

박재창 : 혼란스러운 상황입니다. 거기에는 근본적인 이유가 있습니다. 최근의 주요 사건들을 한번 보시지요. 세월호 침몰, 제주지검장 성추문, 법무부 차관 별장 성접대 의혹, 만취한 군 사령관 휴게소 소동 등의 충격적 사건들에는 공통된 특성이 있습니다. 예전 같으면 지금처럼 속속들이 사건 경위를 국민들이 알기 어려운 일이라는 점입니다. 과거에는 행정관료가 현장 상황을 상부에 보고하면 그에 따라 사건의 성질이 확정됐습다. 현장 정보를 제한적으로 접할 수밖에 없는 일반 국민들에게는 진상에 대한 다툼의 수단이 별로 없었습니다. 그러나 우리가 모두 경험했듯이 세월호 사건은 스마트폰 영상 등으로 초 단위 기록까지 국민들에게 공유됐습니다. 군 사령관 만취 소동도 예전 같으면 그냥 해프닝으로 끝났을 사건입니다. 그런데 시민들이 사진과 동영상으로 찍어 공개함으로써 만천하에 실상이 드러났습니다.

이상언 : 국가가 정보를 통제할 수 없게 돼 사회가 혼란스러운 것처럼 느껴진다는 얘기인가요.

박재창 : 그게 아닙니다. 정보사회의 도래에 맞춰 국가와 정치체제도 진화했어야 하는데, 그렇지가 못해 사회의 요구와 국가

의 능력 사이에 엄청난 괴리가 생겼습니다. 시민의 정보 습득· 해석·판단 능력은 엄청나게 발달했는데, 시민이 정치적 힘을 발휘하는 대의(代議) 과정은 형편없이 뒤떨어져 있습니다. 이 격차가 문제입니다. 정보사회 이후의 국가 경영에 대해 근본적 의문을 가지고 당면 과제들을 해결해 나가야 합니다.

이상언 : 결국 정치개혁, 의회개혁이 필요하다는 얘기로 들립니다.

박재창 : 단순한 개혁이 아니라 근본적인 패러다임의 전환이 필요합니다. 해방 이래로 정치개혁에 대한 얘기가 나오지 않은 적이 없었습니다. 16대 국회 이후에만 정치개혁과 관련된 위원회가 30여 개가 생겨났습니다. 그런데 정치개혁을 보는 패러다임의 교체는 없었습니다. 시각 교정이 절실히 요청된다는 말씀입니다.

이상언 : 현재의 정치·정당 체제는 왜 현실에 맞지 않는지요.

박재창 : 정당과 의회 자체가 구식 디자인입니다. 정당 정치가 전세계에서 쇠퇴기를 맞고 있는 근본적 이유입니다. 미국에서는 의회가 성공적인 대의정치 기구로 평가받아 왔습니다. 그런데 지금 미국 국민들도 정치에 대한 실망감을 크게 표출하고 있습니다. 정보사회에 구식 정당은 제 역할을 할 수

가 없습니다. 서구 정당은 노동과 자본이라는 두 개의 계급 이익을 대변하는 역할을 해왔습니다. 양측은 보수·진보 두 개의 이념적 틀로 현실을 분석하고 대안을 제시했습니다. 그런데 정보사회가 되면서 사회의 유동성·역동성·급변성에 기성 정당이 제 구실을 할 수가 없게 됐습니다. 정책을 개발하고 대안을 내놓으면 이미 세상이 변했기 때문에 현실에 들어맞지가 않는 것입니다. 구식 정당으로는 문제 해결이 구조적으로 불가능한 시대에 우리가 살고 있습니다.

이상언 : 정부·정당이 무능하게 보이는 것이 정보사회의 도래 때문인지요.

박재창 : 근대의 국가 경영은 전문가, 엘리트 중심으로 이뤄졌습니다. 그것이 행정국가의 기본 모형입니다. 그 동안 국민들이 실질적 참정권 행사 여부에 대해서는 그다지 문제를 제기하지 않았습니다. 엘리트 관료가 합리적인 결정을 한다는 믿음이 있었습니다. 국가 권력이 문제를 진단하고 대안을 제시하면 국민이 수동적으로 수용했습니다. 그런데 정보사회가 되면서 국가의 정보에 대한 배타적 독점체제가 무너졌습니다. 민간 영역의 정보 습득 능력 강화로 '권력 이동'이 발생했습니다. 국민들에게 사회적, 심리적 힘이 생겨났습니다. 자기 존중감도 커져 더 이상 수동적으로 대응하

는 존재가 아닙니다. 그런데 산업사회에서의 국가 작동 시스템이 정보사회에 그대로 남아 있으니 국민 고충과 민원 발생은 불가피한 일입니다.

이상언 : 그렇다면 정부는 당장 무엇부터 해야 하는지요.

박재창 : 정부는 더 이상 자신을 무결점의 주체라고 주장하고 고집하면 안 됩니다. 그래봐야 국민이 믿지도 않습니다. '정부의 실패'를 인정해야 합니다. 겸손해져야 한다는 말씀입니다. "최선을 다하겠지만 정부가 모든 문제를 해결할 수는 없다"고 국민에게 솔직하게 고백해야 합니다."

이상언 : 현재 진행되고 있는 정부의 개혁 조치는 어떻게 보시는지요.

박재창 : 박근혜 정부가 '국가개조' 구호를 들고 나왔는데, 그런 관료적 질서의 개혁 수준으로는 문제가 해결되지 않습니다. 국가안전처 설립이나 해양경찰청 해체 방안을 한번 보지요. 정부 내에서도 구체적인 내용에 대해 논란이 있었고, 수긍 안하는 국민도 많았습니다. '관료적 질서'라는 패러다임 내에서의 해법은 어떤 것도 문제 해결의 궁극적 대안이 될 수 없기 때문입니다. 정부 내부 구조 변화가 아니라 국가와 국민과의 관계 재정립이 요구되는 때입니다.

이상언 : 정치의 패러다임이 어떻게 변해야 한다고 보십니까.

박재창 : 국가와 시민사회가 협력적 공조체제를 이뤄야 합니다. 투표에서 이긴 쪽이 결정하는 게 아니라 국민과의 대화로 문제를 해결하는 '협치의 시대'를 열어야 합니다. 정책 수요의 진단, 대안 개발, 효과의 평가 등 각 단계마다 시민이 함께 참여하는 '열린 정부'를 만들어야 합니다.

이상언 : '참여 정부'를 표방한 노무현 정부를 떠올리게 합니다.

박재창 : 노무현 정부는 '참여'에 대한 인식은 있었지만 그것을 실현하는 데에는 실패했습니다. 국민과 함께 하는 정부를 구현하고자 하는 노력이 부족했습니다. 노조와 시민단체 지도자가 통치 과정에 참여하는 조악한 형태의 '조합주의' 정도였습니다. 시민의 일상적 참여는 이뤄지지 않았습니다. 문제의 공유와 협력을 위한 담론의 장으로 연결되지 못했기 때문입니다.

이상언 : 노무현 정부 이후의 상황은 어떠하다고 진단하시는지요.

박재창 : 이명박 정부와 박근혜 정부에서는 문제의식조차 사라졌습니다. 산업사회적, 관료적, 국가중심주의적 패러다임으로 다시 돌아왔습니다. 행정관료 중심의 시각으로 문제를

다루니 국민에게 수용이 안 됩니다.

이상언 : '식물 국회'라는 소리를 들을 정도로 의회가 마비 지경에 이르렀습니다. 현재의 정당정치가 안고 있는 문제는 무엇인지요.

박재창 : 고전적 대의 구조는 한계에 봉착했습니다. 정당이 시민과 대화를 하면서 국민적 합의를 도출해야 합니다. 시민이 참여할 수 있는 공간을 열어야 합니다.

이상언 : 지난해 새누리당 정치쇄신특별위원회 위원장으로 활동하셨습니다. 그러나 개혁을 이끌어내지는 못한 것 같습니다.

박재창 : 실패였습니다. (새누리당이) 들으려고 하지 않았습니다. 패러다임을 바꿔보려고 현역 의원을 한 사람도 위원회에 포함시키지 않고 전원을 외부 인사로 채웠습니다. 당내 인사 중 여러 사람이 그것을 적대적 메시지로 받아들인 것 같습니다. 정치개혁은 어떤 형태든 기득권의 축소나 변동이 불가피합니다. 기득권을 가진 정치인들은 개혁에 나서기가 어렵습니다. 결국 정당 스스로의 개혁은 소수 엘리트에 의해 장악된 기성 정치권의 이해에 봉사하는 범위 내에 머무를 수밖에 없습니다.

이상언 : 그렇다면 정치개혁, 정당개혁은 어떻게 이룰 수가 있는지요.

박재창 : 국민이 처절하게 도전하지 않으면 안됩니다. 역사상 국민의 가열찬 투쟁 없이 이루어진 정치개혁은 거의 없었습니다. 보통 사람들이 일어나야 합니다. '국민운동본부' 같은 것이라도 만들어져야 합니다. '안철수 현상'은 그런 국민의 열망을 상징하는 것이었습니다. 정치의 패러다임을 바꾸자는 뜻이었습니다. 그런데 안타깝게도 안 의원이 그런 현상의 본질을 꿰뚫어 보지 못했습니다.

이상언 : 야당인 새정치민주연합의 상태는 어떻게 보시는지요.

박재창 : 비상대책의 일상화가 진행 중 아닌가요? 본인들이 무엇이 문제고, 무엇을 해야 하는지를 잘 모르는 것 같습니다. 그들 역시 엘리트 중심의 '올드 패러다임'에서 벗어나지 못하고 있습니다. 미사일 시대에 활로 국민 마음의 과녁을 맞추려는 격입니다.

이상언 : 정부나 정당이 국민의 참여를 이끌어 내기 위해서는 당장 무엇부터 해야 하는지요. 구체적인 방안을 말씀해주시지요.

박재창 : 국회의원 국민소환제와 전자 국민창안제 같은 것을 우선 생각해 볼 수 있겠습니다. 유권자가 의원소환제로 국회에 대한 직접적인 통제력을 갖게 되면 의원들의 타협과 조정을 압박하는 효과가 있을 것입니다. 책임 정치의 가능성이 커진다는 의미입니다.

이상언 : 정부의 행정개혁은 어떻게 진행해야 하는지요.

박재창 : 요즘 공무원들 일하기가 힘들다고 아우성입니다. 정부가 결정하면 국민이 따라가는 시대는 끝났습니다. 국민의 참여가 필요합니다. '도로명 주소' 도입을 예를 들어 보겠습니다. 큰돈을 들여 만들었는데, 국민들이 불편해 합니다. 행정 낭비적 요소도 있습니다. 창의적 행정 개혁과는 거리가 멀었기 때문입니다. 요즈음은 주소가 아니라 네비게이션 같은 장치로 위치를 검색하고 찾아가는 시대입니다. 구식 패러다임으로 개혁한 셈입니다. 정보기술(IT) 전문가 등이 자유롭게 참여하는 방식으로 제도 개선을 모색했다면 훨씬 좋은 방안이 나왔을 것입니다.

이상언 : 정치와 행정에 시민이 참여하면 일의 효율성이 떨어지지는 않을까요?

박재창 : 과거의 기계적 효율에 대한 집착은 버려야 합니다. 어차피

지금의 시스템으로는 일이 안되고 있지 않습니까? '파괴적 혁신'을 해야 하는데 혁신의 대상인 공무원만으로는 할 수 없습니다. 화물 수송의 속도를 높이기 위해 마차에 말을 더 많이 동원하는 것은 혁신이 아닙니다. 증기기관차를 만드는 것이 혁신입니다. 그런 새로운 해결책은 공무원 혼자가 아니라 현장의 주체인 시민과 함께 할 때 찾아지는 것입니다.

이상언 : 시민의 정치 참여를 이끌기 위해서는 무엇을 해야 하나요.

박재창 : 가장 시급한 것이 학교와 사회에서의 '민주시민교육'입니다. 시민을 협력적 동반자로 준비시키는 교육을 말합니다. 민주주의가 발달한 나라에서는 오래전부터 일상화된 과정입니다. 우리나라에서는 한 번도 제대로 해본 적이 없습니다. 보수 쪽에서 도입하려 하면 진보 측이 과거형 '국민교육'을 하려한다고 반대합니다. 진보 쪽에서 하려하면 보수 측에서 '의식화 교육'을 하려 한다고 막아섭니다. 그런 정치 수준에서 벗어나지 않고서는 출로가 없습니다.

(「중앙 선데이」, 2014.10.05.)

3. 한국의 사회 변동과 거버넌스

대담 : 박재창 숙명여대 교수,
신형식 민주화운동기념사업회 기획조정실장
일시 : 2012년 10월 26일
장소 : 민주화운동기념사업회 회의실

신형식 : 나라가 어지럽습니다. 언제인들 이 나라가 하시라도 마음 편한 때가 있었냐고 반문한다면 할 말이 없지만, 정치가 국민의 안위를 걱정하는 것이 아니라 국민이 정치를 걱정해야 하는 현실은 이제 극복해야 하지 않는지요? 도대체 우리의 정치는 왜 이렇게 제 역할을 다하지 못하는 것입니까?

박재창 : 민주주의가 잘되는 나라와 우리나라의 차이 가운데 하나는 우선 처음부터 정치무대에 나서고자 하는 사람들의 종류가 다르다는 점입니다. 정치적 선진국이라고 할 수 있는 나라의 정치인들이 지향하는 최대의 관심사는 세상을 어떻게 바꾸면 세상사람 모두에게 이로울 수 있을까에 있습니다. 그런 사람들이 자신의 이상을 펼치기 위해 정치에 나섭니다. 그러나 우리나라의 경우는 정치판에 나가 한 큐

잡자는 의식을 지닌 이들이 대종을 이룹니다. 권력적으로 한 큐 잡아 자신의 입신양명에 보태보자는 생각으로 정치에 나섭니다. 정치권 진입을 위한 과정 자체를 봐도 그런 생각이 없으면 정치무대에 들어서기가 쉽지 않게 되어 있습니다. 기존의 권력자에 빌붙지 않으면 사실상 정치권에 진입하기 어렵습니다. 언필칭 정치적 충원제도가 체계적으로 개발되어 있지 않기 때문입니다. 그러다 보니 현재로선 그곳에 누가 들어가도 기득권에 투항하거나 포획될 수밖에 없습니다. 그런 탓에 정치체제 자체가 제대로 작동되지 않는 형편에 이르렀습니다.

한 때 영국의 노동당 소속 하원의원 한분을 알고 지낸 일이 있었습니다. 그분은 부두 하역 노동자로 리버플 항구에서 등짐 지며 부두 노조에서 활동했던 사람입니다. 영국의 경우 노동당의 지구당을 형성하는 핵심 뼈대는 노조입니다. 그렇기 때문에 노동당의 지역구에서 공천을 받는다는 것은 그 지역의 노조가 추천했다는 말과 같습니다. 그런 만큼 지역사회에 대한 구체적인 활동과 경험을 토대로 정치무대로 진입합니다. 보통은 이런 과정을 통해 하원의원이 되기 때문에 지역사회문제에 대해 누구보다 잘 알고 있고, 또 무엇을 해야 하는지가 분명한 이들이 정치과정에 참여하게 됩니다. 아니 여기서 보는 것처럼 노동조합 같은 생활세계가 정치권 진입의 발판이 되어 있기 때문에 정치무대와 일상생활이 유리되거나 서로 겉돌지 않습니다.

이렇듯 생활인의 대표자이기 때문에 영국의 하원의원에게는 오랜 동안 세비가 없었습니다. 명예직이기 때문입니다. 거마비 정도를 받았습니다. 따라서 든든한 직장이 없는 이는 거마비와 회의비로 먹고 살아야 합니다. 브리티시 페트롤리움의 사장 같은 기업가 중에서 하원의원이 되기도 하지만, 부두 노동자도 하원의원이 됩니다. 에피소드 하나를 말씀드리면, 런던에 갔다가 시간이 나서 그 부두 노동자 출신의 하원의원에게 연락했더니, 의사당으로 오라는 것이었습니다. 하원의원 부부와 만나 커피 한잔을 얻어 마셨습니다. 함께 나온 하원의원 부인의 스타킹을 보니, 총 맞은 자국처럼 여러 곳에 구멍이 나 있었습니다. 명색이 영국의 하원의원 부인인데 구멍 난 스타킹을 신을 정도로 경제적으로 어렵습니다. 이것이 영국 정치인의 현실입니다. 이런 이들이 이끄는 것이 영국의 의회정치입니다. 영국의 의회는 대기업 출신의 부자와 가난한 부두 노동자가 같은 테이블에 앉아 국가의 장래를 토론하는 곳입니다. 명예만을 위해 일하는 셈입니다. 부러웠습니다.

신형식 : 정치적 충원구조가 문제라는 뜻인 데 결국은 시민의 일상생활과 상부구조를 이어주는 연결 장치가 문제 아닌가요? 그런 점에서 요즈음 우리 사회의 NGO 활동을 어떻게 보십니까?

박재창 : 영국 애기를 했는데, 영국의 NGO 활동과 대의과정은 일체화 되어 있습니다. 국가와 시민사회를 이어주는 연결 장치가 정치과정이라면 그 과정을 채워 넣고 있는 것이 NGO입니다. 정당 자체가 마을단위의 주민운동으로부터 성장했습니다. 우리나라는 그런 역사적 진화 과정 없이 어느 날 갑자기 정당이 생겨났습니다. 정치적 개념으로서의 정당 자체가 외생적인 것일 뿐만 아니라 현존하는 정당은 예외 없이 이미 정치권력을 장악한 소수의 정치집단에 의해 탑다운(top down) 형식으로 만들어졌습니다. 그러다 보니 정당이 있으면서도 시민사회의 의견을 다운 업(down up) 양식으로 수렴할 국민 의사 결집 장치가 사실상 작동하지 않습니다. 이런 상황 속에서 참정에 대한 국민의 여망을 대리하여 유사 정당 기능을 수행하게 된 것이 1980년 이후 생겨난 우리 사회의 사회운동 지향형 NGO입니다. 그런 NGO가 요즈음 정당의 외곽 지원 단체처럼 작동하게 되었습니다. 진보와 보수 간의 진영논리가 정치권을 양단하면서 NGO도 진지전의 총알받이로 나서는 형편이 되었습니다. 사실상 정당의 기능을 수행하면서도 정당이 아니라고 자신을 규정해야 했던 NGO들이 이제는 자신들의 권력적 실체를 만천하에 드러내는 형국이 된 셈입니다. NGO가 권력적으로 실명화 단계로 들어섰다고 해야 할 것 같습니다. 정치적 선진국의 경우는 원외로부터 정당이 시작했습니다. 정당의 역사적 진화과정 자체가 의회에 앞서는 것이니 그

럴 수밖에 없습니다. 그러나 우리는 정치적 동원을 위해 정당이 만들어지다 보니 원내 정당과 의회가 동시에 만들어졌습니다. 이런 맥락에서 볼 때, 오늘날 우리가 목격하고 있는 NGO의 유사 정당 기능 수행 현상은 바로 이런 원외 정당의 초기 태동과 유사하다고 해야 할 것 같습니다.

그런데 우리가 NGO의 활동에 특히 주목하는 이유는 그 활동의 자발성에 있습니다. 정치 정상화의 출발점 가운데 하나는 시민사회 스스로가 권력의 주체로서 자발적 참여를 일상화해야 한다는 데에 있습니다. 연전에 미국 정치학회의 의회연구원으로 선발되어 미국 상원의원 사무실에서 1년 정도 일한 일이 있었습니다. 미국의 모든 주는 2명의 상원의원을 배출하도록 되어 있습니다. 연방제 국가이다 보니 각각의 주정부가 2명의 주정부 대표를 연방의회에 파견하는 것과 같은 발상의 결과입니다. 그런 상원의원에게 운전기사가 없었습니다. 워싱톤에서만 그런 것이 아니라 지역구에서도 같았습니다. 선거운동을 하는 데, 운전해 줄 사람이 없어 내가 대신 운전했던 기억이 있습니다. 선거의 본질 자체가 지배 엘리트의 자기 주도형 권력쟁취과정이 아닌 겁니다. 지역주민의 자기 대리인 간택 과정이었습니다. 그러다 보니 선거운동 하는 것도 동네 아줌마 몇이 모여 후보자를 부르면 거기 가서 자신이 무엇을 하고자 하는 지를 설명하는 정도입니다. 유권자가 자기 집 뜰에 이웃을 불러 모아 놓고 스스로 마련한 펀치 볼 정도를 나누어 마시며 후보자의 정견을 들어보고 이야기를 나눕니다. 그러니 생활세계에서 당면하는 문제해결에 주목하게 되는 것은 당연한 일입니다. 대중연설이라고 해야 쇼핑몰에 후보자 혼자 나가서 당선 되면 무슨 일을 하겠다는 것을 이야기 하는 정도입니다. 이것이 미국식 의회민주주의의 일상이었습니다. 정치의 출발 자체가 일반시민의 자기 주도형 참여활동에서부터 시작하고 있었습니다.

신형식 : 민주정치가 제대로 작동하기 위해서는 시민 스스로가 정치과정의 주체로 나서야 한다는 데에 공감합니다. 그러나 그런 시민이 언제나, 누구나 같은 의견을 내놓는 것은 아니지 않는습니까? 특히 시민 각자가 생각하고 지향하는 사익의 세계와 그들이 모여 사는 공동체 전체가 지향해야 하는 공익의 세계가 늘 일치하는 것은 아니지 않은가요?

박재창 : 그렇습니다. 개인이 지향하는 자유주의와 그런 개인에 의해서 구성되는 집단사회가 지향하는 공동체주의가 늘 상합하는 것은 아닙니다. 그러나 개인이 공동체로부터 자유롭지 않은 것 또한 사실입니다. 나만 잘살면 될 것 같지만 실은 내가 속한 이 나라가 잘 되지 않는다면 나의 삶에도 직접적인 영향을 미치게 됩니다.

요즘 우리가 외국에 나가면 과거와는 달리 제법 융숭한 대접을 받습니다. 일전에 말레이시아 페낭에를 갔는데, 새로운 몰(mall)의 오프닝 기념행사가 있었다습니. 그런데 그 몰의 개점 기념행사로 한국 상품전을 열고 있었습니다. 한국 상품에 대한 인기가 상당하다는 것이었습니다. 거창한 상품이 선보이는 줄 알았는데, 가서보니 밥풀과자, 김치, 김, 미역, 초코파이, 복숭아, 포도, 홍초, 홍삼 같이 우리나라에서는 수퍼도 아니고 시골 장터에서 마주칠 것 같은 것들을 전시하고 있었습니다. 이렇듯 우리에게는 별로 대단할 것 같지 않은 상품마저 외국에서는 상상을 초월할 정도로 높은 인기를 끌게 되었습니다. 한국에 대한 지구촌의 인식이 크게 달라진 탓입니다. 우리의 국가 브랜드 가치가 달라졌습니다. 세계가 바라보는 우리의 이미지가 더 이상 한국전쟁의 참화 속에서 신음하던 나라가 아닙니다.

우리도 자각하지 못하는 가운데 대한민국은 이제 세계가 부러워하는 나라가 되었습니다. 2차 세계대전 이후 경제발전과 정치발전을 동시에 이룬 지구촌 유일의 나라입니다. 아프리카 대륙에는 모두 53개 나라가 있는데, 이들 모두의 GDP 총액이 6천억불입니다. 우리나라의 GDP 총액은 2000년 현재 6천7백억불 정도가 됩니다. 아프리카 대륙보다 더 많은 GDP를 생산하는 셈입니다. TV 수상기 판매는 세계 시장에서 1, 2등을 다툽니다. 전자제품은 일본의 10개 회사가 얻는 수익의 총액보다 삼성 SDI 한 회사가 얻는 수익이 더 많습니다. 대단한 나라아닙니까? 이런 나라가 우리나라라니 어깨에 힘이 들어가고 외국인을 만나도 자신감이 붙는 것은 자명한 이치입니다.

그러나 그렇게 나라가 잘살게 되었다면 예전보다 훨씬 더 마음 편해야 하지만 빈부의 격차는 훨씬 더 심해졌고 개인의 삶이 고단한 것은 여전합니다. 아니 오히려 예전만 못하다는 생각을 하는 이가 대부분입니다. 상대적 빈곤감이 어느 때보다도 높은 탓입니다. 그러니 사회갈등비용의 1년 추계가 300조를 넘는 건 오히려 당연해 보입니다. 올 예산 총액이 3백 4십조 정도라고 볼 때, 우리가 겪고 있는 사회 갈등이 얼마나 심각한가를 단적으로 보여줍니다. 사회갈등을 통합적으로 해소해나가지 않으면 우리 사회는 앞으로 매우 힘들게 될 것입니다. 금년에 마이너스 성장을 했는데, 갈등비용을 7%만 줄여도 GNP의 3% 성장효과가 있다는 통계도 있습니다.

그런 사회적인 갈등의 근인을 추적해 보면, 한쪽으론 정치적인 민주화가 촉진되면서 개인의 자유, 그러니까 정치적 의사결정권의 폭을 보다 더 넓혔으면 좋겠다는 요구가 비등하게 되었습니다. 이런 더 많은 민주주의에 대한 요구는 다른 한편 개인의 소유, 그러니까 경제적인 지배권의 강화에 대한 욕구를 촉발하면서 공동체 전체의 유익을 유지해야 한다는 요구와 충돌을 빚고 있습니다. 자유주의와 공동체주의가 갈등을 빚는 셈입니다. 이를 해소할 수 있는 방안 가운데 하나는 양자의 변증법적 융합, 즉 공동체적 자유주의를 지향해 나가는 길일 것입니다. 그러나 그런 공동체 자유주의가 구체적으로 어떤 내용의 것을 말하는가에 이르면 이야기 하는 이마다 다를 수 있습니다. 어느 수준에서 자유주의와 공동체주의의 요소를 결합할 것인가에 따라 구체적인 처방의 양식이 달라질 것이기 때문입니다. 아니 그 조합의 비율은 우리 사회의 구성원 서로가 희망하는 정도에 따라 결정되는 것이 바람직할 것입니다. 그러니 터놓고 논의하는 일이 매우 중요한 과제입니다. 그런 논전의 장을 마련해 주어야 합니다. 숙의민주주의가 시급한 과제 가운데 하나로 부상하는 이유입니다.

신형식 : 서로의 생각을 터놓고 상의하고 그 결과 이견을 조정한다는 것은 모든 사회적 통합과정이 감당해야 할 선결 과제입니다. 문제는 그런 숙의가 가능하려면 우리 사회가 당면하고 있는 갈등의 본질이 무엇인지를 이해하는 일이 먼저 아닌가요?

박재창 : 그렇습니다. 우리 자신의 구조적 실상을 이해하는 것이 먼저입니다. 오늘날 우리가 당면하고 있는 사회갈등의 배경과 연원을 따져보아야 우리 사회의 구조적인 문제나 본질을 알 수 있습니다. 그래야 대화와 학습에 시동을 걸 수 있는 일이기도 합니다. 자유주의에 대한 요구란 무엇입니까? 국가권력으로부터의 자유를 정치적 자유라고 한다면, 그 정치적인 자유를 구현하기 위한 물적 토대 내지는 요람을 경

제적인 자유라고 말할 수 있을 것 같습니다. 그런데 근대사회로 인류문명이 이동하면서 이 정치적 자유의 확장과 구현을 위한 이론적 토대로는 자유민주주의를 그리고 경제적 자유권을 위해서는 자본주의를 고안해 내게 되었습니다. 이 동전의 양면과도 같은 자유민주주와 자본주의를 토대로 우리는 그 동안 우리의 일상을 의지해 왔습니다. 그리고 이를 구현하기 위한 제도적인 장치로는 대의민주주의와 시장경제체제를 운영해 왔습니다. 그런데 대의민주주의와 시장경제체제가 후기근대에 이르러 자체에 내재되어 있는 모순으로 인해 더 이상 약속했던 양식이나 목적 값에 따라 작동하지 않고 있습니다. 근대의 지배적인 질서가 사실은 통시적 적실성을 갖는 이론의 체계에 기초하는 것이 아니었다는 반성이 일고 있는 이유입니다. 이러니 근대의 국정관리 양식이 약속하거나 예견하는 대로 적실성 있게 국가가 운영된다고 하더라도 이제는 그가 사회문제 해결에 대해 약속한 정도의 유용성을 담보하기가 어렵게 되었습니다.

여기에 더해 우리의 경제 발전 과정을 뒤돌아보면 박정희 정권이 들어서면서 국가중심의 발전주의에 매료되어 불균형발전전략, 외발형 모방발전전략, 국가주도형 경제발전 모델에 심취되었었습니다. 이 과정에서 자본주의가 비로써 하나의 경제적 기본질서로 이 땅에 착근하게 되지만, 다른 한편에서 보면 자본주의의 모순이 체화되는 과정을 밟게 됩니다. 선진국의 경우 자본가의 사회적 책임의식, 공정한 거래의 원리 등을 기본 바탕으로 자본주의가 성립되었습니다. 이에 반해 우리 사회는 이런 바탕 없이 자본주의가 자리잡게 되었습니다. 자기 팽창의 속성을 제어할 장치가 장착되지 않은 천민자본주의가 기승을 부리게 된 원인 가운데 하나입니다. 돈 버는데 물불을 가리지 않는다는 자세나 태도가 기업가 정신과 경쟁의 원리라는 이름으로 포장되었으나 이를 거부하는 이는 많지 않았습니다. 이점에서 서구와는 크게 다릅니다. 서구에서는 자본의 사회적인 책임이 기본 덕목 가운데 하나로 인식되는 가운데 자본주의가 성장했습니다.

또한 우리 사회에는 "결손 국가"의 특성이 있습니다. 마치 한 나라에 두 개의 정권이 있어 서로 긴장하고 경쟁하는 구조입니다. 이로 인한 북한과의 갈등 때문에 자본가의 권력적 비중을 과대하게 수용하거나 지지하는 경향을 낳았습니다. 자본이 문제를 일으켜도 그의 경쟁력 유지를 위해 솜방망이 처벌을 하거나, 국가가 시장에 개입하는 정도가 과도하게 커도 이를 허용할 수밖에 없는 형편이 되었습니다. 때로는 과잉 국가주의 때로는 과잉 시장주의가 상호 교차하거나 병립하면서 천민자본주의를 낳았습니다. 지금 우리는 재벌경제에 포획되어 살고 있지만, 그 재벌들이 제대로 된 비용을 지출하고 경쟁에서 이기며 성장해 왔다고 믿는 사람은 많지 않습니다. 예를 들어 보지요. 가정용 전기와 생산용 전기의 가격 차이를 생각해 보면 답이 나옵니다. 심지어 바로 이 이유 때문에 일본기업이 우리나라에 들어와 공장을 돌리기도 합니다. 똑같은 전기를 쓰면서도 기업가에게는 싼값에 전기를 공급하고 그 손실분을 가정용 전기 소비자가 충당하는 구조를 통해 기업의 대외경쟁력을 보장하고 경제발전을 견인해 왔습니다. 한국형 재벌은 기업가의 혁신능력이나 위험부담에 대한 대가가 아니라 일반 국민에게 빨대를 꼽아 자기 부족분을 채우는 방식으로 성장했습니다. 이런 상황이기 때문에 한국사회에서 자본가가 돈을 버는 방법은 간단합니다. 권력과 결탁하면 됩니다. 이 과정에서 관료의 제어되지 않는 개인적인 탐욕도 큰 몫을 차지했습니다. 이런 구조 아래에서라면 경제적인 양극화가 심화되어도 이를 제어할 장치가 마땅치 않습니다. 이미 자본이 권력의 일부를 형성한 형국이기 때문입니다. MB 정부 리더십의 실체라고 해도 과언이 아닙니다.

신형식 : 경제적인 시스템의 왜곡을 불러온 것은 기실 정치적 시스템의 왜곡에 있는 것 아닌지요?

박재창 : 우선 오늘날 우리가 의존하는 국가경영 디자인 자체에 주목할 필요가 있습니다. 지금의 국정관리체제는 산업사회에서 고안되고 작동했던 시스템입니다. 그런 만큼 정보화 사회에서는 잘 상합하지를 않습니다. 시대 성격에 맞는 시

스템을 정상적으로 운영한다고 하더라도 오늘날과 같은 과도 복합사회를 다루기는 쉽지 않은 데, 하물며 철지난 옛날 모델로 오늘날의 사회문제에 대응한다는 것은 적절치 않습니다. 광우병 사태를 보면, 여러 설명이 가능한데 우리나라 정부의 의사결정권은 우리나라 영토 내에서만 최고고권의 성격을 지닙니다. 우리나라 정부는 우리 국민의 요구를 반영해서 미국의 도축업자들을 상대로 이해관계를 관리하거나 조정할 수가 없습니다. 미국도 마찬가지입니다. 우리보고 이래라 저래라 할 수가 없습니다. 지구 전체를 아우르는 지구정부라도 있다면 가능할지 모르지만 그런 기구는 아직 지구상에 존재하지 않습니다. 그러나 우리의 일상은 이미 범지구적으로 작동하고 상호작용합니다. 그런 사회관계를 다루기에는 일국주의의 경계에 갇혀 있는 국민국가의 주권 행사범위가 매우 제한적인 셈입니다. 기존의 국가권력은 이제 현실문제 해결에 있어 왜소화의 길을 걷고 있습니다. 이를 주목해 보면 오늘날 국가는 사양 산업이고 시장은 부밍(booming) 산업이라는 말이 결코 부적절하지 않아 보입니다.

이런 상황은 휠라 코리아의 예를 들어보면 이해가 좀 더 쉬울 것 같습니다. 휠라는 100년 된 이태리 회사입니다. 이 휠라 코리아의 한국지사장이 과거에는 평사원이었습니다. 그는 평사원으로 들어갔다가 한국지사장이 되고 결국은 휠라 본사 전체를 사들였습니다. 이제 휠라는 대한민국 기업입니다. 이런 일이 어떻게 가능하게 되었는지 아십니까? 휠라는 원래 스포츠 의류를 만들어 파는 회사입니다. 그런데 이 분이 의류에 더해 신발 특히 스포츠화를 만들어 팔자는 제안을 본사에 했고, 이게 받아들여져 휠라 코리아를 중심으로 신발시장에 진출하게 되었습니다. 신발을 만든다고 하면 과거에는 인도네시아에서 고무를 사서 한국으로 들여와 부산 사상에 있는 신발공단에서 만들어 미국의 월마트 같은 총판점에 팔아 수금하는 방식이 대종을 이루었습니다. 그러나 오늘날은 이런 방식으로 생산하지 않습니다. 이태리의 디자이너가 시장의 수요에 맞추어 신발을 디자인하고, 이를 제품으로 생산해 월마트에서 팔리기까지 14일 밖에 걸리지 않습니다. 컴퓨터 네트워킹에 의해 이런 시간 단축이 가능해진 것입니다. 디자인 정보가 이메일로 컴퓨터 단말기 상에 뜨면 이걸 인도네시아의 위탁 생산 공장에 보내 제조한 후, 그곳에서 직접 미국이나 유럽의 리테일 체인으로 보내 판매하고 대금을 다시 통장상의 기호의 이동을 통해 수금하는 방식입니다. 사실상 서울에 있는 본사의 관점에서 보면, 본사 컴퓨터 단말기 상의 기호의 가공과 이동만으로 신발의 생산과 판매가 이루어지는 셈입니다. 이 과정에서 대한민국 정부가 간여하고 통제할 기회공간은 사실상 증발한 것이나 같습니다. 예전 같으면 정부가 개입해서 세관에서 생고무가 송장대로 수입되었는지 검수하고, 공장의 생산라인에서는 환경오염은 없는지, 소방규칙은 지켜지고 있는지, 노동자의 권익을 침해하는 일은 없는지, 소음이나 악취로 인해 공장주변 주민에게 피해를 주는 것은 아닌지 등을 일일이 확인하고 관리하기 마련입니다. 국가권력의 도장이 찍혀야만 생산과 판매가 진행되는 구조입니다. 어떤 조사에 의하면 우리나라에서 이런 생산 활동을 하려면 최소한 34군데 이상의 공공기관으로부터 관리를 받아야 한다고 합니다. 그러나 이제 정보사회에서는 이런 34번의 국가 공권력에 의한 개입 여지는 없어지고 말았습니다. 이런 국가에 의한 개입과 관리를 받게 되면, 그만큼 더 생산에 필요한 기일이 길어지고 이를 돌파하거나 편익을 도모하려는 부패 비용이 발생할 소지가 커지기 마련입니다. 그만큼 투자 자본의 회전율이 낮아지고 부패비용만큼 생산단가가 높아질 것은 당연한 이치입니다.

이렇듯 오늘날의 세계경제체제 아래에서는 개별국가의 공권력 개입의 여지가 대폭 축소하게 되었습니다. 정보사회의 도래 이후 지구화 시대가 자리 잡으면서 사회적 관계의 망은 범지구적으로 확장되고 있지만 이에 조응하는 국가 공권력의 작동은 스스로 일국주의의 경계 내에 머물 수밖에 없는 실정입니다. 더욱이 일국의 경계 밖 먼 곳에서 이루어지는 일에 대해서는 국가 공권력의 행사가 가능하더라도 이를 실제로 발휘하기는 쉽지 않게 되어 있습니다. 지리적인 이격성 때문입니다. 대의민주주의의 기본 정신은 일단 참정권을 정치·행정 대리인에게 위임하지만 국민이 끊임없이 그들의 공권력 행사과정을 지켜본다는 것을 전제하는 것인 데, 지구화 시대에는 정책현장과 일반국민 간의 공간적 거리 때문에 이를 실현하기가 쉽지 않습니다. 국가의 공권력이 오늘날에도 과거처럼 국민의 경제활동에 일일이 개입할 소지가 줄어들고 있습니다. 그런 공권력의 행사를 국민이 감시, 감독할 수 있는 가능성도 줄어들었습니다.

이런 대의 환경의 변화에 따른 민주주의의 변화 수요 발생 현상을 민주주의 제3혁명에 대한 요구라고 말할 수 있을 것 같습니다. 지구화 시대에는 범지구적으로 발생하는 지구 공통의 과제들이 빈발하는 만큼 그에 조응하는 지구 공간 차원의 권력 레짐에 대한 수요가 고양되기 마련입니다. 이에 따라 다양한 양식의 국제지역협력기구나 범지구적인 조직들이 등장하고 있습니다. 지역차원에서는 ASEM, NAFTA, EU 등을 들 수 있습니다. 지구 차원에서는 UN, WTO, ILO, OECD 등을 지목할 수 있을 것입니다. 이들은 이들의 정책결정에 의해 영향을 받는 개별국가의 국민들이 공식적으로 대표권을 위임해 준 일이 없음에도 불구하고 사실상 국민 대표권을 행사하는 것과 같은 영향력을 개별 국가에 미치고 있습니다. 예를 들어 ILO가 노동조합운영에 대한 준칙을 정해서 권장하는 경우, 개별 국가의 정부는 이를 수용하는 것이 불가피한 환경에 놓여 있습니다. 그렇지 않을 경우 국제사회에서 왕따를 당하기 때문입니다. 이를 개별 국가의 국민 개개인 입장에서 보면 국민의 대표성을 공식적으로 위임 받은 일이 없는 이들이 개별 주권국가의 공권력 행사에 개입하는 것과 같은 효과를 낳습니다. 그러나 이들 국제기구가 국민의 대표성을 위임 받은 정부 관리들에 의해 구성되고 운영된다는 점에서 보면 국민 대표성의 이중적 위임에 기초한다고도 말할 수 있습니다. 국민들이 선출하는 정부의 관리들이 모여 국제기구의 집행부를 구성하고 정책을 결정하는 구조이기 때문입니다. 그러나 그 이중적인 대표성의 위임과정이 과연 민주적으로 이루어지고 있느냐에 대해서는 어느 누구도 동의할 수 없을 것입니다. 아직 지구공동체의 국제관계에서는 민주적 규범이나 윤리적 기준에 앞서 냉혹한 이해득실과 권력경쟁의 질서가 우선적으로 지배하고 있기 때문입니다. 센 놈이 장악하고 관리하는 방식입니다. 그런 의미에서 지구 차원의 민주주의는 없는 것과 같습니다.

이런 지구화 시대의 도래는 또한 사해동포주의와 민족주의 간의 긴장과 갈등을 불러옵니다. 지구공동체주의와 자국중심주의 간의 충돌입니다. 다문화 사회의 건설이나 FTA 체결 문제 등이 이런 갈등의 최전선에 놓여 있습니다. 삼성, 현대 같은 한국의 대표기업이 지구 시장을 상대로 기업 활동을 전개해 나가는 과정에서 이들 보고 다른 나라의 환경오염, 전통문화보존, 노동조건 개선 등에 유념하라는 것은 어불성설입니다. 자본의 팽창주의 속성에 기초한 신자유주의는 기업이 철저히 자기 이윤의 논리에 충실할 것을 주문합니다. 보다 치열해지는 세계시장경제체 아래에서 생존과 팽창을 지향해야 하는 까닭입니다. 이를 지원해야 하는 것이 개별국가의 일국주의에 기초한 숙명입니다. 이런 자국중심주의는 고전적 민족주의의 또 다른 이름에 지나지 않습니다. 이를 교역의 상대국 입장에서 보면 중상주의에 기초한 패권적 질서를 강화하려는 것이라고 밖에는 보기 어렵습니다. 중상주의는 배타적 민족주의를 주문하지만 우리가 배타적 민족주의로 나가면 교역 상대국도 같은 양식의 배타적 민족주의로 대응할 것은 자명한 이치입니다. 지구화 시대에는 이를 극복하기 위해 개방적 민족주의로 나아가야 합니다. 그렇지만 개방적 민족주의도 중상주의와 자국이익중심주의 간의 갈등요인을 근본적으로 해소하지는 못합니다.

개방적 민족주의는 흔히 경계 없는 일국중심주의 내지는 네트워크에 기초한 정치적 공동체주의로 이해됩니다. 전통적인 의미에서 민족주의의 기초가 되는 혈연이나 언어, 문화적 동질성 등을 넘어 서서 이익공동체의 관점에서 민족의 범주를 유연하게 재설정하자는 것이지만 아무리 그런다고 하더라도 이익공동체의 자기중심성을 해체하기는 어렵습니다. 이익사회적인 관점이 아니라 문화적 가치 내지는 인식론적 세계관의 공유 같이 보다 더 높은 수준의 대응을 필요로 하는 이유입니다. 이런 점에서 한류를 다시 바라보아야 할 필요가 있습니다. 한류를 단순히 또 다른 형태의 중상주의적 영향력 행사의 한 양식으로 접근하다가는 큰 코를 다치기 십상입니다. 중상주의에 대한 반발을 불러 올 것이 뻔한 이치이기 때문입니다. 곳곳에서 반한류, 혐한류가 나오는 이유입니다. 한류가 사해동포주의적 가치를 동반하지 않을 때 무슨 일이 벌어질지를 보여주는 사례입니다. 한류가 문화적 감성의 공유에 우선적인 목표를 둘 때 상업적 이윤이 부수적으로 동반되는 것이지 그 반대가 되어서는 곤란하다는 의미입니다.

신형식 : 근대의 프레임 위에 구축되어 있는 오늘날의 상부구조 디자인이 후기근대의 사회 관계를 다루는 데 적절치 못하다는 견해에 동의합니다. 이런 현상은 어떤 나라이건 그의 대외관계에서 뿐만 아니라 대내 관계에서도 마찬가지 아닌지요?

박재창 : 후기근대에서는 근대국가의 외부 환경으로 인해 국가권력이 예전만 같지 못할 뿐만 아니라 내부 요인으로 인해서도 과거와 같은 정책능력을 갖지 못합니다. 국가권력이 개입할 여지가 급격히 축소하는 까닭입니다. 우선 국가가 개입하면 간섭효과가 나타납니다. 노무현 정권 아래에서 정권의 명운을 걸고 부동산 가격 잡기에 나섰지만 실패했던 일이 있었습니다. 정부가 거의 모든 정책 수단을 동원해서 대처하고자 했습니다. 그래도 실패한 이유 가운데 하나는 정

부의 부동산 정책에 대해 정책 수용자들이 전략적 대응을 하기 시작했기 때문입니다. 주택 소유자들이 정부의 정책이 이러 이러 하니 이제 우리는 어떻게 대응해야 우리의 주택가격을 유지하거나 올릴 수 있을까에 대해 정보를 교환하고 집단행동에 나서기 시작한 것입니다. 국민은행 부동산 가격 고시 사이트를 통해 아파트 실거래가가 얼마인지 알게 되면서 이런 집단적 대응은 훨씬 더 쉬워졌습니다. 국가가 정책을 개발해서 사회문제 해결에 나서는 경우 그 새로운 정책의 대상자들이 더 이상 수동적으로 순응하는 것이 아니라 보다 적극적으로 대응하기 시작한 것입니다. 이런 대응은 결국 문제의 성격 자체를 변화시키기 마련입니다. 정부가 사회문제 해결을 위해 정책대안을 들고 나서면 그것 자체가 영향을 미쳐 문제의 성격을 바꾸는 구조입니다. 국가가 정책이라는 사회문제 해결수단을 통해 사회 갈등이나 변화 수요에 대응하기가 어려워졌습니다.

또 하나, 국가는 공익을 지향하게 되어 있는 데, 공익이라는 것의 개념이나 경계의 설정이 모호한 시대로 들어섰습니다. DJ 정부가 들어서면서 외환위기를 극복하는 과정에서 신자유주의를 정권 운영의 최우선적인 철학적 준거처럼 다루었습니다. 이에 따라 대대적인 정부 혁신에 나서기도 했습니다. 공적 유익의 증대를 최우선적인 목표로 삼아야 하는 정부도 이제는 사기업처럼 경영과정에서의 경제성 확보에 먼저 유의해야 한다는 것이었습니다. 경제성 제일주의는 보통 회사 사장들이 말하는 가치 준거였습니다. 국가는 돈이 들어도 사회 전체가 어떻게 하면 보다 더 조화롭게 잘 살 수 있을까 하는 점에 주목해야 한다는 것이 그 동안 우리가 믿어온 국가경영의 기본 원리였습니다. 그러나 오늘날은 국가도 공익에 앞서 돈에 주목해야 한다는 것입니다. 적은 비용으로 최대 성과를 내야 한다는 주문이 먼저입니다. 반면에 기업은 돈만 많이 벌면 됐는데, 요즘은 사회적 책임을 다해야 한다는 주문에 직면해 있습니다. 대기업일수록 공익을 위해 일하려 하고, 또 그런다고 선전하려고 합니다. 시장과 국가의 경계가 무너지고 있습니다. 공익의 엄격한 경계 설정이 어려운 시대입니다. 이러니 국가가 무엇을 위해 일해야 할 것인가가 명료하지 않게 되었습니다. 국가의 존립 이유가 공익의 실현에 있다면, 이렇듯 공익의 성격 규정이 모호해지는 경우 자체의 존립 이유를 구현하기 어렵게 될 것은 자명한 이치입니다.

우리 사회의 구조 변화도 큽니다. 예전에는 다 같이 가난했습니다. 이해관계가 그렇게 복잡하지도 않았습니다. 그러니 정부로서는 모든 이에게 공통으로 적용되는 공익의 경계 범위를 도출하기가 어렵지 않았습니다. 예전에 신문을 보고 세상과 소통할 때는 온 국민이 사실상 같은 정보원에 노출되는 것과 같았습니다. 지금처럼 실로 다양한 자기 충진형 정보 소통 수단이 있는 것도 아니었던 만큼 신문에 나는 기사를 통해 정보를 공유했습니다. 그러니 세상을 보는 눈이 단순하고 같았습니다. 신문은 대개 첫 장부터 시작해서 맨 뒤 광고나 라디오 편성표에 이르기 까지 한 장 한 장 재껴 보는 것이 보통입니다. 중간 중간 내가 보고 싶은 곳만 골라 보기가 여의치 않게 되어 있는 것이 신문입니다. TV도 마찬가지입니다. 아나운서가 전달하는 아이템을 일방적으로 수령해야 하는 것이 TV 시청 양식입니다. 그러나 인터넷 시대에는 보고 싶은 기사만 골라 봅니다. 정보의 편식 현상이 심해지고, 그에 따라 이해관계가 분절되고 다양해집니다. 인식과 그에 따른 사회관계의 파편화가 심해집니다. 이런 사회에서는 공통의 이해관계를 찾기가 쉽지 않습니다. 이런 세상을 상대로 문제해결에 나서야 하는 정부의 정책능력이 예전만 같지 못할 것은 당연한 이치입니다.

신형식 : 행정부의 정책집행과정이 정보사회의 도래 이후 왜곡되기 시작했다는 말씀인 데 정치과정은 어떻습니까?

박재창 : 정보사회에서는 정치과정도 잘 작동하지 않기는 마찬가지입니다. 정상국가의 디자인에 따라 잘 운영된다고 하더라도, 오늘날의 관점에서 보면 그 디자인이 약속했던 정치적 성과가 잘 나타나지 않습니다. 이는 의회민주주의가 발달했다는 서구 선진국에서도 같습니다. 정당정치가 바닥을 헤매고 있습니다. 미국을 흔히 민주주의의 모범국가라고 하지만 미국에서도 대통령 후보가 200명이 넘습니다. 양

당제가 무너지고 제3의 후보가 선거전을 뒤흔들기 일쑤입니다. 보수와 진보로 나뉘던 대중정당이 효율적으로 유권자의 요구를 대변하지 않는다는 증거가 아니겠습니까? 정당은 원래 생활주변의 지역사회에서 문제가 발견되면 이를 지구당이 문제를 파악하고 해결대안을 찾아 대응하고, 이를 다시 군 단위, 도 단위, 전국 단위로 넓혀가면서 단계적으로 이견을 조율하고 타협점을 찾아가는 메커니즘 위에 구축되어 있습니다. 이를 통해 비교적 소수의 선택 가능한 대안으로 여러 이견이 통합 조율됩니다. 여하튼 정당정치는 이렇듯 시간적, 공간적 여백을 전제로 구성됩니다. 그러나 오늘날은 우리의 생활주변에서 어떤 문제가 터지면 미처 이런 조율과정을 통해 조정하기도 전에, 전국적 이슈로 확산되면서 전 국민이 단숨에 찬반 구룹으로 갈리고 맙니다. 정당이 끼어들 자리가 없어졌습니다. 정당정치를 통한 정치적인 통합을 이야기 하지만, 정보사회 이후의 후기근대에서는 기존의 정치적인 메커니즘이 정보화, 지구화 사회의 수요를 제대로 다룰 수 없게 된 것입니다.

사회적인 갈등이나 이해충돌을 조정하고 통합하는 기제가 오늘날에는 정당 말고도 여러 가지 등장해 운영되고 있습니다. 정당이 정치적 요구를 결집하고 정책의제를 제기하고 수립하는 일을 독점하던 시대는 끝났습니다. 다양한 형태의 SNS가 이런 기능을 대행하고 있으며 NGO가 유사 정당 기능을 수행하면서 정당의 기능적 외연을 잠식하고 있습니다. 특히 보수와 진보 또는 자본과 노동이라는 비교적 단순화된 이해관계로 복잡한 사회관계를 구분하고 대변하려는 대중정당체제로는 더 이상 오늘날의 다양하고 급변하는 정치적 요구를 적실성 있게 적시에 효율적으로 대응해 나갈 수 없게 되었습니다. 대중정당의 이데올로기가 지니는 경직성, 국지성, 외발성도 문제입니다. 이데올로기라는 선험적 프레임으로 재단하기에는 오늘날의 사회관계가 너무나 다양하고 급변할 뿐만 아니라 정보사회의 도래 이후 자기중심주의 내지는 자존적 판단력으로 무장한 유권자들이 타인에 의해서 만들어지거나 제공되는 프레밍에 따라 세상을 분석하고 평가하는 일을 달가워하지도 않게 되었습니다.

신형식 : 한국정치의 실패는 그런 시대 성격의 변화에서 야기되는 요인 외에도 한국 사회 자체의 내생적이고 토착적인 요인도 영향을 미쳤다고 보아야 하는 것 아니겠습니까?

박재창 : 한국 민주주의는 시대성격의 변화에 더 해 한국 사회 특유의 왜곡된 질서가 영향을 미치고 있습니다. 우리의 대통령은 견제와 균형의 원리에 따라 의회로부터 적절히 감시되고 통제되는 대통령제 하의 대통령이 아닙니다. 국세청, 검찰, 언론, 경찰, 집권당, 국정원, 행정관료 등을 효과적으로 동원하고 영향을 미치는 권력자입니다. 흔히 제왕적 대통령이라고 하지 않습니까? 그레고리 헨더슨이 말한 대로 우

리 사회는 모든 권력이 일극점을 향해 소용돌이처럼 수렴되는 특징을 지녔습니다. 권력이 모든 사회관계를 빨아들이고 집중하는 현상이 매우 심각하게 진행되고 있습니다. 정치권력 지상주의 내지는 만능주의가 일상화 되어 있습니다. 아마도 너무 어렵게 살다보니까 기회의 선택 폭이 좁았고 그러다 보니 권력이 모든 기회 배분에 관여하는 결과를 낳고, 이는 다시 권력을 향해 허리를 구부리는 사회를 불러온 것은 아닐까 생각됩니다. 구조적으로도 전통사회에서 지배계급과 하층민 사이를 이어주고 중개하는 중간계급 없이 국가권력과 일반시민이 직접 마주 닿았던 나라입니다. 권력의 배분 기회를 중재하는 중간 계급이 없어 보통사람은 권력 운영과정에 참여해 볼 수 있는 기회가 없었습니다. 이 점은 민주주의의 선행국이라는 서구의 여러나라와도 결정적으로 다른 점입니다.

이러다 보니 우리나라의 정당정치는 일반주민의 정치적 요구를 수렴하고 조정하는 장치가 아니라 권력엘리트들끼리의 권력투쟁이 이루어지는 패권 각축장으로 자리매김 되었습니다. 궁정정치의 요람인 셈입니다. 패거리 정치요 동냥정치입니다. 정치과정과 일반시민이 유리되어 따로 노는 구조입니다. 나라의 주인이라는 일반시민이 정치과정에서 소외된 체 어디 마음 줄 데가 없습니다. 어쩌다 시민참여의 공간이 주어진다고 하더라도 개인의 정치적 이해를 충족시키기 위한 도구로 사용될 뿐 사회공동체의 유익과 화합, 공동의 질서 창출을 위한 배려는 찾아보기 어렵습니다. 지나친 개인주의가 일종의 천민민주주의를 낳았습니다. 개인 단위의 이해관계를 조율하는 사회적 합의의 공간이 작동하지 않으니 벌거숭이 형태로 철저히 정치적 이기주의가 세상을 농단하는 꼴입니다.

신형식 : 그러면 그런 우리 사회의 근본문제를 해결하기 위한 대안은 무엇입니까?

박재창 : 정치과정에 공동체주의적인 요소를 확대 공급해야 합니다. 거버넌스에 대한 사회적인 수요가 강고하게 제기되는 까닭 가운데 하나입니다. 근대 민주주의의 한 형태인 대의민주주의라는 것은 자기의사 결정권을 정치적 대리인 내지는 행정적 대리인에게 위임하자는 것입니다. 산업화와 함께 대중민주주의 시대가 도래하면서 주권재민의 정신이 일상적 가치로 자리 잡고 보편적 참정권의 시대가 열렸습니다. 사람이라면 누구나 평등하고 일반적인 참정권을 갖는다는 것입니다. 그러나 실제로는 수천만 명에 이르는 일반시민이 직접 국정운영과정에 참여한다는 것은 물리적, 사회적, 경제적으로 가능한 일이 아니었습니다. 인간은 같은 시간대에 같은 물리적 공간에 포개 넣을 수 없습니다. 그러니 물리적으로 인간이 모여 국정을 논할 수 있는 범위는 최대한 5천 명 정도입니다. 흔히 직접민주주의는 인간의 육성이 들

리는 범위 내에서의 민주주의라고 말하는 이유입니다. 아테네의 아고라 광정에서 이뤄지던 직접민주주의가 바로 이런 범위만의 시민을 상대로 이뤄지는 것이었습니다.

또한 산업화가 진행되면서는 사회정책과제의 고도기술화, 복잡화가 촉진되자 단순히 상식적 판단력만으로 국정을 운영하기는 어렵다는 생각이 들게 되었습니다. 분야별 전문가에게 국정운영을 대행시켜야 보다 합리적으로 나라를 경영할 수 있고, 그럴 때 국가운영의 총비용이 줄면서 국민의 담세율도 줄게 된다고 보았습니다. 국정운영의 합리화 수준을 높이려면 국정 담임권을 전문가에게 위임하는 것이 도리라고 본 것입니다.

하루하루 먹고 살기에 바쁜 보통 사람들이 국정운영에 참여하는 것은 사실상 불가능한 일이라는 판단도 국민 참정권을 대리인에게 위임해야 한다는 지혜로 이어졌습니다. 이 모든 생각의 바닥에는 국민이 국정운영의 대리인을 선발해서 그들에게 공무담임권을 위임하면 국정운영의 대리인들이 선의에 따라 나라를 위해 헌신할 것이라는 믿음이 자리 잡고 있었습니다. 그러나 이는 매우 천진난만한 발상이었음이 이후 대의민주주의를 운영하는 과정에서 밝혀지고 있습니다. 대리인들도 이기심에 젖은 인간인 만큼 자신들의 권력적, 경제적 유익을 우선적으로 챙기기에 바쁘고 공익이나 사회적 가치를 위해 일하는 것은 후순위 과제라는 사실이 확인되고 있습니다.

여기에 더해 후기근대로 들어서면서 대리인을 통해 국정을 운영하는 데에서 오는 구조적인 문제가 매우 심각한 과제로 떠오르게 되었습니다. 대리인을 통해 국정을 운영하는 체제는 국민이 직접 국정에 참여해서 자기 문제 해결에 나서는 것과 비교하면 당연히 전환비용을 추가 지불해야 한다는 문제에 봉착합니다. 남을 시켜 사회공동체 문제 해결을 맡겼으니 당연히 사용인에 대한 지불비용이 발생합니다. 또 문제의 현장에서 문제의 당사자들이 직접 문제를 해결하는 것이 아니라 이렇듯 대리인을 통하는 경우에는 그 과정에서 문제해결의 지체, 관료적 대응에 따르는 문제의 왜곡 등 추가 비용의 지출이 발생합니다. 산업사회와 달리 사회관계가 급변하는 정보사회에서는 대리인에 의한 개입을 기다리기에는 문제해결에 대한 수요가 너무 긴박하고 설사 대리인이 개입한다고 하더라도 이미 문제의 성격이 바뀌어 효과적인 대응에 나서기가 구조적으로 어렵게 된다는 문제가 발생합니다.

특히 정보사회에서는 정보의 유동성이 높아지면서 관료에 의한 정보의 배타적 독점이나 그에 따른 전문가적 지위의 확보가 도전받게 됩니다. 광우병 사태 때 텔레비전에 나와 당시 농수산부 축산분야 담당 관료와 시민운동가가 수입소 축양장에서의 관리문제를 놓고 논쟁하는 것을 본 일이 있습니다. 옛날 같으면 보통사람은 미국의 축산농가에서 도축소를 어떻게 다루는지 또 미국의 농림부가 어떤 제도를 가지고 이들을 지도하는지 알 길이 없습니다. 알 수 있다면 정부의 담당 관료들이나 정부 간 협력을 통해 알 수 있을 뿐입니다. 그러나 상황은 정반대였습니다. 관료는 미처 파악하지 못한 정보와 지식을 토대로 토론에 임하고 시민운동가는 미국 내 도축관리과정상의 문제점을 소상히 알고 대응하고 있었습니다. 미국은 행정정보공개법이 있어 대부분의 정부 보유 정보가 공개되고 있으니 구글링(googling)만 잘하면 원하는 관련 정보를 누구나 쉽게 접근해서 수집할 수 있습니다. 정보통신기기의 덕분입니다. 그러니 관료의 전문가적 지위가 도전받지 않을 수 없습니다. 그만큼 보통사람들도 더 이상 수동적, 열등적 존재가 아닙니다. 오늘날의 보통 사람들은 스스로 자존감에 충만한 존재이기도 합니다. 자기가 결정하고 스스로 해결에 나서야 직성이 풀리는 정도의 자신감을 지녔습니다. 과거의 일방적, 순종적 존재는 이제 더 이상 아닙니다.

참여에 따른 물리적 제약의 문제도 정보통신기기의 발달로 상당부분 해소되는 추세에 있습니다. 과거에는 동시간대에 같은 공간에 있어야 정보공유가 가능했고 그래야 의사소통이 이루어졌습니다. 그러나 이제는 동시성이 아니라 이시성의 시대입니다. 이메일이나 메시지는 아무 때나 정보를 남기면 이를 상대가 편한 때 들여다보고 회답하는 시대입니다. 공간적으로도 사실상 물리적 경계를 타파했습니다. 지구촌 저편에서도 아무런 지리적 이격성의 제한 없이 소통할 수 있는 시대입니다. 대중의 국정참여에 대한 물리적 한계가 더 이상은 장애로 작동하지 않게 되었습니다. 일상의 생업에 종사하면서도 큰 추가적인 부담 없이 자신의 의사를 개진하거나 국정운영과정에 참여해서 의견을 조율할 수 있게 되었습니다.

이런 상황 아래에서라면 정치적인 의사결정권을 국민에게 돌려주자는 의견이 비등하게 될 것은 자명한 이치입니다. 더 이상 대리인의 횡포, 대리인에 의한 지대추구, 대리인에 의한 권력적 왜곡에 놀아날 이유가 없다는 생각입니다. 그러나 전문가 중심주의의 경로의존성도 있고 일반시민이 모든 것을 처리하기에는 정보통신기술의 완벽성도 아직은 갈 길이 적지 않은 만큼 참정권의 전부를 환원하기 보다는 대리인과 일반국민 사이의 협업체제를 모색해 보자는 것이 오늘날의 주문입니다. 이는 무엇보다도 전문가가 지향하는 합리주의와 보통사람이 추구하는 정서적 만족, 보편적 원칙과 개별적 특성에 대한 고려를 함께 추진하자는 것에 다름 아닌 일이기도 합니다. 후기근대의 철학적 관점을 반영하는 일입니다. 전문가에 의해서 일원주의적으로 미리 재단되어 있는 프레임에 의해 관리되는 사회가 아니라 전문가와 일반시민의 상호작용과 변증법적 대응을 통해 융합하고 새롭게 생성해나가는 역동적 대안의 시대를 열자는 것입니다. 대리인에 의한 일방적 지시가 아니라 양자 간의 토론과 담론을 통해 제3의 길을 모색하자는 것입니다. 이것이 담론

민주주의, 참여민주주의, 준직접민주주의, 거버넌스 체제에 대한 주문입니다. 시민이 전문가에 일방적으로 의지하던 시대는 종말을 고하게 되었습니다.

신형식 : 거버넌스 체제의 채택 또는 준직접민주주의 시대를 열어야 한다는 주문인데 어떤 제도나 디자인이든 그것 자체가 사회적인 성과를 약속하는 것은 아니지 않습니까? 그런 디자인을 운영하거나 대응하는 사회 내재적인 에너지와의 상호작용을 통해 구체적인 성과가 생성되기 마련인데, 그런 점에서 볼 때 우리 사회가 갖추어야 할 에너지의 성격 내지는 전제 조건에는 어떤 것들이 있습니까?

박재창 : 일반시민이 국가의 일방적 지시에 피동적으로 순응하는 수동적 존재로부터 국정의 협력적 파트너로 등장하게 되면서 제기되는 과제는 그러면 과연 보통사람들이 국정의 파트너로 참여하기에 충분한 준비를 갖추었는가에 있습니다. 문제는 일반시민이 국정의 파트너가 될 만큼 합리적이고 이성적이냐는 것입니다. 더 나아가 적어도 참여의 양식에 대한 합의가 있어야 할 것입니다. 하지만 우리는 불행하게도 그런 훈련을 받아본 경험이 없습니다. 사회적인 축적이 없는 상태에서 거버넌스 시대를 어떻게 열어갈 것인가가 문제입니다. 사회자본의 축적이 문제되는 이유입니다. 서구사회에서는 오랜 동안 민주적인 일상의 생활양식을 통해 사회

적 학습이 이루어지고 그에 따라 사회적인 규범과 네트워크, 사회 구성원간의 신뢰가 형성되어 있습니다. 그렇지 못한 가운데 공무원과 시민이 어떤 문제를 놓고 합의에 나선다고 할 때, 과연 기대하는 효과를 낳을 수 있을 것인가는 진지한 검토를 필요로 합니다. 이 점은 행정관료나 정치적 대리인의 경우에도 같습니다. 협력적 거버넌스에 조응할 수 있도록 자신들이 의존해 온 인식의 틀을 바꾸는 작업이 선행되어야 합니다. 정부는 더 이상 독단적 결정자가 아니라 조장적 지원자 내지는 협력적 동반자가 되어야 하는 만큼, 그런 양식으로 자신의 역할정향을 조정할 줄 알아야 합니다.

거버넌스가 제대로 작동하려면 정보격차를 시정하는 문제도 해결해야 할 과제입니다. 노인, 가난한 자, 소외지역에 있는 사람 등이 정보적인 네트워크로부터 구조적으로 차단되어 있을 때 동등참여의 원리는 현실적으로 구현되기 어렵습니다. 정보 비대칭성이 동등참여의 원리를 근본부터 훼손하는 근인이 됩니다. 정보에 대한 가촉성, 해석력, 응용력 같은 소비능력과 함께 유통능력, 생산능력에서 불균형이 일어나면 곤란한 일입니다. 따라서 정보자원의 비대칭성을 시정하기 위한 사회적인 노력이 경주되어야 합니다. 예를 들면 이메일을 이용하거나 웹사이트를 활용하는 능력상의 불평등성 시정을 위한 사회적인 투자가 이뤄져야 합니다.

참여를 위한 담론과정의 평등성 유지와 기회 균등도 중요한 과제입니다. 그렇지 않을 경우 목소리 큰 사람이 장땡입니다. 일반적으로 사회운동 경력이 좋거나, 재정 상태가 좋은 사람의 발언권이 쌔집니다. 이런 식의 토론에 의해 결정된 것을 거버넌스의 결과물이이라고 말할 수 있겠습니까? 이런 것을 통해서 진정한 의미의 공동체 자유주의에 기초한 정책 비전을 만들어낼 수 있겠습니까? 성공적인 거버넌스가 이루어지려면 담론과정의 민주주의를 제도적으로 보장하는 참여 메카니즘의 정착이 필수적인 과제입니다. 이는 후기근대의 프레임이 요구하는 변증법적 융합을 효과적으로 성취하자는 것에 다름 아닌 일이기도 합니다.

신형식 : 후기근대의 사회구조적인 특성에 맞게 정치적 메커니즘을 재디자인 해야 한다는 주장에 동의합니다. 그렇다면 경제적 차원의 재 디자인도 요구되는 것 아니겠습니까?

박재창 : 후기근대의 프레임에서 보면, 경제적 불평등이나 부등가 교환의 문제를 시정하기 위해서는 고용과 소비를 융합하는 변증법적 창의력을 필요로 합니다. 예를 들자면 생협이 이런 창의적 접근의 생성물이라고 할 수 있습니다. 생협은 소비 자체가 고용을 창출하자는 구조입니다. 소비자들이 특수한 형태의 소비구조를 만들어내면서 고용을 창출합니다. 고용과 소비가 융합하면서 소비과정의 거래비용을 줄일 수 있게 됩니다. 기존의 생산 매커니즘, 그러니까 요

소투입 경제에 기초한 자본우위형 거래양식에 대한 대항 능력을 확대하자는 것으로도 볼 수 있습니다.

이런 기존의 경제활동양식에 대한 새로운 도전의 하나로는 p to c를 들 수도 있습니다. 생산(production)과 소비(consumption)를 직결시켜 유통 내지는 중간 거래 비용을 줄이는 방식입니다. 전자 새마을 운동이 대표적인 사례 가운데 하나입니다. 칠곡의 과수원 농장주가 자기 과수원 전용 웹사이트를 개발해서 소출물을 웹사이트에 게시하고 전자상거래를 통해 소비자와 직거래하는 방식입니다. 일종의 진화된 생협 운동이라고 할 수 있겠습니다. 고용의 측면에서 보면 유통과정의 고용기회를 줄이는 것이기는 하지만, 소비자 입장에서 보면 소비자 가격을 낮추는 일입니다. 같은 이치로 사회운동단체가 주도하여 상품의 품질이나 유통과정의 질적 수준을 보장해 주고, 이를 토대로 농어촌 생산자와 도시 소비자 간의 직거래 운동을 시도해 볼 수 있을 것입니다. 일종의 내국용 공정거래 운동쯤에 해당됩니다.

상거래상의 경쟁과 사회적 책임을 융합하는 경우는 윤리적 소비자 운동에서 찾아볼 수 있습니다. 이는 소비자의 역량강화(empowerment), 즉 상거래상의 주도권을 만들어 가자는 것입니다. 여기에는 오늘날의 시장이 생산자 친화적인 왜곡으로 인해 부등가 거래를 체화하고 있다는 인식에 기초합니다. 이에 대항하는 대표적인 사례가 스위스에 있었습니다. 마을에 고깃간이 3군데 있었다고 합니다. 한 집이 싼

값에 고기를 공급하기 시작했지만 동네 주부들이 모여 가장 싼 집만 이용하지는 말자는 운동을 폈습니다. 가장 싼 집만 이용하는 경우 나머지 두 집이 결국은 망하게 되고, 그러면 살아남은 한 집이 고기 공급을 독점하게 되면서 고깃값을 올리게 될 것이라는 계산이었습니다. 그래서 이들은 가장 싼 집을 포함해 나머지 두 집을 번갈아 가며 이용하자는 운동을 폈습니다. 영악한 소비활동일 수 있지만, 시장의 질서가 왜곡될 가능성이 큰 만큼 소비자가 스스로 이를 예방할 만큼 영리해져야 한다는 점을 시사합니다.

이런 점에서 보면 소비자 교육운동이 중요해 질 수 밖에 없습니다. 보다 더 나갈 수 있다면, 소비의 습관 자체를 바꾸는 운동이 필요합니다. 산업사회의 가치관에 함몰되어 대량생산 대량소비를 당연한 듯 여기는 인식의 틀을 바꿀 필요가 있기 때문입니다. 이렇듯 소비에 대한 인식의 프레임 자체를 바꾸는 소비자 교육운동은 당연히 환경보호운동과 연동됩니다. 최고의 환경운동은 소비의 패턴을 바꾸어 자족하는 삶 내지는 슬로 시티(slow city) 같이 느린 삶의 양식을 지향하게 하는 일일 것입니다. 덜 쓰고 덜 먹으면서도 자족하는 삶의 양식을 개척하자는 것입니다.

신형식 : 새롭게 정치적, 경제적 디자인을 개선한다고 하더라도 그런 디자인을 통해 어떤 과제를 우선적으로 다룰 것인가의 문제는 여전히 남습니다. 우리 사회가 통합적인 신질서를 구축하

기 위해 당면하고 있는 최우선적인 정책과제에는 어떤 것들이 있을 수 있겠습니까?

박재창 : 먼저 조세제도개혁이 필요하다고 봅니다. 우리 사회는 그동안 산업화와 민주화 과정을 교체적으로 살아오면서 남들이 부러워하는 나라를 만들었습니다. 그러나 그 그늘에서 생겨난 수많은 문제들이 고개를 들고 있습니다. 정의와 형평이 무너진다는 고발이 가장 가슴 아픈 일입니다. 아니 이 왜곡된 경쟁의 길목에서 털려난 사회적 열패자에 대한 특단의 배려 없이는 이제 더 이상 사회공동체의 발전적 유지 자체가 어렵게 되어 있습니다. 경제 민주화를 말하지만 이는 결국 사회복지정책을 강화하자는 것에 다름 아닙니다. 사회복지란 국가 재정을 말하는 것이고, 이는 사실 조세정책과 직결되는 과제입니다. 그러나 우리나라의 조세제도를 심층적으로 파헤쳐 보면 문제가 심각합니다. 우리 사회의 구조적 모순이 왜곡된 조세제도에 응결되어 있다고 해도 과언이 아닙니다. 오늘날 우리가 겪고 있는 사회적 불평등이나 경제적 양극화의 문제도 사실은 왜곡된 조세제도에서 비롯되었습니다. 이제 이를 시정하기 위한 길도 조세정의의 구현에 있음은 두말할 나위가 없습니다. 그러니 대대적인 조세제도 개혁에 나서야 합니다. 원래 우리 사회에는 세금을 국가가 주는 패널티로 생각하는 경향마저 있습니다. 사회공동체의 유지를 위해 필요한 비용을 공동 부담하는 배분 값이라고

생각하지 않습니다. 문화적으로 보면 권력자에게 빼앗기는 돈으로 이해하는 경향이 있다는 말씀입니다. 그만큼 세금이 왜곡된 양식에 의해 거출되고 왜곡된 양식으로 쓰여 왔다는 의미도 됩니다. 이제 인식의 전환이 필요한 때입니다. 배분적 정의에 의해 공평하게 제대로 감당되고 있는가를 물어야 합니다.

정부의 사회 과제에 대한 정책대응이 기본적으로 일국주의의 한계를 벗어나지 못한다는 점도 문제입니다. 오늘날의 사회구조를 인식하는 틀 자체가 구닥다리이니 어떻게 새로운 대응방식이 모색될 수 있겠습니까? 최근 미국이 어떤 제도를 도입했냐면, 미국에 5만 불 이상 투자해서 주택을 구입하는 경우, 시민권을 주는 제도를 도입했습니다. 월가가 고안한 서브프라임 모기지(subprime mortgage) 사건 이후 미국경제가 엉망이 됐는데, 원인은 주택 가격하락에 있었습니다. 미국이라고 하는 한 나라의 경계를 놓고 보면 주택에 대한 구매력이 유실되면서 생긴 문제이니 주택구매력을 높이자는 것이고, 이를 위해서라면 그 자금의 출처가 꼭 미국 내에서 제공되는 것이어야 할 필요가 없다는 판단의 결과입니다. 외국의 자본을 자연스럽게 끌어내 자신의 금융파국을 막고 경제를 회복시키자는 것입니다. 대단한 발상의 전환입니다.

이렇듯 우리의 현안이 되고 있는 청년실업문제를 두고도 국내에서만 답을 찾고자 한다면 해답이 없습니다. 문제 시발의 많은 부분이 세계경제체제의 등장이라는 외발성 요인에 기인한 바 크기 때문입니다. 예를 들자면 청년 자원봉사자를 제3세계에 보내 현지 전문가가 되거나 개인적인 네트워크를 개척할 수 있게 해 주자는 것입니다. 국내에 고용 기회가 없다고 해서 꼭 국내에서 고용을 창출하려고 해야 할 이유는 없습니다. 그런 점에서 해외자원봉사운동을 강화할 필요가 있습니다. 해외 취업지원, 창업지원 프로그램을 만들어야 합니다. 자라는 청소년들에게 일국주의 경계 개념을 깨고 지구경영의 안목을 갖도록 지도해주는 일은 대단히 중요한 과제입니다. 전 세계를 상대로 도전하고 일상을 영위하며 기회를 창출하고 자신의 미래를 구상해 나갈 수 있게 해야 합니다.

이런 지구경영의 시대를 열려면 기업경영의 경우, 외국의 투자자나 소비자들이 신뢰할 수 있도록 경영 투명성을 유지하는 일이 관건입니다. 천민자본주의의 출발이 개인의 과도한 탐욕에서 출발했다는 점을 상기해 볼 때, 사회적으로는 반부패 운동, 정보공개운동을 펼쳐야 합니다. 정보공개법이 있음에도 불구하고 잘 운영되지 않고 있는 것이 우리의 실정입니다. 그러나 이를 시정하는 일은 우리 사회가 다음 단계로 성공적으로 넘어갈 수 있게 하는 데 있어 매우 중요한 과제입니다. 이와 함께 기업의 사회적 책임운동을 보다 더 강화해야 합니다. 현재는 기업이 사회공헌을 화장술 정도로 치부하는 단계에 있습니다. 기업경영의 가치관을 바꾸는 노력이 필요합니다. 기업 활동 자체를 사회공헌의 한 양식이라는 시각으로 바라볼 수 있게 되어야 합니다. 기업이 경제적 생산뿐만 아니라 사회적 생산에도 눈 떠야 한다는 뜻입니다.

정치적으로는 자유주의의 모순을 어떻게 극복할 것인가에 보다 더 주목해야 하겠습니다. 이에 대응하기 위해서는 변증법적 융합의 문제로 접근해야 합니다. 거버넌스가 주목받는 이유입니다. 그러나 운영 실제에 있어 거버넌스는 잘 이뤄지지 않고 있습니다. 진짜 협치는 위원회를 통해 이루어지는 것이 아닙니다. 현재 국민 참여 양식의 하나라고 하면서 정부가 각급 위원회를 구성해서 운영하고 있지만, 이는 결코 거버넌스라고 말할 수 없습니다. 단지 정부의 입장을 도색하기 위한 치장수단에 지나지 않습니다. 거버넌스가 이루어지려면 국가경영의 메커니즘 자체를 바꿔야 합니다. 국민 참여 양식을 바꿔야 합니다. 국민창안제도나 국민소환제도 같은 것을 생각해 볼 수 있을 것입니다. 국민도 인터넷 클릭이 30만 건 이상 되면 국회에 법률안을 제출할 수 있게 하고, 이렇게 해서 제안된 법률안에 대해서는 국회가 자동으로 심의하게 강제하자는 것입니다. 임기 중이라고 하더라도 국민의 정치적 대리인 역할을 제대로 수행하지 않는다고 판단되면 국민소환에 나설 수 있게 할 필요도 있습니다. 참정권의 위임을 잠정적, 조건부적인 성격의 것으로 재해석하자는 생각입니다.

그러나 이 모든 변화의 출발점은 결국 국민이 실질적으로 참여하는 데 있고, 이를 위해서는 국민 참여의 현실적 수단인 토론이 제대로 이루어지도록 해야 합니다. 그런 의미에서 제대로 된 토론문화의 확산이 필요합니다. 토론문화운동이 중요해지는 이유입니다. 이를 제대로 성취하기 위해서는 민주시민교육이 요구됩니다. 우리의 경우 민주시민교육 없이 사회자본의 축적이 이루어질 수 없고, 사회자본의 축적 없이 민주적 토론은 없고 민주적 토론 없이 민주적 거버넌스의 운영은 없다고 보아야 합니다.

신형식 : 박교수님은 시민사회운동의 일선에서 오랜 동안 활동해 오셨는데 이런 대전환기 사회에 시민사회가 감당해야 할 과제에는 어떤 것이 있다고 보시는지요?

박재창 : 결론에 해당되는 질문을 주신 것 같습니다. 시민사회가 시대상황의 변화에 조응하는 사회변화운동의 선봉에 서야 하지만 우선 당장 필요한 것은 시민사회 스스로가 사회적인 신뢰를 회복하는 일입니다. 이렇게 되려면 먼저 실천적 리더십을 보여야 합니다. 그런 점에서 우선 평소에 생각했던 것을 제안해 보려고 합니다. 공공교육운동을 전개할 필요가 있다고 봅니다. 지금까지 살펴본 바와 같이 우리의 자유민주주의와 시장경제 체계에는 근본적인 문제가 있습니다. 지나친 경쟁이 극심한 갈등을 유발하고 있습니다. 극

심한 경쟁이 심각한 사교육의 문제를 낳고 있습니다. 대학만 가면 문제가 해결되는 것도 아닙니다. 대학 졸업 이후 취업이 되지 않는 문제가 보다 더 심각한 문제가 되어 있습니다. 이를 타개하기 위한 구체적 정책 대안이 없는 것은 더 큰 문제입니다. 이런 점에서 대학교육이 혁신적인 변화를 거듭해야 한다는 건 두말할 필요도 없습니다. 다만 그 개혁의 방향이 무엇이냐의 문제인 데, 지금처럼 대학구조조정이라고 해서 대학의 규모를 줄이는 데 초점을 맞출 일이 아닙니다. 미래정보사회에서는 고등교육 받은 인력 없이는 지구촌 경쟁시대를 견디어 나갈 수가 없습니다. 오히려 많은 나라들이 우리처럼 치열한 교육열이 없어 걱정하고 있는 실정입니다. 우리의 경우는 그런 높은 교육열, 향학열에도 불구하고 대학이 제공하는 교육내용이 지구화 시대, 정보화 사회의 미래 수요에 잘 상합하지 않는다는 데에 문제의 심각성이 있습니다. 대학이 가르칠 때 학생이 졸업하면 전 지구적으로 헤쳐 나갈 수 있도록 고민하고 연구해야 합니다. 지금처럼 대학이 길러내면 그 길러낸 인력을 기업이 데려다 쓰는 순차적 교육제도가 정보사회의 수요에 맞는 것인지도 검토해 보아야 할 과제입니다. 대학이 길러내 사회에 배출하는 인력은 이미 기업이 필요로 하는 요건을 갖추고 있기가 쉽지 않다는 말씀입니다. 급변하는 사회수요를 반영하기 어렵다는 뜻입니다. 따라서 대학과 기업의 인력수요 현장을 직결시키는 일종의 p to c 체제를 대학교육에도 도입할 필요가 있습니다. 대학과 기업의 인력현장을 순차적 과정이 아니라 동시성의 과제로 보려는 시각교정이 필요합니다. 대학을 기업의 인력수요를 반영해서 운영되는 허브 체제로 전환해야 합니다.

다만 대학 진학과정에서 제기되는 사교육 열풍의 문제는 또 다른 차원의 검토를 필요로 합니다. 교육열이 높다는 것 자체가 문제가 아니라 사교육과 공교육의 중간지대가 없다는 데에 문제의 핵심이 있습니다. 공교육은 기회균등에 그리고 사교육은 경쟁의 원리에 초점을 맞추게 되는 것은 당연한 일입니다. 각각 나름대로의 원리와 정당성도 지녔습니다. 문제는 우리가 교육기회의 평등성과 수월성 모두를 공교육 또는 사교육 한쪽을 통해 충족하고자 한다는 데에 있습니다. 처음부터 되지를 않는 일입니다. 자기 모순적이기 때문입니다. 사회경제적 계층과 관계없이 쉽게 접근 가능하고 그러면서도 개인의 수월성을 조장 지원해 줄 수 있는 방안은 없는 것인가를 고민해 보아야 합니다. 공교육과 사교육의 중간지대에서 교육기회가 제공된다면 이런 대립적 수요를 모두 충족시킬 수 있을 것입니다. 양질의 교육을 제공하는 사교육이지만 지금의 사교육처럼 고비용을 요구하지 않는 방법은 없을까? 사교육은 왜 공교육 현장 밖에서만 가능하다고 보는가? 이 문제를 해결하는 대안으로 공공교육을 제안합니다. 공공교육은 시민운동단체 같은 공공기구가 재능 기부 같은 사회운동을 통해 저비용으로 양질의 교육

기회를 제공하자는 것입니다. 이런 교육은 방과 후 학교나 주말을 이용해서 학교의 정규 교과를 보충하는 방식으로 진행될 수도 있을 것입니다.

시민운동단체인 YMCA를 예로 들어보지요. YMCA는 원래부터 공교육과 사교육의 중간지대에서 공공교육의 요람으로 활동해 왔습니다. 유럽의 경우 과거에는 교회가 교육을 담당했었습니다. 윤리와 도덕 문제를 중심으로 하는 종교교육이 공교육의 효시였습니다. 그러나 산업화가 진행되면서 도시화가 이루어지고 도시에 공장 노동자가 몰리면서 매뉴얼을 읽는 문자해득력이 필요하게 되었습니다. 이를 위해 국가가 주도하는 공교육이 등장했습니다. 산업사회가 필요로 하는 고급 인력의 양산을 위해 종교교육에서 공교육으로 대중교육이 탈바꿈되었습니다. 그러나 공교육은 학교 갔을 때만 운영되었기 때문에 방과 후에는 아이들이 갈 데가 없었습니다. 대부분의 경우 학부모가 생산 현장에 머물러 있을 때 아이들이 귀가하는 형편이었습니다. 이렇게 학부모가 방과 후 아이들을 돌볼 수 없는 상황에서 이 빈 공간을 채우기 위해 자원한 곳이 바로 YMCA 였습니다. YMCA는 학교 교육의 연장선상에서 교과 교육을 시키는 것이 아니라 체력훈련, 레크리에이션 등 사회교육을 실시하는 데 초점을 맞추었습니다. 공교육과 사교육 사이에서 중간지대를 개척했던 것입니다. 이제 우리 사회에서도 YMCA 같은 시민운동단체가 공공교육을 일으켜 교육

현장의 문제를 보완, 수정해 나가야 할 때가 된 것은 아닐까요?

지금은 전 인류가 유랑하는 시대입니다. 범지구적인 이동과 교류가 활발하다는 의미 외에도 세상을 바라보는 인식론적 프레임이 근본적인 전환을 시도하는 문화사적 이행기에 있기 때문입니다. 그런 만큼 과거의 고식적인 인식의 틀이나 가치관만으로는 급변하는 세계를 대응해 나가기가 어렵게 되어 있습니다. 사회변동에 대한 보다 근본적인 연구가 필요한 이유입니다. 이를 위해서는 체계적으로 연구 활동에 나서는 일이 중요합니다. 시민사회 단체들이 연대하여 미래사회연구회 같은 연구 집단을 만들어 미래사회의 변화에 보다 효율적으로 대응해 나가기 위해 집단지성을 모아보는 일도 중요한 과제입니다.

사회변화는 제도개선과 함께 이와 조응하고 상호작용하는 사회내부의 에너지를 함양하는 일이 병행되어야 가능해집니다. 사회 에너지의 축적이라는 점에서는 사회간접자본 조성이 선결과제입니다. 이런 사회적 토대가 마련되어야 자율적으로 우리만의 눈으로 우리의 문제를 바라보는 능력을 기를 수 있게 됩니다. 이미 세계는 과거와 같이 외발적 동기에 따라 외국의 사례를 벤치마킹하거나 모방전략을 통해 사회발전을 도모하던 시대는 지났습니다. 우리만의 시각으로 우리 문제를 전망하고 해석하는 자생적 프레임을 필요로 하는 시대입니다. 소위 한국적 표준(Korean standard)이 요구되는 때입니다. 이를 위해서는 보다 사회변동의 근인을 근본적으로 천착할 수 있는 능력을 길러야 합니다. 미래사회연구가 모든 시민사회운동의 출발점이 되어야 하는 이유입니다.

4. 국회, 혁명적으로 바뀌어야 한다

대담 : 박재창 숙대 교수, 김창우 기자
일시 : 2004년 5월 31일
장소 : 숙대 교정

최근 '한국의회개혁론'이라는 책을 낸 박재창 교수를 만났다. 숙명여대 행정학과에 재직중인 박 교수는 인터넷 중앙일보 디지털 국회 자문을 맡을 만큼 네티즌들의 역할에 관심을 기울이고 있다. 그래서 온라인의 다양하고 빠른 여론을 반영하지 못하는 국회를 개혁해야 한다는 신념이 더욱 강한 듯 했다.

김창우 : 우리는 지금 광화문 촛불집회와 여의도 탄핵결의가 교차하는 시대에 살고 있습니다. 이런 현상을 보시는 소감은?

박재창 : 광화문에서는 촛불집회가 벌어지는데 여의도에서 탄핵을 결의한 것이 한국 의회의 현실입니다. 전통적인 의미의 대의민주주의가 한국 사회의 변화를 반영하지 못한다는 것을 보여주는 상징적인 사건입니다.

김창우 : 왜 우리의 대의정치는 무력한 것일까요?

박재창 : 전통적인 대의민주주의는 정당정치를 바탕으로 지역사회의 여론부터 점진적으로 수렴해 나갑니다. 시간·공간적인 완충 역할을 가정하는 것이지요. 산업사회에 적합한 방식이지요. 하지만 요즘은 인터넷을 통해 실시간으로 정보를 공유하고 순식간에 여론이 형성됩니다. 그런데 우리는 세계 최고수준의 인터넷 인프라를 바탕으로 농경사회에서 산업사회를 뛰어넘어 바로 정보사회로 접어든 셈입니다. 국회가 이 같은 변화에 대응하지 못한다면 17대에서도 구조적으로 뒷북을 칠 수 밖에 없습니다.

김창우 : 그렇다고 인터넷 여론조사에 따라 정책을 결정할 수는 없을 것입니다. 대안은 있을까요?

박재창 : 전면적인 직접민주주의는 대안이 되기에 곤란합니다. 일단 정보사회가 완성되지 않아 시민들 간에 '정보격차'가 존재합니다. 또 모든 일을 다수결로만 결정할 수는 없지 않습니까. 따라서 여론을 반영해 어젠다의 우선순위를 결정하는 통로를 만드는 것이 중요합니다. 예를 들어 사립학교법 개정이 필요하다고 하지만 16대 국회에서는 아예 심의도 하지 않았습니다. 시민 30만 명의 서명이 있으면 해당 상임위가 심의하도록 강제하는 제도 같은 것을 도입하면 이런 문제를 해결할 수 있습니다. 그러나 구체적인 해결 방안은 전문가들이 과학적 검증을 거쳐 개발하도록 해야지요.

박 교수는 이를 위해 국민발안제나 전자진정청원제 도입을 제안했다. 요즘 문제가 되는 국민연금도 이 같은 절차를 통해 국회에서 논의가 이뤄진다면 갈등을 줄일 수 있을 것이다. 더 나아가 국민소환제를 도입하는 것도 필요하다고 본다. 선거에만 신경 쓰게 되는 부작용은 임기 시작이나 만료 시점에서 1년 이내에는 소환하지 못하도록 하는 등의 방법으로 최소화할 방법이 있다는 것이다.

박재창 : 국회를 혁명적으로 바꿔야 합니다. 선거에 의해 뽑힌 국회의원은 유권자와 대화하는 것도 일입니다. 의사당에 있는 것만큼이나 국민을 만나는 것도 중요합니다. 또 모든 사안에 전문가이기는 어렵고 그럴 필요도 없습니다. 따라서 전문가를 입법 보좌관 등으로 두거나 국회 차원에서 정책연구원 등을 만들어야 합니다. 그렇지 않고는 행정부와 경쟁할 방법이 없습니다.

이 같은 박 교수의 생각은 '국회는 대통령을 정점으로 하는 행정부를 견제하는 데 목적이 있다'는 철학에서 비롯된다. 정당정치를 표방하는 내각책임제는 여당과 야당이 대립하고 유권자가 선거를 통해 심판함으로써 견제와 균형이 이뤄진다. 대통령제에서는 여당과 야당이 합의를 통해 대안을 만들어 정부 정책과 경쟁해야 한다는 것이다. 대통령+여당이 야당과 경쟁하는 체제인 한국에서는 국회가 대안을 내는 역할을 수행하기 어렵다는 결론이다. 그러나 박 교수는 변화의 조짐이 보인다고 주장했다.

박재창 : 국회가 대통령을 견제하는 역할을 하려면 독립성과 자율성 확보가 꼭 필요합니다. 국회의원은 행정부뿐만 아니라 정당으로부터의 독립도 필수적입니다. 국회 내부적으로 여야 관계는 대 행정부 투쟁을 위해 서로 보완적인 안을 내는 경쟁, 협력의 관계를 형성해야 합니다. 다행히 17대 국회에서는 전통적인 대통령+여당의 권력 관계가 바뀔 토대가 마련돼 있습니다. 열린우리당이 노 대통령에 대해 정치적 부채는 있지만 자금, 공천 등의 지원은 없었기 때문에 차기 대통령 창출과 차기 의원 당선을 위해 대통령과 다른 길을 갈 수도 있다고 평가합니다.

이를 위해 여론을 수렴하는 제도적인 장치가 중요하다고 박 교수는 다시 한 번 강조했다. 대의민주주의가 한계에 달한 만큼 온·오프라인 상에서 충분한 대안을 논의할 수 있는 '숙의 민주주의'와 시민단체의 의견을 국회에 수렴하는 '시민사회국'을 국회에 마련하는 등의 방법으로 '결사체 민주주의'를 북돋아야 한다는 것이다. 이 같은 과정을 통해 자연스럽게 논리의 대결이 벌어지면 지금의 극단적인 보혁 갈등도 상당부분 사그라든다는 것이 박 교수의 진단이다.

박재창 : 지금까지 한국의 진보세력은 자신의 신념을 지키는데 인생과 가족을 모두 걸었을 만큼 치열한 삶을 살았습니다. 민주노동당의 정강정책도 잘 모르는 많은 유권자가 이들에게 투표한 것도 이 같은 진정성을 인정했기 때문입니다. 이

> 에 반해 보수층에는 철학이나 자기희생 없이 기득권에 안주한 프리 라이더(무임승차)가 많았지요. 이런 상황에서 한나라당이 주도권을 잡는 것은 당분간 어렵다고 봅니다. 자기 혁신적인 보수 세력이 나와야 국회가 다양한 의견이 수렴되는 장으로 정상적인 역할을 할 수 있을 것입니다.

합리적인 토론을 통해 정부에 대안을 제시하는 국회가 언제나 가능할까. 아직 멀었다는 생각이 들었지만 박 교수는 "머지 않았다"고 단언했다. 한국의 정보 인프라와 시민의식에 대한 믿음일까. 요즘은 두고 봐야 할 일들이 너무나 많다.

(「중앙일보」, 2004.05.31.).

II

국민통합의 국정관리

한국의 시대정신

1. 한반도 미래에 대한 국민통합적 인식은 가능한가?

대담 : 백낙청 계간 <<창작과 비평>> 발행인, 문학평론가,
안병직 (사) 시대정신 발행인
사회 : 박재창 숙대 교수
일시 : 2010년 1월 14일
장소 : 시대정신 회의실

박재창 : 어느 사회나 갈등과 대립은 있기 마련이고 또 그런 갈등이 항상 부정적으로만 작용하는 것도 아닙니다만, 우리 사회의 경우에는 갈등이 지나쳐서 사회공동체 유지의 임계범위를 넘어선 것 아니냐는 우려가 적지 않습니다. 특히 그 갈등의 양상이 군집성(群集性), 과격성, 이기성, 극단성, 불법성 등을 보이면서 갈등의 본질이 공동체 발전을 위한 대안 개발의 경쟁에서 비롯되는 것이라기보다는 갈등을 통해 지대(地代)를 추구한다든가 또는 공동체 자체의 부정이나 전복에 초점이 맞춰져 있는 것 아니냐고 의심하는 이들도 있습니다. 나아가 이렇게 극한적이고 과도한 대립과 갈등의 심연(深淵)에는 북한문제와 관련된 이념 대결이 자리 잡고 있다는 의견이 적지 않습니다. 물론 우리 사회에 아직까지 과도한 이념 대결은 없다고 말하는 이들도 있지만, 적어도 이

념 집단 간에 대화가 없다거나 또는 그로인해 서로 간의 의구심, 심지어는 공포심 같은 것들이 확대 재생산되고 있고, 그렇기 때문에 불필요한 오해나 사회적인 비용의 지출이 적지 않은 점은 분명한 것 같습니다.

이런 이념 갈등의 극점에서 우리 사회의 대표지성이라고 할 수 있는 두 분이 자리를 함께 하신 것은 매우 뜻깊은 일이라고 생각합니다. 사실 두 분께서는 각기 우리 사회의 진보와 보수를 견인해 오셨는데, 그런 분들이 이렇게 자리를 함께 하시고 지금까지의 간접적인 대화 양식에서 벗어나 직접적인 대화의 물꼬를 트시게 되셨습니다. 이렇게 되기까지에는 여러 이유가 있었을 것이라고 봅니다. 이념적으로는 진보와 보수가 각기 자기 내부의 모순이랄까 한계 같은 것을 절감하면서 자기 정당성 확보에 비상이 걸렸다고 볼 수도 있을 것이고, 시대적으로는 단절과 대립의 시대로부터 소통과 대화의 시대로 진입하는 때라는 점도 작용했을 것입니다. 문명사적으로는 인식론적인 전환도 일어나고 있는데, 이전의 산업사회가 대결과 경쟁의 시대였다면 오늘날의 정보사회는 소통과 융합의 시대이기도 합니다. 근대사의 관점에서 보면 일제 강점기에 활동했던 신간회(新幹會)같은 조직이 처음 태동할 때 바로 이런 대화의 자리를 마련하지 않았을까 하는 상상도 해보게 됩니다.

우리 사회가 갈등의 시대로부터 대화와 소통의 시대로 전환하려면, 과도한 이념 대결을 방치한다거나 대한민국이라는 사회공동체 자체의 존재를 부정해서는 곤란한 일이 아닌가 하는 생각을 해 왔습니다. 결국 이념 대결은 공동체 자체의 발전을 위한 것이라는 전제 조건이 충족될 때 유의미한 것 아니겠습니까? 그런데 그런 전제 조건을 충족하려면 우리가 살고 있는 공동체로서의 대한민국이 과연 정통성을 지니고 있는가 하는 문제를 생각해 보지 않을 수 없을 것입니다. 또 더 나아가서는 그때의 대한민국이란 과연 어떤 대한민국을 두고 말하는 것인가의 문제도 있을 것입니다. 어느 분께서 먼저 화두를 여시겠습니까?

안병직 : 대담에 들어가기 전에 우선 백 선생께서 『時代精神』으로 발걸음을 옮겨주신데 대하여 마음 속 깊이 감사드립니다. 그동안 제가 정치적으로 '험한' 행보를 해왔는데, 그것을 탓하지 않고 이렇게 찾아주시니, 정말로 고맙다는 말씀을 드려야겠습니다. 그리고 사회를 맡아주신 박 선생의 노고에 대해서도 감사의 말씀을 드리는 바입니다.

백낙청 : 먼저 『시대정신』에서 이런 좋은 자리를 마련하고 초청해주셔서 감사하게 생각합니다. 모처럼의 좋은 기회를 살려서 박 교수께서 말씀하신대로 소통하고 통합하는 사회를 만드는 데 보탬이 되었으면 합니다. 특히 학문하는 사람들로서 정말 우리 현실에 발을 디딘 '우리 시대의 실학'을 할 필요가 있다는 생각입니다. 우근(又謹, 안병직 교수의 호--편집자

柱)은 실학 연구도 하셨고 실학박물관장이기도 한데 내가 실학 운운하는 것이 공자 앞에서 문자 쓰는 꼴이 되겠지만, 사실은 우근이 언제 내게 해준 말씀을 기억해서 써먹는 거예요. 조선조의 유학자들이 우리 땅에 발을 딛고 우리의 현실 문제를 제대로 고민하고 공부하기 시작한 것이 실학이다, 그리고 지금 우리들은 우리 시대의 실학을 할 때라고 말씀하신 것을 기억합니다. 오늘 이 자리가 그런 정신으로 허심탄회하게 대화가 이루어지는 자리였으면 좋겠습니다. 물론 우리 사회에 대해 어떤 기본적인 일치점이 있다고 믿기 때문에 대담에 응한 것이지만, 동시에 견해 차이가 있는 것은 있는 대로 솔직히 털어놓고 얼마나 이견을 좁힐 수 있는지 그야말로 실사구시의 정신으로 검토했으면 합니다.

안병직 : 우선 백선생의 나에 대한 좋은 말씀에 감사드립니다. 거기에 잇달아 말씀드리자면, 백 선생은 한국 지성사에서 매우 독특한 자리를 차지하고 있는 분이지요. 한국에서 고등학교를 졸업하고 바로 미국으로 건너가 영문학을 전공하고 거기서 박사학위까지 획득하셨지만, 관심은 항상 한국사회에 있었고, 그에 따라 한국사회에 대한 통찰력이 매우 깊은 분이지요. 백선생의 주된 연구업적은 물론 영문학이겠습니다만, 문학평론이나 통일문제에 관한 저술들은 한국사회에 대한 통찰이 대부분입니다. 오늘은 사회통합이

나 국민통합에 관해서 대담을 나누어볼까 합니다만, 백선생의 지적처럼 실학시대의 한국유학자들은 자기사회에 대해 치열하게 고민합니다. 사회통합과 관련하여 실학자들이 고민한 문제는 바로 당쟁(黨爭)이었습니다. 당쟁의 본질은 무엇인가. 성호(星湖)선생이 지적한 바와 같이, 하나의 밥그릇에 여러 숟가락이 들어가면서 숟가락끼리 부딪히는 소리이죠. 박제가의 표현에 의하면, 1년에 문과급제자는 36명밖에 안되는데, 과거기간 동안 장안에는 10만에 달하는 선비들이 우글거린다는 것이지요. 당쟁의 또 다른 요인은 이기론(理氣論)이라는 관념철학에 있었습니다. 다산의 표현에 의하면, 주이(主理)니 주기(主氣)니, 이발(理發)이니 기발(氣發)이니 등 객관적으로 인식할 수 없는 관념적 주제를 가지고, 남인이니 북인이니, 노론이니 소론이니 하면서 당파로 나뉘어 대물림을 해가며 싸운다는 것입니다. 한국 사람들이 이와 같은 쓰라린 정신사적 전통으로부터 쉽사리 자유롭게 되기는 어렵다고 하더라도, 지금은 산업화를 통한 시민사회의 성립으로 관직 이외에도 회사, 은행, 학계, 의료계 및 노동계 등 진출할 분야가 다양해지고, 객관적인 사실을 토대로 과학적인 사고가 가능할 만큼 학문 발전이 이루어졌으므로 이념적 갈등을 극복하고 국민통합이나 사회통합으로 나아갈 수 있는 길이 크게 열려있는 것이 아닌가 하는 생각이 듭니다. 다시 말씀드리면, 이념적 및 계층적 갈등은 완전히 배제할 수 있는 것이 아니라고 하더라도, 서로가 윈(win) - 윈(win)할 수 있는 경쟁이 가능한 사회적 조건이 갖추어진 것이 아닌가 합니다.

백낙청 : 과거의 당쟁이 표면적으로는 이념갈등이지만 성호선생 지적대로 실은 상당부분 이익투쟁이었다는 안 선생 말씀에 동의합니다. 저는 오늘날의 이념갈등도 그런 면모가 많다고 생각합니다. 박 교수께서 '지대(地代) 추구'라는 표현을 쓰셨는데 일반 독자들한테는 조금 어려운 말이지요. 지대는 rent, 쉽게 말해 자리 값이죠. 아직까지도 대한민국 사회는 지대의 비중이 굉장히 높은 사회라고 봅니다. 좋은 학교를 나왔느냐, 어디 출신이냐, 어떤 자리에 들어갔느냐, 심지어 노동자라 해도 대기업에 자리를 얻는 데 성공했느냐, 이런 것에 따라서 자기의 능력이나 노력을 훨씬 상회하는 지대 이득을 얻는 사회지요. 말하자면 특혜가 많고 자리 값이 유달리 비싼 사회니까, 자연히 자리를 겨냥한 싸움이 치열해지고 이걸 이념적으로 포장해서 싸우는 경우가 많습니다. 그런데 안 선생이 지적해주셨듯이, 이제 밥그릇 수가 늘어났고 또 밥그릇을 차지하는 경로도 훨씬 다양화되었기 때문에, 옛날같이 오직 관직에 나가야 되던 그런 사회에서처럼 치열하게 싸울 필요가 없어진 면이 있습니다. 그 점에는 동의하고, 그동안 한국의 역사를 통해 이러한 사회적 기반이 만들어졌다는 것은 대한민국에 소속된 사람으로서 자랑할 만한 일이라고 생각합니다. 그런데 밥그릇 수

가 늘어났다고 해서 반드시 싸움이 덜 치열해지는 건 아니에요. 속담에 '있는 사람이 더 무섭다'는 말이 있듯이, 밥그릇을 많이 가진 사람이 오히려 더 가지려는 욕심을 부리고, 없는 사람도 아예 없을 때는 골고루 나눠가지려고 하다가 조금 갖기 시작했을 때는 남보다 더 많이 가져야지 안심이 돼서 더 필사적으로 싸우기도 한단 말입니다. 이런 문제를 해결할 제도도 마련되어야겠고, 또 이론적으로 무엇이 잘못됐는지 정리하는 작업이 필요할 것입니다.

박재창 : 그러니까 두 분께서 대한민국의 정통성에 대해서는 다 동의를 하시면서도 문제는 대한민국의 실체라는 것이 우리 모두가 동의할 만한 양식에 의해 구성되어 있느냐에 대해서는 의문을 가질 수밖에 없다는 말씀이신 것 같습니다. 사실 이런 점은 언제나 진행형 현상 속에 내포되어 있는 숙제라는 속성도 있습니다. 지구상에 완벽한 의미의 국가나 공적 가치의 배분 시스템이라고 하는 것이 선험적으로 존재할 수는 없는 것이고, 사회 내부의 다양한 구성원들이 치열하게 경쟁하는 가운데 배분의 규칙이나 기준도 정립이 되고, 한 사회의 관리를 위한 디자인 내지는 설계도 마련되는 것이라고 봅니다. 그런 관점에서 보면 우리는 아직 새로운 제도의 정립을 위해 대화하거나 긴장하거나 투쟁해 나가는 과정에 있다고 볼 수 있을 것입니다. 그러나 이를 정지된 그림의 형태로 놓고 보면 수정해야 할 과제, 그러니까 사회를

규율하는 설계나 제도와 그 사회 속에서 솟아나오는 역동적인 힘 사이에 어떤 균형관계라고 할까요? 그런 것들을 형성할 수 있어야 할 텐데 아직 많이 부족하지 않은가 하는 생각을 해 봅니다.

안병직 : 이념갈등이란 게 본래 계층적이나 계급적 이해관계의 갈등으로부터 출발된다고 이해되고 있습니다만, 한국사회에서는 국민국가의 형성과정이 순탄하지 않았기 때문에 이념갈등이 주로 어떤 나라를 세울 것인가를 중심으로 전개된 면이 강한 것으로 보입니다. 우선 건국을 둘러싸고 단독정부를 건설할 것이냐 통일정부를 건설할 것이냐, 산업화를 두고도 제국주의의 영향을 배제하면서 자립경제를 건설할 것이냐 국제협력을 통한 성장을 추구할 것이냐, 정치체제를 두고도 산업화와 민주주의를 양립시킬 것이냐 저개발국의 산업화를 위해서는 권위주의가 불가피하지 않느냐 등등이 주요한 갈등의 요인이 아니었는가 합니다. 제가 보기로는 이러한 갈등이 왜 장기적으로 증폭되었는가 하면, 식민지나 저개발을 경험한 국가들의 근대화과정에 대한 확립된 정설이 없었기 때문이라고 봅니다. 지나놓고 보니, 그나마 존재했던 종속이론이나 사회주의혁명을 통한 근대화이론은 모두 틀린 이론이었습니다. 다시 말씀드리면, 한국사회의 진로는 1987년의 6·29선언과 1990년 전후의 공산주의제국의 붕괴로부터 어슴푸레하게 보이기 시작했습니다. 그 이전에는

한국이 과연 자립적인 근대화를 달성할 수 있을 것인가가 매우 의문스러웠는데, 어느 사이에 경제발전과 민주화를 달성한 모범적인 국가로 그 모습을 드러내었고, 이와 더불어 공산권이 붕괴되면서 한국이 세계 자본주의권으로부터 이탈하기는 불가능하다는 것이 명백하게 되어버렸습니다. 여기에서 이제 한국의 자립적 근대화와 남북 간의 통일을 둘러싼 이념적 갈등의 요인은 기본적으로 해소될 수밖에 없는 객관적 조건이 주어진 것이 아닌가 합니다. 그러나 우리가 일상적으로 경험하고 있는 바와 같이 한국이 그간에 경제발전과 민주화를 달성했다고는 하지만, 선진국과 비교해보면 여러 면에서 턱없이 부족한 국가라는 것도 사실입니다. 그럼에도 불구하고 우리가 여기서 확인할 수 있는 사실은 우리의 국가적 삶의 출발점이 바로 대한민국이 될 수밖에 없다는 사실입니다. 대한민국이 많은 결함을 가지고 있을 뿐만이 아니라 아직도 통일을 달성하지 못했습니다만 이만한 국가를 건설하는데도 60년이 걸렸습니다. 다시 말씀드리면 현실적으로 대한민국을 두고는 달리 우리가 그 속에서 살아갈 수 있는 공동체가 존재하지 않는다는 것입니다. 이러한 대한민국의 정통성에 대하여 우리가 동의할 수 있다면, 현재 한국에서 치열하게 전개되고 있는 다양한 이념적 갈등은 그 탈출구를 쉽게 찾을 수 있을 것이 아닌가 생각됩니다.

백낙청 : 저는 '정통성'이라는 표현보다 현재의 대한민국이 대한민

국 안에 살고 있는 국민들에게 정당한 귀속감을 요구할 만한 '정당성', legitimacy를 가지고 있느냐는 식으로 문제제기를 하는 게 낫다고 봅니다. 정통성이라는 것은 전근대적인 개념이죠. 말하자면 세자(世子)로 제대로 책봉이 돼서 왕위를 계승했느냐, 또는 종교에서 무엇이 정통이고 무엇이 이단이냐를 따질 때 orthodoxy를 이야기하는데, 그런 식으로 따지면 대한민국이 출발 당시에 과연 어느 정도의 정통성이 있었느냐에 대한 논란은 끊이지 않을 겁니다. 오히려 다분히 기형적으로 출발을 했는데도 이런저런 곡절을 거쳐 안 교수가 말씀하신 것처럼 87년 이후에 보니까 민주주의도 어느 정도 달성하고 경제도 계속 발전하는 꽤 멀쩡한 나라가 되었단 말이죠. 물론 결함이 없다는 것은 아니고 여러 가지 비판과 성찰을 해야겠지만, 적어도 대한민국에 적을 두고 사는 사람들은 대한민국이 일단 내가 귀속한 국가고 이를 전제로 활동해야 된다는 점에 저를 포함한 대다수가 동의할 수 있게 되었다고 봅니다. 다만 거기에 두어 가지 토를 달 필요는 있겠어요. 하나는, 정당한 귀속감을 요구하는 것하고 억압적인 충성요구가 혼동되는 경우가 많다는 거예요. 대한민국에 대해 귀속감을 가지고 있음에도 불구하고, 또는 오히려 귀속감을 가지고 있기 때문에, 비판할 걸 비판하는데, 비판을 봉쇄하는 수단으로 '대한민국을 이념적으로 부정하는 것이냐'고 몰고 가는 경향이 없지 않습니다. 또 하나는, 우리가 살아가면서 소속한 공동체라는 것이 여러 종류가 동시에 있지 않습니까? 국가라고 할 때는 대한민국이지만, 가정이라는 소속이 따로 있고 종교를 믿는 사람, 특히 세계종교를 믿는 사람은 세계적인 신앙공동체에 소속돼서 때에 따라서는 자신의 국가적인 귀속감과 종교적인 귀속감이 갈등을 일으키기도 합니다. 게다가 우리나라는 분단국가이기 때문에 민족에 대한 귀속감과 국가에 대한 귀속감이 완전히 일치하지 않는단 말이죠. 나아가 이제는 세계 시민사회에 대한 귀속감을 더 발전시켜야지 민족적 귀속감이나 국가적 귀속감을 너무 강조하는 것은 곤란하다는 주장이 있을 수 있고, 또 자유주의 입장에서는 국가에 대한 귀속이 독립된 개인의 자유나 정체성에 비하면 애당초 부차적인 것이라는 주장도 가능합니다. 이러한 복잡한 문제를 단순화해서 억압하거나 몰아붙이면 안 되겠다는 생각입니다.

그런데 대한민국이 분단국가이기 때문에 일종의 결손국가라고 하는 주장은 독재를 하고 있기 때문에 또는 다른 무언가가 잘못돼있기 때문에 결함이 있다는 이야기하고는 좀 차원이 다른 주장이에요. 결함으로 말하면 결함 없는 국가가 어디 있겠어요. 그런 의미로는 완전히 정상적인 국가란 없는 것이죠. 그러나 분단국가가 결손국가라고 할 때는 그런 차원의 가치판단과 다릅니다. 오히려 누구나 동의할 수 있는 사실관계를 말하는 거예요. 쉽게 말해서 대한민국 헌법 제3조가 '대한민국의 영토는 한반도와 그 부속도서로 한다'고 되어 있는데, 한반도와 그 부속도서 전체에 대해서 주권을 행사한 적이 지금까지 단 한번도 없어요. 그리고 행사하고 있는 지역과 행사하고 있지 않는 지역의 경계선이 국제적으로 공인되거나 당사자 간에 인정된 국경선이 아닙니다. 그러면 영토의 경계선이 모호하고, 자기 헌법에 명시한 영토의 절반에 대해 제대로 주권을 행사하지 않는 나라가 결손국가가 아니고 무엇이냐고 말할 수 있죠. 그런데 결손가정이라고 해서 가정이 아닌 것이 아니에요. 경우에 따라서는 '정상적인' 가정보다 훨씬 훌륭한 가정일 수 있습니다. 저는 대한민국도 그런 면이 없지 않은데, 결손가정이 결손가정이기 때문에 어떤 면에서는 더 발전하고 더 훌륭해질 수 있듯이, 그러니까 가령 부모 중에 하나가 없거나 아예 소년가장이 챙기는 가정이기 때문에 식구들이 더 열심히 일하고 더 잘할 가능성이 있듯이, 대한민국이 이룬 성취 중에 사실 경제발전 같은 것도 초기 공업화는 남북대결상태였기 때문에 더 용이했던 면이 있다고 봐요. 다만 앞으로도 남북대결을 유지하면서 발전을 계속할 수 있느냐 아니면 이제는 다른 패러다임을 찾을 시기가 왔느냐 하는 것은 따로 논의해볼 일입니다. 그래서 대한민국이 현재 시점에서 우리가 소속되어 무엇을 해볼 수 있는 유일한 국가인 것은 틀림없지만, 동시에 분단으로 인한 결손국가이기도 하다는 것을 인정해야 하고, 결손국가이기 때문에 이제까지 어떤 장점과 단점이 있었는가, 그리고 지금은 어떠하고 앞으로는 어떠할 것인가, 이런 것들을 동시에 생각하면서 대한민국 국민으로 살아가는 것이 중요하다고 생각합니다.

박재창 : 대한민국의 정통성에 관한 논의는 두 가지 차원이 있는 것 같습니다. 하나는 대한민국의 출발점이 정당했느냐에 대한 논의가 있을 수 있습니다. 그런데 대한민국의 출발점에 관한 논의는 대한민국만 따로 떼 놓고 볼 문제가 아니고 북한과의 관계를 놓고 보아야 할 것입니다. 결손국가론이야말로 가장 대표적으로 이런 시각에서 대한민국의 정통성 문제를 다루는 것 가운데 하나라고 봅니다. 남북이 모두 국가 건설의 초기 출발점에서 각자의 국가구성에 대한 이론 경쟁이라고 할까 또는 상황 규정에 대한 경쟁이 있었고, 그점을 중심으로 하는 정통성에 대한 평가가 가능할 것입니다. 그 이후에는 이왕 구성된 국가를 운영하는 과정에서 보여준 업적이나 그 결과로서의 국가에 대한 국민 각자의 수용성 내지는 그에 기초한 정치적 정당성에 관한 문제가 있을 것입니다. 이렇게 놓고 볼 때, 국가건설 초기 단계에서의 정통성 문제는 남북 공히 같은 수준의 과오와 문제를 지녔지 않은가 하는 생각을 해 봅니다. 그러나 국가건설 이후의 국가 운영 업적과 관련한 정당성 문제에 있어서는 이미 결판이 나있는 상태가 아닌가 생각됩니다. 그리고 결손국가론에서 아주 중요한 지적을 해주셨다고 생각하는데, 사실 지금까지는 주로 결손국가의 역기능에 대해

말씀들을 해왔고 그 점에서 진보와 보수의 의견이 크게 달랐다고 봅니다. 그러나 결손국가의 순기능이라고 할까요? 결손국가가 대한민국의 전개과정에 미친 바 적극적 기여에 주목해 본다면 보수와 진보가 보다 쉽게 동의하고 대화할 수도 있을 것이라고 봅니다.

백낙청 : 양쪽을 다 봐야죠. 80년대 말, 90년대 초 『창작과비평』에서도 한국사회의 성격에 대한 논의를 많이 했어요. 89년 겨울호에는 안병직 선생을 모시고 좌담을 한 적도 있지요. 그 무렵 한쪽에서는 결손국가의 결함, 특히 대한민국이 군대의 통수권조차 거의 없는 정치적·군사적 예속성을 강조했고, 다른 한편으로는 그때 이미 대한민국 경제가 많이 발전되어 있을 때니까 안 선생은 중진자본주의론을 펼치면서 경제적인 성취를 주로 강조하셨습니다. 저는 그 양면을 다 지닌 것이 분단국가 대한민국의 특성이라고 주장했는데, 지금 박 교수가 말씀하시는 얘기와도 통하지요.

박재창 : 저는 결손이라고 하는 현상이 순기능과 역기능을 동시에 동반한 것은 사실이고, 이것이 한국사회의 발전과정을 굉장히 숨 가쁘게 한 결정적 요인 가운데 하나라고 생각합니다. 그러니까 소위 보통 국가들과는 다른 전개과정을 겪지 않을 수 없게 만드는 요인으로 작용해 온 것이죠. 결손이라는 요인이 한국사회의 전개과정에서는 일종의 과장 내지는

극화하는 동력으로 작용해 왔다고 봅니다. 굉장히 급진적으로 활동하게 하는 촉진제 역할을 함으로써 순율적이고 점진적인 사회 변화보다는 숨 가쁘게 돌아가면서 상황 종료 없이 다른 국면으로 넘어가게 하는 요인으로 작용해 왔던 것이죠. 그래서 부정적인 요인은 훨씬 더 부정적으로 작용하게 하고, 긍정적 요인은 훨씬 더 긍정적으로 작용하게 하는 속성을 발휘해 왔다고 생각됩니다. 그리고 그런 현상의 내포적 함의가 오늘날 우리가 당면하고 있는 갈등 조정 기능의 상실 상태가 아닌가 생각합니다. 일상의 점진주의적 양식으로는 해결하기 어려울 만큼 치열한 삶의 누적치가 사회갈등 조정기구들의 기관능력 범위를 일탈해 버린 것이지요.

안병직 : 백 선생께서 정통성(orthodoxy)과 정당성(legitimacy)으로 구분해서 설명해주시니 이해가 훨씬 잘되는군요. 저는 지금까지 이 양자를 애써 구분해서 쓰려고 노력해보지는 못했습니다만, 제가 대한민국의 정통성이든지 정당성을 애써 강조해왔던 것은 대한민국이 가지고 있는 도덕성을 강조하기 위해서라기보다 오히려 현재 국가로서 대한민국이 한반도에서 차지하고 있는 역사적 위치의 중요성을 강조하기 위해서였습니다. 종래에는 한반도에서 남과 북이 경쟁해왔지만 이제 경쟁의 시대는 끝난 것 같습니다. 그런데도 한국에서는 건국·산업화세력과 민주화 세력이 장기간 다투어오는

과정에서 국가로서의 대한민국의 역사적 위치가 항상 의문시되어 왔던 것이 사실입니다. 그리고 그간에 대한민국이 대외종속성이나 권위주의나 반공주의 등 국가로서의 부정적 측면을 가지고 있었던 것도 사실입니다. 그래서 한국의 대통령이 대한민국의 정통성이라고 할까 정당성이라고 할까 하는 것을 서슴없이 부정하는 놀라운 일도 있었지요. 저는 이러한 배경을 놓고 볼 때 대한민국의 국가적 위치를 제대로 인식하는 것이 여간 중요한 문제가 아니라고 봅니다. 그것은 백 선생이 말씀하신 국민의 국가에 대한 귀속감이라는 측면에 있어서도 그러하지만 우리가 앞으로 나아갈 국가의 방향을 설계한다든지 남북 간의 관계를 설정할 때도 대한민국의 국가적 위상을 어떻게 설정하는가가 여간 중요하지 않으리라 생각되기 때문입니다. 이러한 작업에 있어서 대한민국을 기본적 수단으로 삼지 않고서는 올바른 해결책이 나오지 않으리라고 봅니다.

백낙청 : 기본적으로 동의하면서 아까 토를 달았던 것을 되풀이하면, 내용을 조금 더 정교하게 표현할 필요가 있다는 거예요. 다시 말해서 국가차원에서 우리가 동원할 수 있는 수단, 대한민국에 사는 우리가 동원할 수 있는 수단은 대한민국밖에 없다, 이렇게 표현해야 정확하지요. 왜냐하면 국가 이외의 차원에서는 대한민국 말고도 동원할 게 많으니까요. 가령 천주교도라면 교황청도 동원할 수 있고, 전 세계

의 가톨릭 교우들에게 호소할 수도 있는 것이죠. 또, 지금 대한민국은 상당한 수준으로 다문화·다민족 사회가 됐지만 여전히 한민족(韓民族)이 압도적으로 주도하는 사회입니다. 그러한 한민족의 차원에서 보면, 북한문제 해결을 위해 대한민국밖에 없다고는 말하기 힘들지요. 물론 대한민국이 북한에 대해서 경제적으로 우위에 있고 또 경제뿐 아니라 명분상으로도 여러 면에서 우위에 있죠. 그런 점에서 대한민국의 큰 역할을 기대할 수밖에 없다고 말한다면 얼마든지 동의할 수 있지만, 대한민국밖에 없다고 하면 실재하는 조선민주주의인민공화국은 어떻게 할 것인가 하는 문제에 당장 부딪치고 6자회담에 참여하는 주변 국가들의 역할은 전혀 없는가 하는 등, 굉장히 복잡해집니다. 그렇기 때문에 일단은 우리로서 국가차원에서 한국의 중심적 역할과 책임을 강조하되 이를 정확하고 정밀하게 표현하는 노력이 필요하지 않은가 생각합니다.

안병직 : 백선생의 지적을 받고 보니, '대한민국을 기본수단으로 삼는다'는 말은 부적절한 표현이었습니다. 그러나 제가 중요하게 생각하는 것은 통일문제나 선진화문제 등 국가적 기본과제의 해결에 있어서 대한민국을 그 중심축에 놓지 않고서는 유효한 해결의 수단을 발견하기가 어렵지 않을까 하는 점입니다. 예컨대 현재 남북문제를 두고 보면 이제 체제경쟁은 이미 끝나버렸습니다. 앞으로 북한문제도 경제적

인 측면에서 보면 한국이 전적으로 책임을 지지 않으면 풀릴 전망이 없게 되었습니다. 그리고 선진화의 문제도 대한민국의 형성발전에 관한 올바른 이해가 있어야 현실적인 설계가 가능하다는 것입니다. 대한민국의 근현대화 과정은 선진국에의 캐치·업 과정이었습니다. 이러한 사실을 이해하게 되면, 대한민국은 근현대화의 출발점에서 왜 선진국에의 종속으로부터 출발할 수밖에 없었던가, 또 종속이라는 것이 종속으로만 끝나지 않고 어떻게 고도성장으로 이어졌던가, 그리고 앞으로도 선진제국과의 관계를 밀접하게 하지 않고서는 선진화에 커다란 지장을 초래할 수밖에 없다든가, 이러한 점들이 제대로 이해될 것이라는 것입니다. 그러니까 제가 강조하고 싶은 것은, 대한민국의 정통성이나 정당성이 아니라, 그 발전의 세계사적 논리를 강조하고 싶은 것입니다. 그러나 이러한 저의 강조가 대한민국의 정통성이나 정당성의 중요성을 무시한다고 이해되어서는 안 될 것입니다. 인간에게 가장 소중한 가치가 생명이라고 한다면, 우리의 정상적인 삶을 보장해주는 대한민국이 훌륭한 국가로 발전했다는 사실에 대해서는 어떠한 도덕적 평가도 있을 수 있으리라고 생각합니다. 다시 말씀드리면, 대한민국이 한국인에게 정상적인 생활을 보장해주었다는 사실 자체가 대한민국의 자기 정당성을 증명한다고는 볼 수 없겠습니까.

말이 북한사회로 바뀝니다만, 제가 경제학을 전공해서 그런지는 몰라도 경제적으로만 보면 북한은 이미 완전히 바닥난 사회라고 봅니다. 북한이 워낙 폐쇄적인 사회이기 때문에 그 실상을 잘 모른다고는 하더라도, 큰 지표만 가지고 봤을 때 자기 내부의 힘만 가지고는 어떻게 해 볼 수 있는 방법이 없는 사회입니다. 잘 아시다시피 북한의 계획경제는 완전히 붕괴되어버렸는데, 본래 북한의 계획경제라고 하는 것은 조잡(粗雜)한 것이었습니다. 사회주의이론에서 이야기하는 사회주의나 공산주의의 단계에 대한 이론적 구분도 없이 공산주의단계에서나 실시할 수 있는 경제정책을 사회주의단계에서 시행했지요. 북한의 계획경제는 노동력과 배급을 맞교환하는 아주 조잡한 것이었는데, 이러한 경제에서는 생산의욕을 제대로 자극할 수 없기 때문에 생산물을 확보하기가 어렵습니다. 그러니까, 1990년을 전후로 하는 사회주의권의 붕괴라는 외부적 조건도 있었습니다만, 1994-5년 이전에 이미 배급물자를 확보할 수 없게 되었습니다. 그래서 대량의 아사자가 발생하고, 1998년의 강성대국노선(强盛大國路線) 즉 선군정치가 시작될 때까지는 생산시설이 완전히 파괴되어버리고 말았습니다. 인공위성이 촬영한 사진으로 판독해본 결과에 의하면, 북한의 공장가동률은 20%에도 미달했습니다. 장기기아가 계속되는 사이에 인민들이 생존을 위하여 공장시설을 뜯어다가 중국에 팔고 식량을 구입한 것입니다. 1998년에 강성대국노선을 선언하면서 계획경제를 부활시키려하였으나, 배급물자의 확보가 불가능한 상태에서 제대로 시행할 수가 없었습니다. 그래서 부득이하게 취한 조치가 2002년의 '7.1경제관리 개선조치'인데, 이 조치는 배급대신에 임금을 주고 노동력을 동원하려는 것이었습니다. 임금제도를 시행하려면 시장의 부활이 불가피한데, 국영상점에는 물건이 없으니 자연히 종래의 농민시장을 공산품이나 수입품도 거래할 수 있는 종합시장으로 부활시키지요. 그런데 시장이 제대로 된 시장이 되려면, 소비자만을 가지고는 안 되고 공급자인 생산자가 있어야 합니다. 농민의 텃밭생산품만으로는 제대로 된 시장이 성립할 수 없지요. 그런데 문제는 북한이 농민의 개별경영이나 중소상공업을 허용할 수 없다는 것입니다. 농민의 개별경영이나 중소상공업의 부활은 자연히 개방으로 연결될 수밖에 없기 때문에, 북한은 사실상 제대로 된 개혁마저 불가능한 상태입니다. 바로 여기에 북한의 성공적인 개혁·개방을 위해서는 한국으로부터의 대규모 경제원조가 필수적입니다. 북한경제를 부흥하는데 필요한 대규모의 경제원조는 1970년대까지 한국이 미국에 경제적으로 종속된 이상으로 북한경제의 한국경제에 대한 종속을 각오하지 않으면 안 될 것으로 보입니다. 물론 상황이 이러하기 때문에 김정일은 한사코 개혁·개방에 대하여 저항하는 것입니다만, 그러나 설령 북한이 개혁·개방한다고 하더라도 북한을 독립적인 정치경제단위로 묶어두지 않으면 억제할 수 없는 사회적 혼란과 천문학적인 통일비용을 부담하지 않으면 안 될 것입니다. 그리고 이 과정에서 북한주민의 북한에 대한 주권(主權)은 상실되고 말 것입니다. 이러한 점에서 저는 북한의 재건에 있어서 한국이 막대한 경제적 부담을 지지 않으면 안 되는 것이 객관적인 상황이라고 하더라도, 한국이 북한을 바로 흡수통일 하는 것은 매우 위험한 일이라 생각합니다. 그리고 만약 김정일이 사즉생(死則生)의 각오를 한다면, 북한을 재건할 수 있는 가능성도 전혀 닫혀있다고는 할 수 없습니다. 문제는 김정일이 북한주민과 더불어 살 생각은 하지 않고 남북의 주민이야 어떻게 되던지 자기와 자기 일당만 살면 그만이라고 생각하는 데 있는 것이 아닌가 합니다.

백낙청 : 북의 재건을 위해 대한민국이 큰 역할을 하되 흡수통일은 곤란하다는 안 선생의 주장은 안 선생이 인식하시든 않든 저의 남북연합 주장과 상당히 유사한 점이 있습니다. 북녘의 구체적 현실에 대해 많은 말씀을 하셨는데 저로서는 그 실증적 정확성을 일일이 따질 능력이 없습니다. 다만 북한의 배급체계가 100% 붕괴된 것은 아니지만 배급체계라는 특정분야에 국한해서는 붕괴라는 말을 써도 큰 무리가 없을 정도라는 점은 사실이겠지요. 다만 요즘 여러 사람이 북한의 '붕괴'를 말하는데, 지금 안 교수처럼 경제학자로서 구체적인 경제현상에 어떻게 적용되는 개념인지를 밝히면서 이야기해야 합니다. 그래야만 검증이 가능하지요. 서 있던

건물이 무너지면 그건 확실한 붕괴지만, 가령 어떤 사회가 붕괴됐다고 할 때는 정권이 몰락했을 뿐 아니라 국가의 체제 자체가 변혁이 됐을 때 그 단어가 적중하지, 그렇지 않은 경우에는 무엇이 붕괴했고 무엇이 붕괴하지 않은 채 남아 있는가를 명시해서 이야기하지 않으면 '붕괴'는 과학적인 용어가 아니고 막연한 레토릭, 수사적 표현에 불과하지요. 사실 북에서 김일성 시대에 구축했던 것이 소련보다는 수준이 낮은 상태지만 스탈린식 계획경제체제였죠. 그런 계획경제체제가 거의 무너졌지만 그렇다고 제대로 된 시장경제가 대신 들어선 것도 아니다 하는 안선생의 진단은 맞다고 보고, 그러한 특정한 의미에서 경제체제가 붕괴됐다는 말을 쓴다면 이견은 없을 것 같아요. 또 한 가지, 개혁·개방을 통해서건 다른 방법을 통해서건 북한경제의 독자적인 회생은 어렵겠다는 주장도 상당히 설득력이 있다고 봅니다. 그 동안 햇볕정책이나 화해협력정책을 지지해온 사람 중에 많은 분들이 미국의 대북적대정책이 바뀌고, 봉쇄가 풀리고, 북미관계가 정상화되고, 경제원조가 들어간다면 북한이 중국이나 베트남처럼 개혁·개방의 길로 나갈 것이라고 말하는데, 저는 그게 그리 쉽지 않을 거라는 얘기를 활자를 통해서도 내놓은 바 있습니다. 제일 큰 이유는, 물론 그 동안 북녘 사회의 너무 많은 것이 붕괴되고 피폐된 점도 있습니다만, 기본적으로 분단 상태에서 개혁·개방을 할수록 남한이 더 위협적인 존재가 된다는 사실입니다. 북의 주민들이 지금은 어차피 남북이 완전히 다른 사회라고 생각하고 있고 북이 남한과 같은 길로 갈 가능성이 없다고 생각하며 살고 있는데, 개혁·개방의 발전전략이랄까 이런 걸 선택하고 보면 남한과의 격차가 훨씬 더 인식될 거예요. 중국이나 베트남의 개방과정을 보면, 중국은 이미 국공내전에서 이김으로써 실질적으로 통일한 거 아닙니까. 대만의 존재가 있지만 그건 영토보전의 차원에서 위협으로 느끼는 것이지 대만이 중국을 흡수할 위험은 없거든요. 베트남도 미국과의 전쟁에서 승리하고 통일을 이룬 다음에 적절한 시점에서 개혁·개방을 선택했는데, 북한과는 완전히 다른 상황이거든요. 중국이나 베트남식의 개혁·개방이 북에서도 자연스럽게 이루어지리라 기대하는 것은 지나친 낙관이라 봅니다. 그럼 어떻게 하느냐? 지금 안 교수도 대한민국이 주도해서 이 문제를 풀어가되 북한이 독립된 정치단위로 남아 있어야 된다는 이야기를 하시지 않았어요? 그것이 독일식 통일과 다른 방식이고 내 식으로 표현하면 남북연합이에요. 사람들이 지금 연합제와 연방제를 혼동하고 있는데 그 둘은 근본적으로 다른 것입니다. 다만 6·15공동선언에서 북이 연합제를 실질적으로 수용하면서도 체면을 세우려니까 '낮은 단계'라는 수식어를 붙여서 둘 사이에 서로 공통점이 있다고 넘어간 것이지요. 그냥 '연방제'와 '높은 단계의 연합제'를 거론한 것도 아니잖습니까. 6·15 얘기는 나중에 필요하면 더 하겠습니다만, 어쨌든 국가연합이란 것은 두 개의 주권국가가 존속하지만 완전히 분립한 상황은 아니고 둘 사이에 상시적인 조절장치를 둔다는 얘기거든요. 그런 것이 있어야지, 그런 장치도 없이 대한민국이 전적으로 책임져야 한다는 것은 비현실적인 이야기라 봅니다. 대한민국이 큰 역할을 하기 위해서도 그런 장치가 있어야지 그렇지 않으면 북에서 수용하려고도 안할 것이고 주변국이 동의하기도 어려울 것입니다. 그런 점에서 제가 남북연합이 중요하다고 주장해왔는데, 제가 듣기에 안 교수 생각의 흐름이 남북연합에 많이 쏠리는 것 같습니다.

박재창 : 지금 하신 말씀들이 과정에 초점을 두느냐 또는 결과에 초점을 두느냐의 차이는 아닌지요?

안병직 : 저는 백 선생의 국가연합이라는 것을 적극적으로 검토해 봐야 할 문제제기라고 생각합니다. 이명박 대통령이 주장하는 비핵·개방 3000도 결국은 북한이 현실적으로 독립된 정권으로 남아있는 것을 전제로 하고 있습니다. 물론 비핵·개방 3000이 국가연합을 주장하고 있지는 않습니다만 북한정권의 존립을 전제로 하는 한 국가연합과도 크게 다르지 않으리라 생각합니다. 북한이 붕괴되면 사태가 어떻게 진전될지는 아무도 모릅니다. 그러니까 북한이 대책 없이 붕괴되는 것은 누구에게도 도움이 되지 않습니다. 그래서 북한의 현 정권이 정말 이래서는 도저히 안 되겠다, 남쪽하고 손잡

고 현실 문제를 제대로 극복해야 되겠다고 마음을 먹는다면, 우리가 그것을 굳이 반대할 필요는 없지요. 그러나 이 경우에는 반드시 개혁·개방이 전제되어야 할 것입니다. 그리고 북한이 남쪽으로부터 경제적 지원을 받게 되면, 북한경제는 필연적으로 한국경제에 크게 의존하지 않을 수 없을 것입니다. 북한이 개혁·개방은 하지 않고 남쪽으로부터의 경제원조만 받겠다고 하면 북한재건의 전망은 없어지고 마는 것입니다. 왜냐하면, 경제를 재건할 수 있는 경제체제를 구축할 수가 없기 때문이지요. 구사회주의제국의 경험에서 보듯이 북한경제재건의 방법은 개혁·개방 밖에는 없습니다. 이것이 한국경제발전의 길이기도 했는데, 이 경우에 북한정권이 대외의존을 각오하면서까지 개혁·개방을 각오할 것이냐 하는 것이 문제일 것입니다. 더 구체적으로 이야기하면 북한 경제는 이미 대외의존적 입니다. 현재의 북한의 1년간 무역량은 약 30억 달러인데, 이것이 북한경제의 생명선입니다. 이것을 가지고 북한의 시장경제도 겨우 버티고 있습니다. 그러니까 현재 북한이 두려워하는 것은 경제의 대외의존이 아니라 대외종속입니다. 이러한 북한이 국가연합을 하기 위하여 경제의 대외종속을 각오하겠느냐가 문제의 핵심입니다. 북한이 이러한 각오가 없으면 개혁·개방은 불가능한데, 개혁·개방 없는 국가연합을 해보아야 실질적으로 이루어지는 것은 아무것도 없지 않겠느냐 하는 점에서 국가연합의 가능성에 대해서 회의가 있는 것이 사실입니다.

백낙청 : 물론 국가연합이 이루어지기 위해 그쪽 지도자의 전략적 결단이 필요한 것은 틀림없습니다. 아직까지는 북측이 6·15 공동선언을 크게 중시하면서도 제2항에 대해서는 별 관심을 안 보이고 있지요. 오히려 제1항에 있는 '우리 민족끼리'라는 말을 문맥에서 떼어내 하나의 '리념'으로 승격시켜서 '우리 민족끼리면 통일을 못 이룰 것도 없는데 왜 안 하냐'라고 다그치곤 합니다. 그건 제2항의 구체적인 실행에 대한 무관심의 다른 한 면이라고 봐요. 그렇긴 한데, 아직은 국가연합을 형성할 기본적 여건이 갖춰지지 못했다는 것도 사실임을 감안해야 합니다. 다시 말해서 북하고 미국하고 적대적인 관계에 있는 이상 아무리 국가연합이 연방이 아니고 느슨한 결합이라 하더라도, 미국을 동맹국가로 하는 나라와 미국이 불구대천의 원수라고 공언하는 나라가 연합할 수가 있겠습니까? 그러니까 국가연합의 전제조건 중에 하나는 한반도 평화협정이 이루어지고 북미관계가 정상화돼서 지금의 휴전선이 좀 더 안정된 남북 간의 경계선으로 공인되고, 뭐 그런 상태라야 남북연합을 선포할 수 있는 거지요. 물론 그 지점에 가서도 과연 북이 이에 응할까 하는 것은 아무도 예견할 수 없는 일입니다. 저도 남북연합을 안하면 남과 북이 다 곤란해진다고 주장할 뿐이지, 그때 가서 김정일 위원장이 어떤 결정을 할지 전혀 알 도리가 없지요. 객관적인 정황을 볼 때, 북측 정권의 입장에서는 일단 북미관계를 정상화하고 평화협정을 체결하고 난 뒤에 국가연합을 안 하

고도 경제가 회생할 수 있다고 하면 안 하려고 할 확률이 높지요. 그러나 안 선생이 북의 독자적 경제회생이 불가능하다는 점을 강조하셨고 저도 그 점에 동조하는 편이란 말에요. 분단된 상태에서 중국이나 베트남 같은 개혁·개방은 어렵다고 보는 거지요. 그런데 경제회생의 전망이 확실하게 보이기 전까지는 핵문제도 완전한 해결은 어려울 겁니다. 기존 핵 프로그램의 '불능화' 단계까지는 비교적 쉽게 가고 영변 핵시설을 포기할 수도 있지만, 보유한 핵무기를 전부 폐기하고 검증과정을 거치는 완전한 비핵화는 이야기가 다르지요. 그래서 미국은 미국대로 북핵문제를 완전히 해결하기 위해 남북연합이 필요하다면 그거라도 밀어줘야 되지 않겠나 하는 생각을 하기 시작할 것이고--물론 지금 미국은 남북연합 같은 건 전혀 생각 안하고 있지만요--북측의 지도자는 지도자대로 이대로 가서는 경제회생이 불가능할 것 같고, 그렇다고 당장 통일했다가는 남한에 완전히 흡수될 것 같으니, 남북연합 정도로 해서 북측 체제의 안정 또는 유지를 적어도 일정기간 보장받으면서 원활한 남북협력과 다른 나라들과의 경제협력을 추구하는 것이 정권을 위해서나 북측 사회 전체를 위해서나 유일한 선택이 아니겠는가 하는 생각을 할 겁니다. 저는 북측 지도층이 그런 합리적인 선택이 전혀 불가능한 집단이라고 보지 않습니다. 아무튼 남북연합으로 가는 길밖에는 없다는 것이 사태가 진전될수록 드러날 것 같아요. 우리 남측에서도 그래요. 북이 여러 면에서 형편없는 상태니까 우리가 책임지고 접수해야 하고 일부에서는 북한 동포를 구출해야 되지 않느냐, 이런 얘기가 나오기도 합니다만, 안 선생도 지적하셨듯이 그것은 정말 우리가 감당 못할 상황이거든요. 그럴 만한 실력이 우리에게 없고 또 그럴 기회가 주어진다는 보장도 없습니다. 오히려 압력을 가하면 가할수록 북의 중국에 대한 의존도가 높아지게 마련이지요. 남쪽도 한반도 문제를 그나마 제대로 수습하고 대한민국이 할 수 있고 해야 할 역할을 충분히 해내기 위해서는 남북연합이라는 장치가 꼭 필요하다는 인식에 도달하리라고 봅니다.

박재창 : 남북문제에 있어 남쪽이 주요변수인 것은 사실이지만 유일변수가 아닌 것은 두말할 것도 없을 것입니다. 연합이니 통일이니 하는 것은 언제나 상대가 있는 만큼 이를 염두에 두고 논의해야 한다는 차원에서 이야기하는 것이 아니고, 남북문제는 지금 선생님들께서 말씀하신 것처럼 외부변수가 굉장히 중요하다고 보기 때문입니다. 사실 북한이 경제적으로 보면 이미 붕괴됐어야 함에도 불구하고 유지되고 있는 중요한 이유 가운데 하나는 중국이 있기 때문이거든요. 중국이 정치적, 군사적 판단에 의해 북한을 놓지 않는 한 그것이 어떤 형태의 것이든 권력의 실체로서 존재하는 북한은 남아 있을 것이라는 거죠. 그 점을 고려하지 않고 남북문제를 논의할 수는 없다고 봅니다. 이렇게 외부변수가 작용하는 현

상은 남한이 발전하는 과정에서도 똑같이 작용해 왔다고 봅니다. 더 나아가 시대의 성격이라고 할까, 지구촌 전체의 구조 같이 어느 누구도 자의적으로 관리할 수 없는 시대적 흐름 같은 것도 작용하는 것 같습니다. 미국이 건국 200년이라는 짧은 기간 동안에 어떻게 저렇게 발전할 수 있었을까 하는 점에 대해 미국사를 연구하는 사람들 가운데에서는 흔히 운명적인 행운의 결과라고 말하는 이들이 있지 않습니까. 그런 의미에서 우리의 경우는 사실 내생적 변수, 외생적 변수 모두가 작용한 것이 사실이지만 그 가운데에서도 세계사적 전환과정에 주목해 보면 운명적인 행운이 뒤따랐다고 보여집니다. 우리가 경제발전을 추구하던 시대에 지구시장의 메커니즘이나 미국의 국내 경제적인 상황 같은 것이 우리의 국가운영 기조와 맞아 떨어지면서 의도하지 않게 도와준 점이 있었거든요. 남북문제도 우리가 컨트롤 할 수 없는 지구촌 전체의 환경변수가 작용하게 되지 않을까 하는 생각이 듭니다.

백낙청 : 그렇죠. 저 자신도 한반도 문제 해결에 있어서 우리민족이 주인 노릇을 해야 한다는 원칙을 견지하고 있고, 그렇게 말하면 곧 국가차원에서는 대한민국과 조선민주주의인민공화국이 중요한 당사자가 되어야 한다는 얘기가 됩니다. 한 걸음 더 나아가서 경제력이나 여러 가지 조건들을 봤을 때 세월이 흐르면 흐를수록 대한민국의 역할이 더 커지게 돼

있다고 믿기도 합니다. 그러나 지금은 어떤 면에서는 경제력대로 안 가요. 사실 한반도에 대한 미국의 관심만 보더라도 북핵문제가 최대의 관심사가 아닙니까? 그러나 북핵 위기가 점차 완화되고 해소되어가면서 세월이 흐를수록 상대적으로 대한민국의 역할이 커질 것이라고 믿고 있습니다. 그런데 지금 박 교수도 말씀하셨듯이 주변적인 변수도 굉장히 중요합니다. 미국이 한국전쟁을 치르면서 수만 명의 미군이 죽지 않았습니까. 그렇기 때문에 미국의 힘이 남아있는 한 남한이 적화통일되는 꼴을 볼 수 없는 거예요. 마찬가지로 중국도 비록 의용군으로 참전했지만 중화인민공화국 건국 이래 최대의 전쟁이 한국전쟁이었어요. 베트남하고 싸운 거 이외에는 1949년 이후 전쟁이라는 것이 별로 없었잖아요. 정확한 숫자는 모르지만 수만 명이 이 땅에서 죽었을 거예요. 수적으로 미군보다 훨씬 많이 죽었을 겁니다. 중국의 전체 역사로 치더라도 한반도에서 중국이 그만큼 희생을 치른 전쟁이 드뭅니다. 따라서 중국 역시 북이 일방적으로 남쪽에 흡수당하거나 무너지는 것을 방치할 수 없는 것이죠. 한반도의 안정을 위해 남북연합이라는 관리장치나마 필요하겠다고 판단했을 때 동의할 수는 있지만 더 급속한 변화를 막기 위해서는 온갖 대북지원을 마다않을 공산이 큽니다. 이런 주변현실도 직시하면서 사태를 어떻게 수습하고 관리해서 궁극적인 남북의 재통합으로 이끌어갈 건가 하는 문제를 냉정하게 연구해야 합니다.

안병직 : 북한문제에 관해서는 많은 말씀을 나눴으니, 이제는 한국의 발전 과정에 관한 문제에 대해 이야기를 나눠보는 것이 좋을 것 같습니다. 대한민국의 형성 과정은 진실로 매우 복잡하게 진행돼 왔습니다. 식민지적 유산 위에서 출발했기 때문에 진보진영에서 누누이 지적하는 것처럼 정치·경제·군사적인 모든 면에서 국가로서의 체면을 유지할 수 없을 정도로 대외 의존적인 상황에서 출발한 것이 사실이고, 동서 냉전체제 아래서 출발했기 때문에 통일정부를 세우지 못하고 남한만의 단독정부를 세워서 억지로 끌고 올 수밖에 없는 측면도 있었고, 경제개발 과정에 있어서도 외자와 외국기술에 거의 의존하다시피 해왔으며, 더구나 군사적으로까지 미국에 크게 의존하지 않고서는 형식적으로나마 자유민주주의정치체제를 유지할 수 없었던 것도 사실입니다. 그럼에도 불구하고 87년 이후의 경제발전과 민주주의를 달성한 대한민국을 두고 보면, 대한민국의 형성과정에 있어서 부정적인 측면만 있었던 것이 아니고 긍정적인 측면이 있을 수밖에 없었다고 생각합니다. 어떻든 긍정적인 측면이 있었고 또 그 나름의 정당한 발전논리가 있었기 때문에 그러한 훌륭한 결과가 나왔다고 봅니다. 그런 점에서 보면, 이승만 대통령이 식민지적 폐허상황 속에서 자유민주주의체제를 기초로 하는 헌법을 제정했다는 사실은 굉장히 중요하다고 생각합니다. 물론 이러한 헌법을 제정하는데 있어서는 이승만 한 사람의 공로뿐은 아니겠습니다만, 그의 주도로 자유

민주주의적 정치경제체제가 확립되었다는 것은 사회발전의 새로운 원리를 구축했다는 의미가 있지 않겠습니까. 당시의 자유민주주의체제라는 것은 그 실현조건을 채 구비하지도 못했고 또 자유주의와 공산주의간의 극한적인 이념대립 속에서 발전할 수밖에 없었기 때문에 자유주의국가를 유지하기 위하여 권위주의를 동반할 수밖에 없는 한정적인 것이긴 했습니다만, 인격적으로 자유로운 인간상의 정립이라든가 자유시장의 원리를 보장한다든가 사회구성원들 간의 자유로운 경쟁을 보장함으로써 새로운 사회발전의 메커니즘을 확립하지 않았나 합니다. 또 어떤 점에 있어서는 대량의 살육을 동반한 민족적 비극의 역사이기는 하지만 다른 한 편으로는 한국현대사의 전개에 있어서 매우 중요한 위치에 있다고 이해하지 않을 수 없는 것이 바로 6·25 사변이에요. 6·25 사변이 있었기 때문에 남북 공히 국민군을 형성할 수 있었습니다. 한국군이라는 것이 결국 미국의 밀가루를 먹고 자라난 군대이기는 합니다만 60만 대군으로 성장했고, 북한인민군의 체계가 제대로 잡힌 것도 6·25 사변 때문이었다고 생각됩니다. 대개 근대국가형성의 2대 요소로는 국민군의 형성과 재정의 자립을 이야기 하는데, 이승만 대통령 때 이 국민군이 형성됐다는 사실은 굉장히 중요한 것입니다. 이렇게 형성된 60만의 군대가 있었기 때문에 그 힘으로 경제개발을 할 수 있었던 사람이 바로 박정희가 아닙니까. 5.16 군사쿠데타 이후, 박정희 개인의 능력으로 권위주의

체제를 유지했다고 보기에는 무리가 있습니다. 박정희가 이승만과는 달리 일본군국주의교육을 받았다는 개인적 특성은 있습니다만, 60만 군대가 뒤에서 밀어주니까 그러한 권위주의를 행사할 수 있었던 것이죠. 박정희의 경제개발정책으로 한국은 근대에 들어온 이래 최초로 재정자립을 달성합니다. 한국이 이렇게 발전할 수 있었던 또 하나의 배경으로서는 경제개발에 있어서 수출지향적 공업화 전략을 채택했다는 점입니다. 과거에는 그것이 굉장히 종속을 심화시키는 경제정책으로만 보였지만, 사실상 수출주도형공업화전략이 저개발국의 보편적 공업화 모형이라는 점이 요즘 들어와 밝혀지고 있어요. 사회주의 국가들이 붕괴되고 난 뒤 그 재건의 보편적 모형이 바로 개혁·개방이었습니다. 저개발제국이나 구 사회주의제국에서는 내재적 발전 즉 국내적 성장잠재력이 지극히 취약했기 때문에, 1960년대 이후의 세계적 고도성장에 발맞추기 위해서는, 국내적으로 시장경제질서를 확립하고 국제적으로 자유무역체제하에서 선진제국으로부터 성장잠재력인 지식, 기술 및 자본을 수입하지 않을 수 없게 되었습니다. 그리고 87년의 6·29 민주화선언에 있어서는 민주화 세력의 공로가 컸습니다. 민주화 세력의 역사적 공로가 6·29 민주화선언에만 한정되는 것이 아니고 또 6·29 이후의 민주화는 그 이전의 경제발전이 있었기 때문에 가능했습니다만, 하여간 한국현대사의 전개는 매우 복잡한 것이라 산업화나 민주화의 한 측면에서 보아서는 그 전모를 파악할 수 없습니다. 이러한 점에서 한국현대사는 위의 두 가지 시각을 아우르는 국민통합적 시각을 가져야 할 것이 아닌가 합니다.

백낙청 : 사회통합을 하려면 대한민국의 역사에 대해 어느 정도 통합된 인식을 가져야 하고 그러기 위해 그 전개과정을 좀 더 섬세하고 정교하게 이해해서 어느 한쪽에 치우치지 않게 봐야 한다는 말씀에 동의합니다. 크게 세 가지를 말씀하신 것 같은데, 하나는 이승만 대통령과 그 시대에 관한 얘기이고, 또 하나는 이승만 시대의 일부지만 특별히 한국전쟁의 의의랄까를 따로 거론하셨고, 그리고 5.16 이후의 경제발전 과정과 그 전략이었습니다. 우선 이승만 대통령과 이승만 시대는 구분해서 봐야 될 것 같아요. 물론 그렇다고 이승만 시대에 잘 된 것은 다 국민들 덕이고 잘못된 것은 다 이승만 독재 탓이라고 몰고 가려는 건 아니에요. 하지만 요즘 풍조를 보면, 그 시기에 이룩한 것은 이승만이 잘 해서였고 잘못된 것은 어쩔 수 없었던 것이었다, 이렇게 보려는 사람들이 많은데, 이승만 대통령에 대한 저의 평가는 별로 높지 않습니다. 박정희 대통령도 제가 특별히 좋아하는 분은 아니지만, 이 대통령은 더욱 낮게 평가할 수밖에 없어요. 건국세력, 건국세력 하는데요, 아마 안 선생도 동의하실 거라 믿지만, 대한민국이 강압적이고 대단히 부정적인 요소를 많이 가진 채로나마 국가로서의 기틀을 어느 정도 잡은 것은 박

정희 시대 들어와서라고 봐요. 물론 1950년대 나름의 성취를 부정하는 것은 아니지만, 이승만 대통령의 특별한 공로로 돌릴 일은 많지 않다고 봅니다. 민주주의 헌법 얘기를 하셨지만 형식상의 민주주의 제도는 미군정하에 이미 교과서적으로 마련되고 있었습니다. 그리고 제헌헌법을 제헌의회에서 만들었는데 마지막 순간에 가서 거의 누더기로 만들어놓은 사람이 이승만 대통령 아닙니까? 의원내각제로 해놓은 것을 대통령책임제 아니면 안한다고 버텨서 말이죠. 남들이 독재헌법 만들겠다는 걸 그가 우겨서 자유민주주의적인 헌법으로 바꿔놓은 건 아니고 오히려 독재하기 좋은 대통령중심제로 바꿔놓았단 말이죠. 큰 틀에서 자유민주주의적인 체제 건설은 미군정의 방침이기도 했으니까 이승만 대통령 아니었어도 얼마든지 할 수 있었고 오히려 그가 없었다면 더 순조롭게 했을 가능성도 있어요. 그렇다고 독재를 한 대신에 산업화라도 제대로 됐습니까? 사실 한국전쟁 안 일어났으면 이승만 대통령은 2대 국회에 의해서 경질되었을 사람이죠. 전쟁 덕분에 연명을 했고, 그래서 전쟁을 치르다 보니까 군대가 커진 것은 당연한데, 그것은 미국이 만들어주고 지휘한 군대죠. 오히려 온갖 부패하고 무능한 장성을 기용한 것이 이 대통령이었죠. 물론 국군통수권자로서의 공로가 완전히 없었다고 할 수는 없지만 말입니다. 더군다나 군대가 생겼기 때문에 5·16 쿠데타가 일어날 수 있었고, 군사쿠데타가 있었기 때문에 박정희 시대의 경제개발이 가능했고, 경제개발이 가능했기 때문에 87년 이후에 민주화가 진행됐다 하는 식의 논리는, 여러 사람이 참여해서 이루어놓은 대한민국의 성과, 특히 국민이 피 흘리며 싸워서 다분히 정상화된 87년 이후의 국가를 이룩한 성과를 소급적용해서 그때그때의 권력자를 미화하는 논리로 이용될 수 있다고 봅니다. 사실 어느 국가나 국민군이 필요하긴 한데, 6·25를 통해서 창설됐다는 이야기는 바꿔 말하면 이승만 대통령이 국민군도 제대로 갖추기 않은 채 '건국'을 했다는 말이 되지 않습니까? 6·25 당시의 군대를 '국민군'으로 부를 수 있느냐는 문제는 차치하고요. 그리고 지금 남북 합치면 200만 대군이 있는 셈인데, 한반도가 200만 대군이 상비군으로 필요한 지역이에요? 게다가 군대가 생기면서 과도하게 생겨나서 남이건 북이건 사회가 더 기형화된 면도 있어요. 한국의 본격적인 공업화를 추진할 수 있는 세력이 군대에서밖에 나오지 못한 것도 그 때문이었다는 점에서 불행한 역사의 일부로 인식할 수도 있는 겁니다.

어쨌든 박정희 시대에 들어와 본격적인 공업화가 이루어졌습니다. 이 경우도 박 대통령 개인과 박정희 시대를 동일시하는 건 경계해야겠지요. 박 대통령을 두고 저는 언젠가 '지속불가능한 발전의 유공자'라는 표현을 쓴 적이 있는데, 일단 유공자는 유공자지요. 그의 공로 중에 하나는 안 교수 말씀하신 대로 대외개방적인 경제전략을 선택했다는 점일 겁니다. 당시 운동권의 주된 입장은 소위 내포적 경제발전론이었는데, 그에 비해 과감하게 수출전략을 쓴 것은 범박하게 가부를 따진다면 그 시점의 한국으로서는 바른 선택이었다고 생각합니다. 그런데 아시다시피 5·16 군사쿠데타 집단도 처음부터 개방전략을 쓴 것은 아니지요. 전혀 반대인 수입대체 정책을 폈다가 국정운영을 하면서 학습을 한 것이죠. 누가 했어도 그러한 학습을 했으리라고 생각되지만, 어쨌든 박정희라는 사람이 개인적으로도 학습능력이 뛰어났고, 그 학습능력을 바탕으로 경제운영에서 탁월한 능력을 발휘했다는 점은 인정해야 합니다. 인정할 것은 인정하면서 그를 비판해야지 비판도 설득력이 더 있다는 게 제 주장이지요. 그런데 김대중 후보가 71년 선거에서 '대중경제'를 들고 나왔지만 저는 김대중 씨도 학습능력과 경영능력이 탁월한 인물이기 때문에 그때 대통령이 됐다면 크게 봐서 수출지향적인 경제발전전략을 끌고 나갔으리라 봅니다. 그렇기 때문에 박정희 대통령에 대해 인정할 건 인정하더라도 그 아니면 아무것도 안됐을 것처럼 이야기할 필요는 없다고 봐요. 그러나 어쨌든 87년 이후 우리는 경제성장과 민주화가 병진하는 사회가 되었고, 그러한 우여곡절을 거쳐 여기까지 왔죠.

박재창 : 산업화 과정이나 민주화 과정이 양면성을 가지고 상호작용해 온 것은 사실입니다. 그러나 리더십의 비중은 시대상황에 따라 변화해 왔다고 봅니다. 건국초기에 이승만이 발휘

한 독자적 의사결정의 비중은 이후의 대통령들이 발휘한 독자적 의사결정력에 비해 상대적으로 작은 것이 아니었나 생각합니다. 미국이 38선을 가르면서 남쪽의 정치경제 체제의 기본적인 디자인을 먼저 만들어서 들고 들어왔고요. 거기에 이승만이 편승한 측면이 있지 않은가 싶습니다. 실제 미국이 한반도에 진출하면서 진출의 정당성 기반을 삼은 것은 이념적으로 자유민주주의와 시장경제가 우월하다는 것이었습니다. 그러나 미국이 한반도에 진출하면서 실제로 처음 소개한 것은 자유민주주의도 시장경제체제도 아니었습니다. 미군정이 들어서면서 소개한 우리나라 최초의 의회는 민주주의의 철학적 원리를 벗어난 것이었고, 군정청이 의회활동을 지휘 감독하던 일이 이후의 한국 정치 전개과정에서 행정부에 의한 국회의 지배라고 하는 일종의 일관된 속성으로 자리 잡았다는 사실은 매우 시사하는 바가 크다고 봅니다. 그러니까 이론이나 수사적 차원에서 보여준 자유민주주의와 실제로 운영되거나 보여준 자유민주주의의 모형 사이에는 심각한 격차와 괴리가 있었던 것이지요.

백낙청 : 점령군에 의한 군사 통치인데 실질적인 자유민주주의 체제일 수 있었겠어요? 다만 이념상으로는 교과서적인 민주주의를 학교에서 가르쳤고, 가령 여성의 참정권 같은 것은 서양에서는 민주주의가 긴 역사를 가졌지만 20세기 초에 와서야 획득되었는데 한국은 처음부터 남녀동등으로 나갔단

말이에요. 현실적으로는 동등이 아니었지만 헌법상의 참정권은 완전히 동등했지요.

박재창 : 군대의 발전도 사실은 미국의 공산주의 남진차단 정책의 산물이죠. 건국 초기단계나 이후의 산업화 입안 과정에서 미국의 입김이라고 할까, 영향력이 상대적으로 컸다는 생각이 듭니다. 산업화 초기단계의 경제발전계획 같은 것도 미국이 보내준 경제 자문관에 의해 지도된 측면이 적지 않았고요, 물론 그걸 취사선택하는 데 있어 정치지도자의 결단이 중요한 요인으로 작용한 것은 사실이지만요.

백낙청 : 중요하죠. 박정희 시대에도, 그때 유솜(USOM)이라고 했나요? 그 입김이 엄청났죠. 그러나 저는 박정희 씨의 경우는 외부의 입김이 작용하는 것에 대해 이걸 어떻게 활용하겠다든가 저항하겠다는 전략이 있었는데, 이승만 씨는 그런 게 거의 없었다고 봅니다. 이 대통령이 미국에 맞서 정책적인 문제로 고집 부린 것은 있어요. 가령 동족상잔의 전쟁을 하루라도 빨리 끝내야 되는 데 미국이 휴전 맺으려는 것을 반대하다 결국 정전협정 서명에서 한국이 빠져버렸죠. 그리고 한일협정이 결과적으로 잘된 건 아니지만, 한일수교도 안할 수 없는 것임을 대통령이 깨닫고 주도적으로 끌고 갔으면 더 나은 결과를 얻었을지도 모르는데, 국내에서는 자기 권력을 유지하기 위해 친일파를 대거 기용하면서도

한일수교와 관련해서는 쓸데없는 객기를 많이 부렸죠.

안병직 : 두 분의 말씀을 들어보니까 이승만 대통령에 대한 평가가 아주 낮은 거 같네요.(웃음) 하지만 저는 이승만 대통령의 역할이 대단히 컸다고 생각합니다. 역할이 크다는 것은 반면 죄도 많다는 얘기도 되는 데, 특히 단독정부 수립에 있어서 이승만 대통령의 역할이 컸다고 봅니다. 사실 저는 단정(單政)을 안 하고 김구 주석을 따라서 북한과 통일 노선을 걸었으면, 그 당시의 혼란을 수습할 수 있었겠냐 하는 점에서 김구 노선에 대하여 회의적입니다. 그 당시의 국제정세로 봐서 북쪽은 북쪽대로 남쪽은 남쪽대로 단독정부를 준비할 수밖에 없는 객관적인 상황이었던 것으로 보입니다. 그리고 북한의 단독정부준비상황에 관해서는 최근의 많은 연구가 있습니다. 그러한 경우 이승만이 하는 수 없이 남쪽만이라도 단독정부를 세워야겠다고 생각하고 취했던 리더십이 가지는 의미는 굉장히 중요했다고 봅니다. 이승만의 그러한 리더십이 있었기 때문에 제헌헌법이 제정되고 대한민국이 건설된 것이 아니겠어요. 그 다음에 미군에 의해서 자유민주주의라든지 시장경제라든지 이런 제도가 도입된 것은 사실이지만, 헌법제정에서 그것을 관철시킨 것은 이승만의 역할이 아니었습니까.. 일본 헌법과 한국 헌법이 그 도입과정에서 다른 점은 일본 헌법은 맥아더가 거의 만들어주었지만 제헌 헌법은 한국 사람들이 주도적으로 만

들었다는 점이라고 하지 않습니까. 이승만 대통령이 주로 혼자서 헌법을 제정했다고 이야기한다면 좀 문제가 있겠지만, 역시 이승만의 역할도 최근에 밝혀지고 있지 않습니까. 그 다음이 이승만의 공과 과가 엇갈리는 문제이기는 한데, 휴전협정의 반대에도 여러 가지의 의미가 있었던 것 같습니다. 백 선생의 말씀처럼 동족상잔의 전쟁을 고집했다는 평가도 가능하겠습니다만, 이왕 진행되어 온 전쟁이니 미국으로부터 확실한 보장을 받아놓고 종전을 해야 한다는 목표도 있었을 것입니다. 그 동안의 연구에 의하여 밝혀진 바에 의하면, 이승만대통령이 노렸던 목표는 53년의 한미동맹과 경제원조에 대한 보장이었다고 합니다. 저는 개인적으로 한미동맹이 지금까지 대한민국을 있게 한 핵심적인 국제조약이었다고 생각합니다. 한미동맹이 없었다면 경제적 자립도 민주주의도 제대로 확보하지 못한 한국이라는 국가가 어떻게 지켜질 수 있었겠습니까? 그 다음으로 중요한 것은 이승만 대통령의 시장경제질서의 도입입니다. 일제시대가 워낙 통제경제여서 이승만대통령도 자유시장경제를 하다가 통제경제로 돌아가다가 한 일은 있습니다만, 그 당시 우나 좌나 가릴 것 없이 국유화나 통제경제에 대한 요구가 매우 강했습니다. 그러한 상황에서 이승만대통령의 시장경제에 대한 비젼이 없었더라면 농지개혁은 몰라도 적산불하는 거의 어려웠을 것입니다. 또 하나는 평화선을 그어서 당시에 독도를 우리 영토에 포함시킨 것이라든지 하는 긍정적인 점도 있습니다. 박정희 씨도 경제 기술적으로뿐만이 아니라 심지어 군사적으로까지 미국에 의존하면서도 국익을 확보하기 위해서는 미국 및 일본과 굉장히 싸웁니다. 특히 중화학 공업화의 경우, 일본이나 미국이 도저히 안 될 것을 왜 하느냐고 반대했는데 박정희는 할 수 있다고 많은 무리를 해가면서 추진하죠. 대표적인 것이 포항제철인데, 포항제철은 처음에는 30만 톤의 규모로 출발했는데, 한일협력자금을 쓰려고 하니까 도저히 경제적 채산성이 맞지 않는다고 일본수상까지 나서서 반대했다는 것입니다. 그러한 어려움을 돌파하면서 중화학공업화를 추진하려다 보니까 정치적으로 유신까지 단행했는데, 민주주의라는 관점에서 보면 도저히 용서할 수 없는 조치였지만 또 그러한 조치 없이는 중화학공업화는 불가능했을 것입니다. 역시 역사라는 것이 매우 다양한 측면을 가지고 있기 때문에 다면적(多面的)으로 접근할 수밖에 없는 것이 아닌가 합니다.

백낙청 : 공과가 혼합돼 있다는 점이야 더 말할 나위 없죠. 다만 박정희 대통령과 이승만 대통령의 공과가 다르다는 거지요. 독재를 했을망정 자유주의를 내세운 점에서는 이 대통령이 오늘의 우리 입장에 더 가까운 면도 있어요. 박 교수하고 나하고 이승만에 대한 평가가 비슷하다고 하셨는데 사실은 박정희 장군도 우리와 비슷한 평가를 한 셈이에요. 그는 4·19 전에 이미 쿠데타를 생각했던 사람 아닙니까. 이승만

정권은 도저히 묵과할 수 없는 정권이라고 당시 박정희 소장이 판단했던 거란 말입니다. 4·19가 일어나는 바람에 쿠데타는 나중에 제2공화국에 대한 쿠데타가 됐습니다만, 그런 흐름을 보더라도 우리가 흔히 산업화, 민주화 이런 식으로 순서가 정해진 것처럼 얘기하는데, 물론 민주화가 제대로 진행되려면 물질적인 기반이 필요하고 그것이 박정희 시대에 와서 마련된 것은 사실이지만, 민주화뿐 아니라 산업화도 4·19에서 그 동력을 얻었다고 봅니다. 4·19혁명이라는 것이 일차적으로는 독재에 대한 항거 또는 부정선거에 대한 항거였지만, 두 가지 요소가 더 들어 있었다고 봅니다. 그중 하나가 산업화도 못하는 무능한 정권에 대한 단죄였지요. 또 하나는 평화통일이라는 대한민국의 국가목표에 위배되는 정권에 대한 단죄가 있었습니다. 그러한 4·19가 있었기 때문에 5·16세력이 경제적인 무능을 되풀이할 수가 없었지요. 통일문제는 별도로 논의할 사안입니다만, 48년 정부수립 때 표어가 "오늘은 정부수립 내일은 남북통일"이었어요. 그런데 이승만 대통령은 무력통일만 주장했고 평화통일은 누가 얘기만 해도 잡아가지 않았어요? 죽이기도 하고 말입니다. 그것을 끝장낸 것이 4·19였고 그렇기 때문에 박정희 시대에 와서는 '선건설 후통일' 얘기는 했을지언정 무력통일을 내세우지는 않았고, 심지어 남북 최초의 합의문건인 7.4공동선언 같은 것도 나올 수 있었던 거지요. 그래서 저는 산업화와 민주화의 관계를 너무 기계적인 단계론으로 이해하면 안 된다고 말하고 싶고, 동시에 처음부터 대한민국에는 민주주의와 경제발전 외에 또 하나의 기본적인 국가목표, 결손국가로서의 결손상태를 극복하는 일, 곧 남북통일이라는 목표가 있었다는 점을 상기시키고 싶어요. 그것은 어디까지나 평화적인 통일인데--지금은 헌법 전문에도 그 점이 명시돼 있습니다만--이 측면이 경제발전이나 민주화의 진전과 어떻게 얽혀있는지를 동시에 살펴봐야 우리 현대사에 대해 원만한 통합적 역사인식이 가능해지리라 생각합니다.

박재창 : 결국 한국사회의 발전과정은 지금 말씀하신 것처럼 건국이나 산업화, 민주화가 대체적 관계를 형성하면서 발전해 왔다기보다는 누적적累積的)이고 중층적(重層的)인 관계를 구성하면서 발전해 왔다고 보아집니다. 다만 제가 말씀드리고 싶은 것은 건국 이후 여기까지 오는 사이에 작용한 외부 변수의 비중이 시대에 따라 달랐다는 점입니다. 그런 관점에서 보면 박정희 시대가 매우 중요한 역사적 전환점이었다고 생각됩니다. 이 시대를 중심으로 내생적 변수의 비중이나 국내 정치지도자의 발언권이 외생적인 변수나 주변국의 영향력에 비해 커지기 시작하지 않았나 생각되기 때문입니다. 그러나 안 선생님께서는 한국의 근대사회 발전과정이 식민통치 이후의 사회적 혼란, 경제적 피폐, 정치적 갈등 같은 저발전 상태에서 추동(推動)되어야 했다는

사실을 비중 있게 감안해야 하고 이 점이 다른 정상국가의 발전과정하고는 필연적으로 다를 수밖에 없었다는 점을 이해해야 한다는 말씀이신 것 같습니다.

안병직 : 제가 한국근현대사를 이해하는데 있어서 역점을 두는 것은 한국이 식민지화와 저개발화를 통해서 근대화를 이루어간다는 점입니다. 고전적인 근대화과정은 전통적인 산업인 농업의 발전이나 중소상공업의 발전을 통한 자생적(自生的)·자립적 발전인데, 우리의 경우에는 그러한 발전과정이 없거나 매우 미약한 상황에서 세계자본주의와 접촉했기 때문에 식민지화나 저개발화를 거치는 과정에서 근대화과정을 준비하다 보니까 외국으로부터 문명이라든지 지식이라든지 기술이나 자본, 심지어 군사적 원조까지 받지 않으면 도저히 근대화를 이룰 수 없는 상황이었습니다. 다시 말씀드리면 한국근현대사는 선진국에의 캐치·업 과정이었습니다. 그런데 이러한 역사적 과정을 선진국의 자생적 자본주의화과정 즉 경제사에서 말하는 고전적 자본주의의 이행이론을 가지고 관찰하게 되면, 한국근현대사는 모든 측면이 온통 일그러진 것으로 보일 수밖에 없습니다. 그리고, 식민지화라든지, 저개발화라든지, 정치·군사·경제적 예속이라든지 독재나 권위주의라든지 하는 것들도 모두 사실이었습니다. 그래서 우리가 한국근현대사의 실상을 이해하려면 근대화의 저개발국적 내지는 한국적인

길에 대한 이해가 필수적이라 봅니다. 이러한 근대화의 길에 대해서는 아직도 학문적 연구가 크게 미흡한 상황입니다. 저는 한국근현대사를 제가 말씀드린 위와 같은 시각을 가지고 연구하게 되면, 앞으로의 학문적 성과는 무궁무진하리라고 생각합니다. 미국이 한국을 근대화시키려다 일이 제대로 진행되지 않으니까 쓰레기통에서 장미꽃이 피기를 기대할 수 없다고까지 하지 않았습니까. 그런데 현실적으로 장미꽃은 피고 말았습니다. 한국은 약 70년간의 개항기와 식민지기가 있었기는 합니다만, 서구에서 선진자본주의가 3, 4백년에 걸쳐서 달성한 성과를 불과 30년 만에 달성했습니다. 그리고 한국이 경험한 것과 같은 근대화 과정은 앞으로 중국과 인도, 그리고 기타 저개발제국이나 아프리카의 근대화과정을 관찰하는데 있어서도 매우 유익한 지침을 주리라 생각합니다.

박재창 : 선생님 말씀엔 일견 동의하면서도 '발생하는 것은 모두 정당하다' 라는 식의 사후필연론 같은 관점은 아닌가 하는 생각도 듭니다.

안병직 : 그런 혐의가 짙지요.(웃음) 사실 한국근현대사를 구체적으로 분석한 결과를 가지고 말씀드리기보다 지금까지의 이론적 성과를 가지고 연역적으로 현시점의 성취를 가지고 온 역사를 설명한다는 흠이 있는 것은 사실입니다. 한국근

현대사의 전개과정에 대한 구체적인 분석은 젊은 연구자들에게 기대할 수밖에 없군요.

백낙청 : 소위 한국이 '따라잡기', 캐치업 하는 상황에서 발전해왔고 또 그럴 수밖에 없었다는 인식은 정당한 것 같아요. 다만 이런 담론은 거기에 걸맞은 차원에 적용해야 합니다. 캐치업 이론은 상당히 거시적인 설명 프레임 아니에요? 그러니까 더 세부적으로 들어가면 그걸로 설명이 되는 것이 있고 그보다 낮은 담론차원의 개인이나 특정집단의 구체적인 공과로 규정할 사안이 있는데, 그런 차원의 분별을 함이 없이 이론을 두리뭉실하게 적용하다보면 특정인이나 특정집단의 과오는 물론 공로도 얼버무려지게 됩니다. 가령 민주화운동을 해온 사람 중에는 박정희 대통령의 경제발전 공로 얘기가 나오면 그게 다 우리의 양질의 노동력이라든가 국제적인 상황이라든가 이런 것에 힘입어서 박정희 시대에 이루어진 전체적인 성과지 어떻게 박정희 개인의 공로가 되느냐고 반발하는 사람들이 많지요. 그 논리도 거대담론의 차원에서는 설득력이 높다고 생각합니다. 그러나 세부적인 진행과정을 평가하는 차원에서는 어떤 것은 박정희라는 개인이 탁월해서 잘된 게 있고, 또 박정희라는 개인의 성향이나 배경 등 여러 가지 한계로 인해 '따라잡기' 상황에서도 꼭 그럴 필요가 없는 잘못된 조치를 취한 경우도 드러나겠지요. 이렇게 거대담론은 거대담론 수준에 적용해야지 그것을 가지고 공

과에 대한 정교한 인식을 호도하면 안 되겠다는 생각을 합니다. 또 하나는 한국의 경제발전을 평가하는 데 있어서는 국내적 요인과 전 지구적인 요인, 캐치업 이론이라는 건 지구적인 맥락에 해당할 텐데, 그 두 차원 이외에 '한반도적 차원이 개입한다는 점을 강조하고 싶습니다. 그것이 끼어들어야지 원만한 설명들이 된다는 거지요. 대한민국이 '따라잡기를 하는 과정에서도 특정한 의미의 결손국가였기 때문에 경제발전의 초기단계에서 더 유리한 점이 있었는데 지금은 남북대결의 완화 내지 해소가 동반하지 않는 경제발전이 불가능해졌다고 한다면, 그런 의미로 국내적 요인, 한반도적인 맥락, 전지구적인 맥락, 최소한 이 세 가지는 동시에 고려해야 할 것 같아요.

안병직 : catching-up 이론은 매우 간단히 도식화하면 세 가지 조건으로 이루어져 있습니다. 첫째 선발국(先發國)에 지금까지 후발국이 이용하지 않았던 지식·기술·자본 등 성장잠재력이 고도로 축적되어 있을 것. 둘째 선발국과 후발국 간에 지식과 정보의 이동이 자유스러울 것. 이를 위해서는 제2차 세계대전 이후의 자유무역체제가 크게 공헌했습니다. 셋째 후발국이 선발국으로부터 성장잠재력을 흡수할 수 있는 '사회적 능력'이 있을 것. 위의 catching-up 이론의 세 가지 조건을 가장 잘 충족시키는 경제발전모델이 수출지향공업화정책이나 구공산주의제국의 개혁·개방이론입니다.

등소평의 개혁·개방이론은 한국, 대만, 및 싱가폴의 경제발전모형을 네 글자로 요약한 것입니다. 캐치·업 이론에서 앞의 두 가지 조건이 후발국에게는 주어진 여건이라고 한다면, 최후의 국내적 조건인 자국의 사회적 능력을 어떻게 확보하느냐가 매우 중요한 정책적 과제가 되겠습니다. 이러한 사회적 능력을 제대로 확보하기 위해서는 여러 가지 정책적 수단을 강구하지 않을 수 없겠지만, 이러한 정책 역시 이미 국내에 축적되어있는 사회적 능력을 동원하는 데에 주력하지 않을 수 없을 것입니다. 이미 국내에 축적된 사회적 능력과 관련하여 동아시아경제발전에 있어서 주목해볼 점은, 중국, 일본 및 한국으로 구성되는 동아시아가 세계사적으로 보면 그 전통사회의 발전수준이 서유럽과 비견할 만큼 높은 것이었다는 사실입니다. 조금 전에 백 선생께서 말씀하신 우수한 노동력의 부존이라는 조건도 이러한 문화적 유산에서 유래한 것으로 볼 수 있습니다. 이러한 점에서 보면 한국이 근대화에 성공할 수 있었던 것은 전통사회 단계에서의 한국문화의 고도한 축적에 힘입은 바가 컸던 것이 사실입니다만, 이러한 사실이 사회적 능력을 경제개발에 동원하는 개별적인 지도자의 공로를 부정하는 것은 아닐 것입니다. 한국근대화에 있어서 지도자와 국민들이 제 각각 차지하는 위치를 제대로 설정하는 작업이 중요하지 않을까 합니다.

박재창 : 긍정적으로 말씀하시면 catching-up 발전이고 조금 부정적으로 얘기한다면 모방발전론이 되겠는데요. 우리가 이 시점에서 정작 고민해야 할 과제는 그렇다면 어느 정도 catching-up을 해놓은 상태에서는 앞으로 어떻게 해야 하느냐의 문제인 것 같습니다.

백낙청 : 적정한 수준의 경제성장을 지속해야겠다는 의지와 전략이 필요하겠지요. 또 민주화가 심화되어야지 결코 중단되거나 후퇴해서는 안 되겠다는 것은 당연하죠. 동시에 강조하고 싶은 것은 처음부터 대한민국의 국가목표는 국민들을 먹여 살릴 경제력과 국방 안보 그리고 민주주의를 실현하는 것이었는데, 또 하나가 아까도 말했듯이 남북통일이었지요. 하지만 무력통일은 불가능하다는 것이 한국전쟁을 통해 명백해졌어요. 그럼에도 불구하고 계속 무력통일을 주장하는 이승만 정권에 대한 국민의 심판이 4·19를 통해서 내려졌고 이후로는 평화통일이 기조가 됐는데, 더 오랜 세월을 지나면서 우리가 또 하나 인식하게 된 것은 무력통일도 불가능하지만 평화통일도 간단히 되지는 않는다는 사실입니다. 동시에 그 동안의 경제발전 과정을 지켜보면, 어느 시점을 지나고부터는 남북대결을 완화하는 작업이 경제성장하고 병행해왔습니다. 특히 87년 6월항쟁 이후에 비로소 우리가 민주화와 경제발전을 병행할 수 있게 되었는데, 바로 이 시기가 노태우 정부에 의한 '한민족공동체통일방안' 발표와

남북기본합의서 체결 등으로 남북화해협력의 기운이 높아진 시기였거든요. 그리고 6·15공동선언에 대해서도 여러 가지 해석이 있는 걸로 압니다만, 저는 우리가 IMF를 당하고 그것을 수습하면서 6·15공동선언을 통한 남북교류협력의 획기적인 전진의 계기를 만들었다는 것이 이후에 한국경제가 계속 더 발전할 수 있는 중요한 요인이었다고 봅니다. 혹자는 6·15공동선언을 두고 잘 나가던 대한민국이 그때부터 엉망이 되었다고 주장하기도 합니다만, 경제에 관한한 그것은 온갖 실증적 지표에 어긋나는 진단입니다. 노태우 정부 이후 YS, DJ, 노무현 정부 등 각각의 정부에서 그 나름으로 경제성장과 민주화가 진전해왔는데 여기에 남북대결의 점진적인 완화과정이 병행되었던 것입니다. 앞으로도 한국경제가 한 단계 더 발전하려면 남북관계에도 획기적인 돌파구가 마련되어야 한다는 것이고, 그러자면 갑작스럽게 북쪽이 무너진다든가 하는 사태가 아니고 그래도 제일 현실적인 것이 남북연합의 건설과정이다, 이렇게 보는 거지요.

박재창 : 시간이 많이 지나서 마무리를 해야 할 것 같은데, 앞으로의 대한민국은 어떻게 가야 할 것인가, 미래의 한국상에 대해 두 분께서는 어떤 합의를 할 수 있는가 하는 점에 대해 이야기해 봤으면 좋겠습니다. 특히 일종의 모방발전론이 나름대로 유용성이 있었다고 하더라도 앞으로의 한국사회 발전에도 여전히 유용한 것인가? 이제는 새로운 대안을 찾아야 할

때가 아닌가하는 점이 과제일 것 같습니다. 정치·경제의 발전에 있어서도 그렇고 특히 남북문제에 있어서도 마찬가지인 것 같습니다. 굉장히 창의적인 또는 다른 표현으로 하자면 한국적인 표준을 우리 스스로 만들어 나가지 않는다면 과연 오늘날 우리 사회가 당면한 과제들을 돌파해 나갈 수 있을까 하는 생각을 하게 됩니다. 지금까지 선생님들께서 말씀하신 대로 소위 결손국가의 구조적인 특성이 응집돼서 분출하고 있는 것이 정치 분야의 경우 한국적 속성이라면 이를 해결하는 데 있어서는 어떤 창의적인 대안 없이 소위 정상국가들의 발전에서 힌트를 얻어 해결하기는 어려운 것 아닌가, 남북문제도 마찬가지 아니겠나 하는 생각이 듭니다. 그렇다면, 미래 한국사회를 어떻게 어떤 비전을 가지고 이끌어 나아가야 하겠는가가 궁금해지는 데요. 여기에 대해 말씀해주시죠.

안병직 : 박 선생께서 캐치·업 이론은 결국 모방이론에 불과한 것이 아닌가 하셨는데, 맞는 말씀입니다. 그럼에도 불구하고 제가 캐치·업 이론을 강조하는 것은 그것이 바로 한국의 근현대사였다는 점입니다. 조금 거칠게 이야기하자면 한국의 근현대사는 서양문화의 모방과정이었습니다. 우선 이 점을 직시(直視)하여 두는 것이 우리가 현재 우리의 참 모습을 정확하게 파악하는 올바른 길이 아닌가 하는 것입니다. 이 점을 적당하게 얼버무려버리면, 우리는 우리의 현실을

정확하게 파악할 수 없을 것입니다. 그러나 모방과정이 결코 모방과정으로만 끝나는 일은 없습니다. 크게 보면 세계사는 창조과정이라기보다 모방과정이라는 측면이 훨씬 우세하지 않았나 합니다만, 그러나 모방과정은 반드시 창조과정을 동반했습니다. 적당한 비유가 될지 모르겠습니다만, 온고이지신(溫故而知新)은 모방과 창조가 하나의 과정이라는 것을 보여주고 있습니다. 한국의 근현대화과정은 서양문화의 모방과정에 불과했습니다만, 캐치·업 과정이라는 전대미문의 새로운 세계사적 차원의 근현대화과정을 창조한 것이 아닙니까. 앞으로의 저개발국의 근대화과정은 이 모형에서 크게 벗어날 수 없을 것입니다. 개혁·개방이 구사회주의제국의 보편적 발전모델이라는 점에서도 확인됩니다. 이러한 관점에서 보면 모방과정은 엄청난 창조과정을 동반하는 것입니다.

역시 한국현대사의 과제는 선진화와 통일이고 이에는 국민적인 합의가 있지 않나 생각하고 있습니다. 우선 통일문제에 관해서 말씀드리면 백 선생이 말씀하신 바와 같이 남북간의 평화적인 통일이 쉽지는 않겠지만, 6·15 공동선언이라는 것이 평화통일 지향적이었다는 점은 부정할 수 없습니다. 저는 6·15 남북공동선언은 그것을 선언한 사람들이 자각하지 못했던 역사적 저류(底流)를 탄 면이 있었다고 생각합니다. 무슨 얘기냐 하면, 이승만-박정희-전두환 시대까지는 남북 간의 체제 경쟁적인 상황이었는데, 그 이후에는 체제 경쟁적인 상황이 소멸되어버렸어요. 남쪽이 이제는 북쪽과 체제 경쟁을 할 상황이 아니고 어떤 방법으로든지 북쪽을 끌어안지 않으면 남북문제가 풀리지 않는 상황이 되어버린 것이지요. 체제 경쟁이나 대결정책에서 포용정책으로 전환할 수밖에 없었는데, 구체적으로 어떻게 포용할 것이냐에 대해서는 여러 가지 이견(異見)이 있을 것 같습니다. 한편 한국의 선진화정책에 있어서 핵심은 교육정책이 아닐까 싶습니다. 역시 한국이 가지고 있는 기본자원은 인적 자원이거든요. 그리고 우리가 선진화를 하는 데 있어서 단순히 물질적 선진화만 가지고는 될 문제가 아니고, 문화수준을 끌어올려서 독자적인 한국적 시스템을 구축해야 하는데, 아직은 독자적인 시스템의 구축이라는 측면에서 부족한 것이 많습니다. 그렇게 하려면 우리 국민의 의식과 지적 수준이 비약적으로 발전 될 수밖에 없는데, 이것들을 확보하는 직접적 방법이 바로 교육이지죠. 그리고 조금 전에 백 선생이 말씀하신 바와 같이 지금 경제적으로 발전했다고 하지만 경제적으로도 조금 더 발전해야 하고, 민주주의도 지금부터 진짜 민주주의의 단계로 들어가야 합니다. 지금까지 실현된 민주주의라는 것이 아직은 구호로서의 민주주의였지 생활로서의 민주주의는 정착되지 않았다고 봅니다. 생활로서의 민주주의를 확실하게 정착시키기 위해서는 지방자치가 필수적입니다. 지방자치라는 것이 결국 재정, 치안, 교육의 자치인데, 이 세 가지 모두를 중앙이 다 틀어쥐고 있어서 지방자치의 공간은 매우 협소해보입니다. 민주주의라는 것이 자신의 일을 자신이 하는 것이라고 한다면, 제대로 된 지방자치의 실현이 시급합니다. 둘째는 정당의 자율적 운영이 시급한 것 같습니다. 김영삼 씨와 김대중 씨도, 입으로는 민주주의를 외쳤지만, 정당을 만들고 싶으면 만들고 깨고 싶으면 깼다는 점에서 사실상 제왕적 당수요 대통령이 아니었습니까? 이명박 대통령도 아직 한나라당을 손아귀에 쥐고 흔들고 싶어 합니다. 제왕적 대통령이라는 것은 대통령이 국회의원을 만들고 싶으면 만들고 국회가 자기의 말을 듣지 않으면 물리력으로 제압할 수 있을 때 통하는 것인데, 지금 평당원으로 있는 대통령이 제왕적 대통령을 꿈꾸는 것은 무리입니다. 대권하고 당권을 완전히 분리해서 누가 정권을 잡든지 당이 완전히 자율성을 가지게 하는 것이 한국 민주주의의 실현을 위하여 시급한 과제입니다. 이 점에서는 야당의 문제도 여간 심각하지 않습니다. 전부가 갈갈이 찢어진 포말(泡沫)정당이 아닙니까. 입만 열면 민주주의를 주장하는데, 과연 자기의 꼴이 민주주의를 할 수 있는지 자문(自問)해 보아야 합니다. 또 지금부터는 사회적 갈등을 완화시키기 위하여 복지국가를 보다 충실히 할 때라고 봅니다. 복지정책은 반드시 사회주의정책이 아니고, 한국사회가 이미 크게 성숙했기 때문에 복지정책을 실시하지 않으면 안 되는 측면도 있고 또 복지정책을 쓰지 않으면 사회적 갈등을 잠재울 수도 없을 것입니다. 물론 이 복지정책이 국민들의 자유를 제약한다거나 국민들의 사회에 대한 의존성을 기르는 방향으로 실시되어서는 안 될 것입니다. 결론적으로 말씀드리자면 한국사회는 이미 선진국적인 측면이 농후합니다. 정치적으로는 자유주의와 사회주의가 공존할 수밖에 없는 발전단계에 이르렀습니다. 자유민주주의와 사회민주주의가 정치사상의 중심축을 이루고 그 양쪽으로 극우나 극좌도 포진하는 사상적으로 완전히 자유로운 사회를 지향할 수밖에 없다고 생각합니다. 단 이 경우에도 사회구성원의 일부를 국민에서 배제하려는 반공주의나 대한민국의 존재를 부정하는 종북주의는 극복되어야 한다고 생각합니다. 국민의 일부를 국가에서 배제한다거나 자기가 그 속에 소속된 국가를 부정하고서야 어떻게 국민들이 평화적으로 더불어 살 수 있는 공동체가 형성될 수 있겠어요.

백낙청 : 안 선생께서 참 좋은 말씀 많이 하셨습니다. 교육의 중요성이라든가, 지방자치를 강화해야 한다든가, 제왕적 대통령의 권한을 제약해야 한다든가–꼭 헌법개정을 통해서가 아니더라도 국회에 대해 말씀하셨듯이 삼권분립을 자기들 스스로 시행할 필요가 있지요–복지국가를 위한 적극적인 정책이라든가, 사상의 자유를 제대로 보장하자는 말씀도 저로서는 아주 공감하는 얘기들입니다. 사실 그동안 안 교수의 글들을 읽거나 행보를 보면서 오늘 대화에서 의견차

이가 난다면 하나는 남북관계 문제요, 다른 하나는 이명박 정부에 대한 평가가 아닐까 생각했었는데, 물론 지금도 의견차이야 있겠죠. 그렇지만 남북관계에 대해 6·15공동선언의 의미를 안 선생 나름으로 평가를 하신 것이 흐뭇합니다. 당시 정상들 자신이 의식하지 못한 역사적 조류가 반영됐을 가능성이 있다고 하셨는데, 덧붙이자면 그들이 의도하지 않았던 새로운 역사적 조류의 물꼬를 터주는 결과도 있었다고 봅니다. 그것이 바로 시민사회의 강화라는 점과 통하지요. 가령 통일을 갑자기 한다면 아무래도 정부가 전적으로 주도하고 국민들은 지지하느냐 반대하느냐 하는 선택 외에 할 수 있는 일이 많지 않습니다. 그러나 통일을 하긴 하는데 지금 당장은 안 하겠고, 남북연합 내지는 낮은 단계의 연방제라는 중간단계를 거쳐서 점진적으로 하겠다고 합의를 하면 그때부터는 온갖 사람들이 다 끼어들 공간이 열리는 거예요. 남북연합을 하는 준비과정에도 시민사회가 참여할 여지와 공간이 생기고, 연합이 어떤 내용이 되어야 하고 또 언제 해야 하는지 이것도 정부당국이 맘대로 결정할 수 없게 됩니다. 독일처럼 서독정부가 일방적으로 주도하는 통일도 안 되지만 예멘처럼 지도자들끼리 밀실에 모여 담합해서 나눠먹기식으로 하는 통일도 불가능해집니다. 세월을 거치면서 남쪽과 북쪽의 사회가 각기 어떤 내용으로 어떤 기여를 하느냐, 얼마만큼 인풋(input)을 하느냐에 따라서 남북연합의 성격과 시기가 결정되고 누구의 의사가 더 많이 반영될지가 결정되는 거죠. 시민사회가 많이 참여하는 쪽과 적게 참여하는 쪽과의 사이에 영향력의 일정한 불균형이 생기는 것은 어쩔 수 없는 일이에요. 아무튼 6·15공동선언으로 인해서, 위정자들은 그런 생각까지 안했을 가능성이 많지만, 시민참여의 공간이 열렸다고 말씀드리고 싶고, 이 과정과 우리의 국내개혁이 맞물려있다는 점을 강조하고 싶어요. 이명박 정부에 대한 평가에 관해서도 이명박 정부 자체의 자기인식은 2008년 이명박 정부 출범이 '선진화 원년'이라는 것 아니겠습니까? 그런데 안 선생 얘기를 오늘 가만히 들어보니까 꼭 그렇게만 보시는 것 같지는 않아서 든든합니다.(웃음)

박재창 : 오늘 두 분 선생님 말씀을 듣고 제가 좀 혼란스러운 것은 두 분이 견지해 오신 진보와 보수의 입장이 서로 바뀌어져 있지 않나 하는 생각마저 들기 때문입니다(웃음).

백낙청 : 우리가 제대로 선진화하려면, 선진화와 갑작스런 통일은 양립하기 힘들지만, 국가연합을 거쳐 시민사회가 능동적으로 참여하는 길고도 단계적인 재통합과정과 선진화는 오히려 맞물려 있다는 인식이 중요합니다. 동시에 새 정부 출범 이후 현실적으로 선진화가 순조롭게 진행되고 있느냐 아니면 오히려 혼란이 가중되고 있지 않는가 하는 점에 대해 정직하게 판단할 필요가 있다고 봅니다.

안병직 : 백 선생의 마지막 지적은 굉장히 중요합니다. 선진화와 조속한 통일은 양립하지 못합니다. 통일하면 남쪽의 성장잠재력이 북쪽으로 홍수처럼 빨려 들어가 버리기 때문입니다. 대만과 중국과의 관계를 보면 알 수 있는데, 대만이 약 10년 전만 하더라도 1인당 소득면에서 우리보다 훨씬 우위에 있었는데, 지금은 우리보다 훨씬 밑으로 떨어졌습니다. 왜 그러냐면 성장잠재력이 대륙으로 많이 빨려 들어가 버렸거든요. 그러한 상황이 우리에게도 반드시 일어납니다. 대만과 중국 사이에는 혼란이 없어도 그러한데, 남북 간의 갑작스런 통일은 반드시 엄청난 혼란을 수반할 것입니다. 그러나 점진적 통일이라면 남북의 경제성장이 양립 안 될 이유가 없지요. 그 점에서 백 선생의 지적은 굉장히 중요한 지적이라고 생각합니다.

백낙청 : 남북연합에 대해서도 구체적으로 연구할 필요가 있는데요. 세계적으로 국가연합의 전례가 많지만 남북한의 연합은 아주 특수한 사례가 될 것이고 그야말로 우리가 창의적으로 만들어야 할 연합형태일 겁니다. 가령 유럽연합도 아직은 느슨한 연합 아닙니까? 그렇지만 남북 간의 국가연합은 어떤 면에서 그것보다 더 느슨하고 더 낮은 단계의 연합이 될 수밖에 없어요. 우선 화폐통합을 하는 연합이 아닐 것이고 해서도 곤란합니다. 또 하나는 통일이 안 되더라도 남북 간에 유럽연합처럼 자유왕래나 하면 좋겠다는 말을 흔히 하는

데, 저는 남북 간에 국가연합이 형성되더라도 주민의 이동이, 물론 지금보다는 더 확대되고 자유로워지겠지만 여전히 통제되는 그런 연합일 수밖에 없다고 봐요. 안 그러면 남북이 모두 감당할 수 없는 상황이 될 테니까요. 그런 면에서는 국가연합 중에서도 낮은 단계의 연합일 것인데, 다른 한편으로 궁극적인 통일을 향해 돌이킬 수 없는 한걸음을 내딛는다는 의미에서는 유럽연합보다도 훨씬 더 통일의 성격이 강한 아주 독특한 연합이 될 것입니다. 이걸 어떻게 간을 잘 맞춰서 적절한 시기에 적절한 내용과 제도를 채워 넣을까, 그리고 어떻게 이 과정을 국내개혁문제하고 연계해서 성공적으로 추진할 것인가를 연구하고 그 방도를 창안하는 것이 필요하다고 봅니다.

박재창 : 통일문제에 대해 점진주의적인 접근을 해야 한다는 데에 두 분께서 합의를 보고 계신데 이 점은 매우 중요한 결론이라고 생각합니다. 앞으로 우리 사회가 진행해 나가야 할 방향에 대한 지시등(指示燈) 같은 역할을 할 것이기 때문이다. 그러나 선진화 문제에 대해서는 우리 사회가 조금 더 세밀히 논의할 필요가 있다고 봅니다. 아까 모방발전의 시대를 넘어야 한다는 말씀을 하셨는데, 그런 관점에서 보면 선진화라는 말이 전달하고자 하는 메시지가 무엇인지는 알겠습니다만 용어 자체가 동반하는 의미에는 적지 않은 문제점이 있다고 늘 생각해 왔습니다. 도대체 우리가 얘기하

는 선진화의 실체가 무엇이냐, 소위 서구의 정상국가 발전 모델을 답습하자는 것인지, 그래서 우리의 다음 단계가 서구 사회의 재현인지, 그럴 경우 과연 그것이 우리 사회가 지향해야 할 발전 목표인지, 또 앞으로의 시대에서도 그런 서구 사회의 재현 모델이 유효할 것인지 아니면 이제부터는 우리 식으로 한국적 표준을 모색해 나가야 하는 것인지가 분명치 않기 때문입니다. 그러면서도 교육문제를 제기하신 것은 굉장히 중요한 과제를 지적하셨다고 생각합니다. 그동안 우리 사회에서는 교육에 대한 논의가 주로 어떻게 가르칠 것인가에 치중해 왔고, 기실 교육의 실체라고 할 수 있는 무엇을 가르칠 것인가에 대해서는 오히려 사회적 관심이 소홀했습니다. 특히 민주적 사회공동체의 형성 없이 과연 한국사회가 다시 재도약의 전기를 마련할 수 있겠느냐 하는 점에 주목할 경우 이 문제는 매우 중요한 시사점을 갖는다고 봅니다. 이 시점에서 우리 사회가 발전의 정체 내지는 전환기적 혼돈에 처해 있다면 이를 돌파하기 위해서는 더 이상 사회자본의 축적 없이는 불가능하고, 사회자본의 축적은 우리의 경우 범사회적인 민주시민교육 문제와 직결되는 과제라고 보기 때문입니다. 민주시민사회의 일원으로 주체적인 삶을 영위하는 것이 어떤 의미를 가지며, 어떤 것이 민주적이고 또 아닌가를 아는 일뿐만 아니라 민주적인 삶을 영위해 나가는 데 필요한 기술이나 역량 예컨대 토론이나 사회를 보는 일부터 말하는 능력에 이르기까지 그리고 무엇보다도 중요한 것은 이런 것들을 몸에 익혀 체화하는 학습과정이 전제되어야 하는 데 이를 위한 국가적인 노력이 시급하다는 생각입니다. 정부의 교육정책이 시급히 변해야 하는 이유입니다. 지방자치문제에 대해서도 크게 공감하게 됩니다. 지방자치는 단순한 권력의 분권이나 공유의 문제를 넘어서는 일종의 사회복지 정책 가운데 하나라고 생각합니다. 그러니까 소위 일극체제(一極體制)에서 패배한 사람들에 대한 구원수단의 하나라는 의미도 내포하는 것이지요. 그러나 우리가 지금 실시하고 있는 지방자치는 말만 지방자치이지 실제로는 지방자치가 제대로 실시되지 않고 있는 실정입니다. 흔히 우리의 자치를 2할 자치라고 하는데 지방자치가 할 수 있는 일의 범위가 전체 법령의 2할 정도에 지나지 않는다는 말씀이지요. 이런 정도를 가지고는 제대로 된 자치를 할 수 없고 그러니 지방정부가 제대로 운영되지 않는다거나 지역의 사회공동체가 잘 발흥하지 않는다는 것은 어찌 보면 너무나도 당연한 결과이지요. 사실 세종시 문제만 하더라도 지방분권이 지금보다 훨씬 더 진전된다면 지금 전개되고 있는 식의 국가운영상의 효율성 논쟁은 의미가 없어지는 것이라고 생각합니다. 대통령 중심의 제왕적 일국주의체제가 지니고 있는 문제점에 동의하고 그래서 헌법개정안 가운데 하나로 이원집정부제(二元執政府制)를 제안할 정도라면 지금이라도 대통령과 총리 사이에서 권한의 분담이나 수평적 권력 조율이 필요한 일이고 또 가능한 일이며 이럴 경우 대통령과 총리가 꼭 지근거리에 있어야 하느냐 하는 문제는 전혀 다른 차원의 논의를 필요로 하는 것이지요. 같은 이치로 중앙정부의 권한이 지방정부로 대폭 이전된다면 중앙정부의 일원론적 운영에 대한 수요는 당연히 줄게 됩니다.

백낙청 : 지방자치라는 것이 단순히 정치나 행정적인 권한을 분권화하는 것만이 아니고 사회복지적인 측면이 있다는 말씀은 맞아요. 그러나 앞으로는 '일극체제에서 패배한 사람들에 대한 일종의 구원수단'에서 한걸음 더 나아가야 합니다. 지방이라는 것을 언제까지 우리가 영원한 복지의 수혜대상으로만 봐야 하는가, 그런 게 진정한 선진사회는 아닐 거거든요. 제대로 된 선진사회는 지방이 독자적으로 세계에 대해 경쟁력을 가지고 유대를 맺고 그래서 수도권이 대체할 수 없는 독자적인 경제권·생활권을 이룬 나라가 아니겠습니까? 세종시 문제만 해도 그래요. 얼마 전 조선일보에 김석철 교수가 세종시에 대한 아이디어를 발표했는데(2010.1.8일자 金,錫澈, 「긴급제안: 세종시, 황해공동체의 중심도시로」--편집자주), 두 가지 중요한 포인트가 있었다고 봅니다. 하나는 인구 50만 도시를 단기간에 인위적으로 만든다는 건 비현실적인 이야기니까 처음부터 10만 단위의 다섯 개 도시군을 설계하고 그 성격에 맞는 일부 행정부처를 이전해야 한다는 것이었지요. 또 하나는, 특히 새만금 안바다를

완전히 매립하지 않고 열어놓을 경우, 세종시가 금강-새만금을 거쳐 중국 횡단철도의 시발점인 롄윈강(連運港)으로 연결해서 내륙으로 가는, 다시 말해 수도권을 거치지 않고 중국과 직접 소통하고 교역하고 연대하는 황해공동체의 또 하나의 중심도시를 만들 수 있다는 주장입니다. 그 구상 자체는 더 많은 검토가 필요하겠지만, 중요한 것은 지방살리기라는 게 그런 식이 되어야 한다는 점이죠. 지방이 중앙에서 하나를 더 얻어가겠다는 생각이 아니라 지방은 지방대로 별도의 세계화·지역화를 할 수 있는 적극적인 관점을 반영해서 지방자치를 논하면 좋을 것 같습니다.

박재창 : 물론입니다. 제가 말씀드린 것도 중앙정부의 수혜대상으로서의 지방정부를 얘기하는 것이 아니라 지금 말씀하신 대로 그런 자율적 의사결정 주체로서의 지방정부를 위한 국가권력 재편문제를 말씀드린 것입니다. 그래야 지방이 지구화 시대에 걸 맞는 자생적 단위기구로 활동을 할 수 있을 것입니다. 지방자치이니 만큼 수혜적인 의미의 사회복지가 아니라 소위 자활적 복지가 되어야 할 것도 물론이구요. 더 나아가 지금 단계의 우리 사회가 주목해야 할 보다 핵심적인 과제 가운데 하나는 일국주의의 폐쇄성에서 벗어나야 한다는 점일 것입니다. 우리 사회가 오늘날 당면하고 있는 여러 사회충돌적 과제들은 사실 몸체는 이미 지구화 시대를 넘나드는 공룡으로 성장했는데 인식의 틀이랄까 두뇌는 아직도 일

국주의의 한계에서 벗어나지 못하는 데에서 빚어지는 고통이랄까 외마디랄까 하는 것이라고 생각됩니다. 한국사회가 진정으로 지구적인 시각에서 우리의 문제를 바라보는 인식의 전환을 이루어낸다면 지금 우리가 당면하고 있는 시대적인 과제들을 새롭게 조명하거나 규정할 수 있고 그에 따라 교착상태에 있는 여러 과제들을 해결해 나갈 수 있을 것이라고 봅니다.

선생님들 말씀을 지금까지 들어보니까 많은 점에서 합의를 보고 계신 것 같습니다. 적어도 대한민국의 정당성에 대해서는 이견이 없으시고 소위 결손국가의 양면성이라든지 남북통일의 전개과정이나 진행방향에 대해서도 합의를 보고 있고, 북한의 현실에 대한 인식에 있어서도 큰 차이는 없으십니다. 또 북한이 개혁과 개방의 정책을 채택하기 어려운 구조적인 한계를 지닌다는 점이나 북핵문제 해결이 결코 간단하지 않을 것이라는 점에 대해서도 견해를 같이 하시면서 평화통일이라는 대원칙에 동조하고 계십니다. 나아가 평화통일이 결코 간단한 문제가 아닐 것이라는 점에서도 이견이 없으십니다. 대한민국의 전개과정에 대해서도 경제성장이나 민주주의 발전을 통해서 많은 성취가 있었지만 앞으로도 더 심화하거나 발전시켜야 할 과제가 산적해 있다고 진단하는 데 동의하고 그간 한국사회의 발전 전략이었던 캐치·업 모델의 불가피성에 대해서도 같은 견해를 지니신 것으로 이해됩니다. 더 나아가 앞으로도 과연 이런 전략이 유용할 것인가에 대해 진지한 검토가 있어야 한다는 점에 대해서도 의견이 같으신 줄로 압니다. 바로 이런 점들에서 지금까지 우리 사회의 보수진영과 진보진영을 대표해 오신- 오늘의 대담을 통해 두 분께 이런 꼬리표를 붙여도 되나 하는 생각마저 들게 되었습니다만- 두 분께서 현실진단이나 과거의 진행과정 그리고 미래 사회의 지향점 등에 대해 대화하고 소통할 수 있는 인식의 토대를 공유하고 있다는 사실이 확인되고 있습니다. 그러나 그렇다고 해서 이 자리가 건전한 한국사회의 미래발전을 위한다는 미명 아래 이념의 차이를 그냥 건너뛰자거나 아니면 새로운 대안의 모색을 위해 이를 융합하고자 하는 자리는 아니었음도 밝혀야 할 것 같습니다. 오늘의 대담이 이 시대를 살아가는 많은 이들에게 깊은 가르침과 살아 있는 메시지가 되었을 것으로 믿어 의심치 않습니다. 귀한 시간을 내어주신 두 분 선생님께 다시 한 번 감사의 말씀을 드립니다.

(「시대정신」, 2010년 봄호)

2. 97 선택, 김대중 시대

대담 : 박재창 숙대 교수,
이택휘 서울교육대 교수,
이윤호 LG경제연구소 원장
정리 : 예진수 기자, 이미숙 기자
일시 : 1997년 12월 19일
장소 : 문화일보 편집국 회의실

18일 전국적으로 실시된 제15대 대통령 선거에서 국민회의 金大中(김대중)후보가 당선됨으로써 정부수립 50년 만에 선거에 의한 정권교체가 이뤄지게 됐다. 金大中 정부는 우리 정치사에서 어떤 의미를 지니고있으며 앞으로 우선적으로 해결해 나가야할 과제는 무엇인가. 신정부는 과연 어떤 전략과 비전으로 국제통화기금(IMF)시대의 난국을 헤쳐 나갈 것인가.

문화일보는 서울교대 李澤徽(이택휘)교수, 숙명여대 朴載昌(박재창)교수, LG경제연구소 李允鎬(이윤호)원장을 초청, 19일 오전 본사 편집국에서 긴급좌담을 갖고 이 같은 문제를 중심으로 金大中 정부의 과제와 전망을 점검했다.

이택휘 : 15대 대선 결과 국민회의 金大中(김대중)후보가 당선됐습니다. 야당후보가 당선된 것은 정부수립 50년 만에 실현된 정권교체라는 점에서 의미가 있다고 봅니다.

박재창 : 이번 대선 결과는 지배세력이 영남에서 호남으로 바뀌었다는 점에서 지역 간 정권이동이며 권력이 지난 50년간 지배해온 보수 세력에서 진보 세력 편으로 옮겨졌다는 점에서 가치차원의 권력이동이라고 볼 수 있습니다. 또 이번 선거는 대통령중심제에서 내각제로 권력구조 변화가 약속된 선거인 동시에 선거차원에서는 미디어 정치, 홍보 전략이 특히 부각된 선거였습니다. 이와 함께 金大中후보의 당선은 여권의 실패, 즉 60%의 표가 분열됐기 때문에 가능한 것이었습니다. 여권은 이번 선거에서 내부의 분열이 심했고 조직운영에서도 효율성이 떨어졌습니다.

이택휘 : 이번 선거는 경제적 측면에서도 상당히 의미가 있다고 보는데 앞으로 신정부는 어떤 과제를 다뤄 나가야할 것으로 보십니까.

이윤호 : 15대 대선은 민족의 운명을 결정할 만큼 중대한 시점에서 대통령을 뽑는 선거였습니다. 우리는 현재 많은 문제를 안고 있는데 당선자가 이런 위기를 잘 극복해나간다면 국가의 모습이 획기적으로 바뀔 수 있으리라 봅니다. 그런 점에

서 발등에 떨어진 문제는 우선 위기 극복을 위한 신뢰회복이 필요하다는 점입니다. 국민들로부터의 신뢰, 금융기관간의 신뢰가 중요한 것이지요. 이런 신뢰가 바탕이 되어야 기업의 연쇄부도를 방지할 수 있습니다. 이와 함께 국외기관의 신뢰도 중요합니다. 국가부도를 막으려면 외국인투자자들의 투자가 있어야 하는데 여기서 신뢰는 아주 결정적이기 때문입니다. 두 번 째로 우리경제는 앞으로 구조조정을 끝없이 해나가야 하는데 이것은 국민들의 협력과 지지가 없으면 쉽지 않을 것입니다.

이택휘 : 우리 사회의 정치 불신이 정부 불신으로 나타나고 이것이 경제 불안, 사회 불안으로 이어져 결국 국가 신인도까지 추락됐습니다. 따라서 어떻게 국가 신인도를 회복할 것인가의 문제가 중요합니다. 문제는 우리 사회가 여당의 일방적인 정치에 길들여져 있었기 때문에 정권변화로 인한 즉각적이고 단기적인 불안이 야기될 수도 있고 이것은 경제 불안을 더욱 가속화시킬 위험도 있다는 점입니다.

이윤호 : 신정부가 들어선다 해도 경제정책에서 운용할 수 있는 여지는 많지 않을 것 같습니다. IMF의 엄격한 조건을 벗어나 자유롭게 정책을 운용할 수 있는 여지가 없기 때문입니다. 따라서 가장 중요한 것은 시장경제 원리에 입각해 정책을 펴야 한다는 대원칙입니다. 시장경제 원리에 입각한 투명한

정책을 펼쳐야 대외신인도도 얻고 경제도 살릴 수 있을 것으로 봅니다.

이택휘 : 당선자가 상대적으로 진보적인 정치적 이념을 가졌다고 보는데 이런 측면이 대외적 신뢰, 남북관계 등에 어떤 영향을 미칠 것으로 보십니까.

박재창 : 우려와 희망이 교차하는 게 사실입니다. 당선자는 이러한 측면에서 실험을 하지 않을 수 없을 것입니다. IMF라는 시대 성격의 규정 속에서 호남과 충청 세력의 공동정권을 운영해 나가야한다는 게 신정부의 기본적인 한계라고 볼 수 있습니다. 金大中 당선자는 역대 선거사상 최근소차에 의해 당선됐기 때문에 과연 이러한 한계를 어떤 정치적 리더십으로 극복해 나갈 것인가가 문제입니다. 그러나 DJ가 준비된 정치지도자라는 점에서 정치적 불안감을 해소할 수 있는 측면도 있습니다.

이택휘 : DJ는 50년 정치사상 가장 근소한 차로 당선됐지만 적어도 광복 50년사 속에서 가장 민주적인 절차를 통해 당선된 대통령이기 때문에 역대 대통령보다 더 앞서 지역성을 극복해나갈 것으로 봅니다. 또 이념적 갈등 문제도 폭넓게 수용하며 대처해나갈 것으로 기대합니다. 문제는 DJ의 진보적 정치이념이 장기적 정치, 경제 발전에 어떠한 영향 미

칠 것인가 하는 점입니다.

이윤호 : 당선자가 선거 캠페인 기간 중 내건 경제공약 가운데에는 실현가능성에 의구심이 드는 부분이 많고 더구나 IMF시대에 달성할 수 없는 공약도 많습니다. 이 시점에서 중요한 것은 비록 인기가 없더라도 우리경제가 5년 후, 10년 후 잘 되기 위한 정책은 꼭 실시하고 달성 되어야 한다는 점입니다.

이택휘 : 앞으로 정계개편이 가속화될 것으로 보는데…

박재창 : 정개개편은 큰 폭에서 이뤄지리라고 봅니다. 한나라당은 어떻게 보면 3.4.5.6 공화국 세력이 모두 모여 있는 당인데 이것이 앞으로 어떻게 유지될 것인가가 문제입니다. 또 국민회의와 자민련이 국회 내에서 안정 의석을 확보하지 못하고 있기 때문에 이런 조건을 변화시키기 위한 움직임이 있을 것으로 봅니다. 또 국민회의와 자민련이 언제까지 공동정권을 이룰 것인가도 문제로 지적될 수 있습니다. 내각제 문제는 양당 간에 놓여진 일종의 휴화산이라고 볼 수 있습니다. 이와 함께 DJP연합의 골간인 내각책임제 개헌이 과연 성공할 것인가, 얼마나 진지하게 추진될 것인가도 지켜볼 문제입니다.

이택휘 : 내각제는 사회경제적 기초가 튼튼해야 이뤄지는 것인데

우리 조건으로 볼 때 타당한가 따져 봐야합니다. 내각제는 정권교체를 위해 정략적으로 제시된 측면이 강하지 않습니까.

이윤호 : 내각제 문제는 결국 국민투표 대상이 될 수밖에 없습니다. 새 대통령도 국회만을 통해 이것을 관철해나갈 것이라고 보지 않습니다.

박재창 : 내각제는 많은 논란이 있는 게 사실입니다. 제 생각으로는 과연 이 시점에서 내각제가 현재의 정치경제적 상황에서 바람직한가, 내각책임제가 현실적으로 가능할 것인가, 추진하려는 진지성이 과연 있는가가 의심스럽습니다.

이택휘 : 결국 현재의 정당구조 속에서 내각제 실현은 쉽지 않을 것으로 봅니다. 또 1년 내지 1년 반 안에 경제를 원상복구 시키겠다는 당선자의 공약도 과연 가능한 것인지 검토해 봐야합니다.

이윤호 : 현재의 조건으로 볼 때, 구조조정과정을 그렇게 빨리 추진할 수 있겠느냐는 생각이 듭니다. 오히려 짧은 시간 내에 극복할 수 있다는 환상보다는 고통을 분담하려는 자세가 필요하지 않을까요. 경제위기를 풀기 위해 당선자는 우선 IMF합의사항을 철저하게 이행하겠다는 것을 대내외에 천

명해야 합니다. 그 다음 현실을 봐가면서 구체적 내용을 추진해 나가야 합니다. 이를 위해 당선자의 해외순방이나 특사파견도 고려해볼만 합니다. 그래야 국가부도위기에서 빨리 벗어날 수 있습니다. 구조조정 문제와 관련해서는 중앙은행 독립, 금융개혁법안 통과 등 IMF가 요구하는 사항을 관철시키고 구조조정 지원 특별법 같은 것을 만들어야한다고 생각합니다.

이택휘 : 남북한과 미국, 중국이 한자리에 앉는 4자 회담이 시작됐습니다. 4자 회담과 관련, 한반도 안전보장과 통일 문제에 대한 새 대통령의 정책방향은 어떻게 될 것으로 보십니까.

박재창 : 새 정권은 우선 이념적 선택의 폭이 과거보다 넓어질 것으로 예상되며 북한과의 관계에서도 상대적으로 유연성을 가질 수 있게 됐다고 봅니다. 그러나 IMF시대에서 한국경제가 어려워지고 있어 국민정서라는 측면에서 남북관계가 최우선 과제로 등장하기는 힘들 것 같습니다.

이택휘 : 金大中당선자는 남북관계에 대해 누구보다 정통한 정보와 지식을 갖고 있어 오히려 북한 당국에서는 金당선자와의 교섭을 껄끄러워 할 수도 있을 것으로 추정됩니다. 북한쪽에서는 과거와 달리 보다 세밀한 전략을 세워 남북대화에 나서려고 할 것이며, 그 과정에서 남북의 대화 통로가 좁아지

거나 경직화될 수도 있다는 지적이 있는 것이 사실입니다.

이윤호 : 한국 경제의 취약점이 급격히 노출되고 있어 남북관계 진전에 제약이 있을 수 있습니다. 경제 문제가 시급하기 때문에 지금 시점에서 남북관계 개선을 통해 얻을 수 있는 것이 무엇인지를 다시 생각해 봐야 할 것입니다.

이택휘 : 대통령 당선자는 사회 기층들이라고 할 수 있는 서민, 넓은 의미의 시민을 대변하고 있으며 선거과정에서 그들의 어려움을 단기간에 풀어준다는 암시가 있었습니다. 수평적 정권교체가 됐기 때문에 다양한 계층들 사이에서 '기대혁명'이라고 할 만큼 폭발적인 욕구가 분출될 수 있습니다. 그것이 현실적으로 충족되지 않을 경우 1년이나 1년 반 뒤에는 폭발적 좌절이 나타날 수도 있지요. 과거 여러 정권처럼 무모한 정책이나 장미 빛 환상을 심어주기 보다는 金당선자의 합리적 열정을 기대해 봅니다. 때로는 비판을 받을 각오가 돼 있어야 합니다.

박재창 : 서민의 기대가 폭발적으로 커지고 있어 이 같은 기대와 국가 체제 능력 사이의 간격을 어떻게 좁힐 것인가 하는 문제가 중요합니다. 특히 金大中당선자는 40% 지지에 기초한 대통령이므로 60%의 지지하지 않은 세력이 있습니다. 정치·사회·경제 개혁을 추진할 때 개혁대상을 배척과 부정

의 대상으로 보지 말고 이들에 대한 신뢰와 포용 위에서 개혁을 추진해야 할 것입니다. 이것은 문민정부 초기의 개혁추진과정에서 배운 교훈입니다. 앞으로 신정부는 시스템 중심의 개혁에 초점을 맞춰야 할 것입니다.

이택휘 : 선거 방법과 절차라는 측면에서 과거 옥외집회와 같은 고비용 정치에서 벗어나 발달된 매체를 통해 선거가 치러지고 홍보의 중요성이 부각되는 등 발전적·민주적 선거혁명이 이룩됐습니다. 국제통화기금(IMF)시대로의 진입이 선거 결과를 좌우했다는 평가도 있는데 金당선자는 경제적 측면에서 어떤 비전을 제시해야 할까요.

이윤호 : 새 대통령은 아주 운이 좋으면 2~3년간 고생한 뒤 나중의 2~3년간 열매를 따게 될 것입니다. 이때는 퇴임 후에 나라경제를 살린 대통령이라는 평가를 받을 수 있습니다. 그러나 실패할 경우 나라를 건지지 못한 치욕스런 대통령으로 남을 수밖에 없습니다. 이번 대통령이 인기 있는 대통령이 되려고만 한다면 많은 일을 못할 것입니다. 대통령이 되기 위해 제시한 현란한 공약은 실천의 순서를 뒤로 미루거나 달성 못할지라도 꼭 필요한 부정부패와 정경유착의 근절, 우리 경제의 냉엄한 현실과 시장경제 원리에 따른 정책입안이 무엇보다 중요합니다.

박재창 : 金鍾泌 자민련 명예총재의 행보가 매우 중요합니다. 金명예총재는 정치적 안정을 위해 여러 가지 약속을 했으나 대승적 측면에서 정치적 안정에 기여하고 국가발전에 헌신하겠다는 자세를 보여줄 필요가 있다고 봅니다.

이윤호 : 대통령 당선자는 새 시대에 맞는 이미지를 창출해야 할 것입니다. 정치적 제스처보다는 국민들에게 고통을 호소하는 대통령, 현란한 수사를 많이 쓰거나 어마어마한 경호인력이 따르는 호화로운 의전 행사를 배제하는 대통령, 작업복을 입은 채 서민의 아픔을 같이 느끼고 손도 잡고 호소도 하는 대통령이 되어야 할 것입니다.

이택휘 : 대통령 당선자는 40%지지를 받았으나 앞으로 80~100% 지지를 받는 대통령이 되어야 합니다. 이를 위해서는 망국적 지역주의를 극복해야 하고 정계 개편을 합리적이고 장기적 측면에서 리드해 나가야 합니다. 또 민주화를 강조하다보면 국가 안전보장을 소홀히 하는 경우가 있는데 이러한 점을 염두에 두고 민주화와 국가안보를 조화시켜 나가야 할 것입니다.

(「문화일보」, 1997.12.19.)

3. 대형사건사고 왜 자꾸 터지나

대담 : 박재창 숙대 교수, 김석준 이대 교수
정리 : 황종택 기자, 옥영대 기자
일시 : 1994.10.23.
장소 : 세계일보 편집국

끝없이 꼬리를 물고 일어나는 대형사건사고들은 국민을 경악케 하고 있으며 정부의 국가관리 능력에 대한 불신으로까지 확산되고 있다. 위정자의 국정운용 첫번째 책무는 국민의 생명과 재산을 보호하는 일이다. 정부는 그동안 각종 대형 사고를 겪을 때마다 사고예방을 수없이 강조해 왔다. 그러나 현재의 공직사회 분위기는 이를 개선해나갈 것 같지 않다는 것이 국민들의 공통된 느낌이다. 총체적 위기로 인식되고 있는 오늘의 상황에 대한 해결책은 과연 없는지, 김석준(이화여대 정치사회학), 박재창 교수(숙명여대 의회행정학)의 대담을 통해 오늘의 위기를 진단해 본다.

박재창 : 저는 신문에 보도된 착한 여학생의 편지를 보고 울었습니다. 이 나이에 감정이 풍부해서만은 아닙니다. 문제는 우리 사회가 왜 이 지경에 이르렀느냐. 다리가 무너진 사실보다 무너져야 했던 주변상황과 거기서 비롯된 문제가 더 심각하다고 생각하기 때문입니다.

김석준 : 이번 사고 후 시민들이 「무사히 다리를 건넜구나」하고 자조적으로 말하는 것을 듣고 안타까운 생각이 들긴 저도 같습니다. 학생, 학부모, 일반시민 등에 미친 이번 사고의 여파는 엄청난 것임을 느끼고 있습니다. 이 사고 자체는 이미 노태우정권 시절부터 그 징후가 있었다고 할 수 있지요. 이때부터 국가 통치기반, 통치체계의 이완현상이 시작됐거든요. 특히 현 지배세력 내부의 이질적인 양극화 현상은 우리 사회공동체를 분열시키는 요인이 되고 있습니다. 권력주체들 간에 긴밀한 협조체제가 이뤄지지 않다 보니 행정사각지대가 생기게 마련입니다.

박재창 : 현 정부의 위기상황 대처능력의 미숙성이 여실히 드러났습니다. 심지어 정부의 기본적인 가치관과 철학이 정립돼있지 않다는 지적을 받기에 족하다는 생각이 듭니다. 국가관리 체계의 총체적 와해상태라고 볼 수 있습니다. 이러한 현상이 발생하게 된 원인은 먼저 신한국창조를 주창한 김영삼 정권의 속성에 있다고 봅니다. 이는 폴란드에서 나타난

「유목의 정치」행태와 비슷하다고 보여집니다. 폴란드는 레흐 바웬사정권 출범 4년만에 공산당이 재집권했습니다. 노조연대가 민주화 추진과정에서는 대중의 지지를 받았지만 집권 후에는 국민으로부터 등돌림을 당했습니다. 「유목의 정치」 행태 때문이었습니다. 유목민은 목축을 할 때 풀만 뜯어 먹이고 나서 다른 곳으로 옮겨갑니다. 마찬가지로 유목의 정치란 사회적 쟁점만 제기할 뿐 그 문제의 해결을 위한 집념 있는 정책개발과 대안제시에는 미흡한 집권형태를 빗대 말하는 것이지요. 과거 야당시절에는 반대 세력으로서 정권 담당자에 대해 문제제기하는 것으로 충분했습니다. 그러나 입장이 바뀐 상황에서는 정권담당자로서 대안 있는 책임자가 되었어야 합니다. 이런 역할을 제대로 못하고 있다는 뜻입니다.

김석준 : 남미에서도 권위주의 세력과 민주화 세력 사이에 수시로 과거회귀를 위한 투쟁이 벌어졌습니다. 그 결과 체제위기는 경제위기를 불러 오고 또한 큰 사회적 비용을 물었습니다. 우리는 남미보다 사회적 비용을 적게 들이고 민주화를 이루고 있습니다만, 대신 국민의 자존심을 훼손하는 정신적 비용을 많이 들이고 있습니다. 현정권은 권력 자체의 정당성만 있지 효능성이 떨어지다 보니 국가경영의 위기를 맞고 있는 것이지요. 국가 통치 능력은 대통령의 리더십이 충분히 발휘돼 군, 관리, 정당, 사법부, 시민단체 간의 조정능력

이 원활함을 뜻합니다.

박재창 : 현정권은 어떤 부정이나 비리가 터지면 「엄벌」, 「철저규명」 등을 외쳐 왔습니다. 지속적이고 체계적인 해결노력을 기울이지 않고 상황대처에 급급한 용어들을 남발 합니다. 이것은 국가경영 장악능력의 결여를 반증하는 것입니다. 그러면 왜 국가경영능력이 갑자기 증발됐습니까. 제가 보기에는 문제해결에 대한 의사결정권이 청와대 한 곳으로만 집중돼 있기 때문입니다.

김석준 : 태어날 때부터 이질화 현상을 보이고 있는 민자당은 이러한 이해상충을 조정하는 데 한계가 있습니다. 이 같은 여러가지 현상을 감안하여 정계의 구조적인 개편이 필요합니다. 집권 여당이 결합이 안 되고, 일반 행정관료와 테크노크라트 간 갈등이 큰 현 상황에서는 어떠한 행정효율도 기대할 수 없습니다. 이번 교량붕괴 때 「힌지(연결고리)」가 풀렸다고 하는 데 현정권내 이질화된 여권과 행정관료 간 갈등현상을 상징적으로 보여주는 사례입니다. 그러다보니 중하위관료 역시 응집력 있는 국가기관 경영집단으로서의 자리에서 일탈하고 있습니다. 의회 역시 여야당 간 기현상이 벌어지고 있습니다. 정부의 정책에 대해 집권여당 내에서 반대 세력이 형성되고 야당 내에서 지지 세력이 생겨나는 등 묘한 구조를 띠고 있습니다. 정치권 자체의 무기력을

해소하고 정부가 시민사회와 체계적인 연계를 통해 개혁을 추진하려면 다시 한 번 강조하지만 정계의 구조적 재편이 선행돼야 합니다. 이러한 현상들을 감안할 때 김 정권은 이제 권력정치에서 「생활정치」로 넘어와야 합니다. 각종 개혁법안의 기능화를 위한 후속조치를 취해야지요. 각종 사건사고 방지도 생활정치 아니겠습니까.

박재창 : 다행히 정치권은 과거에 비해 국정감사 등에서 보여줬듯 변화된 모습이 나타나고 있습니다. 교량문제도 국감장서 이미 지적됐잖습니까. 그런데 행정권의 대응은 구태의연했거든요. 따라서 국회는 행정부에 대해 주문만 말고 자기능력 개발에 좀 더 힘써 행정관리의 실천여부를 감독하고 추궁할 수 있어야 하고, 행정부는 자기개혁에 진력해야 합니다. 총리의 퇴진여부를 정치권에서 계량하는 것 같은데 이는 정치권의 고집이요 오만이라고 할 수 있습니다. 이번 사고의 충격을 감안하면 책임 있는 조처가 요청 됩니다. 아직도 국민정서를 읽지 못한 것이 아닌가 하는 생각이 듭니다.

김석준 : 최근 들어 개혁이 주춤 해지면서 일부에서 과거의 권위주의적인 사회를 동경하고 있지 않나 하는 생각이 듭니다. 이는 철저히 경계해야 합니다. 남미의 경우 많은 시행착오를 겪었지만 우리는 다르다고 봅니다. 따라서 정부, 관료, 국

민 등 모두가 역사적인 자부심과 새로운 미래에 대한 확신을 갖고 각자의 분야에서 맡은 일에 최선을 다해야 한다고 봅니다. 앞으로 지자제 총선 등 얼마나 많은 선거가 있습니까. 선거가 있으면 국민이 들뜨게 마련입니다. 중앙과 지방, 지방과 지방, 행정체제 내에서의 개편 등이 뒤따라야 하고 권력과 시민관계가 잘 정착된다면 아무런 문제가 없을 것입니다. 그럴 때 외부환경들이 아무리 요동친다하더라도 국가의 장래는 어둡지 않을 것으로 봅니다.

박재창 : 국가 내부 질서의 구축이라는 차원에서 우리는 지금 제2의 건국기를 맞았다고 봅니다. 그런 의미에서 본다면 지금 건국의 준비단계를 거치고 새로운 양식의 국가건설을 목표로 하고 있습니다. 그렇기 때문에 여러 문제가 발생하고 있다고 봅니다. 국민들은 제2의 건국 터전 마련을 위해서 뛰어난 정치인을 기다리고 있습니다. 말이 아닌 실천을 국민들은 기대하고 있습니다. 앞으로 국가경영자에 대한 평가도 업무창출 능력에 따라 통치력이 있나 없나를 평가해야 할 것입니다.

김석준 : 국가 내부 경영체제를 올바로 갖추는 게 급선무 입니다. 왜냐하면 김일성 사후의 조문파동 등 우리 내부의 일련의 사건을 보면 북한이 겪어야할 문제를 우리가 겪지 않았습니까. 우리 내부에서의 이러한 혼란은 반복되지 말아야 할 것

입니다. 국가경영 측면에서도 정부와 기업의 협조가 잘 되지 않고 있습니다. 물론 정경유착은 배제되었지만 무한경쟁시대에는 정부와 기업의 상호존중과 협조 속에서 국가가 발전한다고 봅니다. 핵 문제가 해결되었기에 앞으로 정부는 정상회담, 남북 간 경제협력 등에도 심혈을 기울여야 할 것입니다. 통일비용 차원이 아닌 미래를 내다본 통일투자 개념에서 북한에 투자를 해야 하고 특히 기업에게는 적극적인 지원을 해야 합니다.

박재창 : 정권의 전체적인 위상강화냐, 아니면 정권의 성적표에 정부의 정책을 맞추느냐에 따라 다르겠지만 대북관계만큼은 우리 정부가 자신을 가졌으면 합니다. 국민들도 마찬가지라고 봅니다. 이미 큰 선이 그어져 있기 때문에 모든 것을 조급하게 생각하지 말아야 할 것입니다. 또 정부는 국민들에게 이 정권이 무엇 때문에 집권했고 왜 필요했는지 심금을 울려줄 수 있어야 합니다. 「국제 경쟁력을 확보하자」, 「신한국을 건설하자」는 정도로는 국민에게 감동을 주지 못합니다. 시대 환경의 급변도 이유가 되겠지만 정부의 정책개발 능력이 없기 때문에 생기는 문제라고 봅니다.

(「세계일보」, 1994. 10. 24.)

4. 통치 1년을 반추해 본다
- 결단력·친밀감이 YS 리더십의 핵심

대담 : 송복 연세대 교수, 박재창 숙명여대 교수
정리 : 유민 기자, 이도운 기자
일시 : 1994년 2년 22일
장소 : 서울신문 회의실

오는 25일로 출범 1주년을 맞는 김영삼 정부. 그동안 김 대통령의 리더십은 개혁드라이브를 통해 과단성과 결단력을 보여줌으로써 문민정부의 시작이라는 역사의 한 페이지를 장식했다. 한편으로 오랜 병폐인 관료구조 개편에는 한계를 드러냈다는 지적도 나오고 있다. 문민정부 출범 1주년에 즈음, 연세대 송복 교수(사회학)와 숙명여대 박재창 교수(행정학)를 통해 김 대통령의 지도력을 분석해 본다.

국제화의 비전 승화·시민 자발성 유도가 과제로

송 복 : 지난 30년 지도자의 리더십을 들여다보면 정치적으로는 권력의 집중화, 경제적으로는 정부주도형, 사회문화적으로는 성장제일주의로 효율성에 기반을 뒀습니다. 새 시대, 즉 문민리더십은 분권화와 민간주도의 경제성장, 형평제일주

의로 배분을 중요시하는 리더십으로 특징 지워지는데 바로 김영삼정부는 이점에서 개척자적인 성향을 띠고 있다고 봐야 하겠습니다. 이제 시작이고 전례를 찾아보기 힘들기 때문에 더욱 그렇지요.

박재창 : 김 대통령 리더십의 본질은 개혁리더십이라고 보아집니다. 기존의 체제를 혁명적으로 재편할 수도, 도덕적으로 계몽할 수도 없는 상황에서 점진적으로 개편해 나가려는 것이죠.

송 복 : 좋은 지적입니다. 김 대통령과 과거 지도자와의 차이점은 인간적인 친밀감, 친근성에서도 찾을 수 있겠습니다. 우리 역사에서 보면 지도자의 인간적인 친밀감을 주요 덕목으로 꼽고 있는데 우리 정서에 맞는 정치인, 지도자로서도 평가되고 있습니다. 한국적인 리더십의 특징은 강·온 측면이 공존하는 것인 데 김 대통령은 인정미와 함께 문민정부에 걸 맞는 결단력, 돌파력도 보여주었다고 생각됩니다. 문제점이 있다면 정책생산에 있어 전문성이 결여됐다는 지적이 많이 나오고 있습니다. 개혁이 후퇴되지 않도록 앞으로 행정구도개편에 대한 과감한 결단도 보여줘야 할 것입니다.

박재창 : 국내적 차원에서는 분권화가 요구되고 있습니다. 그런데

반대로 국외적 상황은 분권보다는 중앙집권화를 요구하고 있습니다. 시장의 경계가 무너지고 국가 간의 경쟁이 치열해지는 상황에서 이율배반적인 리더십이 요구되는 것이죠. 이러한 문제를 조화롭게 수용, 대안을 모색하는 것이 김 대통령의 당면과제라고 봅니다.

송 복 : 각 부문에서 민간결정이 늘어나고 정부로서도 갖가지 행정규제를 완화하고는 있습니다. 관료입장에서는 자리가 축소되거나 권한을 빼앗기는 과정이라고도 볼 수 있지요. 새 시대가 요구하고 있는 것은 작은 정부고 그러면서도 강력한 정부인데 새 정부는 이를 수행해나가는 과정에 있다고 봅니다. 다시 말해 새 정부는 민간이 하는 것과 정부가 하는 것을 통합, 조정하고 국가발전방향에 대한 비전을 제시하는 것이 중요한 데 지금까지 김 대통령의 권력수행과정을 보면 혁명적이기보다는 개혁적이었고 급진적이기보다는 점진적인 개혁이었다고 보아집니다. 상당히 알맞고 적절한 리더십 행태를 보여 왔다고 말할 수 있습니다.

박재창 : 정치적 중립성을 지켜야 할 관료가 권력의 주체로 나선 것이 한국정치의 오랜 전통입니다. 관료조직을 개편하려면 정치적 통제 말고는 방법이 없습니다. 문제는 과연 관료를 통제할 수 있는 정치권이 있느냐 하는 것이죠. 따라서 관료조직의 통제 이전에 정치권의 개혁과 성격 변화가 요구

되고 여기에 김 대통령 리더십의 사활이 걸려 있다고 봅니다.

송 복 : 공감입니다. 그의 리더십 행태와 관련해서는 상당히 무리한 수준에서의 리더십도 없지 않았다는 평가도 있습니다. 국회에서는 정치는 없고 인치만 있었다는 말도 나오기도 했지요. 이 말은 일반관료의 복지부동 자세를 지적한 것인데 앞으로 김 대통령은 바로 「관료와의 전쟁」에서 승리해야만 지금까지의 개혁드라이브를 성공적으로 수행했다고 평가받을 수 있겠지요.

박재창 : 김 대통령의 리더십은 국민의 요구를 포착하는 데는 일단 성공했습니다. 그런데 한걸음 나아가 문제를 개선하기 위한 대안을 제시하는 데서는 능력을 보이지 못하고 있습니다. 바로 정치적 비전이 결여된 탓이죠. 문제를 각성했지만 어디로 갈지를 모르는 것은 철학적 뒷받침이 부족하고 따라서 개혁에 대한 프로그램이 개발되지 못한 까닭입니다. 최근에는 국제화를 비전의 단초로 잡고 있는 것으로 보이지만 그것이 리더십으로까지는 승화되지 못했습니다. 문민정부의 리더십이 지나치게 여론에 심취하는 폐단도 계속 목격하게 됩니다. 김 대통령이 취임 초기에는 페로니즘적 오류에 빠지는 측면도 발견되곤 했습니다. 여론의 향방에 귀를 기울이는 것은 바람직하지만 지도자는 여론을 향도해

나가기도 해야 합니다. 여론에 민감하면 국가경영이 즉흥적으로 이루어져 근본적인 문제를 외면하게 될 우려가 있습니다.

송 복 : 모든 사회에서 구각을 벗기는 주역은 대체로 세 부류가 있는데 시민사회, 관료, 정치권이 그것이죠. 그런데 시민사회는 지난 30년 전에 비해 지적으로나 경제적으로나 상당히 성숙했다고 보입니다. 단지 이것이 개혁과 직접적인 연결이 됐느냐는 미지수지만…. 시민사회는 그 역량을 이미 보이고 있는데 관료, 정치권만은 아직 구각을 못 벗고 있습니다. 예를 들어 정치비용을 줄여 그 사회 발전에 주도적인 세력을 정치권으로 흡수해야 하는 과제가 여전히 남아 있습니다. 개혁과 관련해서는 김 대통령 특유의 과감성과 돌파력으로 지난 한 해를 버텨왔다고 볼 수 있는데 그것은 어디까지나 한시적이라는 사실에 주목할 필요가 있습니다.

박재창 : 정치적 리더십의 전문성은 기술관료의 전문성과는 다릅니다. 보좌관이 제공하는 자료를 해석, 이해할 수 있는 정도의 능력이 있으면 됩니다. 특히 경제·사회 분야는 세계관을 달리하는 보좌진을 기용, 대립과 토론을 통해 균형적인 판단에 이르도록 해야 할 것입니다. 김 대통령은 과거의 권위주의를 타파해나가면서도 자신의 세계에서는 의사소통이 폐쇄적인 자기모순성도 갖고 있습니다.

송 복 : 지난 1년 동안의 국가 관리를 돌이켜보면 「노 후」(know who)만 있었지 「노 하우」(know how)는 별로 없었다고 생각됩니다. 국가관리 체험이 물론 없었기는 하지만. 가신그룹을 쓰면서 엽관제 얘기까지 듣게 되었죠. 문제는 이제부터의 일인데 관료의 의식개혁을 위한 전쟁을 선포해야만 국제화 사회라고 통용되는 이 사회에서 살아남을 수 있을 겁니다. 김 대통령의 리더십은 지난 30년 동안의 헤드십(headship)하고는 구별돼야 합니다. 문민정부의 리더십은 민주시민으로부터 어떤 자발성을 끌어내야 성공적 평가를 받을 수 있다는 거죠. 마지막으로 지적하고 싶은 건 장관들을 역대정부처럼 스케이프 고트(희생양)로 삼지 말고 대통령과 진퇴를 같이 할 수 있는 장기내각체제로 가야된다고 봅니다. 또 그런 내각관행을 만들어야만 합니다. 정치권의 정화와 관련해서는 최근의 국회 돈 봉투사건이 재발하지 않도록 로비스트회사 같은 것을 만들어 보는 것도 좋다고 생각합니다.

박재창 : 올바른 지적입니다. 김 대통령이 국무총리라는 자리를 효율적으로 관리하고 있는지도 의문입니다. 우리나라의 정부 조직상 총리는 대통령을 보호하기 위해 있는데 오히려 대통령이 총리를 보호, 유지하는 상황이 아닌가요. 장관도 관료집단의 우두머리가 아니라 국민의 정치적 요구를 관료사회에 투입하는 기능을 수행해야 합니다. 민자당은 그

자체가 개혁대상이었기 때문에 개혁의 주체로 삼기는 어려웠을 것입니다. 그런 의미에서 앞으로 국가와 시민사회를 연결시켜주는 유사정당 형태로서의 시민단체와 접근할 필요도 있다고 봅니다.

(「서울신문」, 1994.02.22.).

5. 기대 속 출범, 「문민정부의 과제」

대담 : 김신복 서울대교수 교육정책학, 김태동 성균관대교수 경제학,
박재창 숙명여대교수 의회행정학
정리 : 김향기 기자
일시 : 1993년 2월 25일
장소 : 세계일보 회의실

25일 0시를 기하여 김영삼 대통령의 임기가 시작된다. 오랜 권위주의 시대의 잔재를 떨쳐버리고 새로운 시대적 진운을 개척해 나가야할 새 대통령과 정부에 지워진 짐은 결코 가볍지 않다. 온 국민의 여망과 기대를 안고 출범하는 문민정부가 풀어야할 과제는 무엇이며 마땅히 창조되어야 할 「신한국」은 어떤 모습이어야 할 것인가를 전문가 좌담을 통해 짚어본다.

박재창 : 국민들이 오랫동안 기다렸던 문민정부가 드디어 출범하게 됐습니다. 새 출발을 하는 문민정부에 대해서는 국민들의 정치사회적인 기대도 상당하고 새로 집권하게 된 정부의 입장에서는 기대폭발 상태에 있는 사회적 요구를 어떻게 수렴해 나가야 할 것인가라는 부담도 클 것입니다. 왜냐하면 지금까지 기다려온 국민들은 정치사회적 요구를 한꺼번에 제기하고 있는 시점이기 때문입니다. 아무튼 현재의 이 시점은 인류사적인 측면에서 보아도 정치사회적으로 급변하는 대전환기에 처해 있고 국제적으로는 동북아시아의 질서도 새롭게 재편되고 있습니다. 게다가 국내정치의 주역이 바뀌고 있습니다. 이런 변화는 상당한 의미가 있다고 생각됩니다. 우선 새 정부는 개혁의 방향과 우선순위를 정하고 조심스럽게 출발하겠지만 새 정부가 과거의 정부와는 어떻게 다른가, 또 무엇이 달라져야 하는가 부터 살펴보아야 할 것 같습니다.

김신복 : 새 정부는 몇 가지 점에서 역대 정권에 비하여 정치사회 여건 자체가 다른 입장에서 출발하고 있습니다. 우선 과거의 정권은 취약점이 많아 여러 가지 어려움을 겪었습니다. 그점에 비해 새 정권은 정권의 정통성 측면에서 유리하기 때문에 자신을 가져도 좋을 것 같습니다. 과거의 정권처럼 헌정을 중단했거나 권위적인 정권이 아니라는 점, 지도자도 문민적인 신분이지만 선거과정의 불공정 시비가 거의

없었다는 것, 다시 말하면 경쟁상대와 국민들을 충분히 설득하여 합의에 이른 점 등이 정통성을 확보했다고 보겠고 어느 때보다 확신을 가질 수 있는 체제라고 봅니다.

김태동 : 저는 조금 냉정한 시각을 갖고 있습니다. 앞에서 지적한 것처럼 새 정부가 모든 분야에서 잘 이끌어나간다면 더없이 좋겠지만 그다지 큰 전환점을 마련할 것 같지 않아 보입니다. 우선 전임 노태우 대통령 때부터 6공이 시작됐다는 것을 일단 합의한다면 신임대통령은 원하지 않겠지만 새 정부 자체를 6공 2기라고 보고 헌법체제로 볼 때 6공 1기와 성격을 같이 하는 것이기 때문에, 김영삼 대통령이 오랜 야당생활의 경험 등이 축적돼 있기 때문에 특별한 점도 있지만, 새 대통령에게 경력차이 등을 들어 큰 기대를 갖는 것 자체가 비과학적이고 대통령을 위하는 길이 아니란 생각이 듭니다. 또 경제적인 측면을 보면 현 정부는 전임정부의 실책으로 인하여 할 일이 태산 같습니다. 경제적으로는 너무도 허약한 체질을 그대로 물려받았기 때문에 경제가 튼튼해질 가능성이 상당히 적습니다. 그러므로 나중에 새 정부가 일을 잘못해서라고 평가하기보다는 오늘 현재의 시점에서 냉엄한 평가를 내리고 우리경제의 좌표가 무엇인가도 분명히 하면서 새 정부가 무엇을 플러스 방향으로 견인해 나갈 수 있겠냐를 생각해야 합니다.

박재창 : 새 정부가 정통성을 확보했다는 측면은 긍정적이지만 역설적으로 문민정부의 등장은 정부에 대한 대내외의 통제력을 증발시키는 결과를 가져왔다고 봅니다. 야당, 언론, 재야운동단체 등이 상대적으로 더 약화된 상태에서 문민정부가 출발했고 문민정부 내부에서도 상호견제와 균형관계라고 볼 수 있는 권력구성인자들 사이의 관계도 과거보다 훨씬 견제관계가 약화된 상태에서 집권세력이 등장하고 있습니다. 특히 사실상 새로운 대통령에 대한 기대감이 폭발한 가운데 문민정부가 출범하니까 제도적인 측면에서 권력을 통제하고 견제할 장치가 확보되기 보다는 대통령의 선의에 의존하는 수밖에 없는 상황이 됐습니다. 문민정부는 또한 정치사회일반에 걸친 개혁을 주창하고 나섰지만 어떻게 하는 것이 개혁인지 규범적 좌표가 설정되어 있지 않습니다. 개혁을 혹자는 정상화라고 말하고 어떤 사람들은 과거의 병폐를 혁파하는 것이라고 주장합니다. 그렇다면 소극적으로 과거의 왜곡된 관행이나 인습과 병폐를 뿌리 뽑는 것이어야 하느냐, 아니면 적극적으로 새로운 관행과 질서를 창출하는 것이냐가 명료해져야 합니다. 후자일 경우 개혁방향이 구체적인 양식으로 제시돼야 할 것입니다.

김신복 : 새 정부가 들어선 시점이 시대조류와 맞아든 측면이 있습니다. 어떤 면에서는 컨서버티즘(보수주의)의 부활과 맥을

같이 한다고 봅니다. 6공은 5공의 권위주의 체제가 유지되다가 6·29선언으로 말미암아 새로 출범했는데 6공은 누가 이끌어도 민주화와 자유화 노선을 걷지 않을 수 없었습니다. 그러다보니 법질서의 이완과 근로의욕의 상실, 직업의식의 쇠퇴 등 모든 면에서 부작용이 따랐습니다. 경제침체만 하더라도 제도나 사회여건보다는 사회구성원의 의식과 정신풍토 등이 더 문제가 됐습니다. 이 같은 경험 속에서 이제는 사회질서가 잡혀야 하겠고 뭔가를 창조해내야 한다는 욕구가 생겨나지 않나 생각됩니다.

김태동 : 경제적인 면에서 보면 지난 5년은 수출 자체가 부진했습니다. 일부 업종을 제외하고는 별로 수출 신장이 안됐고 내수도 부진했습니다. 여기에 사회의 독버섯 같은 졸부들이 등장하여 많은 폐단도 빚어졌습니다. 이런 상황에서 컨서버티즘이 등장했으니 지난 몇 년 동안에 고질화된 병폐가 시정될지 의문입니다. 새 정부가 세계 15위 정도의 GNP 달성이라는 높은 목표와 위상을 내세우고 있지만 속으로 곪아 있는 현실을 보수화로 해결할 수 있을지 의문입니다. 몇 년 전 어떤 부총리가 논에 무성하게 자란 잡초를 먼저 제거하고 비료를 줄 것인가, 소출을 늘리기 위해 잡초제거보다 비료를 먼저 줄 것인가라고 말해 잡초론이 한 때 인구에 회자됐습니다. 결국 민자당출범과 함께 금융실명제 등 잡초제거를 위한 조치는 흐지부지됐습니다. 오늘 이 시

점이 우리에겐 좋은 기회입니다. 사회를 개혁하려면 잡초를 먼저 뽑아야만 우리 사회에 만연된 고질병이 해소될 것입니다. 현 대통령도 이 같은 병폐를 시정하겠다고 공약했습니다. 큰 돈 안들이고 수행할 수 있는 제도적인 개혁은 기득권층의 「인의 장막」이 형성되기 전에 빨리 실천하는 것이 좋습니다.

김신복 : 잡초를 비유하기보다 구체적으로 무엇이라는 것을 짚고 넘어가면 좋을 것 같습니다.

김태동 : 예를 들면 전국토의 가격이 1천조 원 미만이다가 87~92년 사이에 2천조 원 이상으로 뛰었습니다. 6공 1기 5년 동안 약 1천2백조 원의 불로소득이 50여만 명의 토지소유자에게 돌아갔습니다. 그들은 투기를 일삼았고 땅값만 오르면 수출이 안 되고 경제가 부진해도 사치를 하고 해외여행도 할 수 있습니다. 이와 같은 상태로 지난 몇 년 동안 자란 잡초를 방치하면 전국토의 3분의1을 차지하고 있는 54만여 명이 불로소득을 또 얻게 됩니다. 우리가 건전한 자본주의 경제제도를 영위하려면 제조업 등 생산적인데 투자를 해야 하고 떳떳한 이익이 창출되도록 하는 인사들이 경제와 재계를 이끌어 나가야 합니다.

박재창 : 6공 시절 경제 몰락 등 실패의 원인은 정치부재, 권위부재

가 중요한 요인이 됐다고 생각합니다. 새 정부가 과거와는 다르다고 국민들에게 확신시키려면 정치지도력이 확립돼야 합니다. 그것은 정책수행과정의 정당성 이상의 그 무엇이 요구됩니다. 단순한 상징적 의미의 권위가 아닌 실제로 문제를 해결할 수 있는 실적 중심의 지도력이 가시화돼야 합니다. 국정운영지표를 국민들로부터 합의해 내고 과거 3공 시절에 「잘살아보자」는 합의를 도출해 냈던 것 이상의 동의를 국민들로부터 얻어내야 할 것입니다.

김신복 : 견제장치가 약화돼서 새 정부가 우려된다는 점에 저는 견해를 달리합니다. 새 대통령이 취임하면 밀월기간이라 해서 관대하게 지켜보는 시기가 있을지 모르지만 야당이나 언론은 목소리를 높여 갈 수 있다고 봅니다. 정통성 없는 정부를 타도하자고 했던 재야세력이 국민의 공감을 받았던 때는 이제 지났습니다. 오히려 중요한 이슈를 제시하면서 국민의 공감대를 형성한다면 재야의 목소리는 더 커질 수도 있습니다. 아무튼 새 정부의 현안은 경제의 회생에 있다고 생각합니다. 그러나 경제침체와 사회의 그늘진 구석에서 기생하는 병폐는 불가분의 관계라고 봅니다. 과거에는 문제점을 통치자가 제대로 인식하지 못했기 때문에 국민의 공감을 못 받았고 정치적 결단이 필요한 시기를 늘 놓쳤습니다. 경제 내부의 문제도 선진국의 무역장벽, 금융부담의 증가, 임금압박 등의 요인을 지적했지만 경쟁력

을 상실한 이유는 근로의식과 직업윤리의 퇴락 등이 중요한 요인이었습니다. 그것도 심층적인 이유가 있습니다. 우리 사회의 올바른 보상체제가 무너진 것이 대표적인 예입니다. 투기라든지 불로소득이 기승을 부리니까 「일해 봐야 소용없다」는 생각이 고개를 들기 시작했습니다. 과소비 투기 등은 근로자들의 사기를 꺾었습니다. 다음은 기술개발투자를 소홀히 했습니다. 그 점은 교육문제와도 연결됩니다. 교육도 장기적이고 기초분야에 투자를 안 하고 단기적인 것에 집착했습니다.

김태동 : 새 정부가 경제문제를 풀려면 미래지향적인 에너지 동원이 어떻게 가능하느냐에 달려 있습니다. 그러나 이제는 양적인 개념의 구호는 호소력이 없습니다. 그래서 집권당은 「신한국창조」라는 표어를 만들었지만 그 내용은 가슴에 와 닿는 것이 별로 없었습니다. 첫째 금명간 새 정부의 각료 명단이 발표되겠지만 능력에 맞는 인재를 적재적소에 임명하는 것 등은 금방 국민의 피부에 와 닿게 됩니다. 그래서 의기소침한 국가의 분위기를 쇄신해야 합니다. 이제껏 비정상적이었던 것을 정상적으로 되돌리는 작업이 필요합니다. 대통령 자신이 대도무문이란 말을 즐겨 썼지만 정석과 대도를 통해 보여주는 것이 있어야 합니다. 정책도 기습적인 것이나 국민의 의표를 찌르기보다 절차를 통해 보여줘야 합니다. 그래야만 사회 각 분야가 정상화될 것입니다.

박재창 : 경제문제와 마찬가지로 정치문제도 장기적 처방과 단기적 대응책이 병행돼야 합니다. 사회주의 체제가 무너지기 전에는 고전적 의미의 자유민주주의체제가 사회민주주의체제와 맞서 왔기 때문에 자유민주체제의 내부모순을 눈감아 왔습니다. 그러나 오늘날은 사정이 달라졌습니다. 우리의 정치체제가 자유민주주의체제에 적합하다고 해서 모든 문제가 해결되지 않습니다. 이 시대는 자유민주주의제도가 갖는 모순점을 해결할 대안을 필요로 합니다. 당면과제로는 국가권력구조의 검증이 필요합니다. 새 정부가 인사과정에서 보여주는 것은 장관과 국회의원 겸직을 확대하고 있는데 이것이 새 정치 운영방식에 맞는가 의문입니다. 대통령중심제의 골간은 견제와 균형이라고 볼 수 있는 데 대통령이 의회를 지배하면 견제와 균형이 송두리째 무너집니다. 국가권력구조가 현재는 대통령중심제와 내각제의 혼합형이 되고 있습니다. 합리적인 제도 모형을 찾아야 합니다. 또한 정치권 일반의 부패와 정경유착 등 정치자금의 합리화 문제가 제기되어 깨끗한 정치와 도덕정치를 강조하다보니 국민의 기본권 신장에 관한 논의가 뒷전에 밀려 있습니다. 즉 사법권의 독립, 악법개폐, 사회보장 문제 등의 제시는 소홀해졌습니다. 또 지역갈등해소 등도 국민통합을 위해 해결해야 할 과제입니다. 지방자치의 토착화 문제도 시급합니다. 국민주권환원 논리에 따른 지방분권화를 위해서는 자율적인 절차의 강화 차원에서 볼 때 정부운영

의 기본단위 축소와 함께 진정한 의미의 경쟁성 보장을 위한 자치정부 운영의 기본조건을 확보해 주어야 합니다.

김신복 : 책임정치 구현측면에서 내각제 논의가 제기되다가 국민정서에 맞지 않아 중단되곤 하는데 대통령책임제 정치를 하면서 5년 단임은 장기집권에 대한 장치는 분명하지만 문제가 있습니다. 6공은 장관 수명이 1년 남짓 했고 단임제 하에서 집권 후반의 2년은 권력누수현상과 무사안일로 흘러버립니다. 5년 단임이 최선의 제도인지 의문입니다. 4년을 맡아 해보고 국민의 심판을 받은 뒤에 중임할 수 있도록 하면 새롭게 의욕을 갖고 출발할 수 있지 않을까 생각합니다. 우리 사회는 정의와 불의, 준법과 불법의 한계도 애매합니다. 학원에서 쫓겨났고 해직됐던 교수들도 하루아침에 합법화 했습니다. 기여입학제가 허용된다면 돈 받고 부정입학시킨 사람들의 행위가 합법화됩니다. 이 같은 문제의 한계를 분명히 해야 할 것입니다.

김태동 : 우리나라는 부정부패의 뿌리가 깊습니다. 특히 기득권층을 정신 차리게 하는 것은 대통령이 할 수 있는 일입니다. 소외계층더러 10% 더 일하고 10% 더 절약하라고 말하는데, 서민층에 더 요구할 것이 아니라 기득권층을 정신 차리게 해야 합니다. 우리경제가 취약해진 것은 정부의 간섭과 관치금융 때문입니다. 이제 재벌은 머리가 커져서 정부

가 마음대로 다스리지 못하지만 금융은 정부가 좌지우지 해서 체질이 약화됐습니다. 금융실명제는 부패척결이란 관점에서 빠를수록 좋다고 생각합니다. 금융실명제를 예고하고 시행할 수는 없고 부작용을 최소화하면서 실천에 옮겨야 할 것입니다. 금융실명제에 대한 여론의 지지가 어디에 있는가는 선거과정에서 확인됐다고 봅니다. 지난 5년 동안 농민수가 많이 줄었는데 이농현상도 60년대보다 더 급격히 늘었습니다. 우루과이라운드 등과는 별도로 농업과 농민을 위해서라도 농촌문제를 풀어나가야 합니다. 이제 관의 경제개입은 최소화 해야 합니다. 노동도 금리도 물가도 시장기능에 맡기고 간접적으로 원격 조정하는 것이 경제적으로도 작은 정부를 유지하는데 도움이 될 것입니다. 경제 분야를 책임질 각료는 경제전문가가 맡는 것이 타당하다고 봅니다.

김신복 : 인력수급문제는 교육과 연관되는 데 우리나라는 인문숭배 풍조의 뿌리가 깊고 정부도 직업교육이나 인력양성에 투자를 소홀히 했습니다. 지금도 사립대학이 정원을 늘리면서도 이공계 학생은 늘리려 하지 않습니다. 새 대통령은 교육 대통령이 되겠다고 하는데 정부의 투자와 사회의 관심이 높아져야 하겠습니다.

박재창 : 결론적으로 새 정부는 사회개혁을 단행하면서 여러 부문

에 장단기적 처방을 병행해야 하겠습니다. 자율화, 분권화, 공개화 등을 병행하면서 대중적이면서도 근본적인 처방이 함께 요구되는 상황입니다. 기술지향적이면서도 가치지향적인 노력이 요구됩니다. 현 정부는 구체적이고 과학적인 대응을 하면서 정치지상주의의 위험도 미리부터 경계해 나가야 할 것입니다.

(「세계일보」, 1993.02.25.)

III

정치과정의 개혁과제

1. 한국정치의 진로를 말한다
- 4·11 총선과 12·19 대선

대담 : 안병직 (사)시대정신 명예이사장, 박재창 숙명여대 교수
일시 : 2012년 5월 1일
장소 : (사) 시대정신 회의실

박재창 : 금년은 징검다리 선거의 해입니다. 4·11 총선이 끝난 지 한 달이 채 지나지 않았습니다만, 앞으로 7개월 후면 12·19 대선이 기다리고 있습니다. 총선 결과가 대선에 영향을 미치고 대선결과가 한국정치의 발전방향을 결정짓는 데 있어 매우 중요한 변인으로 작용하게 되어 있습니다. 총선과 대선은 모두 국민의 대표자를 결정하자는 정치적 행사이지만 이들은 각기 다른 대표성의 원리에 기초하고 있습니다. 총선이 지역구 단위의 민의를 모아 나라 전체의 의사를 확인하자는 것이라면, 대선은 나라 전체를 하나의 단위로 취합되는 민의의 소재를 확인하자는 것입니다. 그 결과물로서 총선이 다수결의 원리에 기초하는 입법부를 구성한다면, 대선은 계서제의 원리에 따라 일원주의적 의사결정을 지향하는 행정부의 수장을 결정하게 됩니다. 이렇게 국민의 의사를 서로 다른 원리에 따라 대표하고자 하는 데에 따른 이

중 대표성의 모순이랄까 갈등이 사실은 우리 사회의 경우에는 정치적 위기를 확대 재생산하는 주요 추동요인 가운데 하나로 작동해 왔습니다. 선거결과에 따라서는 이 나라의 정치지형이 크게 달라질 수도 있다는 점에서 금년을 중대선거의 해라고 해도 좋을 것 같습니다. 또 그렇기 때문에 4·11 총선결과가 앞으로 있을 한국사회의 진행과정에서 어떤 의미를 갖게 될 것인지, 총선결과를 바탕으로 대선은 또 어떻게 조망해야 되는 것인지, 그리고 총선과 대선이라는 징검다리를 건너면서 한국사회가 궁극적으로 지향해 나가야 할 목표지점은 무엇이지, 이 모두가 자못 궁금해지지 않을 수 없습니다. 우선 4·11 총선결과를 어떻게 평가하시는지요?

안병직 : 한마디로 이야기해서 민주당의 어처구니없는 커다란 패배라고 생각합니다. 다른 각도에서 보면 새누리당의 의석수가 176석에서 152석으로 줄었으니까 새누리당의 패배라고 이야기할 수도 있겠습니다만, 총선 직전에는 새누리당 필패의 분위기가 있었지요. 분위기가 그렇게 되었던 이유는 과거 4년 동안 이명박 정부가 워낙 정치를 싫어해서 야권의 정치공세에 제대로 대응을 하지 못했기 때문입니다. 천안함 폭침음모론이나 4대강사업에 의한 환경파괴론, 더 나아가서 한미 FTA 반대나 제주도해군기지 건설반대 등의 반미운동 등에 대한 대처가 모두 그러한 것이지요. 정치의 주도

권이 거의 야권으로 넘어가면서 한나라당이 새누리당으로 당명를 바꾸지 않으면 안 될 정도로 정치적인 분위기가 여당에 나빴습니다. 그럼에도 불구하고 새누리당이 과반수인 152석을 차지하게 되었습니다. 이번 총선은 몇 십 년 만에 한 번 올지 말지도 모르는 진보진영의 엄청난 기회였는데, 이러한 기회가 4·11총선에 의해서 완전히 무산되었고, 그런 의미에서 진보진영의 일대 패배라고 봅니다.

박재창 : 이번 총선의 결과는 어떤 기준이나 프레임으로 평가하느냐에 따라 평가결과가 달라지는 특징을 지녔습니다. 각 당이 획득한 의석수라든지 또는 정권심판론을 토대로 팽대(膨大)했던 야당 승리에 대한 기댓값을 기준으로 보면 새누리당이 선전한 선거입니다. 그러나 지역에서 획득한 유효득표의 합계나 비례대표에 대한 정당 간 득표율 등을 기준으로 보면 아주 근소한 차이긴 하지만 진보진영이 보수진영을 앞섰다는 평가가 가능해집니다. 또한 이렇게도 생각해볼 수 있지 않나 싶습니다. 전통적으로 보수와 진보는 각기 강고한 자기 지지기반을 가지고 있습니다. 어떤 경우에도 보수와 진보를 지지하는 일종의 불변변수지요. 통상 보수가 25~30%라면 진보가 15% 정도 되는 것 같습니다. 선거 직전인 3월 24일의 여론조사에서도 새누리당에 대한 정당지지도가 36%, 민주통합당이 25%, 무당파가 32%로 나타나 있었습니다. 그런데 총선결과를 보면 비례대표 선출

을 위한 정당투표의 경우, 새누리당과 자유선진당을 합한 득표율이 46.03%이고 민주통합당과 통합진보당을 합한 결과가 46.75%로 나타나고 있습니다. 보수와 진보의 득표율이 비등한 셈인데, 그렇다면 보수는 표의 확장성에 있어 상대적으로 작고, 진보는 나름대로 무당파에 대한 흡수력, 표의 지지기반 확장성이 상대적으로 컸다고 할 수 있을 것 같습니다. 그러나 문제는 보수도 진보도 아닌 바로 이 무당파 또는 유동층에 있다고 봅니다. 저는 앞으로도 이 중간집단을 매우 주의 깊게 관찰해야 한다고 생각합니다. 최근에 있었던 몇 번의 선거에서 연거푸 이들이 쏠림표 역할을 수행하면서 선거의 향방을 결정짓고 있습니다. 16대, 17대 대선과 지난해 서울시장 보궐선거에서 결정적인 표심으로 작용했습니다. 새로운 현상입니다. 과거의 무당파나 유동표와는 조금 성격을 달리하는 집단이라고 봅니다. 어느 정당을 찍을지가 아직 결정되어 있지 않은 유권자 집단이 아니라 기성의 정치질서 자체를 거부하는 제3의 집단으로 자체의 독자적 정체성을 가졌다고 생각되기 때문입니다. 그러나 이번 총선에서는 이들의 결정적인 쏠림표 현상이 나타나지 않았습니다. 이들의 입장에서 보면 이번 선거는 참여하지 않은 선거이거나 아니면 의사결정 없이 참여한 선거라고 볼 수 있지 않을까 생각됩니다. 그런 의미에서 부동층의 쏠림을 자기진영으로 유도하지 못한 진보나 보수 모두가 패배한 선거라고도 볼 수 있을 것입니다. 선생님께서는 새누리당이 선전한 선거라고 말씀하셨는데, 그렇다면 새누리당이 선전하게 된 이유가 어디에 있다고 보십니까?

안병직 : 가장 큰 이유는 역시 새누리당이 전통이 있는 여당인 한나라당을 계승했기 때문에 정당으로서의 안정성이 민주통합당보다 앞서는 데 있지 않을까 합니다. 다시 말씀드리면 민주당 지지층보다 새누리당 지지층이 안정성을 가지고 있다는 점이 상당히 중요한 의미를 가지고 있습니다. 이번 승리에 있어서 새누리당이 자신들 지지층의 의사를 결집해서 어떤 통일적인 정치 프로그램을 낼 수 있는 정당의 성격을 갖고 있었다는 점이 중요했던 것 같고, 그러한 것을 기반으로 진보진영과 비교해서 상대적으로 박근혜 비상대책위원장의 리더십이 대단했거든요. 박근혜 위원장의 리더십에 대한 불만과 불신이 있기는 했지만, 보수진영에서는 비록 조그마한 불만이 있다고 하더라도 그의 리더십에 대해서 크게 반대하지 않았습니다. 무언가 새누리당이 잘 되어야 한다는 의미에서 불만이 있는 반대자들도 입을 닫고 계속 지지해줬기 때문에 박근혜씨가 그것을 기반으로 리더십을 발휘할 수 있었다는 점이 대단히 중요하지 않았나 생각합니다. 두 번째 승리요인은 박근혜씨가 일찍이 시대적 흐름을 읽고 있었다는 점을 간과할 수 없습니다. 진보진영에서 복지사회 실현에 대한 강력한 요구가 계속 제기될 때, 보수진영 내에서는 "복지사회로 가면 안 된다, 경제성장률을 떨어뜨리면서 복지사

회로 이행하는 것은 대단히 위험하고 심지어 사회주의로 간다"는 불만까지 있었습니다. 그럼에도 불구하고 박근혜씨는 생애주기 맞춤형 복지프로그램을 일찍부터 준비해서 제시했는데, 초기에는 반대도 많이 있었어요. 그렇지만 복지사회로의 지향을 보수진영도 어쩔 수 없는 시대적 요구로 받아들여야 한다는 합의는 작년 서울시장 보궐선거의 패배를 통해서 이루어졌습니다. 2040세대의 양극화에 대한 불만, 그들의 취업에 대한 불만 같은 것을 해소해주기 위해서는 복지정책과 고용창출정책을 제시해야 하는 데, 제가 보기에는 이 문제에 대하여 박근혜씨가 오히려 진보진영보다 잘 대응한 점이 굉장히 중요하다고 생각합니다. 본래 복지정책의 화두를 진보 쪽이 선점하면서 많은 중도층을 흡수 했는데, 진보 쪽이 이 복지정책의 화두를 내팽개치고 계속적으로 좌클릭을 하면서 중도층을 새누리당에 내준 꼴이 되었습니다. 그점이 박선생이 이야기했던 중간층이라고 할까 중도 보수뿐만 아니라 중도 좌파 까지도 새누리당이 흡수한 결과를 가져오지 않았나 생각합니다.

박재창 : 선거 시작 이전의 준비단계에서 이미 박근혜 위원장의 리더십이 크게 발휘되었고 그것이 성공요인 가운데 하나라는 말씀이신데, 공감되는 점이 적지 않습니다. 그리고 선거 진행과정에서도 사실은 박근혜 프레임이라고 할까 그런 박 위원장 중심의 선거전략이 주효했다는 생각이 듭니다. 이점

을 이렇게 볼 수도 있지 않을까요. 선거 당사자들은 총선으로 이번 선거에 임했는데 유권자들은 대선의 관점에서 투표를 한 경향이 있는 것 같습니다. 박근혜 위원장 중심의 프레임이 그런 착시현상을 유도한 셈이지요. 새누리당은 뚜렷한 대선주자가 있고 민주통합당은 뚜렷한 대선주자가 없는 가운데 유권자가 대선의 프레임으로 총선을 바라보면서 박근혜 위원장 중심의 새누리당에 지지표를 던질 수밖에 없었지 않았을까 하는 겁니다. 박근혜 위원장 중심의 원톱시스템이 대선 프레임을 가능케 하고, 그것이 회고적 투표가 아니라 소위 말하는 전망적 투표로 유권자들이 선거에 임하게 만들면서, 정권심판론을 차단하는 효과를 가져왔다는 생각이 드는 거죠. 그러나 어떻게 보면 바로 그렇기 때문에 새누리당이 이번에 획득한 득표는 최대치일 가능성도 있습니다. 반면에 민주통합당은 자신에게 주어질 수도 있는 표를 제대로 현금화하지 못한 탓에 오히려 앞으로 표의 확장가능성을 예비해 두는 결과가 된 선거가 아닌가 하는 생각도 해 보게 됩니다. 물론 앞으로 여야가 어떻게 하느냐에 따라 이렇게 예금해 둔 표가 모두 날아갈 수도 있겠지만요. 여하튼 민주통합당이 자체 판단 만으로도 실패한 선거임에는 틀림없는 것 같습니다. 그렇다면 민주통합당이 이렇게 실패하게 된 요인은 어디에 있다고 보시는지요?

안병직 : 민주통합당이 패배한 요인은, 민주당을 지지하는 사회계층

의 미성숙성과 복잡성, 즉 민주당을 지지하는 사회계층의 요구조건이 너무나 복잡해서, 민주당이 하나의 통일적인 정치프로그램이나 정책을 제시할 수 없었던 점에 있지 않는가 생각합니다. 이 점은 민주통합당의 엄청나게 큰 근본적인 약점인데, 쉽게 극복될 수 있는 문제가 아니라고 봅니다. 저는 이번 총선에서 민주통합당이 복지프로그램을 가지고 정면으로 싸울 것으로 생각했는데, 처음에는 복지프로그램을 제기하다가 나중에는 한미 FTA의 폐기라든지 수정, 제주해군기지 건설반대, 이런 문제들을 들고 나왔단 말이에요. 선거에 임하는 정치적 의제를 중간에서 바꾼 셈인데, 그 의제가 한국현대사와 관련해서 진취적이라면 좋은 데 오히려 '우리민족끼리'로 널리 알려져 있는 반미운동으로서 매우 수구적인 것이 아닙니까. 한국사회의 발전과정에서 보면, 한국사회는 한미동맹이나 한미 간의 우호친선관계 등을 기초로 발전하고 앞으로도 그것을 기초로 발전할 수밖에 없는데, 과거의 제국주의 시대에나 걸맞을 반미운동을 계속 주장했습니다. 제주해군기지의 건설은 지금 불꽃처럼 치솟고 있는 중국의 중화주의적 패권국가로의 발전에 대응하려는 것인데, 해군기지 반대운동은 결국 중화주의에 영합하는 운동이 되니까 그것을 가지고 총선을 치를 수 없었지요. 그래서 총선에 돌입하자 민주통합당은 새누리당과 싸울 수 있는 정치적 이슈를 모두 상실하고 말았습니다. 할 수 없이 청와대 민간인 사찰 등 아주 지엽적인 문제를 물고 늘어졌는데, 그것도 실제 조사를 해보니까 이명박 정부에서만 한 것도 아니고, 노무현 정부 때부터 해오던 관행으로 밝혀졌습니다. 저는 선거막판에 김용민 후보나 〈나꼼수〉가 야당의 선거운동을 주도해간 것이 우연이 아니라고 봅니다. 총선에서 싸울 수 있는 정치적 이슈를 모두 상실해버렸으니, 거기에라도 매달릴 수밖에 없었지 않았나 하는 것이지요. 당시에 누구라도 느꼈겠지만, 그들의 행태는 도저히 정상적인 정치적 행태로는 볼 수 없었죠. 그럼에도 불구하고 민주당에서는 나꼼수의 지지층에 큰 기대를 걸고 있었던 모양입니다. 여기서 앞으로 민주당을 비롯한 야권연합은 크게 반성해야 할 점이 있다는 것을 자각하지 않으면 안 되리라고 생각합니다. 단순히 선거에서 승리하기 위하여 야합하는 것이 정치적 정도가 될 수 없다는 것입니다. 서로의 정치적 방향이 다른데 선거에서 승리하기 위하여 연합한다는 것은 국민들에 대한 정치적 속임수일 뿐만이 아니라 내부분열을 잉태할 수밖에 없다는 점입니다. 선거의 짧은 기간 중에는 그들 간의 모순이 드러나지 않을 수도 있지만, 장기적으로 그들 간의 정치노선이 서로 충돌하리라는 것은 스스로도 잘 알고 있는 문제입니다. 결국 그들을 지지한 국민들의 기대를 배반할 수밖에 없습니다. 야권연합을 쉽게 이야기하는 것은 매우 위험합니다.

박재창 : 말씀하신 것을 정리해 보면 민주통합당의 전략 부재, 지도력 부재, 정책 부재 등이 종합적으로 작용하면서 선거에 임

하는 민주통합당의 무력화를 불러온 것이라고 이야기할 수 있을 것 같습니다. 민주통합당은 DJ계, 노무현계, 노총, 시민사회세력 등 대체로 네 개 정도의 서로 다른 세력이 통합해서 구성된 정당 아닙니까? 그런데 원래 한국의 제1야당은 이념적 스펙트럼에서 볼 때 중도 지향적인 성격을 유지해 왔습니다. 이번에 새누리당이 중도로 이동하는 것과 함께, 제1야당인 민주통합당은 이렇게 다양한 세력들이 통합하면서 보다 진보 쪽으로 이동하게 되었습니다. 특히 통합진보당과의 선거연합을 거치면서 진보적인 색채가 매우 강해지는 결과를 낳았습니다. 선거연합을 통해 많은 당선자를 내게 된 것도 사실이지만, 진보적인 색깔로 이동해버림으로써 관망하는 중도세력을 흡수하는 데 근본적인 제약을 받았고, 그것이 선거환경이 좋았음에도 불구하고 야당이 표의 확장에서 제한적일 수밖에 없었던 중요요인 가운데 하나가 아닌가 싶습니다. 다른 측면에서 보면, 야당의 진보적 색깔이 커진다는 사실이 관망하고 있던 보수세력에게는 중도가 아닌 진보에게 권력을 맡길 수 없다는 일종의 위기의식을 가지게 하면서 보수세력의 강고한 결속력을 촉발하는 요인으로 작용했다고 볼 수도 있을 것 같습니다. 지도력 부재에 대해 선생님께서 야당의 구조적인 한계에서 비롯되는 것이라고 말씀하셨는데 크게 동감합니다. 야당이 한미 FTA 문제나 제주해군기지 문제에 대해 기존의 당론을 하루아침에 바꾸는 것에 대해 정책일관성 부재의 차원에서 비판하는 것이 보통인데, 사실 이 문제는 바꾸어진 정책 정향의 타당성 여부에 관한 문제보다도 그런 태도를 보이는 정당 지도자의 자질 문제가 보다 더 큰 과제로 비춰진 것이 아니었나 싶습니다. 이런 정도의 정치 지도력, 무책임한 정치집단에게 과연 한 나라의 운영을 책임지울 수 있는가 하는 의문을 갖게 한 것이지요. 바로 이런 지도력의 취약성이 선거용 주요 정책 어젠다 개발의 실패를 불러왔고, 종당에는 인물중심의 선거로 가게 되는 원인이 되었다고 봅니다. 그 결과 박근혜 위원장 중심의 선거 프레임에 갇힐 수밖에 없었고 결국은 선거에 패할 수밖에 없었습니다. 또한 안철수 교수의 고도전략에 영향 받은 점도 없지 않은 것 같습니다. 안철수 교수가 만일 대선에 출마하고자 하는 마음의 결정을 이미 가지고 있다면, 총선결과가 민주당의 대승으로 나왔을 때는 안철수 교수의 정치권 진입 또는 대선가도에 있어 결코 좋은 환경이라고 볼 수 없습니다. 민주통합당이 안철수 교수 없이 대선에 나서려는 욕구가 커질 테니까요. 그렇다고 해서 민주통합당이 대패하는 경우에는 대선가도에서 유력한 우군으로 활동할 자기 지지 정당의 지원능력이 취약해 지는 결과가 됩니다. 그로서는 민주통합당이 적정선에서 선거를 마무리하는 것이 최상의 결과입니다. 이번 선거의 결과가 그렇다고 봐야겠지요. 안철수 교수에게 상당한 정치적 파급력이 있다고 생각되었음에도 불구하고 이번 선거과정에서 그는 민주통합당을 지지하라는 메시지를 전혀 보내지 않았습니다. 오히려 정당중심으로 찍지 말고 인물중심으로 찍으라는 메시지를 내놨거든요. 정당중심으로 찍으라고 했다면 민주통합당을 찍으라는 이야긴데, 인물중심으로 찍으라는 것은 민주통합당을 포함한 기성 정치권 일반, 정당정치체제 자체를 부정하라는 메시지를 전달한 것 아니겠어요. 자기 지지 선거운동을 한 것이지요. 이런 메시지는 결국 소위 이념정당이라고 하는 민주통합당에게 부정적인 영향을 미칠 수밖에 없었을 것입니다. 여하튼 총선 결과는 한국정치의 지형을 다시 읽게 되었다고 할까, 또는 지역, 이념, 세대 이런 측면에서 한국정치의 현주소를 재규정하는 모멘텀을 가져온 것이 사실입니다. 이점에 대해서는 어떻게 보시는지요?

안병직 : 작년 10월의 서울시장보선과 금년 4월의 총선, 두 가지의 정치과정을 통해서 한국의 정치지형이 종래와는 매우 다른 국면으로 진입을 했다고 봅니다. 종래에는 상대적으로 한나라당이 보수적이고 민주당이 진보적이라는 그런 색깔을 띠고 있기는 했지만 보수와 진보가 야당과 여당에 각각 섞여 있었습니다. 민주당 내에도 보수적인 사람들이 많이 섞여 있어서 정책수립에 있어서는 민주당의 주도권을 잡고 있었다고 이야기할 수도 있었는데, 작년의 서울시장보선과 금년의 총선을 통해서 한국의 정치지형이 완전히 진보와 보수로 그 색깔이 뚜렷하게 나뉘고 말았습니다. 그러니까 과거의 건국세

력과 산업화세력이 한국의 보수 세력의 뿌리 인데, 이를 중심으로 과거 민주화 운동을 하던 재야권의 보수세력들이 새누리당으로 합세하고, 민주통합당은 이번 국회의원 공천과정에서 보는 바와 같이 과거의 관료 출신이라든지 전통적인 민주당 출신들을 거의 다 배제하면서 확실히 운동권 출신의 진보로 통일하는, 다시 말해서 과거의 보수에 속했던 사람들을 청산하는 과정을 보였습니다. 정리해서 말씀드리면, 건국세력, 산업화세력과 보수적 민주화운동 세력은 새누리당으로 집결하고, 민주통합당은 운동권세력으로 순수화 되어 갔습니다. 그뿐만이 아니고 백낙청 교수를 중심으로 하는 진보 쪽의 리더 그룹들이 민주통합당과 종북·친북의 통합진보당 간의 선거연합을 지도하게 되고, 여기서 이제 진보는 해방 이후 꾸준히 추구하던 '인민민주주의적' 좌우합작의 색깔을 선명하게 드러내게 된 것입니다. 종북·친북이라는 점에서도 그러하지만, 한미 FTA 폐기에서 보여지는 반미의 민족주의라는 측면에서도 그러하지 않습니까. 이것은 한국정치의 엄청난 진화라고 봅니다. 이제 한국의 정당이 진보당과 보수당으로 뚜렷하게 분화되었다는 것이지요. 다만 문제는 앞으로 이들이 어떻게 진화해나갈 것인가 하는 것이겠지요. 새누리당은 종래와 같은 권위주의적 색채로부터 벗어나야 하지 않겠습니까. 새누리당은 이미 권위주의적 정당으로부터 탈피했다고는 봅니다만, 그렇다고 해서 선진국의 민주주의적 정당의 성격을 체질화했다고 보기는 어렵지 않을까 생각합니다. 우선 국정을 어디로 이끌고 가겠다는 뚜렷한 비전이 확실하지 않고 또 민주적 정당운영의 경험도 미숙한 것 같습니다. 당 운영이 다양한 자립적인 정치세력의 연합이라기보다 지도자 중심으로 일원화되는 경향이 없지 않은 것 같습니다. 새누리당에서는 그간에 당권과 대권의 분리라는 문제가 꾸준히 제기되어왔는 데, 이것이 행정부로부터의 정당의 독립으로 발전하지 못하고 누가 대권을 잡으면 정당이 거기에 의존해버리고 마는 체질로부터 벗어나지 못하고 있습니다. 다시 말씀드리면 한국에서 그 전통성이 가장 깊다는 새누리당조차 보스중심의 체질에서 벗어나지 못하고 있습니다. 한국의 정치가 선진화하기 위해서는 새누리당이 선진적으로 변하는 것도 중요하지만, 그것보다 더 중요한 것은 민주통합당과 통합진보당이 앞으로 어떻게 변할 것인가 하는 것입니다. 앞으로 야당이 집권당으로서의 지위를 획득할 만큼 그 체질을 변화시킬 수가 있느냐 하는 것이지요. DJ가 집권할 수 있었던 것은 DJP연합에서 볼 수 있듯이 기존 체제 내에서의 집권이었습니다. 노무현 대통령의 개인적 성향이야 어떻든, 노무현 정권도 김대중 정권의 연장선상에 있었지요. 그런데 지금 민주통합당은 자유민주주의체제만으로는 만족할 수 없는 진보정당으로 탈바꿈하려고 하지 않습니까. 한국의 운동권은 항상 민주주의를 입에 달고 다녔지만, 그 민주주의는 자유민주주의가 아니었습니다. 바로 여기에 민주통합당이 앞으로 어떠한 민주주의를 실현하려고 하는가를 국민들에게 보여줄 의무가 있습니다. 통합진보당이 종북·친북적인 성격을 띠고 있는 것은 분명합니다. 통합진보당을 종북적이라 규정한 것은 우파에 의한 것이 아니고 그 내부자들에 의한 것입니다. 민주통합당의 전신인 열린우리당이 추구하는 민주주의라는 것은 한 때 직접민주주의라고도 했지 않습니까. 자유민주주의의 대의민주주의적 성격을 거부한 것이지요. 그런데 그들이 말하는 직접민주주의가 무엇인지는 그들 스스로도 모를 것입니다. 한국의 민주주의가 발전하려면, 이러한 야권의 정치적 미성숙성이 극복되어야 합니다. 저는 이번에 한국의 정치세력들이 보수와 진보로 뚜렷이 분화된 것은 한국정치의 엄청난 발전이라고 생각합니다. 이제 더 이상 야당들이 종래와 같이 자유민주주의의 외피를 쓰고 자기의 본얼굴을 가릴 수 없게 되었습니다. 종북을 하던지, 인민민주주의를 하던지, '변혁'을 추구하던지, 어떻게든 자기의 맨 얼굴을 드러내어야 합니다. 한국의 야당들이, 종북이든 인민민주주의든 어떤 변혁을 추구하면 그들 앞에 놓인 것은 몰락 밖에 없을 것이고, 대한민국의 정통성과 자유주의를 바탕으로 하는 사회민주주의를 추구한다면 그들의 축복이 될 뿐만이 아니라 국민들의 축복이 될 것입니다. 이러한 의미에서 한국의 정치는 엄청나게 진보하고 있습니다.

박재창 : 우선 노총 등을 포함하는 넓은 의미의 시민사회와 정치권

간의 관계 변화가 있었지 않았나 싶습니다. 이번 선거과정에서 양대 노총이 한쪽은 조직기반 차원에서 참여하고 다른 한쪽은 개인 지도력 차원에서 민주통합당에 참여했습니다. 나아가 시민사회지도자들이 대거 민주통합당에 가담을 했거든요. 이들 세력은 과거 야당의 정치적 외연이라고 할 수 있었는데 야당 내로 모두 흡수되면서 역설적으로 야당의 정치적 외연이 상실되거나 스스로 차단하는 결과를 가져왔어요. 이게 또 다른 차원의 선거 패인 가운데 하나일 수 있다고 생각합니다. 과거에는 시민사회세력이 정당의 외곽에 머무르면서 지원세력으로 작동했기 때문에 야당이 외연 확장력을 가지고 있었어요. 그런데 민주통합당으로 수렴되면서 단일기구화 하니까 밖으로의 연결핀 작용을 하는 사다리가 잘라져 버리는 결과를 낳은 겁니다. 외곽에 예비해 둔 원군이 사라지는 꼴이 된 것이지요. 이게 또 다른 차원의 정치지형 변화라는 생각이 있습니다. 세대간 긴장 면에서는 새로운 유권자 집단으로 등장한 2040세대가 지난 번의 서울시장 보궐선거 때와는 다른 변화를 보였습니다. 지난 번과 같은 강력한 응집력이나 진보편향성을 보이지 않았습니다. 의외로 20대의 투표율이 급증한 반면 30대의 참여는 크게 줄었습니다. 40대의 상대적 보수화도 눈에 띕니다. 야권의 정책실종 상태가 이들을 하나의 이해관계집단으로 결속시키는 데 실패한 결과가 아닌가 싶습니다. 이번 선거과정에서 민주통합당은 사실상 과거의 노무현 정책 프레임을 넘어서지 못했습니다. 2040세대가 강력히 새로운 정책적인 메시지를 요구했지만 민주통합당이 여기에 대해 적실성 있게 대응하지를 못한 거지요. 이런 상황 하에서 자기 주체성이 어느 때보다도 강한 2040세대가 전폭적인 지지를 보내지 않은 것은 당연한 귀결입니다. 야권의 구조적인 모순과 갈등 때문에 의미 있는 정책을 산출하기가 어려웠을 테지만 여기에 더해서 야권 전체의 정책적 상상력 부족이 불러온 결과라는 생각도 해봅니다. 진보의 한계 같은 것이지요. 지도층이 너무나 안이하게 선거에 임한 탓도 있고요. 지역적으로는 수도권과 비수도권 사이에 일종의 균열축이 형성되었어요. 수도권이 진보진영을 지지하는 데 비해서 비수도권은 보수진영을 지지하는 표심을 보였으니까요. 흔히 남북한 관계를 '1민족 2국가' 체제라고 하는 데, 이번 선거결과를 보면 남한은 '1나라 2사회'인 셈입니다. 영호남 간의 고전적 지역주의와는 다른 형태의 신지역주의가 등장한 셈이지요. 사회변동론을 말하는 이들은 흔히 한 사회가 농촌시간대에서 도시시간대로, 그리고 도시시간대에서 정보사회로 이동해 왔다고 말합니다만, 우리의 경우는 급격한 사회변동을 겪으면서 이들이 모두가 혼재되어 있는 사회라고 볼 수 있을 것 같습니다. 농촌시간대와 도시시간대가 병존하는 가운데 정보사회의 세례를 받으면서 양자 간의 지역적 편향성과 이해관계의 갈등 정도가 예각화 하게 된 결과가 아닌가 생각해 보게 됩니다.

특히 수도권에 2040세대와 진보성향의 표심이 집중되어 있다는 점에서는 앞서 말씀드린 기득권 외면 또는 거부 성향을 지니고, 그렇기 때문에 쏠림표 역할을 수행하는 제3집단이 주로 수도권에 집중되어 있을 가능성을 시사해 주는 것으로 생각됩니다. 또 다른 정치지형 변화 가운데 하나는 SNS의 등장과 그에 대한 정치권의 시각교정 필요성이 크게 제기되었다는 점을 들 수 있을 것 같습니다. 정치권에서 SNS가 차지하는 기능적 좌표가 달라졌다고나 해야 할 까요. 그동안 우리 사회는 SNS라면 무조건 야권 편이라는 검증되지 않은 믿음을 갖고 있었습니다. 그게 이번의 선거과정에서 지난 서울시장 선거 때만큼 SNS가 2040세대에 대한 동원력을 발휘하지 못한 이유 가운데 하나라고 봅니다. SNS가 의미 있는 정치적인 도구로 작동하려면 SNS에는 여러 가지 기능적인 차원이 내장되어 있다는 인식이 필요합니다. 그러니까 SNS에는 커피하우스나 마실방이라든가 영국식 펍(Pub)과 같이 담론을 통해서 어떤 정책적인 요구를 산출하거나 결집하는 기능을 수행하는 기능이 있는가 하면, 카니발과 같이 배설의 출구로 기능하는 성질이 있습니다. 그런데 이번의 총선과정에서 나꼼수나 김용민 막말 같은 것들을 통해 드러난 사실 가운데 하나는 야권이 그러한 SNS의 기능에 대해 정리된 시각을 갖고 있지 못해서 일종의 소통경로 혼란에 빠졌던 것이 아닌가 싶습니다. 이번의 총선과정에서 2040세대가 요구한 것은 SNS의 커피하우스나 마실방 같은 기능이지 카니발 같은 기능이 아니었습니다. 그러나 민주통합당은, 이를테면 2040세대의 시대적인 아픔, 양극화나 실업 등의 문제에서 오는 절박한 과제를 SNS의 카니발 기능을 통해 연결하려 했던 것 같습니다. 김용민의 막말 파동을 조기에 수습하지 않은 이유일 것으로 봅니다. SNS의 기능적 정체성에 대한 혼란이 극명하게 드러나는 장면인 셈이지요. 이점이 정리되지 않고서는 오는 대선에서도 같은 오류를 반복할 가능성이 적지 않습니다. 결과적으로 이번 선거는 우리 사회의 구조적인 갈등이나 대립이 첨예화 되어 있음에도 불구하고 그런 것에 대한 치유능력이 없는 선거가 아니었나 하는 생각을 하게 됩니다. 이미 말씀 가운데 대선과정에 임하는 각 정파의 과제가 무엇인지를 직간접적으로 시사해 주시기는 했습니다만, 앞으로 있을 대선과정에서 한국사회의 어떤 쟁점과 과제들이 제기되고 또 그에 대한 해답을 찾아야 할 것인지가 궁금해집니다. 이점에 대해서는 어떻게 생각하시는지요?

안병직 : 대선과정에서의 핵심쟁점은 역시 국민통합이라고 생각합니다. 저는 민주주의라는 것은 동일한 공동체 내 평등한 성원 간의 의사 결정과정이라고 생각하기 때문에, 민주주의가 이루어지려면 사회구성원이 동일한 공동체 내의 평등한 일원이라는 의식을 가져야 한다고 봅니다. 프랑스혁명에서 제시되었던 세 가지 기본적인 이념이 자유, 평등, 박애 아닙니

까. 박애라는 것은 결국 세계 전체가 하나의 동포고 그 자체가 하나의 공동체라는 것이지요. 한 공동체 내의 평등한 구성원이라는 의식이 없으면 그 공동체를 잘되게 하려는 경쟁과 협력의 동기가 유발될 수 없습니다. 공동체가 서로 다르면 한 사회의 구성원이라는 의식을 가질 수 없지요. 한 공동체 내부에서도 계급적인 차별을 제도화해 놓으면, 우정관계는 성립하지 않습니다. 거기에는 서로 죽고 죽이는 적대적 대립만 있을 뿐 민주주의는 있을 수 없습니다. 구 공산주의제국에서는 계급적 적대관계를 강조했기 때문에 결국 프롤레타리아 민주주의가 있어 본 일이 없지 않습니까. 동일한 공동체의 평등한 성원이라는 것이 민주주의 성립의 조건이라고 생각합니다. 우리가 살고 있는 대한민국이라는 국가가, 우리가 살고 있는 사회의 테두리라는 것을 인정해야 하는 데, 지금까지 진보건 보수건 우리가 그 속에서 몸담고 살고 있는 대한민국이라는 공동체보다 대한민국이 독립성이 있느니 없느니, 분단이니 어쩌니에 대해서만 강조해오지 않았습니까. 국가의 테두리를 넘어서 민족에 대해서 이야기를 하다보면, 결국 대한민국이 우리가 그 속에서 살아갈 공동체인가 하는 점에 대하여 계속 문제제기를 할 수밖에 없어요. 그런데 현실은 어떻습니까. 대한민국이 있고, 조선민주주의인민공화국이 있고, 또 UN에 각각 독립국가로 가입하고 있습니다. 우리가 지금 사는 곳은 대한민국이라는 국가공동체이고, 대한민국을 자기의 공동체로 인정한다는 것은 결국 대한민국의 헌법과 정통성을 인정하고 대한민국의 가장 중요한 사상인 자유주의사상을 인정한다는 것인 데, 이러한 토대 위에서 진보와 보수가 공생하는 공동체를 어떻게 만들 것이냐 하는 자각이 꼭 필요합니다. 그것이 결국 국민통합인데, 국민통합이라는 것은 역사교육과 깊은 관계가 있습니다. 대한민국의 형성과 발전, 앞으로의 미래에 대해서 진보와 보수가 서로 합의해야 하고, 그 합의 과정이 국민통합이라고 생각하기 때문에 국민통합이 앞으로 대선과정에 있어서 반드시 최우선적인 국정과제로 부각되어야 하지 않는가 생각합니다. 이 문제가 해결되지 않으면 지금까지 보아왔던 정쟁은 피할 수 없을 것입니다. 단순히 정치적인 문제뿐만이 아니고 문화적인 면에 있어서도 국민통합이 굉장히 중요한 의미를 가지고 있다고 생각하는 데, 한 가지 예를 들면 우리의 언어생활에 있어서도 통일된 의식이 없습니다. 현실적으로는 한글전용이 지배적이지만, 한글전용을 해야 할 것인지, 한글과 한자 혼용을 해야 할 것인지에 대한 합의도 전혀 없어요. 언어문화생활이라는 것은 문화생활의 기초이지 않습니까. 제대로 발전되지 않은 언어를 토대로 새로운 문화를 건설한다는 것 자체가 어불성설이고 있을 수 없어요. 더 지엽적인 문제로 들어가 보면, 한글을 로마어로 어떻게 표기하느냐의 문제에 대해서도 국민들 간에 동의가 안되어 있습니다. 어떤 사람들은 로마어 표기가 아니라 영어 표기라고도 합니다. 이렇게 언어정책만 해도 국민적 합의가 없으니까 전부 사분오열되어 무슨 문제 하나를 해결할 때도 국가나 공동체를 우선하는 것이 아니라 어떻게 하면 자기네 패거리 이익을 우선할까 하는 것이죠. 위와 같은 여러 가지 측면 에서 볼 때, 앞으로 대선과정에 있어서는 보수든지 진보든지 간에 어떻게 국민통합을 통하여 새로운 문화를 창출할 것인가 하는 것이 중요한 어젠다로 되어야 한다고 생각합니다. 둘째로 중요한 것은 지금 한국에 진행되고 있는 양극화를 어떻게 극복하느냐, 그러기 위해서 지속가능한 복지국가를 어떻게 건설할 것이냐에 대해서 여당이든 야당이든 답을 내야 한다고 생각합니다. 이 문제에 대해서는 국민적 합의가 있는 것 같아서 더 이상 말씀드리지 않겠습니다. 셋째로 중요한 것은 2040의 실업문제인데, 말로는 누구든지 나서서 해결하겠다고 하지만 이게 정말로 간단치 않은 것이거든요. 2040세대의 실업문제는 두 가지 원인이 있는 데, 첫째는 글로벌리즘 때문입니다. 글로벌리즘 때문에 국내에 투자될 산업자금이 임금수준이 낮은 저개발국이나 발전도상국으로 끊임없이 유출되어 좋은 일자리를 창출할 수 있는 공업화가 진행되기 어렵다는 것입니다. 둘째는 위와 같은 조건하에서 선진국이나 한국과 같은 나라에서 진행되는 산업화는 결국 지식 정보산업 중심이 될 수밖에 없는 데, 지식정보산업은 고용창출효과가 적습니다. 그리고 앞으로 선진화에 따라서 서비스산업이 크게 발전할 것인데, 거기서는 고용량은 많아도 좋은 일자리는 드뭅니다. 그래서 좋은 일자리를 많이 만들려면 결국 직업훈련을 강화하여 좋은 투자환경을 만들고 경쟁력 있는 인력을 양성하는 길 밖에 없습니다. 이러한 일은 워낙 그 범위가 넓어서 간단히 말씀드리기는 어렵습니다. 그래서 문제점을 지적하는 것만으로 말씀을 끝낼까 합니다.

박재창 : 국민통합문제는 더 많은 민주주의 문제와도 연결되는 것인 데, 그런 의미에서 소통과 연대의 공동체 건설 메커니즘을 어떻게 창출 할 것인가가 문제의 핵심이 아닌가 생각됩니다. 정상국가의 소통양식을 모방하는 것만으로는 사회적인 갈등을 통합으로 이끌기가 어려운 상황으로 우리 사회가 변모해 나가고 있습니다. 지도자와 추종자의 분업 구조 내지는 기성의 국가와 시민사회의 관계에 대한 기댓값을 사실상 철회하거나 혹은 불신하는 정도가 커지면서 시민이 직접 국정운영 과정에 참여할 수 있는 기회를 보다 더 확장해 달라는 요구가 특히 2040세대에서 크게 제기되고 있습니다. 그 이유 가운데 하나는 자신들이 당면한 과제가 외부 전문가나 지도자에 의해 해결되기 어려울 만큼 지난한 문제이기도 하지만, 또한 2040세대의 자기정체성이라고 할까 삶을 보는 눈 자체가 지금까지의 한국 사람들과는 크게 달라지고 있기 때문일 것입니다. 주체적인 삶, 도덕적 가치에 대한 숭상의 정도 등이 과거의 한국사회 주류세력과는 굉장히 다른 모습을 보여주고 있거든요. 이런 이들이 통합적

질서를 창출하는 데 적극성을 발휘하도록 하려면 참여의 공간을 넓혀주는 것이 중요한 과제일 것입니다. 그런 측면에서 정치개혁이라든지 지방분권, 부패추방 등이 현실적으로 당연한 핵심 과제가 될 것이라고 생각됩니다. 경제적인 측면에서의 양극화 문제를 말씀하셨는데, 그 문제도 시장자율의 조정을 통해 해결하기는 어려운 것이어서 결국은 '대타협'을 필요로 하는 일이라고 봅니다. 성장일변도의 신자유주의적 경쟁사회에서 벗어나 연대의 시대 내지는 자본주의 이후의 시대를 준비하려는 노력이 있어야 하지 않을까 하는 점이 지적되어야 한다고 보는 이유입니다. 스웨덴의 경우는 이미 오래전에 통상적 정치과정을 통해서는 이런 문제를 소화해 내는 데 한계가 있다는 판단 하에, 자본과 노동과 정부가 사회적 대타협을 통해 3자 관계에 대한 신질서를 구축한 일이 있었습니다. 불로소득의 단절, 기회균등의 확장, 생존권 보장의 강화 같은 정책디자인을 통해 혁신적인 변화를 시도해야 하는 것이 아닐까요? 이러한 국정 어젠다에 대한 국민적 합의를 도출하는 과정으로 대선이 활용되어야 한다는 생각입니다.

안병직 : 국민통합문제를 부연해서 말씀드리면, 한국에서는 정치적 통합을 우선할 수밖에 없지 않은가 생각합니다. 한국 사람은 너무나 정치 지향적이기 때문에 정치적인 통합이 없는 국민통합은 어렵기도 하지만, 다른 한편으로 정치적으로 깨

끗이 해결되어야 할 문제들, 예컨대 통일이라든지, 자주성의 회복이라든지, 민주화라든지 하는 여러 문제가 아직 해결되지 않았거나 덜 해결된 것이 많기 때문에 우선 이런 문제에 대한 공통적인 이해가 있어야 하지 않을까 생각합니다. 물론 위와 같은 정치적 문제들은 문제가 덜 해결된 측면도 있고 문제를 제대로 이해하지 못하기 때문에 발생하는 것이기도 합니다만, 어떻든 정치적으로 해결되어야 할 문제들입니다. 거기에다 최근에는 사회적 및 경제적 갈등요인까지 겹쳐지고 있지 않습니까. 그래서 저는 국민 통합을 위해서는 여야 간의 정치적 대타협이 필요하지 않은가 생각합니다. 어설프게 타협하려고 했다가는 혼란만 더 가중시킬 우려가 없는 것도 아닙니다. 그렇기 때문에 타협을 하려면 먼저 확실한 타협조건을 제시해야 합니다. 만약 이러한 일이 가능하다면, 정치적 타협으로 해결해야 할 과제가 산적했다고 봅니다.

박재창 : 노무현식 연립정부안을 말씀하시는 것인가요?

안병직 : 연립정부도 하나의 대타협 형태로 될 수 있을 것입니다. 거듭 말씀드립니다만, 이 경우에도 정권연합의 목적이 분명해야 합니다. 그렇게 되면 야당으로 있을 때 이러저러하게 주장하던 비현실적인 요구들이 철회되고, 한국의 정치가 친북이라든지 반미적인 것으로부터 탈피하고 훨씬 더 현실에 바

탕을 둔 정치로 발전할 가능성이 있지 않을까 생각합니다. 그리고 지방자치를 제대로 하는 것도 국민통합의 하나의 수단이 될 수 있을 것입니다. 지금과 같은 지방자치, 행정·치안·경찰·교육의 자치가 따로따로 놀아서는 제대로 된 지방자치가 될 수 없습니다. 행정·치안·교육을 묶고 재정자립도가 높은 지방자치를 해서 권력이 중앙정부에 집중하는 것을 방지해야 합니다. 이렇게 권력이 여야 간에 분산되면 한국의 정치가 자연히 현실로 돌아올 수 있지 않을까 합니다. 또 중앙정부도 각종의 위원회를 활성화하여 심의민주주의를 심화시키는 것도 국민통합의 한 수단이 될 수 있을 것입니다. 이 경우에는 위원회가 단순한 자문기구에 끝나지 않고 어떤 의사결정기구가 될 수 있는 방안도 모색해 보아야 할 것입니다.

박재창 : 결국 한배에 타도록 해서 공통의 인식 또는 공통된 책임을 나눠가지도록 강제하고 그 결과 필요한 조정과 통합이 가능케 하자는 말씀이신 데, 적어도 그럴 필요성에 대해서는 전적으로 공감합니다. 다만 과연 연립정부가 그런 성과를 약속할지에 대해서는 아직 자신이 없습니다. 가장 가까운 것으로는 DJP연합이 있었습니다만 권력적 야합 이상의 성과는 없었다고 생각됩니다. 특히 소수파 연합정파의 무임승차 현상이 적지 않았던 것으로 기억합니다. 다만 이번의 대선 이후 연립정부 구성이 시도된다면 연정에 참여하는 양

대 세력이 공동으로 당면하고 있는 국정과제를 풀어나가는 과정에서 진보와 보수가 각기 자신이 가지고 있는 위선성이나 허구성을 장막 밖으로 드러낼 수 있게 되기를 소망하는 것 또한 숨길 수 없는 사실입니다. 보다 더 큰 욕심은 그런 과정에서 국가와 시민사회 사이의 괴리를 좁히고 또는 지배층과 보통사람들 사이의 간극을 좁히는 일에 경쟁적으로 나서게 되기를 기대하는 데에 있습니다. 지방자치의 경우도 마찬가지입니다. 지금과 같은 '2할 자치'로는 아무 것도 할 수 없습니다. 지방자치가 국민통합이나 지역통합에 성과를 낼 수 있게 되려면 일종의 독자적인 정치통합 메커니즘이 작동 가능할 만한 정도의 자치권을 할양해주는 정치적인 결단이 필요합니다. 그렇지 않고서는 명목상의 자치 혹은 숫제 안하는 게 나은 자치로 갈 수밖에 없습니다. 그런 의미에서 자치는 중앙정부의 정치적인 권력을 나눠 주는 것이 아니라 일감을 나눠줌으로써 그로 인해 오히려 정치권 전체의 권한이 커지는 과제로 이해하고 접근해 나가야 할 것입니다. 한반도 평화통일 문제는 선생님의 주된 관심사 가운데 하나이지 않습니까?

안병직 : 우리 사회에서 남북문제는 워낙 큰 문제이다 보니까 요즘 정년퇴직을 하고 나이가 든 사람들은 누구나 관심을 가지는 것 같아요. 그래서 저도 남북문제에 대해서 상당히 관심을 가지고 있습니다. 북한에 가본 일도 없고 구체적으로 연

구해보지도 못했기 때문에 잘 모릅니다만, 사회주의 운동을 하고 한국근현대사를 전공한 경험을 토대로 북한사회를 이해해보려고 했습니다. 저의 사회주의 사회에 관한 이론적 탐구에 의하면, 본래 사회주의제국은 지속적으로 발전가능한 체제원리가 없었던 것입니다. 계획경제사회라고도 합니다만, 사회는 너무 복잡하여 계획이 사회활동의 모든 분야를 커버할 수 없어요. 그러니까 계획은 주먹구구에 불과하고 실제의 사회는 따로 놀았다고 보아야죠. 사회는 노예제사회이든 봉건제사회이든, 자본주의사회이든 본래 이론에 의해 창출된 어떤 사회모델이 아니고 경험의 축적에 의해서 자연발생적으로 진화돼 나온 사회인 데, 갑자기 계획으로 사회를 이끌고 가려고 하니 사회가 움직이지 않은 것입니다. 어느 사회나 계획이 없는 사회는 없습니다만, 그것이 자연적으로 운행하는 사회운행의 원리를 보충하는 것이어야지 사회운행의 기본원리가 되어서는 안 된다는 것입니다. 사회주의 제국이 붕괴될 수밖에 없는 이유입니다. 따라서 북한사회는 본래부터 자기 체제를 가지고 있었던 것이 아니고 인위적으로 만든 제도로 운영하다 보니까 결국 독재로 갈 수밖에 없었던 거예요. 체제가 자율성을 상실할 때 그 사회를 유지할 수 있는 유일한 방법이 독재체제, 전제체제거든요. 북한은 일찍부터 시장경제 부문을 폐지하고 가치법칙도 철폐해버렸기 때문에 김일성이 유일한 소유자로 되고 절대 권력자로 군림할 수밖에 없었습니다. 이러한 점에서 보면 북한은 좋고 나쁘고를 떠나서 3대 세습으로 갈 수밖에 없었습니다. 독재가 아니면 사회 자체가 유지가 안 되기 때문에 저런 사회가 됐다는 것이 첫째 북한사회를 보는 하나의 관점입니다. 둘째는 세계사적으로 저개발국은, 선진 국가와의 협력 속에서 근대국가를 유지·발전할 수 있지, 선진국과 단절되면 근대국가로 유지·발전 하지 못하고 중세사회로 다시 회귀할 수밖에 없습니다. 그 이유는 간단합니다. 저개발국에서는 근대화의 동력이 내부에서 공급되는 것이 아니고 외부로부터 주어지기 때문입니다. 저개발국은 선진제국과의 종속 관계를 청산하지 않으면 발전할 수 없다는 종속이론이 있기는 합니다만, 오늘날 글로벌리즘 속에서 선진국의 탈공업화와 저개발국의 활발한 공업화를 보면, 그 이론이 틀렸다는 것이 명백합니다. 구태여 1960년대 이후의 홍콩·대만·싱가포르·한국의 공업화를 예로 들 필요도 없게 되었습니다. 가장 대표적으로 중국도 국제협력하의 개혁·개방체제 속에서 급속하게 공업화하고 있습니다. 북한도 사회주의를 하면서 민족주의를 계속 주장해왔지만 사실상 북한사회도 소련과 중국과의 국제협력 속에서 버틸 수 있었지 독자적으로 스스로를 유지해온 것은 아닙니다. 북한도 본래 소련과 중국의 협력이 없으면 금방 붕괴될 수밖에 없는 그런 사회였어요. 지금도 북한은 중국의 협력이 없으면 금방 붕괴될 수밖에 없지 않습니까. 그럼에도 불구하고 북한은 민족주의의 기치 하에 독자적인 노선을 추구해왔기 때문에 축소 재생산을 거듭할 수밖에 없었고, 그 때문에 현재 유지할 수 있는 유일한 방법이 독재체제의 극악한 형태인 3대 세습과 선군정치밖에 없게 되었습니다. 물론 선군정치도 자립적인 체제는 아닙니다. 선군정치로 인민을 노예화하고 주변국을 위협하여 착취하지 않으면 유지될 수 없습니다. 선군정치는 그들의 주장과는 정반대로 외부에 의존하지 않으면 유지될 수 없는 극단적으로 불안정한 사회의 반영입니다. 그렇기 때문에 개혁·개방하면 금방 무너진다고 이야기 하는 데, 그것이 바로 북한이 직면한 현실입니다. 그럼에도 불구하고 지금 북한은 북한대로 하나의 독립국가가 되었고 엄연히 유엔에도 가입하고 있지 않습니까. 한국도 한국대로 독립국가가 됐으니까 1민족 2국가 체제로 되었는데, 이런 상황 하에서 대북문제를 어떻게 다뤄야 되느냐. 결국은 남북이 각각 자기 책임 하에서 자신들의 국가를 끌고 갈 수밖에 없는 현실을 확실히 인정해야 할 것 같습니다. 만약 북한이 남한에 대해 군사적인 위협을 하지 않고 정상적인 국가로서 독자적인 길을 걷겠다고 하면, 그때는 남쪽이 북쪽에 대해 전폭적으로 지원해야 할 것입니다. 북한의 붕괴 여부는 스스로의 책임이지만, 그러나 그것이 여러 가지 면에서 결코 한국에 도움이 되지는 않을 것입니다. 여기에는 여러 가지 해야 할 말이 많습니다만, 북한이 군사적 분쟁을 일으키지 않고 정상적인 국가로 발전하겠다면, 남이 북을 돕는 것이 대북정책의 기조가 되어야 할 것입니다.

박재창 : 사실 긴장의 완화를 불러오는 길은 북한에 대한 지원밖에 다른 대안이 없죠. 대립이나 고립을 추진하는 경우에는 당장 긴장이 높아 질 테니까요. 이 점은 이미 MB정부의 대북정책을 통해 반면교사(反面教師)의 가르침이 있었던 일이라고 봅니다. 그러나 대북 지원을 통해 북한정권이 안정화된다고 하더라도 북한에 의한 위협이 없어지는 것은 아니죠. 다만 도발이나 갈등의 심화 같은 것은 상대가 안정화되면 될수록 가능성이 약해지는 것이기 때문에 논리적으로만 따진다면 유일한 옵션이고, 또 그런저런 논의를 다 떠나서 인도주의적 측면에서 보더라도 지구촌 최대의 빈곤상태에 처한 북한을 지원해준다는 것은 인류공통의 가치이자 동족에 대한 우정의 발로일 것입니다. 그런데 문제는 1민족 2국가 체제의 안정화를 위해 당장 어떤 과제가 해결되어야 하느냐 하는 점입니다. 그런 점에서 보면 대선과정에서 평화협정체제로의 전환 같은 것이 국민적 합의를 통해 도출될 수는 없겠나 하는 생각도 해봅니다. 그래야 북한에 대한 국제사회의 지원투자도 가능해지고 남북의 교역이 전면화하면서 대북투자도 확대될 수 있을 것입니다. 북한 경제가 안정화 되어야 오히려 안보위협이 줄고, 우리로서는 당면한 최대 과제 가운데 하나인 청년실업의 해소나 양극화 문제 해결의 단초를 열면서 제2의 경제도약을 위한 토대를 마련할 수도 있을 것입니다. 국방비 지출이 줄면서 지금 문제가 되고 있는 복지예산에 대한 재원 조달에 새로운 통로가 개

척될 수도 있을 것입니다. 중국의 부상과 함께 점증하는 한반도 주변국 사이의 긴장과 갈등 그리고 거기에서 비롯되는 압력이나 간섭을 줄이면서 오히려 그런 긴장관계를 우리의 국익 증대 요인으로 활용하기 위해서도 한반도의 안보 리스크를 하향 조절하는 일은 필수불가결적인 과제로 인식됩니다. 평화협정의 체결은 동북아 신질서 구축의 방아쇠 같은 것이라고 생각되는데요.

안병직 : 역시 평화협정이 체결될 가능성이 있느냐 하는 것이 문제인데, 북한이 평화협정을 체결하는 조건으로 미군철수 문제를 고집할 가능성이 있습니다. 만약 북한이 미국과 교섭해서 주한미군이 한국에 주둔한 상태에서 상호불가침 조약을 맺는다거나 그러한 상황에서 남북 간에 평화협정을 맺는다고 하면 가능할 것 같긴 합니다만, 한국을 따돌리고 미군철수를 전제로 하는 북한과 미국의 평화협정은 찬성하고 싶지 않습니다. 그 이유는 우선 한국이 북한에 대해서 전쟁을 일으키지 못하게 하는 억제력으로서 미군의 존재는 엄청난 의미를 가지고 있습니다. 저는 한국이 그렇게 성숙한 국가가 아니라고 생각합니다. 이렇게 이야기하면 골수 친미주의자라는 비난을 받겠지만, 한국에서 민주주의가 실현되고 경제발전을 이루는 데 있어서 미국의 존재는 적지 않은 의미를 가지고 있다고 생각합니다. 그리고 주한미군은 중국의 중화주의 정책을 견제하는 데도 큰 역할을 하고 있지 않습

니까. 이렇게 이야기하면 통일에 대해서 희망을 가지고 있는 사람들은 '결국 남북통일하지 말자는 거냐, 일종의 분단 고착화가 아니냐' 이런 식으로 이야기할지도 모르겠는 데, 저는 통일지향주의자들이 민족주의자들이기도 하고 침략주의자들이기도 하다고 생각합니다. 우선 통일지향주의자들이 북한 동포들의 주체성을 얼마나 생각하는지를 물어보아야 합니다. 왜냐하면 진정한 통일은 남북주민들 간의 통일이 아닙니까. 현재와 같이 남북주민들의 주권이 배제된 통치자들끼리의 통일이야기나 통일지상주의자들의 통일이야기에는 별 흥미가 없습니다. 통일은 어디까지나 남북주민들의 행복을 위해서 필요한 것이 아닙니까. 그렇게 되려면 남북 간에 민주주의가 실현되어 통일을 주민들이 선택할 수 있어야 한다고 생각합니다. 그렇지 않은 상황에서의 통일이야기는 통치자들의 잇속을 채우자는 통일이야기가 아니면 민족주의자들의 '민족의 영광'이라는 헛된 꿈일 가능성이 크다고 봅니다.

박재창 : 현실론이시죠. 그러니까 남북문제에 대해서도 어떤 프레임을 가지고 그것을 강제하려 들지 말고 남북이 실존적으로 존재하는 것에 대해 있는 그대로 보고, 그 현상을 토대로 한반도 평화통일과 군사적 안정화의 문제를 해결하는 게 정답이라는 것이죠. 그렇지 않고 어떤 프레임을 건다면 사실은 남북문제가 양국의 지도자들 또는 지배층의 자기

이익을 위한 수단으로 동원될 가능성이 다분히 있는 것이죠. 하여튼 대선과정에서 한반도 통일문제를 어떻게 접근할 것인가에 대한 국민적인 합의를 도출하는 과정이 꼭 있어야 하겠다는 생각을 갖게 됩니다. 다른 한편, 우리 사회는 그동안 근대화, 산업화, 민주화의 도식 속에서 성장해 왔습니다. 그러나 노무현 정부 이후 MB정부가 등장하면서부터는 그런 역사의 진행 과정마저 정체돼 있습니다. 그런데 산업화니 민주화니 하는 것들은 모두 근대의 자유주의와 자본주의의 경계범위 내에 있는 화두들입니다. MB정부의 정체는 근대의 연장이나 확장활동이 더 이상 진행되지 않고 있다는 의미보다는 지금까지 우리 사회를 지배해 온 이런 근대의 패러다임을 뛰어넘는 새로운 비전이나 어젠다를 발굴하는 데 불성실했다는 점에서 비판받아야 한다고 봅니다. 그런 의미에서 '지구화'는 이 시대 우리 사회가 좀 더 주의를 기울여 경청해야 할 화두가 아닐지요. 보는 이에 따라서는 지구화도 근대의 팽창주의 이론의 연장선상에 있는 것이라고 볼 수도 있겠습니다만, 근대 국가의 경계를 넘어 새로운 문명질서의 창출을 겨냥하는 것이라는 점에서는 화해와 공존 내지는 연대의 관점에서 이해해도 무리기 없는 주제라고 생각됩니다. 문제는 이를 두고 우리가 어떻게 대응할 것인가의 논의를 진행하기 이전에 우리는 이미 지구화의 한가운데에 서게 되었다는 사실일 것입니다. 단순히 지구촌의 이웃들과 어깨를 나란히 해서 협력해 나가야 한다는 식의 세계평화주의적 관점을 넘어서서, 지구촌 다극화 시대를 앞서 대비하는 시각과 노력이 있어야 하겠다는 생각입니다. 그래서 지구적 맥락 속에서 국정관리의 과제를 규정하거나 이해하고, 또는 그런 시스템을 개발하거나 제기해서 어떻게 하면 우리 사회가 지구경영의 한 축을 단단히 담당할 수 있을 것인가를 고민하는 일이 대선과정에서 매우 중요한 어젠다 가운데 하나로 등장해야 하지 않겠는가 하는 생각을 가지고 있습니다. 이런 시각이나 사고방식(mind-set)을 개발하지 않고서는 현재 지구화로 인해 비롯되고 있는 여러 가지의 국내 정책과제들, 예를 들자면 2040세대의 계급적 갈등, 실업, 양극화, 미국산 쇠고기 파동, FTA 문제 또는 1대 99사회의 소외 문제 등에 대한 해답을 구하기가 어렵다고 봅니다. 그러니까 지구적인 관점과 시각으로 한국사회를 재평가하고 재규정하려는 노력이 있어야 지구화시대의 도래로 인해 발생하고 있는 사회문제에 대한 해답이 찾아지지 않겠는가 하고 생각합니다. 그래서 지구적 관점에서 국정을 운영하는 일이 이번 대선의 중요한 어젠다로 등장해 주어야 하지 않을까 하는 생각을 가지고 있습니다.

안병직 : 한국근대사회의 형성과정은 한국에서의 지구화과정 그 자체라고 보아도 좋을 거에요. 한국사회는 자립적·독자적으로 발전되어 온 것이 아니고 자본주의경제가 세계로 파급되는

그 일환으로서 전개되었고, 선진자본주의로부터 자본, 기술, 제도 등을 흡수해서 스스로 자립적 자본주의국가로 발전했다는 것입니다. 이러한 과정을 통해서 한국 사회가 근대사회로 진입했으니까, 이에 대한 반발로 지금부터 자기 충족적인 자립사회로 발전해야 하지 않느냐 하는 견해도 있을 수 있지만, 그것은 소망스럽지 못하다고 생각합니다. 사회발전이라는 것은 경로의존성이라는 것이 강한데, 갑자기 발전경로를 바꾸게 되면 혼란이 일어나던지 발전이 느리게 될 것입니다. 다시 말씀드리면 한국은 자립적, 자주적 발전을 추구하더라도 어디까지나 글로벌리즘 속에서 추구되어야 할 것입니다. 종래의 자본주의 이론가들은 국민경제, 국민국가의 독립성을 강조하고 독립성이 높으면 높을수록 좋은 사회라고 해왔는데, 세계사적 경험에 비추어 보면, 국민국가의 독립성이 높으면 좋고 발전적이냐 하면 반드시 그렇지 않다는 것이 증명되지 않았습니까. 폴란드의 경우, 처음부터 세계통상국가로 탄생했습니다. 그 때문에 제조업은 많이 뒤떨어졌으나, 다른 이웃국가보다 문화적으로나 경제적으로 뒤떨어진 것은 아무 것도 없고, 오히려 더 앞서 나아가고 있거든요. 반면 일본은 명치유신 이후 글로벌리즘에 편승해서 근대국가로 발전하면서도 자립·독립 국가를 너무 강조한 나머지 군국주의로 발전하고 그 결과 제2차 대전에 말려들어서 국가가 패망하는 큰 곤욕을 치렀죠. 1980대에도 일본이 미국을 능가하는 발전을 하고 있다고 해서 일본중심의 국가를 만들어 보자고 했다가 지금 침체에 빠져 큰 곤욕을 치르고 있지 않습니까. 그래서 지금 일본사회에 들어가 자세히 들어보면 "제2의 명치유신과 같은 개국을 해야 한다, 민족주의가 문제다" 하는 목소리가 들립니다. 한국에도 GDP의 무역의존도가 높아지는 것을 우려하는 사람도 있지만, 저는 우려할 필요가 없다고 생각합니다. 폴란드의 경우에는 GDP의 무역의존도가 100%를 훨씬 초과해도 국민국가로서 아무런 지장이 없고, 오히려 GDP의 무역의존도 30% 이내인 일본은 발전이 정체되고, 한국은 GDP의 무역의존도가 80%에 가까운데 일본보다 훨씬 빨리 발전하고 있습니다. 한국은 본래 글로벌리즘 속에서 발전해 온 국가이기 때문에 앞으로도 글로벌리즘 속에서 자신의 역할을 찾아야 됩니다. 여기서 동아시아 속에서 한국이 어떤 역할을 할 것인지에 대한 좌표를 제대로 설정해야 합니다. 글로벌리즘과 한국이 근대국민국가로서 통합성을 가진 독자적인 문화를 갖는 문제는 서로 충돌되지 않는다고 생각합니다. 글로벌리즘 속에서도 한국은 그 나름의 독자적 문화를 가질 수 있습니다. 지금 한국이 그러한 방향으로 발전하고 있지 않습니까. 한국이 그러한 국가로 발전하고 있기 때문에 일본과 중국의 틈바구니에 끼어있으면서도 자기 목소리를 내고 있는 것입니다. 한국은 일본으로부터는 생산력을 흡수 하고 중국에서는 엄청난 시장을 활용하고 있습니다. 삼성전자는 소니를 능가했고 포철은 신일본제철과 어깨를 나란히 했는데, 중국에서는 이러한 회사가 아직 발전하지 못하고 있지 않습니까. 이러한 상황에서 만약 동아시아공동체가 형성된다면 한국은 자기역할을 제대로 할 수 있을 것입니다. 이러한 흐름에서 한국의 발목을 잡고 있는 것은 북한입니다. 한국이 미국, 일본 및 중국으로 구성되는 세계시장에 깊이 진입하면 할수록 북한의 '우리민족끼리'가 발붙일 곳이 없습니다. 그러나 동아시아공동체의 구상은 현재의 상황에서 쉽지 않습니다. 그것은 동아시아에서의 중국의 패권추구 때문입니다. 중국의 패권추구는 일본만으로 제어할 수 없습니다. 미국, 일본 및 한국이 손잡고 이에 대항하지 않으면 안 됩니다. 그리하여 중국에 대하여 이제는 제국주의 시대가 아니라는 점을 확실히 보여주어야 합니다. 그리고 평등·호혜의 동아시아공동체를 구축할 필요성을 보여주어야 하며, 이 동아시아공동체는 미국에는 물론 EU에도 열린 공동체여야 한다는 점을 이해시킬 필요가 있을 것입니다. 이렇게 해야 상대적으로 약체인 한국이 미국과 EU에서 일본과 중국의 무게에 짓눌리지 않을 안전판을 확보할 수 있습니다. 마지막으로 중국에게는 패권추구가 아니라 선진국과의 협력에 참된 근대화의 길이 있다는 점을 가르쳐주어야 합니다.

박재창 : 선생님 말씀에 공감합니다. 15세기 이후로 지구촌에서의 지구화 현상에는 몇 번의 파도가 일었습니다. 그런데 이번에 우리가 당면 하고 있는 지구화 현상은 과거의 것과는 근

본적으로 다른 성격을 지니고 있는 것 같습니다. 우리가 이 지구화 현상에 가담할 것이냐 아니면 회피할 거냐에 대해서는 우리에게 선택권이 주어져 있는 게 아닌 것 같습니다. 이는 지구촌 누구에게나 같다고 생각됩니다. 이번의 지구화 현상은 불가피하고 불가역적인 성질을 지녔습니다. 그렇기 때문에 결국은 우리가 어떻게 보다 적극적으로 지구화를 타고 넘으면서 국익을 증대할 수 있을 것인가가 핵심적인 과제일 수밖에 없습니다. 지구화의 파도가 강고하고 결정적인 데서 오는 한 가지 문제는 자본주의 발달과정 자체가 사실은 지구화 과정이었다는 데에서 알 수 있는 바와 같이 경쟁의 심화를 동반한다는 점입니다. 지구화로 인한 경쟁의 심화를 그냥 방기하거나 외면하고자 했을 때 생기는 심각한 문제는 췌언(贅言)을 필요로 하지 않습니다. 연대 또는 이익의 공유라는 측면에서 지구화에 내재되어 있는 경쟁적 속성을 순화하는 작업을 목표로 접근해 나갈 필요가 제기되는 이유입니다. 그것은 경제적인 면에서나 정치적인 면에서나 모두 마찬가지입니다. 정치적으로는 중국과 일본의 대치라고 할까 양국 간 갈등의 축이 깊어지는 것을 목격하면서 오히려 동북아 전체의 공동 이익 창출을 위한 전략이나 접근은 무엇인가를 고민하지 않으면 안 될 것 같습니다. 경제적으로는 양극화나 1대 99 사회의 극복을 위한 기업의 사회적 책임, 동반성장, 윤리적 소비 등에 주목해야 할 것은 물론입니다. 그러나 이들이 모두 궁극적인 해답이 아니라는 것 또한 다른 문제의 시작을 알리는 일에 불과한 것 아닐까 하는 생각도 듭니다. 국내외적으로 일종의 지구화 시대에 대한 대안적 삶이라고 할까 그런 노선을 제시할 필요가 있다는 생각을 갖게 하는 것이지요. 결국은 이런 문제들을 관통하는 시대정신이랄까 하는 것이 있을 것이라고 생각되는데요. 지금 명예이사장으로 계시는 단체명도〈시대정신〉입니다만, 앞으로의 한국사회를 지도하거나 구속하는 어떤 지향점 같은 것들이 있을 것 같습니다. 대선과정이 이에 대해 어떻게 대응하고 또 진행되어야 할까요? 보다 근본적인 질문은 지금까지는 시대정신이 어떤 사회변동을 지시하거나 향도하는 지시등으로서의 의의가 적지 않았다고 생각되지만 앞으로의 사회에서도 그런 역할을 담당하는 시대정신이 필요한 것인지, 더 나아가서는 그런 시대정신의 개발이 가능하기는 한 것인지, 그런 의문도 갖게 됩니다. 세상이 많이 바뀐 것은 아니냐 하는 그런 생각이 들어서요.

안병직 : 한 국가가 당면한 역사적 과제는 글로벌리즘이 낮은 단계에 있었을 때 주로 국내적인 문제에 의해서 주어지겠지만, 글로벌리즘이 발전하면 발전할수록 국제적 요인에 의해서도 주어지니까, 시대정신도 이에 따라서 결정될 것으로 봅니다. 이러한 각도에서 보면 한 시대에 주어지는 과제는 옛날보다는 훨씬 더 복잡하게 변하리라 생각됩니다. 더구나 최근에 기술이 엄청난 속도로 발전하고 있으니까, 우리가 당면하는

과제 역시 수시로 변하니까 과연 고정된 시대정신이 있을 수 있을까 하는 생각도 듭니다. 변화가 곧 시대정신이다 할 수도 있겠지요. 그러나 사회에는 구조적인 문제도 있기 때문에 기술이 아무리 빨리 발전한다고 하더라도 주어진 구조적 틀 속에서 밖에 해결할 방법이 없습니다. 역시 한 시대가 해결해야 할 주어진 과제가 있을 것이고, 지금까지 우리가 이야기해 왔던 그런 것들이 시대적 과제라고 생각합니다. 그에 초점을 맞춰서 여러 가지 활동이나 구상을 할 수밖에 없지 않느냐 하는 생각이 들고, 그런 의미에서 우리나라가 현실적으로 당면한 시대정신은 국민통합이라고 생각합니다. 물론 거기에는 엄격한 조건이 있어야겠지만, 국민통합을 위해서는 아무것도 아깝지 않기 때문에 아까 말씀드렸듯이 여당과 야당 중에서 어느 쪽이 정권을 잡든지 연정을 해서라도 국민통합의 문제를 해결해야 한다고 봅니다. 이를 해결하지 않고는 누가 정권을 잡더라도 발목잡기 때문에 제대로 국정을 해처나가기 어렵다고 생각합니다.

박재창 : 국민통합이 핵심적 과제라고 하신 것에 전적으로 동감합니다. 그런데 지금까지 한국사회에서 통상적으로 국민통합이라고 하면 동서지역 간 통합, 좌우 이념적 스펙트럼 사이에 있어서의 통합, 계층이나 세대 간 통합 같은 것을 우선적으로 생각해 왔습니다. 그러나 이 시점에서의 시대정신이라고 할까 또는 국정관리의 원류를 찾고자 한다면, 그런 차원의

통합보다는 훨씬 더 본질적인 차원에서의 통합을 요구 받고 있는 것이 아닌가 하는 생각이 듭니다. 저는 주체와 객체 사이의 통합이라는 생각을 해봤습니다. 또는 디자인과 에너지 사이의 합일화라고도 할 수 있을 것 같습니다. 지도이념이나 시대정신 같이 추상성 높은 프레임이나 디자인이 전문가나 정치 지도자 같은 우리 밖의 객체에 의해 창출되고 부가 되는 시대는 이제 정리되어야 한다는 것이지요. 그렇지 않고서는 우리의 삶을 제대로 반영하는 국정운영의 지표 내지는 시대정신을 창출할 수 없을 만큼 우리의 삶은 매우 복잡다기해지고 있습니다. 최근에는 변동의 속도조차 매우 빠르게 되었습니다. 매우 역동적인 것이지요. 여기에 더해 지구화 차원의 영역까지 추가되면서 보다 더 복잡하게 되었습니다. 우리의 주체적인 삶의 양식 밖에서 만들어지는 프레임으로는 우리의 현실을 정교하게 재단하거나 구속하기가 어려운 단계에까지 이르렀다고 생각됩니다. 그런 의미에서 그동안 시대정신을 주조해 왔던 리더십(leadership)과 그런 시대정신을 수용하고 거기에 맞추어 살아야 했던 팔로워십(followship) 사이의 이견과 격차가 매우 커지게 되었다고도 말할 수 있을 것 같습니다. 그러니까 팔로우어의 입장에서 보면 소위 주체와 객체의 합일 또는 가치와 사실의 융합이 지금까지 우리가 생각했었던 시대정신과는 전혀 차원을 달리하여 요구되는 것은 아닐까 하는 생각을 해봅니다. 이를테면 사회통합이라고 할 때 흔히 보수의 모델이나 진보의 대안 또는 그것들의 합의점 도출에 의한 제3의 길이 문제해결의 해답처럼 제시되어 왔습니다만, 사회문제 해결을 위한 모델이나 규범적 틀이 문제가 아니라 그것을 결정하거나 선택하는 의사결정권 자체를 팔로워인 시민에게 돌려줘서 보통사람들이 사회공동체가 당면한 과제의 해결이나 진로 설정에 주체적 결정자로 참여하고 작동하게 해주는 것이야말로 가장 시급하게 요청되는 과제인 시대로 접어들었다고 보면 어떨까요. 시대정신 자체의 패러다임 전환을 요구받고 있다고나 할까요. 그렇게 해서 지금까지 의사결정의 주체자로 활동해 왔던 국가나 지도자는 앞으로 조정자나 조력자의 입장으로 기능적인 전환을 해야 국민통합이 가능한 기회나 차원이 생겨나게 되는 것 아닐까 합니다. 그러니까 시대정신을 조타해 왔던 이들의 자기 이익중심주의가 컸다는 의미이기도 하고요. 이 시대의 시대정신은 프로그램이 어떤 것이고 어떤 대안이나 프레임으로 세상의 갈등을 조정할 것이냐의 차원이 아니고 그런 대안이나 프레임을 만드는 방법이 어떠해야 하는 것인가에 보다 더 초점을 맞춰야 되는 사회로 전환되고 있다는 생각을 해보자는 것이지요.

안병직 : 제가 생각하는 국민통합이라는 것은 지금 박 선생님이 이야기하신 국민통합과는 조금 다른 점이 있습니다. 저는 진보와 보수의 사상적 통합은 이론적으로 불가능하고 있을 필요도 없다고 봅니다. 보수는 보수 나름대로 자유주의적

인 색채를 뚜렷이 드러내어 그에 알맞은 어떤 국정체계를 구상해 나가고, 진보는 역시 사회주의일 수밖에 없는 데, 사회주의를 지향하되 인간의 얼굴을 한 사회주의를 어떻게 실현할 것인가, 이런 식으로 자기 색깔을 훨씬 더 선명하게 드러내는 것을 전제로 해서, 그 두 사상이 공존할 수 있는 어떤 공간에 대한 합의가 필요한데, 이것이 저는 국민통합이라고 생각합니다. 두 사상이 공존할 수 있는 공간이라는 것은 결국 하나의 국가공동체 일수밖에 없고, 그러므로 그 국가공동체에 대한 합의가 있어야 합니다. 우리가 한 국가공동체 속에서 살려면, 국가공동체의 성격을 규정하는 헌법체제에 대해서 충성을 하고 애국해야 할 것입니다.

박재창 : 지금 말씀하신 그러한 방향성 자체가 보다 중요한 시대정신으로 간주되어야 하는 시대가 지금 다가와 있는 것은 아닌가 하는 생각이 드는 거죠. 이렇게도 말씀드릴 수 있지 않을까요? 보수와 진보라고 하는 근대의 프레임이 자신들의 가치관을 구현하기 위한 방법으로 다양한 프로그램이나 문제해결의 대안들을 제시해 왔습니다. 그런데 그런 것들이 가정하는 인간은 기본적으로 성악설적인 존재거든요. 인간에 대한 의심이 있기 때문에 그런 인간에 대해 어떤 형태의 것이건 프레임을 걸려고 하는 것이지요. 그런 의미에서 근대는 인간에 대한 불신에서부터 시작되었다고도 할 수 있지 않을까요. 그러나 그런 프레임이 종당에는 우리의 삶을 구

원하지 못한다는 깨달음이 시작되고 있습니다. 우리 밖에서 만들어지는 장치로는 우리의 문제를 해결할 수 없다는 인식이 싹트고 있습니다. 지구촌을 엄습하는 기성체제에 대한 저항이 이를 반증하고 있습니다. 사회주의건 자본주의건 또는 자유주의건 공동체주의건 모두가 도전 받고 있습니다. 이번의 대선을 기화로 우리 사회에서도 복지논쟁이 시작되고 있습니다. 그러나 우리 사회는 이미 지속가능한 복지의 해법이 무엇인지에 대해서는 어느 누구도 제대로 된 대안을 내놓기 어려운 지경에 이르러 있습니다. 우리 사회만의 문제는 아닐 것입니다. 범지구적인 현상이라고도 말 할 수 있습니다. 그러니 복지가 왜 필요한가라고 하는 보다 본질적인 물음에서부터 논의를 다시 시작해야 해답을 찾을 수 있지 않은가 하는 생각을 해보게 되는 거지요. 결국 인간의 삶의 질을 높이자는 것이라면 다른 문제해결의 경로도 있을 수 있다는 생각을 해보자는 것입니다. 어떤 기제나 메커니즘을 통해서 문제를 해결하려고 하기 보다는 인간의 삶에 대한 자세 자체를 바꾸어 접근할 수 없겠냐는 것입니다. 그러니까 인간의 본성에 대한 관점 자체를 바꾸어 과학이나 합리성 같은 것보다는 사랑이나 감성 같은 것에 보다 더 주목하면 문제해결의 다른 통로가 열릴 수도 있겠다고 생각해 보자는 겁니다. 인간의 자기 성찰력과 쟁화력을 믿어보자는 겁니다. 인간을 성선설적인 관점에서 볼 수는 정말 없는 것이냐 하는 보다 본질적인 물음에서부터 다시 시작하면 어떻겠는가 하는 화두를 던져보려고요. 시대가 전환하려면 지금까지 세상을 지배해 왔던 메커니즘과는 다른 접근이 필요하다고 봅니다. 소위 근대라고 하는 이름 아래 작동해 왔던 것들에 대해 보다 본질적인 의문을 제기해 보자는 것입니다. 그래야 문제해결의 단초가 열리지 않겠는가, 우리는 지금 그런 지경에 도달해 있다, 그런 생각을 하고 있습니다. 사실 이 문제는 이번의 대선에만 국한된 과제는 아니고, 다만 근대에 대한 본질적인 의심 없이 대선이 치러진다 한들 무슨 문제해결의 단초가 열리겠느냐 하는 걱정이 있다는 말씀을 드리고 싶습니다. 새로운 발상, 새로운 전략, 보다 더 본질적인 또는 근본적인 접근이 필요한 시대라는 인식이 있어야 하지 않겠는가, 이런 생각에서 말씀드렸습니다.

안병직 : 참 어려운 문제를 제기했습니다. 역사를 통해서 보면 성선설과 성악성이 교차해왔으니까 어느 쪽이 옳은지 단정하기는 어렵습니다. 거칠게 말씀드리면, 오늘날의 입장에서 보면, 성선설을 전제로 사회를 구상하다 보면 대개 사회주의로 나가지 않을까 합니다. 사회주의는 이상주의인데, 그들은 인간은 기본적으로 선하니까 인간이 기획하면 선한 대로 나간다고 생각하는 것이지요. 그리고 유교에서는 인간을 법률로 강제해서는 안 되고 도덕으로 유도해야 한다고도 했습니다. 그런데 성선설을 믿는 유교나 사회주의의 기획들은 성공하지 못했습니다. 4천 년의 아시아전제주의와

공산주의가 그러한 사실을 명증(明證) 하는 것이 아닌가 합니다. 성악설은 본래 인간본성은 악한데, 이 악한 인간본성을 제대로 이해해야 인간을 선한 방향으로 이끌 수 있다고 보는 것이지요. 인간은 본래 사욕을 가지고 있는데, 이 사욕을 인정하는 전제 위에서 인간을 이끌어야 한다는 것입니다. 그 대표적인 이론이 아담 스미스의 자유방임주의의 이론이 아닌가 합니다. 결국 자유주의나 자본주의 이론은 성악설에 가깝게 보입니다. 그러나 인간이 사욕을 무한정 추구하게 되면 사회는 혼란되고 말지요. 그래서 사욕이 폭주하지 않도록 규제하기 위하여 법률이나 제도가 반드시 필요하다고 보지요. 결과적으로 보면 자유주의와 자본주의가 번창했습니다. 그러나 다른 한편에서 자유주의나 자본주의는 사회주의에 의하여 항상 견제되어왔기 때문에 번창하게 된 측면도 있습니다. 아담 스미스도 인간의 본성에는 이기심뿐만이 아니라 이타심이라는 것이 있는데, 이기심은 항상 이타심에 의하여 견제되어야 할 존재로 보았습니다. 그러니까 역사적으로 보면, 시장경제는 기본적으로 유지되어야 한다고 하더라도 자본주의와 사회주의는 공존하는 것이 바람직하지 않을까 생각합니다.

박재창 : 그게 지금까지 근대사회가 살아온 역사죠. 그런데 그 메커니즘이 더 이상은 작동을 못하는 단계로 접어든 게 아닌가 하는 생각을 해보았던 것이지요.

안병직 : 인간이란 본래 원죄(原罪)를 타고났으니까 혹시 선한 데에 한계가 있지 않을까 합니다. 그리고 성선설에 입각한 동아시아의 유교사회가 너무나 형편없는 사회로 귀결되었다는 역사적 사실에 대하여 반성한다는 의미에서 저는 인간의 선의에 대해서 크게 신뢰를 두지 않는 편입니다.

박재창 : 그러니까 외부적 통제에 의해서 관리되던 인간으로부터 내면의 사랑이나 나눔, 헌신이라고 할지 이런 것에 의해서 세상을 보완해 나가는 쪽으로 축이 좀 이동하는 사회로 가야 되는 것 아니냐 하는 것이죠.

안병직 : 지금 세계적으로 선진국에서는 복지사회가 추구되고 있으니까 박 선생의 말씀에는 일리가 있습니다. 그러나 우리나라는 고도성장을 했기 때문에 한국인의 의식 속에는 아직도 전근대적 의식이 강하게 자리하고 있다고 생각합니다. 한국에서 실현되는 사회주의라는 것도 조선민주주의인민공화국에서 볼 수 있는 그러한 것이 아닐 것이라는 보장은 없지 않겠습니까. 복지사회 구현에는 반대하지 않습니다만, 어디까지나 조심하지 않을 수 없습니다.

박재창 : 저는 그저 총선이나 대선에 임하는 우리의 자세와 관련해서 우리 밖의 세상이 우리 문제의 해결에 대한 해답을 가지고 있을 것이라는 믿음에서 벗어나는 일이 중요하다는

점을 말씀드리고 싶었습니다. 우리 스스로의 문제는 우리 자신의 내부에서부터 우러나오는 성찰과 자기 변화 없이 우리 밖에서 생성되거나 주어지는 기제로만 해결되기 어렵다는 인식이 필요한 때라는 점에 주의를 환기해보려고요. 장시간 동안 혜안을 나누어 주셔서 감사합니다.

(「시대정신」55, 2012 여름호)

2. 2040세대, 어떻게 볼 것인가

대담 : 김형준 명지대 인문교양학부 교수,
박재창 숙명여대 정치행정학부 교수,
윤평중 한신대 철학과 교수,
조성호 홍익대 경영대학 교수
사회 : 김세중 시대정신 발행인
일시 : 2012년 1월 27일
장소 : (사) 시대정신 회의실

2040세대의 사회적 특징

김세중 : 지난 2011년 10월 서울시장 선거 이후 2040세대라는 용어가 주목을 받게 됐습니다. 제 기억에는 그전까지는 대개 2030세대로 이야기되었던 것 같아요. 그런데 이번 선거에서는 40대까지 합쳐져서 2040세대가 현저하게 동질적 표 쏠림 현상을 보였습니다. 금년도 총선·대선에서도 이들의 표 쏠림 현상이 커다란 주목을 받게 되겠지요.

그러나 오늘 특집좌담의 주제로 정한 것은 단순히 투표행태에 대한 호기심 때문만은 아닙니다. 그것을 넘어서서 이들의 표 쏠림 현상을 자극하는 여러 요인에 대해 이해하고 그에 대해 나름대로 해법을 찾는 것이 우리 사회의 미래를 위해 필수불가결한 작업이라는 문제의식도 작용하고 있는 것입니다. 이를 배경으로 이들의 투표행태에 영향을 미친 요인을 사회경제적, 정치적 그리고 새로운 미디어 환경 차원으로 나누어 논해볼까 합니다.

각론에 들어가기 전에 2040세대의 사회적 특징을 일반론적 차원에서 논해볼까 하는데, 우선 2040세대가 실체로서 존재하는 세대 범주가 될 수 있는지 궁금하군요. 30년이라는 긴 시간을 포괄하기 때문이지요. 먼저 선거 관련 연구 때문에 세대문제에 대해서도 연구가 많으셨을 텐데 김 교수님께서 한 말씀해 주실까요.

김형준 : 2040세대는 지난 2010년 지방선거 이후로 나타났어요. 과거에는 세대(co-hort)라는 말과 연령(age)이라는 말을 구별했습니다. 과거에는 20-30대에 진보적인 성향을 보이다가도 연령적으로 40대가 되면 보수화된다는 것이 일반적 현상이었죠. 또는 이념보다는 실리적으로 투표하는 경향을 보였습니다.

그런데 지금 한국사회에서는 2010년 지방선거 이후 새로운 현상, 즉 40대가 2030세대와 동조화되고 더불어 진보화 되는 현상이 나타나고 있습니다. 왜 이러한 40대의 진보화가 나타나느냐 하면 지금의 40대는 독특한 사회화 과정을 거쳤습니다. 과거 386세대라는 표현을 많이 썼지 않습니까. 30대, 80년대 학번, 60년생을 지칭했는데, 이들이 나이 들다보니 475세대라고 합니다. 386세대가 연령적으로 따지면 60년생부터 69년생을 이야기했었거든요. 그런데 그 60년생이 지금 따져보면 52세가 되고 69년생은 지금 43세거든요. 그러니까 2010년도는 과거의 386세대가 완전하게 40대를 차지하게 되는 것이죠. 다시 얘기해서 연령효과보다 세대효과가 훨씬 강하게 나타나서 과거의 40대와 다른 독특한 40대를 형성하게 됩니다. 세대효과가 강한 40대가 진보화 된다는 것은 바로 그들이 20대 때 87년 민주화 운동에 적극적으로 참여했던 세대이다 보니 이념적 성향이 굉장히 강한 세대가 되었다는 겁니다. 과거에는 40대가 50-60대와 20-30대 중 어디와 가까운지 조사해보면 50대에 가깝다는 응답이 훨씬 많았어요. 그런데 지금 조사해보면 40대들이 20-30대에 가깝다고 응답을 많이 합니다.

결과적으로 40대의 진보화가 20-30대와 비록 연령적으로 떨어져 있지만 시대정신이라는 동일한 사회적 가치에 동조화되는 현상들이 벌어지고 있기 때문에 하나의 트렌드, 혹은 우리 사회를 관통하는 중요한 인류적 변화라기보다는 사회지형적 변화를 일으키는 하나의 요인이 되고 있다고 봅니다. 그런데 이러한 현상이 선거를 치르면 치를수록 강화된다는 것이죠. 지난 2010년도 그렇고 그 이후에 있었던 2011년 4월 국회의원 재보궐선거, 더 나아가서 2011년 8월 서울시 주민투표, 2011년 10월 서울시 보궐선거 등 네 번의 선거를 통해서 40대가 거의 일관성 있게 20-30대와 비슷한 투표형태를 보임으로써 언론에서는 아예 이들을 묶어가지고 2040세대라고 명명하고 있습니다.

윤평중 : 김 교수님께서 중요한 화두를 제시해 주셨는데, 대부분 동의하면서 조금 지평을 확장시켜 말씀드리겠습니다. 서구사회의 맥락에서는 지금까지 정치사회학자들이 주로 세대문제에 관심을 가져왔습니다. 대개 보수적이라고 할 수 있는 학자공동체가 세대문제를 화두로 삼는 경향이 있었던 데 비해 진보적 정치사회학자들은 계층문제에 초점을 맞춰 접근하는 경우가 통상적이었습니다.

일단 저는 세대가 실체가 있다고 생각합니다. 이 세대의 실체화 현상이 김 교수님께서 여러 계량적 자료를 들어서 말씀하신 것처럼 한국사회에서 급속히 진행되고 있다고 생각합니다. 비슷한 시기에 태어나서, 비슷한 사회문화화 과정을 겪고 또 비슷한 정치적 목표를 향해 움직이는 집단을 세대라고 개념화할 수 있습니다. 한국정치 지형에 있어서 불과 10여 년 전만해도 가장 중요한 결정요인은 지역갈등이었습니다. 그런데 최근 2, 3년 전부터 세대갈등문제가 한국정치를 결정하는 주도적 요소로 급격하게 부상하고 있고, 그런 점에서 세대 정치를 논할 수 있는 단계에 빠르게 진입하고 있다고 보입니다. 한국에서 세대의 문제 또는 세대갈등의 중요한 특징은 제가 생각하기에는 세대갈등과 계층갈등이 서로 교차하면서 접합하는 형태로 나타나고 있다는 점입니다.

40대의 중요성에 대해서 강조를 하셨는데 그에 전적으로 동감합니다. 여러 통계적인 자료를 보면, 20-30대가 진보 쪽에 기울어져 있고, 50-60대가 보수 쪽에 기울어져 있다는 것은 직관적으로 이해할 수 있는 사안이지 않습니까. MB 정부 임기 중반을 넘어선 2010년 3월에 나온 통계를 보니까 40대는 진보-보수의 스펙트럼에서 정확히 20-30대와 50대의 거의 중간에 있는 현상을 관찰할 수 있는데, 2011년 12월의 통계로는 아까 김 교수님께서도 여러 번 말씀하셨습니다만 40대가 20-30대 쪽, 그러니까 진보 쪽으로 상당히 기운 현상이 나타나고 있습니다. 한국정치학자들은 40대의 이러한 행보에 대해서 '결정적 세대', 즉 민주정치가 선거를 통해서 국가적 의제들이 결정될 수밖에 없는데, 그 민주정치의 향방을 결정하는 중심세대라는 이름을 붙이고 있고요. 그 다음 2012년의 총선과 대선을 '중대선거'라고 정치학에서는 개념 규정을 합니다. 제 식으로 표현을 하면 한국사회의 미래 향방을 정하는 결정적 선거이겠지요. 그 결정적 선거의 결과를 결정할 수 있는 중심적 세대가 40대라는 것이 분명하게 나타나고 있다고 봅니다. 2030세대로 40대가 더 가까이 가게 되는 경향이 갈수록 가속화되고 있기 때문에 2012년 선거의 향방도 어느 정도 예측이 가능한 상황으로 진행되고 있는 것처럼 보입니다.

김형준 : 윤 교수님께서 말씀하신 내용은 실증적으로도 입증됩니다. 2002년 내일신문에서 조사한 건데요. 0-10점까지 10점이면 보수적이고, 0점은 진보적 성향이 강하다고 했거든요. 40대의 주관적 이념 척도가 2002년도에 5.9였는데 2007년도 5.4, 2010년도 5.1, 2011년 4.8로 완전히 진보 쪽으로 이동했다는 것을 알 수 있습니다. 물론 주관적인 성향이기 때문에 정책과 관련된 것은 아니더라도 방금 윤 교수님이 말씀하신 부분처럼 실증적 근거와 나타나는 현상이 맞물려 돌아가고 있고, 한국사회에서 급속하게 40대의 진보화가 이루어지고 있다고 봅니다.

박재창 : 기본적으로는 같은 생각을 하고 있습니다. 보통 세대라고 하면 문화적, 정서적 차원에서 얘기하기 마련인데 지금 우리가 얘기하는 한국사회의 2040세대는 그런 차원보다는 사회구조적 차원에서 접근할 때 보다 그 성격이 선명해지고 그런 점에서 계급동맹적 성격을 갖는다는 데 동의합니다. 20대에서 40대에 이르는 계층은 그동안 그들이 한국사회에서 경험했거나 경험하고 있는 내용에 있어 독특한 구성을 이루고 있습니다. 이 점에서 40대의 경우는 특히 주목할 필요가 있습니다. 일반적으로 세대라고 하면 어떤 문화적인 질서의 흐름 속에서 재생산되기 마련이고, 그런 점에서 기존의 가치에 대한 순치과정을 내포하거나 상정하는 것이 보통입니다. 그러나 이 40대는 기존의 질서에 대한 순응이 아

니라 저항과 단절을 통해 자신의 정체성을 찾으려 한다는 특징을 지녔습니다. 역린의 시대를 살아온 결과겠지요. 자기중심성이 매우 강합니다.

반면에 2030세대는 이전의 5060세대와는 크게 다른 성장기를 겪었습니다. 한국 현대사가 지역갈등이나 좌우대립 등을 거치면서 그런 틀(frame)을 통해 세대 재생산에 기여해 왔다고 한다면, 2030세대는 그런 틀에 의한 구속 밖에서 성장했습니다. 냉전시대의 이념적 대결이나 3김시대의 지역적 갈등 이후에 성장한 셈이니까요. 따라서 오늘날의 2030세대를 두고 흔히 진보적이냐 아니면 보수적이냐를 묻는데, 그런 질문 자체가 이들에게는 매우 낡은 프레임이라는 생각을 갖게 합니다. 2040세대가 세상을 보는 우선적인 틀은 본인의 이념적인 정향이 진보냐 보수냐가 아니고 자신이 보다 더 자존적이냐 아니냐 또는 도덕적 감정에 충실한 존재냐 아니냐의 차원에 있다고 봅니다. 외부적인 억압에 주눅 들거나 기존의 가치질서에 눈치 봐야 할 이유 없이 성장했기 때문에 유형 또는 무형의 외부 통제에 민감하지 않고, 그렇기 때문에 자신의 도덕적 정서를 자유롭게 분출하는 데 있어 거리낌이 없는 것 같습니다.

그런데 이들을 관통하는 보다 본질적이고 사회구조적인 특성은 이런 데에 있는 것 같습니다. 한국사회는 산업사회에서 정보화, 지구화 사회로 급속히 변화하는 과정을 겪고 있습니다. 그런데 5060세대와 2040세대가 바로 이 시대 변화의 분수령에서 세대교체의 접점을 이룬다는 것이지요. 5060세대가 산업사회의 말기에서 고용과 성장이 동시 진행하는 시대의 팽창사회를 경험하면서 그 혜택을 누리며 살아왔고 또 지금도 그 언저리에 머물러 있다면, 2040세대는 정보화 사회, 지구화 시대를 맞아 성장과 고용이 순비례적으로 확장하지 않는 사회의 고통을 고스란히 짊어지게 되었습니다. 그 결과 5060세대와 2040세대의 세계관을 갈라놓게 되었을 뿐만 아니라 2040세대가 세대를 기준으로 사회구조적인 고통을 공유하게 되는 결과를 낳고 있습니다. 정보화 사회의 모순이 불러오는 계급적 차등의 문제가 2040세대의 경우에는 영역이나 부문에 우선해서 세대를 기준으로 나타나게 된 것이지요. 5060세대는 이미 고용상태에 있는 데 비해 2040세대는 아직 고용시장에 진입하기 이전에 고용기회의 축소를 경험하게 되면서 세대 간 갈등과 인식의 격차가 커지는 결과를 낳고 있습니다. 한국사회의 구조적 특성 내지는 모순이 세대적 편향성을 띠고 영향을 미치는 데에서 비롯되는 계층 혹은 계급적 동맹관계인 셈이지요.

소성호 : 한국사회가 속한 OECD 선진국가들 사이에서 2040세대를 묶는 것은 세계적인 추세라고 보입니다. 인류문명의 발달을 보면 1776년에 산업혁명이 일어난 이후 교통, 통신기술이 급속히 발전하면서 전 세계가 빠르게 지구촌화되고 IT, 인

터넷 등의 정보기술발전으로 실시간으로 정보가 공유되다 보니 전 세계적으로 모든 산업이 무한경쟁으로 갈 수밖에 없게 되었습니다. 세계 자동차산업의 예를 들면 현재 30여 개 자동차 제조회사들 중에 제일 싸고 좋은 품질로 만드는 6-7개 자동차회사를 제외하고 나머지는 살아남지 못할 것으로 전망되고 있고, 이런 무한 세계경쟁시대에서 생존하기 위해 비용절감은 절대적인 과제가 되었습니다. 이를 위해 공장에 로봇이 등장하고 생산업무가 자동화되면서 옛날처럼 사람들의 노동력 수요가 굉장히 줄어들었습니다. 게다가 의료, 위생시설의 발전으로 인류의 기대수명이 100세 수준으로 늘어나면서 통상적 신규 노동의 수요가 과거 성장기에 훨씬 못 미치게 되었죠.

따라서 2030세대들이 과거처럼 수월히 노동시장에 진입하기가 만만치 않게 되었습니다. 자동화 산업기술의 발전으로 전체 노동수요가 줄어들었음에도 불구하고, 회사들은 경쟁력 고양을 위해 혁신하고 효율성을 높이다 보니 많은 인력이 필요치 않게 되었고 2030세대는 이런 노동시장에 진입하기가 힘든 것이죠. 이것은 OECD 선진국가들 사이에서 범세계적으로 일어나는 현상이라고 보입니다. 최근에 2030세대가 주축이 된 소요사태가 런던에서 발생했고 미국 월스트리트에서도 일어나고 대한민국에도 오는 것 같습니다. 이렇듯이 최근 범세계적 2030세대 현상은 경제사회적인 측면이 매우 크다고 생각합니다. 최근까지 일부에서

2030세대 현상을 보수-진보 간의 정치적, 이념적 갈등문제로 인식하여 온 경향이 있는데, 이는 시대적, 역사적 변화를 읽지 못한 오류로 생각되고, 2030세대 현상의 핵심동인은 인류문명기술의 발전에 따른 경제사회적 변화에 있다고 생각합니다. 인류문명기술의 발전은 점점 가속화될 것이라고 사료되는 바, 향후 더욱 변화할 2030세대 현상을 이해하고 해결책을 찾기 위해서는 경제사회적인 측면을 주축으로 한 연구가 지속적으로 되어야 할 것입니다.

그럼 40대는 어떻게 이해하여야 할까요? 아까 김형준, 박재창 교수님께서 말씀하신 것처럼 40대는 통상 그 연령대가 되면 보수적 성향으로 넘어가게 되는 데 우리 사회의 40대는 특이합니다. 베이비 붐 세대 이후 F세대인 이들은 민주화 운동을 직간접으로 체험하였고, 학교 졸업 이후 몇 년 후인 97년도에 IMF를 겪게 되었습니다. 그래서 당시 사회초년병인 40대들은 경제성장기에 취업하였던 5060세대가 겪지 못했던 조기 실직을 일찍이 경험하게 됩니다. 그리고 10년 후인 2008년에 미국발 서브프라임 모기지 사태로 세계금융위기가 오면서 또 한 차례 경제적 쓰나미를 맞게 된 것입니다. 김형준 교수님이 제시하신 통계 중, "2002-2003년 당시 40대가 상당히 보수였는데 왜 최근 진보 쪽으로 갔는가?"를 이해하기 위해 경제적인 측면에서 원인을 찾는다면 원래 40대가 되면 주택 등 개인적 자본 형성이 되고 또한 직장에서 중견으로 사회적인 위치도 공고히 되는 연령

대임에도 불구하고 우리 사회의 40대는 IMF와 세계금융위기로 인해 그러하지 못하였습니다. 또한 노무현 정권 때인 2003년 당시 집값이 엄청 올랐습니다. 당시 30대인 40대는 융자를 얻어 집을 살 능력이 어느 정도 되었기 때문에 주택가격이 더 오르리라는 기대로 집을 구입하거나 더 큰 집으로 이사하게 됩니다. 그런데 세계금융위기로 집값이 뚝 떨어지면서 2008년 이후부터 하우스 푸어(house poor)라는 이야기가 나오기 시작하는 것이죠. 주택이 개인적 자본 형성에서 차지하는 중요성을 볼 때, 40대는 매우 불안하게 된 것입니다. 더구나 현재 고용이 불안정하고 노후의 생활에 대한 사회보장이 턱없이 부족한데, 기존 정치 시스템에서 이러한 불안 요인들을 개선하려는 모습이 보이기는커녕 더욱 악화되는 듯이 보여 자연히 진보화 되고 정치세력화 되고 있다고 볼 수 있겠습니다.

김세중 : 사실 2040세대를 묶어서 특집을 하면서도 30년을 함께 묶는 것이 타당한가 하는 의문도 있었습니다. 그러나 여러 선생님들이 40대가 민주화 운동세대로서의 특수성과 그에 덧붙인 사회경제적 어려움 때문에 2030세대에 가까운 경향을 지니게 되었다는 것을 설득력 있게 제시하셨습니다. 일단 2040세대는 그런대로 분석단위로 의미가 있는 것 같군요. 혹시 40대와 관련해 첨언하실 점은 없는지요?

윤평중 : 말씀하신 것에 동감하면서 저는 세대갈등과 계층갈등이 상호 접합하는 형태로 나타나고 있다고 구체적인 자료를 들어 얘기했습니다. 결정적 세대로서의 한국 40대의 위치는 상당히 독특한 것이어서, 아까 김 교수님이 설명하신 대로 권위주의적인 체제에서 자신들이 민주화를 추동한 주체였다고 하는 뚜렷한 자긍심이 있습니다. 그런데 MB 정부 출범 이후 정부의 행태가 권위적인데다 민간독재 여부를 떠나서 너무나 촌스러운 거예요. 40대의 2030세대로의 기울어짐이 나타나는 이유는, 첫째 민주화 주체로서의 자존심으로 도저히 수용할 수 없는 정권의 퇴행적 행태들에 화가 난 것입니다. 두 번째는 두 분 선생님들께서 자세히 설명하신 것처럼 IMF사태와 2008년 금융위기를 겪으면서 사회경제적 이해관계에 있어 2030세대는 2030세대 나름으로, 또 주류에 들어가야 될 40대는 그 나름으로 전 세계적 신자유주의의 모순의 직격탄을 맞게 된 것이죠. 정치적인 측면에서의 비판의식과 사회경제적 양극화에 전면적으로 노출되면서 느낀 자기성찰과 아픔이 결합해 상승효과(synergy effect)를 내면서 세대갈등으로 표출되고 있는 형국이라고 생각합니다.

그러나 40대가 진보 쪽에 기울고 있다고 할 때 진보-보수라고 하는 용어를 조심스럽게 써야 할 필요가 있다고 생각합니다. 지금의 40대가 과거 이데올로기 갈등시대에 사용되던 진보라는 용어가 자동적으로 연상시키는 독단적 이데올로기에 기울어져있다고는 생각하지 않습니다. 사회경제적으로 스스로가 체감하는 압박감이 너무나 크기 때문에 그에 대한 대안이나 출구를 모색하는 과정에서 진보 쪽 의제에 더 친화적인 반응을 보이는 것일 뿐이죠. 그런 점에서 2030세대도 마찬가지입니다만, 40대의 그런 선택이 도식적인 진보-보수의 틀로는 설명하기 어려운 측면이 있습니다. 이들은 좋은 의미에서 매우 실용지향적인 세대입니다. MB 정부하에서 실용이라는 용어가 타락했지만 사실 실용주의는 좋은 말이거든요.

40대의 실용지향성에 대해 단적인 예를 하나만 말씀드리면, 한미 FTA문제에 대해서 지금 야권에서 집권하면 재협상을 시도하다가 여의치 않으면 폐기하겠다고 하는데, 사실 무책임한 이야기죠. 한미 FTA를 개정해서라도 추진하는 게 좋겠다고 하는 것이 한국 국민들 다수의견이라는 것을 이미 알고 계실 겁니다. 그런데 흥미롭게도 한미 FTA에 대한 지지도는 40대가 제일 높아요. 물론 전제가 있죠. MB 정부 들어와서 개악된 측면이 좀 있고, 지금은 우리가 약간 손해 보는 것 같으니 미국과 재교섭해서 한미 FTA를 수정된 형태로 추진하는 게 좋겠다는 의견이 약간의 차이는 있지만 2030세대보다도 40대의 지지가 더 높다는 것이죠. 그러니까 진보진영이나 야당에서 선전하는 것과는 달리 2040세대들도 삶의 실감에 근거한 실용적 판단을 하고 있는 것입니다. 한국의 장기적 발전을 위해서 FTA가 필요하다고 40대도 인정을 하고 있는 것이죠. 그런 면에서 지금 상황을 과거의 진보-보수의 틀로 일률적으로 재단하기는 쉽지 않습니다.

김형준 : 지금 말씀하신 세대갈등과 계층갈등에 대해서 2009년도에 제가 KBS와 공동조사를 했었어요. 갈등 중에서 가장 심각한 갈등이 무엇이냐고 물었을 때 가장 높게 나온 응답이 정치갈등(84.6점)과 이념갈등(78.1점)이었고, 계층갈등(76.6점)이 뒤를 이었으며 세대갈등(55.6점)의 비율은 높지 않았습니다. 그런데 작년 연말에 다시 KBS와 조사했더니 가장 높게 나온 게 계층갈등이었어요.

제가 관심 갖는 것은 그렇다면 왜 2007년에는 20-40대가 전폭적으로 이명박 후보를 지지했는가 하는 부분입니다. 이후 4년 만에 이렇게 급격하게 뒤바뀐 이유가 무엇인가 하는 것을 곰곰이 생각해 봤습니다. 동시에 지금으로부터 4년 전에 안희정 현 충남지사가 "친노는 폐족"이라고 했어요. 그동안 친노무현 세력이 추구했었던 여러 가지 성과가 국민들에게 별로 체감되지 못했기 때문에 이 부분에 대해서 우리가 책임을 져야 한다면서 친노를 폐족이라고 까지 했는데 지금은 친노가 완전히 정치개혁의 중심세력으로 등장하게 됐단 말이죠. 그럼 도대체 4년 동안 무슨 일이 일어났는지를 살펴보죠. 예를 들어 사회양극화 현상은 현 정부에서 시작된 것이 아니라 계속해서 지속돼 온 것인데, 현 정부

들어와서 더 크게 느껴지는 이유는 이명박 정부가 국민들에게 "경제만은 살리겠다"는 기대감을 굉장히 많이 주면서 출범했다는 사실에 있습니다. 2007년 대선에서 20대의 경우는 청년실업이 해소될 수 있을 것이라고 봤고, 30-40대는 이명박 정부가 들어오면 경제가 윤택해질 것이라는 기대가 컸었습니다.

문제는 기대상승 효과는 큰데 성과가 없으니까 분노가 폭발하고 있는 것입니다. 이것이 소위 말하는 J-Curve 이론입니다. 더불어 20-40대를 왜 한 묶음으로 보느냐는 것인데, 조금 전에 윤 교수님이 말씀하신 것처럼 이건 단순히 이데올로기식의 진보-보수가 아니라 가치연대로 보입니다. 우리 사회가 앞으로 지향해야 할 가치가 무엇이냐고 했을 때 2002년도 노무현 후보가 이야기했었던 특권과 패배가 없는 세상, 사람다운 세상을 만들어야겠다는 가치에 대해서 이들이 동의한다는 것이죠. 실제로 2010년도 3월에 40대에게 경제성장과 복지확대를 물어보면 경제성장을 해야 한다는 응답이 61.8%였어요. 그런데 2011년 12월에는 동일한 응답이 49.3%로 줄어들면서 경제성장이나 복지 확대에 대한 의견 차이가 거의 없어지게 됩니다.

다시 이야기해서 경제적으로 양극화가 심화되고 높은 청년실업과 서민경제가 압박을 받다보니 이것을 해소할 수 있는 가치담론 중에서 보수보다는 진보에서 이야기하는 가치에 동조하고, 따라서 보수는 가치담론 전쟁에서 완전히 무너져버린 것이죠. 그러니까 보수가 지향하는 사회, 보수가 지향하는 국가, 보수가 추구하는 세상이 어떤 것이냐에 대한 공감대를 전혀 이루지 못하고, 대다수가 보수라고 하면 기득권을 유지하려고 하는 것, 더 나아가 한나라당으로 상징되는 보수세력은 날마다 친이-친박계의 계파 싸움을 하는 것, 게다가 측근비리 등이 터지다 보니 이러한 보수가 이끄는 사회가 무엇이냐에 대한 가치가 없는 것이죠. 아직까지 50-60대는 그나마 보수가 이야기하는 성장이라든지 자유라든지 경쟁 등의 가치에 대해 관심이 있기는 합니다.

한편 진보가 이야기하는 가치에 대한 공감대가 커지면서 2040세대가 함께 그 가치에 대해서 동조하는 현상이 나타나고 있습니다. 이게 단편적으로 나타나는 것을 보면 지금도 교보문고의 베스트셀러의 대부분이 진보 성향의 저자들이 쓴 책인데, 결국 2040세대를 묶는 가치는 평등, 분배라는 것입니다. 이를 증폭시켰던 것이 마이클 센들 교수의 『정의란 무엇인가』라고 봅니다. 사람들이 정의에 대해 생각하기 시작했고, 한국사회는 그렇게 공평하지 않다는 인식을 갖게 되는 것이죠. 현 정부가 공정사회라는 것을 이야기했지만 가장 불공정한 사람이 공정을 이야기하니까 오히려 거부현상이 나타난 것입니다. 진정한 의미에서의 복지, 정의로운 국가에 대한 가치담론을 2040세대가 공유하다 보니 자연스럽게 묶이는 현상들이 나타날 수밖에 없다고 봅니다.

이념은 국민들에게 직접 “당신의 이념이 무엇입니까?”라고 주관적으로 물어보는 경우가 대부분이지만 원래 이념은 일관성을 기준으로 측정해야 합니다. 정책적인 측면에서 이념의 일관성을 심층적으로 분석해보니 일반 국민들을 진보와 보수를 나누는 잣대는 크게 네 가지였어요. 여러 정책 항목들 중에서도 국가보안법을 폐지하느냐 폐지하지 않느냐, 미국에 대해서 우리가 어떤 입장을 가져야 하느냐, 북한을 지원하느냐 지원하지 않느냐, 세금을 걷어서라도 가난한 사람을 도와줘야 하느냐 그렇지 않느냐 하는 이 네 가지가 한국사회에서 진보와 보수를 나누는 잣대였는데 이 잣대가 바뀌어버린 거예요. 나름의 경제생활을 하면서 체감하는 불안감을 해소해주는 것들이 진보가 얘기하는 가치와 맥을 같이 하면서 20, 30, 40대가 결합되는 현상들이 나타나고 있습니다.

박재창 : 같은 연장선상에서의 이야기가 되겠는데 2040세대가 공유하고 있는 또 다른 특징은 미래에 대한 불안이라고 봐요. 미래에 대한 불안이라고 할 때 단순히 아직 일상생활에서 일어나지 않은 일에 대한 두려움을 말하는 것이 아니라 근본적으로 패러다임 상실시대가 가져오는 방향성 부재에 대한 저항감 같은 것을 말합니다. 그러니까 5060세대는 그냥 주어진 틀 속에서 살면 그게 정의롭건 그렇지 않건 간에 스스로의 삶이 대충 어떻게 정렬되거나 또는 경영될 것이라는

예상이 가능한 세대여서 크게 고민할 필요가 없었던 거죠. 그런데 전 세계적으로 패러다임의 교체가 급속히 진행되면서 아직 새로운 패러다임이 제시되지 않고 있기 때문에 거기에서 오는 혼돈, 불안이 2040세대에게는 가장 치명적으로 영향을 주게 됩니다. 세상이 답을 주지 못하니까 각자가 미래에 대한 자기계획을 세울 수가 없는 거죠.

그런데서 오는 고민이 그동안 부도덕하지만 내일을 약속해주는 것처럼 보였기 때문에 살기위해 의존했고 또 타협해야 했던 기존의 질서에 대해 더 이상은 이를 수용하지 않고 배척하는 용기를 가질 수 있게 하는 겁니다. 여기에는 당연히 한국 근현대사의 역사적 경험도 영향을 미친다고 봅니다. 특히 MB정권의 경험은 매우 속 아픈 것이지요. 비전 없는 권력의 수준을 넘어 비전 외면의 시대였으니 무슨 방향성이나 예정성을 찾아볼 수 있었겠어요. 이런 환경 아래 미래에 대한 불안으로 시달려온 2040세대가 시대의 경영권을 행사해온 한국의 보수는 허구라고 판정했을 것은 너무나도 당연한 귀결이지요.

그러나 그렇다고 해서 진보를 대안이라고 생각하느냐 하면 그렇지도 않다고 봅니다. 다만 진보는 그의 본질적 특성상 어떤 현상 변동에 대한 메시지를 동반하는 성질을 지녔기 때문에 그런 상황 변동 가능성에 동조하거나 혹은 정서적으로 공감하는 정도의 것이라고 생각됩니다. 그래서 사실은 2040세대를 이야기하려면 그들의 이념적 정체성 또는 지향성보다는 오히려 이념적 정체성이 증발된 데에서 오는 기존의 정치질서에 대한 부정, 그리고 그런 바탕 위에서 유감없이 분출하는 도덕적 감정 따위에 더 유의해야 하는 것이라고 생각합니다.

김세중 : 40대가 20-30대에 동조해서 2040세대 현상이 발생했는데, 특히 주목할 것은 정보화시대의 한가운데 서있는 20대는 이념적 세대라기보다 오히려 탈이념적이고 실용적 세대로 봐야 한다는 말씀은 매우 중요한 지적인 것 같습니다. 이는 다시 말해 2040세대 사이에 존재하는 가치연대의 기준은 실용적으로 자신들의 처지를 개선하는 데 있다는 것을 의미하게 되기 때문이지요. 따라서 이들이 이번 선거에서 진보 쪽에 표를 던진 것은 전통적 이데올로기적 관점에서 말하는 보수-진보 차원에서 정의되는 진보에 대한 찬성이라기보다는 다만 현시점에서 분배, 평등이 그들의 처지에서 볼 때 더 실용적 가치이기 때문이라고 정리할 수 있을 것 같군요.

윤평중 : 어떤 의미에서든지 2012년이 한국 세대정치의 원년이 될 것이라는 느낌이 듭니다. 물론 이미 2002년도에 당시 386과 젊은 세대들이 연합해 노무현 정부를 출범시켰는데, 올해에는 그런 추세가 본격화, 체계화되고 있다는 생각이 듭니다. 한국 현대정치사를 조망하는 데 있어 서구의 68혁명을

추동한 68세대가 갖는 중요성과 유사하게 2012년 한국발 세대정치가 중요성을 획득하게 될 것이라고 봅니다. 실용지향성으로 특징지을 수 있는, 긴박하고 절박한 사회경제적인 이해관계에다가 정치적 민주화에 대한 동조화 경향이 결합돼서 가치정치 연대라고 하는 방식으로 표출되기 때문에 그런 관점에서 보면 5060세대와 2040세대 사이에서 단층이 확대되고 있는 것입니다. 5060세대로 왜소화되고 있는 한국의 보수가 이런 가치전쟁, 담론전쟁 또는 헤게모니 싸움에서 현재 급격히 수세에 몰리고 있는 형국이라고 말씀드릴 수 있겠습니다.

2040세대와 사회경제적 현실

김세중 : 윤 교수님이 여러 차원에서 말씀을 하셨는데, 지난 서울시장선거가 일종의 세대정치의 출발일 수 있다는 지적이 인상적이군요. 그러나 덧붙여 제기하고 싶은 것은 이들이 현재 절실하게 원하는 가치인 평등과 분배가치의 당위성을 백번 인정한다 하더라도, 그리고 그것이 매우 호소력 있는 주장이라 하더라도 국가재정 등 객관적 조건에 비추어 국가경영에서 이것을 어느 정도로 어떻게 소화해야 하느냐 하는 것은 매우 심각하게 고민해야 할 사항이라는 점입니다. 여하튼 지금까지의 논의를 종합하면 결과적으로 2040세대

를 함께 묶는 것은 이들이 처한 사회경제적 현실이라는 점인 것 같습니다. 더 상세하고 구체적으로 이 세대가 처한 사회경제적 현실, 거기에서 오는 박탈감이나 상실감의 실체에 대해 논해보도록 하지요.

조성호 : 최근 재미있는 조사결과를 보았어요. 2040세대들이 '낡은' 보수, '낡은' 진보 이렇게 이야기를 하더라고요. 그러니까 2040세대는 기존의 보수도 아니고 진보도 아니에요. 일단 진보를 '낡은 진보'라고 하는 가장 큰 이유는 기존의 진보가 글로벌 경제에 대한 철학과 이해도가 매우 낮다는 지적입니다. 세계경제는 FTA, 경제연합 등 자유무역주의체제로 한참 가고 있는데, 이에 대한 충분한 이해와 이론적 근거도 없이 농업보호와 같은 선거성, 지엽적인 보호무역정책으로 일관하고 있다는 것입니다. 또 다른 지적 중 하나는 키움(성장)없이 나누려고만 한다는 지적입니다. 따지고 보면 2040세대는 복지혜택을 가장 많이 받을 세대는 아니거든요. 오히려 복지 확대가 부메랑으로 자신에게 돌아와서 짐이 된다는 것도 알고 있어서 근거가 없는 '퍼주기식' 복지에는 원칙적으로 찬성하지 않고 있는 듯 보입니다.

한편 보수 쪽에 대해서는 '공정성'에 대해 이야기를 많이 합니다. 지난 학기에 홍대에서 1, 2학년을 가르쳤습니다. 학점에 초연하던 과거 학생들과는 달리 요즘 학생들은 학점을 정확하게 안 주면 굉장히 불만이 많고 못 견뎌합니다. 이것이 아마 보수 쪽에 대해 갖는 불만 같습니다. 한국경제가 발전하고 성장하기 위해서는 시장경쟁을 해야 하고 '약육강식(弱肉强食)', '공짜 점심없다(no free lunch)'는 자본주의의 기본원리를 다 수긍하고 따르겠다는 겁니다. 그런데 공정(fair)하지가 않다는 것에 대해서 불만이 가득하고 납득하지 못하는 것 같습니다. 왜 재벌이 중소기업 영역을 침범하느냐, 왜 불법으로 상속을 하느냐 이런 이야기들을 하면서 우리 사회가 더 정의로워야 하고 공정해야 한다는 생각들을 많이 갖고 있습니다.

이러한 것이 왜 정치적인 형태인 투표로 나타나느냐에 대해 생각을 해봤어요. 지금 우리나라를 포함한 선진국들은 두 개의 시스템이 함께 돌아갑니다. 하나는 자본주의이고 하나는 민주주의이지요. 민주주의는 평등입니다. 잘나건 못나건 상관없이 1인 1표인 데 비해 자본주의는 그렇게 가는 게 아니거든요. 시장원리, 밀림의 법칙이라서 승자(winner)를 꼭 정해줘야 하고 승자가 계속 일하게끔 만들어줘야 혁신과 발전이 되고 생산이 많이 되며 글로벌 경영, 경쟁에서 이긴 것을 나눠줘야 합니다. 그러다 보니 이 두 시스템이 상충되면서 돌보아지지 못하고 남겨진 30%들이 '1인 1표의 힘을 모아서 정치적으로 자신들을 위해 무엇을 해야 되겠다'라고 하는 행동이라고 보입니다. 그렇다고 이것이 진보에서 말하는 평등과 분배, 복지에 대한 절대적 동조는 아닌 것 같습니다. 오히려 공정함이 느껴지고 작동하는 자본주의에 대한 요구 표출이라 생각됩니다.

박재창 : 저도 동감인데요. 문제의 핵심은 결국 무엇이 공정하고 무엇이 도덕적이냐에 있는 것 같습니다. 사실 지금과 같은 정치경제적 상황 속에서 가장 공정하고 도덕적이라고 생각되는 것은 아마 자기 자신이 결정하는 것일 겁니다. 지금까지 정치적인 자유주의와 경제적인 자유주의를 작동하는 원리로서는 대의민주주의와 시장의 원리가 제시되고 또 효용성 높은 것으로 평가되어 왔어요.

그런데 정보화 사회, 지구화 시대가 들어서면서 더 이상 약속한 대로 작동하지 않는다는 거예요. 그래서 정치적으로는 기존의 간접민주주의체제에 더 이상 그대로 맡겨서는 안 되겠다는 것이지요. 단순히 대리인 개인의 도덕성에 대한 불신이나 외생적 장치로서의 대의민주주의가 우리 사회에 정착하는 과정에서 발생하는 왜곡이나 일탈에 대한 불신의 정도를 넘어서서 인류문명사적인 우려와 걱정이 제기되고 있는 겁니다. 이제는 어느 제도적 장치도 제대로 작동하지를 않으니 어느 일방에 맡길 것이 아니라 내 자신이 나서서 내 문제를 말해야 하겠구나 하는 생각들을 공유하게 되는 것이지요. 그게 우리의 경우, 특히 2040세대에서 두드러지게 나타나는 것이 아닌가 생각됩니다.

이들은 산업화와 민주화 과정을 겪으면서 우리 사회가 마련해 놓은 성장의 과실 위에서 보육된 세대라고 할 수 있어요. 경제성장을 통해 생리적인 욕구가 충족되고 민주화를 통해 사회적 관계에 대한 기본욕구 충족이 이루어진 세대가 자기존중의 욕구 또는 자기중심적인 정체성을 지향하게 될 것은 너무나도 자명한 이치이지요. 여기에 더해서 요즈음 크게 유행하고 있는 SNS 같은 정보통신기기의 급속한 보급은 보다 더 이들을 자기중심적인 인간으로 촉진, 조장하는 성질을 지녔어요. SNS는 올드미디어와 달리 의사소통의 주도권을 소통의 당사자가 쥐도록 되어 있어요. 또한 가입과 탈퇴가 자유로워요. 자신의 의사표현에 장애적인 요인이 거의 없고요. 보다 주관적으로 세상을 진단하고 평가하며 의사소통에 나서도록 요구하는 성질이 있는 거지요. 보다 자주적이고 자기중심적인 인간을 추동하는 셈입니다. 그런 의미에서 이는 꼭 한국적인 문제만은 아니라고 생각되는 것이기도 하고요. 결국 정의와 공정에 대한 요구 증대는 결과로서의 공정이나 정의에 대한 갈증보다는 공정과 정의를 규정하는 과정의 공정이나 정의에 대한 갈증이 보다 더 문제의 본질에 가까운 주문이라고 봅니다.

윤평중 : 불공정성에 대한 분노가 사람들의 마음속 깊숙이 내재되어 있다고 하는 지적이 정곡을 찔렀다고 생각합니다. 한국사회의 보수기득권층이라고 할까, 구체제(ancien regime)의 핵심세력들이 불공정한 작태를 일삼으며 꼼수와 편법, 불법과 탈법의 경계를 위태롭게 넘나들면서 한 시대를 풍미

했는데, 그런 삶을 살아온 인물들이 공정사회와 공생발전을 외치는 터무니없는 행태에 대한 시민들의 환멸, 분노, 실망이 있습니다. 분노와 불만을 발화시키는 결정적인 지점은 사회경제적인 것입니다.

보수기득권층이나 구질서세력의 대표적인 행태라고 볼 수 있는 불공정 작태가 대기업 위주의 경제정책이라는 편향으로 나타나고 있고, 2040세대들은 사회경제적 이해관계에서 이 때문에 직접적으로 타격을 받는 피해자라는 인식이 강한 것 같습니다. 정치적이고 사회문화적인 맥락에서 촌스럽고 수구적인 정치권력의 행태와 사회경제적인 맥락에서 경제권력의 독점적 지배가 2040세대의 삶에 막대한 피해를 준다는 생각이 결합해 상승효과를 만들어 내면서 그만큼 현실 비판의 폭발성이 증가하고 있는 상황이라고 생각합니다.

김형준 : 저는 한국사회의 큰 흐름을 바꾸었던 최근의 네 가지 사건에 주목합니다. 김영삼 정부 마지막해인 97년도의 노동법 파동은 노동계가 정부를 상대로 싸워서 이긴 최초의 사건이라고 봅니다. 왜냐하면 그전에는 노동계나 다른 이익집단이 집결해서 싸워봤자 정부가 밀어붙여서 전부 졌어요. 그런데 97년 1월의 노동법 파동이라는 것은 96년도 12월 야밤에 신한국당 의원들이 결집해서 통과시켰는데도 불구하고 엄청난 저항을 받으면서 결국은 사과하고 다시 재

개정을 했었거든요. 두 번째는 2002년 월드컵이라고 보는데, 이것은 우리나라에서 처음으로 여야 또는 진보와 보수, 젊은 세대, 기성세대가 하나로 묶였던 최초의 사건이거든요. 그런데 여기서 주목해야 할 중요한 것은 젊은 세대가 정치학적인 용어로 강한 정치적 효능감(political efficacy)을 학습하게 됩니다. 내가 참여하면 세상을 바꿀 수 있다고 하는 자신감, 우리가 모여서 같이 하다 보니 월드컵 4강도 진출한다는 자신감, 더 나아가 그 해에 있었던 대통령 선거에서 소수 비주류인 사람을 대통령으로 만들었단 말이죠. 세 번째 중요한 사건이 2004년의 탄핵입니다. 탄핵 촛불집회가 또 다시 한번 대한민국을 흔들었을 때 대통령을 구해야겠다고 전면에 나섰던 사람들이 바로 또 젊은 세대였던 것이죠. 그리고 2008년의 광우병 쇠고기 파동으로 촉발된 촛불집회, 이 네 번의 사태를 관통하는 것은 바로 내가 참여를 하면 세상을 바꿀 수 있다고 하는 정치적 효능감이 함께 증가되고 있다는 것입니다. 그런 것이 상대적 박탈감과 결합이 되니까 답답함을 해소할 수 있는 기제로서의 참여의식이 상당히 강화될 수밖에 없다고 봅니다.

그러면 2040세대가 어떻게 어떤 가치로 결합되는가를 분석해보면, 제가 작년부터 나타난 여러 사회현상 중에서 가장 관심 있게 봤던 것은 〈나는 가수다〉, 〈위대한 탄생〉, 〈슈퍼스타K2〉, 그리고 〈나는 꿈수다(이하 나꿈수)〉였습니다. 어떤 면에서 따지면 빅히트 상품입니다. 그럼 왜 많은 사람들이 〈슈퍼스타K2〉, 〈위대한 탄생〉등에 열광했을까요. 결국 자신은 무한한 잠재력과 창의성을 갖고 있는데, 그동안에 기회가 주어지지 않았다는 것이죠. 그러니까 공정한 기회에 대한 타는 목마름을 어떻게 분출할 것인가 하는 것이죠. 실제로 보니까 너무도 훌륭한 사람들이 나타나는 거예요. 마치 내가 불공정한 것을 뚫고 나가서 쟁취하는 것처럼 느끼고 끝까지 관심을 갖게 되면서 허각이나 백청강의 등장에 사람들이 열광하는 거죠. 또 하나 〈나는 가수다〉에 국민들이 열광한 것은 그 프로그램이 준 전문성(실력), 경쟁성, 창조성 때문이라고 봅니다. 그동안 한국사회는 굉장히 허상적인 사람이 마치 전문가인 것처럼 행세했었는데 가수는 진짜 노래를 잘해야 한다는 것을 확인한 거예요. 그래서 젊은 사람들이 봤을 때는 그동안의 허상이 아니라 정말 실력 있는 사람이 나와서 노래 한번 해 보라는 거예요. 아이돌 가수는 〈나는 가수다〉에 못 나와요. 그동안 모든 것에서 거짓이 진실을 덮어버렸는데 실체를 보니까 그렇지 않았던 거죠. 그래서 저런 사람이 진짜 가수구나 라고 하는 데 사람들이 관심을 갖게 된 거죠. 더구나 국민가수라는 사람도 나와서 경쟁하고 순위를 매겨 탈락시키니까 흥미를 유발한 면도 있고, 더 중요한 것은 우리가 평소 알고 있었던 음악을 편곡해서 완전히 새로운 것으로 재탄생시킴으로써 감동을 준 것입니다. 그리고 〈나는 꼼수다〉는 이제 더 이상 포장과 술수로 세상을 속일 수 없다는 것을 보여주는 것입니다. 다시 말해 우리 생활 속에서 무의식중에 이제 정의가 무엇인지 깨닫게 된 것입니다.

이런 TV 프로그램들에 관통하는 것은 결국 공정과 정의라는 겁니다. 개인적으로 관심이 있어서 국민들이 공정이란 단어를 들으면 가장 먼저 떠오르는 게 무엇인지에 대해 조사해 본 적이 있어요. 그랬더니 가장 많이 나온 것이 공정한 기회가 주어지는 것, 두 번째로 공정한 법집행이라고 응답했습니다. 그러니까 〈나꼼수〉의 달려라 정봉주에 대해서 이야기하는 것은 법집행이 공정하지 않다는 거죠. 한 야당 국회의원은 정봉주 전 의원이 1년이면 박근혜 대표는 3년이라고 할 정도로 법집행이 잘못됐다고 이야기했죠. 최근 <부러진 화살>이라는 영화에 왜 사람들이 관심을 갖느냐면 법집행이 불공정하다는 것이거든요. 물론 이들이 주장하는 것은 객관적인 사실에 바탕을 두고 있지 않지만 <나꼼수>에 대해서 많은 사람들이 열광할 수밖에 없는 이유는 사회가 의혹이 많은데 그 의혹이 제대로 밝혀지지 않으면서 무엇인가 공정하지 않다는 인식을 갖게 되었기 때문입니다.

세 번째로 많이 나온 응답은 공정한 인사였어요. 그러니까 자격도 안 되는 사람이 별안간 훨씬 좋은 자리를 차지한다는 것이죠. 노무현 대통령이 56세 때 대통령이 됐거든요. 그러면서 자연스럽게 한국사회에 세대교체의 흐름이 생겼는데 별안간 이명박 대통령이 당선되면서 그 흐름이 완전히 역행된 거예요. 그래서 농담으로 “한국정치, 한국사회에서는 꺼진 불도 다시보자”라는 말이 나왔지 않습니까. 올드보이(old boys)의 귀환으로 인한 이들 세대의 상대적 박탈감을 느낀 것이죠.

그러니까 결국 공정한 기회가 부여되면 나도 잘할 수 있다는 것입니다. 특히 20대들의 잠재력이 얼마나 큽니까. 정말 어디에 내놓더라도 능력 있는 이들인데, 두 사람 중에 한 사람은 백수로 있습니다. 이게 어디까지 연결이 되냐면 40대 후반, 50대의 부모가 봤을 때 우리 아이에게 공정한 기회만 주어진다면 능력을 발휘할 수 있을 것이라는 아쉬움으로 연결되는 겁니다. 2040세대를 묶는 가치는 특권과 차별이 없는 것이고, 이를 관통하는 게 공정이라고 보는 것이죠. 그러니까 공정한 기회를 아주 갈망하고 있는데, 이것을 오히려 현 정부가 굉장히 불공정하게 끌고 가다보니까 거기서 오는 분노와 좌절이 있는 것이죠. 이를 투표에 참여함으로써 표현할 수 있고 또 실제적으로 결과가 나오는 거죠. 그러니까 아까 말한 상대적 박탈감과 강한 정치적 효능감이 결합되고 추구하는 가치와 연대를 이루면서 증폭되는 현상들이 현재 반복적으로 나타나고 있는 게 아닌가 합니다.

윤평중 : 흥미로운 지적입니다. 현재 오디션 열풍이 한국사회를 휩쓸고 있는데, 도도한 시대의 흐름이 대중문화의 외형을 띠고 표출되는 것이거든요. 김 교수님이 강조하신 것처럼 공정성

에 대한 열망과 공정한 기회와 실력에 입각한 투명 경쟁이 폭발적인 호응을 촉발하는 사회심리적 기제가 되고 있다는 데 동감합니다. 기억하시겠지만 〈나는 가수다〉 초기에 국민가수라고 하는 김건모가 예상치 못한 꼴등이 되니 갑자기 현장에서 룰을 바꿔서 큰 사회적 파장을 불러일으키기도 했죠.

그런데 오디션 프로그램의 이면을 들여다보면 불공정한 현실에 비해 공정성을 예능세계에서 실현하는 방식으로 진행되지만 그것은 일종의 판타지라는 측면이 있습니다. 공정성이 구현되지 않는 현실에 대한 일종의 마취효과가 있다는 것을 감안해야 한다고 봅니다. 무대에서나마 실력 있고 재능 있는 사람이 인정을 받고 기회를 얻는 것이죠. 그러나 백만 명 이상이 지원해서 최종 한 사람만이 프로가수가 되는 시스템이기 때문에 로또보다 더 희박한 확률이죠.

이명박 정부는 공정사회를 국정이념으로까지 내세웠지만 냉소와 분노의 대상 밖에는 되지 않았습니다. 인사정책을 비롯한 난맥상으로 국민적인 분노를 불러일으켜 역설적으로 보수 헤게모니의 급격한 쇠락에 기여한 측면이 있습니다. 특정 정권의 국책 이념이나 정책적 지표라는 점에서 보면 이명박 정부의 공정사회는 실패한 셈인데, 그 실패보다 극심한 총체적 실패사례는 쿠데타로 집권한 전두환 정부의 '정의사회구현' 프로젝트였습니다. 적어도 이명박 정부는 국민 다수의 민주적인 선거에 의해서 선출된 정통성 있는 정부이므로 불법무도했던 전두환 정부의 실패와 비교하면 좀 억울할 거예요.

그런데 또 이런 측면도 있습니다. 불공정성의 권화처럼 일반 시민들에게 받아들여진 이명박 정부조차 한국현대사의 발전단계에서 자신의 정권적 정체성을 정당화하기 위해 공정사회를 내놓을 수밖에 없는 지점에 이르렀다고 하는 측면도 감안해야 할 필요가 있는 것 같습니다. 공정성과 정의, 정의롭고 공평한 기회에 대한 기대, 더 이상 꼼수와 편법과 특권은 안 되겠다는 집합적 공감대가 우리 시대를 관통하고 있습니다. 과거 압축적 발전의 시대에는 우리 국민 대다수가 알게 모르게 불공정과 편법의 관행에 한발을 담고 있었지만 한국사회가 한 단계 더 진화하고 국격(國格)을 높이기 위해서라도 구조화된 불공정성만은 타파하지 않으면 안 되겠다는 국민적 공감대가 있습니다. 그런 도도한 시대정신의 흐름에 이명박 정부가 편승하려다 역부족으로 실패한 측면도 있다는 생각도 듭니다.

김세중 : 지금까지 거듭해서 지적된 사항은 사회경제적 어려움도 이들에게 심각한 것이지만 그에 못지않은, 어쩌면 그것보다 더 큰 불만의 원인은 우리 사회 여러 국면에 잠재되어 있는 공정성의 결여에 있다는 것입니다. 특히 박 교수님께서는 이들이 유난히 자존감이 센 세대라고 지적하셨습니다만, 이는 공정사회의 중요성을 더욱 부각시키는 요인이 된다

고 생각합니다. 그러나 논의의 초점을 조금 좁히기 위해 한 가지 지적한다면 아무리 공정한 사회라 하더라도 절대빈곤 상황이 되면 만족할 사람이 아무도 없으리라는 점이지요. 그래서 현실적으로 이들이 처한 어려움 그리고 그에 대해 어떤 대응책이 있을지 논의할 필요가 있는 것 같습니다.

박재창 : 아까 월드컵에서부터 우리 사회가 자기 정체성의 확립이라고 할까 그런 변화의 계기를 잡았다고 하신 점에 공감합니다. 그러니까 우리 사회가 1945년 해방을 통해 일제로부터 정치적인 독립을 이룩한 것이 사실이기는 하지만 경제적인 독립은 1960년대 이후의 경제발전을 통해서나 가능해지게 됩니다. 스스로 상비군을 유지할 경제력이나 자족적인 국가재정능력을 갖고 있지 못하던 우리나라는 경제발전계획이 성공적으로 집행된 이후에나 자립 경제의 길을 걸을 수 있게 되니까요. 그러나 정작 정신적인 독립은 여전히 지지부진한 상태였어요. 엽전이 뭘 할 수 있냐는 식이었지요. 그러던 중 월드컵을 통해서 비로소 자기존중감 내지는 자기중심적인 세계관을 갖추기 시작했다고 봅니다. 월드컵이 정신적인 광복의 기폭제였던 셈이지요. 이런 정신적인 독립이 있었기에 오늘날의 2040세대가 자존적인 길을 걷게 되고 관객의 정치로부터 정치의 주인공 시대를 열고자 하지 않았나 생각합니다. 정치는 저들만의 게임이고 우리는 관객이라며 포기하고 살던 것에서, 게임의 법칙이 제대로 작동하

지 않으면 아무것도 안 된다고 하는 매우 자기중심적인 세계관의 시대로 이동하게 된 것이지요.

그래서 지금 그들이 처한 엄중한 현실에 대해 직접 문제 제기를 할 수 있게 되었고, 그에 대한 화답의 양식으로 여야 모두가 다투어 제시하고 있는 것이 바로 복지사회 아니겠습니까. 그런데 저는 복지가 2040세대를 만족시켜주지 못할 것이라고 생각합니다. 첫째는 복지로 2040세대가 안고 있는 모든 문제를 해결해 줄 수 없기 때문이고, 둘째는 2040세대가 복지 프로그램의 직접적이거나 주된 수혜자가 아니며, 셋째는 자존감 혹은 주체성을 강조하는 2040세대로서는 결코 주어지는 복지에 자족할 수 없으며 스스로 복지의 수준이나 내용을 결정하는 과정에 참여해서 과정의 정당성에 승복할 수 있어야만 하기 때문입니다. 그런 의미에서 지금 여야가 벌이고 있는 복지경쟁은 2040세대의 눈으로 볼 때 격화소양(隔靴搔癢)에 지나지 않는 셈이지요. 현실적으로 2040세대가 당면한 경제사회적 과제를 완벽하게 해결해주거나 충족시켜주지 못하더라도 스스로 참여해서 결정하는 시스템이나 절차가 주어진다는 것만으로도 이들은 얼마든지 자신만의 견고한 성에서 나와 타협과 변화의 길을 걸을 수 있습니다.

김형준 : 박 교수님이 말씀하신 것과 비슷한 것을 추가하면 최근에 자유와 민주주의가 결합되어야 하는가에 대해 논란이 있

는 것 같습니다. 자유는 프랭클린(Franklin D. Roosevelt)이 얘기한 언론의 자유를 포함해서 신앙의 자유, 결핍으로부터의 자유, 공포로부터의 자유도 있지만, 제가 박 교수님의 말씀에 전적으로 동의하는 것은 여러 가지 자유 중에서 자신의 재능과 창의력을 마음껏 발휘할 수 있는 자유가 젊은 세대들이 요구하는 자유라는 것입니다.

그런데 우리는 그동안 자유라고 하면 체제적인 시각에서 반공적이거나 대북문제와 관련해서 보았습니다. 자기역량을 발휘할 수 있는 사회가 진정한 의미에서의 자유로운 세계인데, 우리는 모든 것이 차단되었기 때문에 그런 데서 오는 불평등 의식이 심화되었거든요. 보통 자유시장경제체제라고 할 때 대한민국에서 진정한 의미의 자유시장경제체제를 한번이라도 이룬 적이 있었느냐에 대해 저는 동의하지 않습니다. 국가가 개입해서 모든 것을 통제했었는데 그런 면에서 젊은 세대들은 단순히 주어지는 것이 아니라 스스로 찾아가는, 아까 이야기한 정치 효용문제와 연결되는 진정한 의미에서의 자유를 갈망한다고 봅니다.

박재창 : 소위 규범적이고 당위적인 의미에서의 자유민주주의가 도입된 이래 이제 우리 사회는 실존적인 의미에서의 자유민주주의가 가능케 되는 출발점에 설 수 있게 된 것 같습니다. 세상을 자기중심적으로 보기 시작한 것이니까요. 과거 우리 사회는 무슨 이유에서건 주어지는 것에 대해 순치되

거나 타협하는 일에 대한 수용성이 높았었습니다. 그것을 극복하기 시작하는 데에는 아까 말씀하신 것처럼 자기 주체성의 성장과정이 있었고, 또 다른 한편으로는 미래를 약속해주지 못하는 기존 질서의 엄중한 현실이 있었던 셈이지요. 골이 깊으면 물이 깊다고 했던가요. 문제가 엄중한 만큼 스스로 해결해야 하는 수요의 깊이도 커지게 되었던 셈이지요.

윤평중 : 폭증하는 분배와 복지에 대한 요구를 한국사회가 현실적으로 감당할 수 있겠느냐 하는 중대한 질문을 하셨는데, 저는 그 부분을 아래의 방식으로 재조명할 수 있다고 생각합니다. 사회기반시설(infrastructure)의 관점에서 보면 대한민국은 인천공항을 비롯해서 도로 교통망, 관공서의 효율성, IT 인프라의 신속성 등에서 명백한 선진국입니다. 제가 지난 가을 이탈리아의 레오나르도 다빈치 공항에서 직접 경험한 에피소드를 말씀드리겠습니다. 영국행 비행기를 타는데 열 줄이나 되는 검색대 가운데 두 줄만 열어 놓고 있어 탑승객들의 줄이 그야말로 장사진이었습니다. 그런데 공항 검색대 관리들이 운영하던 두 줄을 오후 다섯 시가 되니까 한 줄로 축소하는 거예요. 그렇다고 퇴근하는 것도 아니고, 제가 보기엔 자기들끼리 농담 따먹기하며 주위에서 어슬렁대는 거예요. 비행기 출발시간은 다가오는데 너무 진땀이 나더라고요. 그래서 제가 정중하게 검색대

하나만 더 열어달라고 부탁했더니 단호하게 거절을 하더군요. 그 순간 너무 화가 나서 "이 공항이 이탈리아의 얼굴이고 당신들 나라를 대표하는 공항이다"라고 소리를 질렀더니 수속을 빨리 해주더라고요. 다행히 비행기를 탔는데 나중에 생각해 보니까 제가 만용을 부린 거죠.(웃음)

제가 말씀드리려는 요지는 인천공항이 7년 연속 전 세계 공항 1위로 선정됐잖아요. 그러니까 인천공항 같은 사회기반 시스템에 제가 너무 익숙해져 있었던 거예요. 유럽 현지에서 보니 이탈리아가 저렇게 흔들리는 게 경제적인 배경 외에도 다른 이유가 있겠다는 실감이 드는 겁니다. 문제는 이런 인프라에서는 한국이 명실상부한 선진국에 도달해 있거나 더 능가하는 지경에 이르렀지만 우리에게 부족한 게 사회적 인프라(social infrastructure)라는 점입니다. 사회적 인프라는 법치주의, 민주질서, 시민들 사이의 신뢰, 공정한 상거래, 신용 등을 포함한 무형의 인프라거든요. 아까 공정성에 대한 이야기가 많이 나왔지만 공정성의 관행도 사회적 인프라의 한 예입니다. 우리 사회가 그 점에 있어서는 아직 부족한 것이 많습니다. 그것이 〈나는 꼼수다〉 열풍이 불고, MB정부의 공정사회론에 대해 대중이 냉소로 반응하는 배경이거든요. 사회적 인프라가 갖는 경제적 효용성도 중요합니다. GDP 2만 달러 선에서 사회적 인프라가 북미나 북유럽의 선진국 수준으로 개선되지 않으면 더 이상의 경제성장 자체가 어렵다고 하는 것이 이미 경제학자와 경영학자들의 연구에 의해서 입증된 테제입니다.

한국이 2만 달러 선에서 10년 이상 계속 정체되어 있는 것도 결국 사회적 인프라의 문제이고, 공정성에 대한 시민들의 갈구 역시 그런 경제적 관점으로 연결되는 것입니다. 오늘날 2040세대가 가치동맹으로 연결되어 있고 불공정과 편법에 대해 더 이상 참지 못하고 보수기득권 세대의 솔선수범의 결여에 대해서 분노하면서 변화를 요구하는 사회적 에너지가 폭발 직전의 임계점에 도달한 것은 결국은 이러한 사회적 인프라 건설에 대한 집합적 요구의 측면도 있다고 봅니다. 그런 점에서 지금의 갈등상황은 앞으로 진정한 선진국으로 진입하고, GDP 3, 4만 달러로 상승해 가는 데 있어서도 반드시 적절히 대응해야 하는 단계라고 생각합니다. 분배와 복지에 대한 요구 자체도 사회적 인프라의 개선을 요구하는 시대정신과 동행하므로 장기적으로 보면 경제발전과 연결된다는 인식의 전환이 필요합니다.

김세중 : 2040세대는 특별하게 자존감이 높은 세대인 반면 불공정한 현실이 이들의 폭발적인 에너지를 억누르고 있다는 지적은 경청해야 할 사항인 것 같습니다. 그런데 현실적으로 이들의 가장 큰 문제는 일자리가 없고 일자리가 있다 하더라도 대부분이 비정규직이라는 데 있지 않나 하는 점입니다. 이와 관련해서 장기적으로 일자리 창출을 위해 경제를 활성화하기 위해서는 법치와 공정이라는 사회적 가치를 구

현한다는 의미로서 사회적 인프라의 구축이 중요하다는 지적은 매우 의미 있다고 하겠습니다.

그런데 한 가지 분명히 짚고 넘어가야 할 점은 현재 일자리 부족문제의 상당 부분은 세계화에서 오는 경쟁, 그리고 IT 위주의 고용이 안 되는 산업구조가 일반화되는 것에서 오는 현상이라는 점입니다. 이는 범세계적이면서 구조적인 문제이기에 상당 부분 어느 특정 국민정부, 한국으로 말하면 이명박 정부의 관할 영역을 넘어서는 문제라는 점을 말하는 것이지요. 이는 참으로 굉장한 난제로, 이를테면 안철수 씨가 한칼로 해결 하겠습니까, 야당이 집권하면 해결되겠습니까. 아무리 분배, 평등 가치를 내놓으면 뭐합니까. 우리는 어떻게 보면 근원적인 모순 혹은 딜레마에 봉착하고 있다는 느낌도 있습니다.

또 하나 관련해서 말씀드릴 것은 청년실업이 제일 큰 문제이지만 중소기업에서는 일할 사람을 못 구해서 난리라는 거예요. 지금 2040세대에 대한 여러 말씀들이 있었습니다만, 어떻게 보면 저는 이들의 성향에 부정적인 측면도 적지 않다고 봐요. 쉽게 말해 허황된 기준의 눈높이를 갖고 그것을 고집하고, 그것이 충족되지 않으면 기성세대와 구조와 사회를 원망하는 면이 있지 않나 하는 것이지요. 여기에는 일부 기성세대가 너희들은 아주 공정하고 정당하고 능력이 있는데 사회가 제대로 안 해줘서 그렇게 됐다는 식으로 이들을 응석받이로 키워낸 면도 있지 않나 하는 생각도 듭니다. 저는 기성세대 또는 지도층이 이들이 처한 상황을 좀 더 냉정하게 인식할 수 있도록 이들과 좀 더 솔직하고 용기 있게 소통할 필요가 있다고 생각해요. 지금은 대개가 일종의 대중영합적인 소통으로 이들의 불만을 전부 정당화하는 데 급급한 것으로 보입니다. 그런데 이는 점점 더 감당할 수 없는 상황을 만들어가는 게 아닌가 하는 우려를 갖게 합니다. 실제 상황을 확실히 이야기해 주고, 중소기업을 무시하는 행태에 대해서는 쓴 소리도 해야 한다고 봅니다.

조성호 : 저 역시 2040세대들이 행복해지고, 또 불안을 줄여주기 위해서 가장 중요한 것이 일자리를 찾아주는 것이라고 생각합니다. 현재 서울 소재 4년제 대학의 경영학과 졸업생 중 약 70% 정도만이 취업에 성공합니다. 나머지는 비정규직 아르바이트나 무직으로 지냅니다. 30대에게 결혼은 중요한 대사입니다. 그러나 실상은 혼수비용과 육아비용 등 경제적 이유로 결혼을 못하거나 하더라도 결혼과 동시에 상당한 부채를 지니고 신혼생활을 시작하는 허니문 푸어(honeymoon poor)로 전락한다고 합니다. 40대의 경우는 IMF와 서브 프라임 사태로 많이 실직했습니다. 실직하고 나서 40대에 갈 수 있는 데가 없으니까 비정규직에 많이 취업한 상황입니다. 그것은 사실 50대도 마찬가지입니다. 반면에 대한민국의 현재 생활수준(living standard)은 한민족 5000년 역사 이래 과거 어느 때보다도 높아졌고, 따라서 기

대수준도 매우 높습니다. 1960년대 초 케네디 대통령이 러시아를 방문할 때 미국 중산층이 가정마다 TV, 냉장고, 세탁기, 오븐을 한 대씩 갖고 있는 모습을 직접 보여주기 위해 쇼룸을 만들어 러시아 국민들을 놀라게 했다는데, 한국은 빈털터리에서 불과 50년 사이에 산업사회, 상업사회를 단숨에 거쳐 미국과도 견줄 수 있는 풍요로운 소비자 사회가 되었습니다. 옛날 60, 70년대에 결혼할 때에는 그냥 이불 몇 채에 양은 주발 몇 개 있어도 됐지만 요즘엔 TV, 냉장고를 비롯한 혼수용품이 모두 있어야 되고 그것 없으면 결혼을 못한다고 생각합니다. 그만큼 생활수준이 높아졌는데, 이러한 사회현상은 아까 말씀하신 중소기업에 안 가는 경우랑 비슷하다고 생각합니다. 그렇지만 옛날에 우리가 어렵게 살았던 것처럼 너희도 그렇게 살라는 것은 세상변화를 못 읽는 어불성설인 듯합니다. 역사를 되돌릴 수는 없겠지요.

상대적 빈곤감과 소득의 불안정에서 오는 불안을 줄이는 데 실업해소가 급선무라는 데 동의합니다. 제가 80년 초에 미국에 유학을 갔었는데, 창업하여 일자리를 만들면 국가가 혜택을 주는 거예요. 당시 한국은 일자리가 넘쳐 나고 있던 터라 매우 신기했던 기억이 납니다. 우리 역시 그런 때가 온 거죠. 이전에 경험을 못해봐서 생소하지만 일본이 90년대 이후 겪고 있듯이 이미 그 경험을 하기 시작한 것입니다. 그동안에는 계속 성장을 했기 때문에 일자리 수요가 계속 있었지만 이제는 그렇지 못하므로 굉장히 심각한 문제로 부각됐고, 이는 대한민국이 해결해야 할 문제이며 도전이라고 생각됩니다. 현 MB정부도 이 문제를 인지하고 해결하고자 하지만 그 해소방안들이 단시안적이고 조잡해보입니다. 청년실업을 해소한다고 기업들에게 인원을 많이 뽑으라고 압력 넣고 고등학교 졸업자도 뽑으라고 하지만, 현 한국의 산업구조상 많이 뽑아야 30만 명이 채 안 됩니다. 한 해 거의 50-60만 정도의 졸업생이 나오기 때문에 해결할 수 있는 방법이 없어 보입니다. 특히 우리나라 기업들의 주요 산업이 제조업 중심이고 이미 생산자동화 등으로 효율화되어 있어 추가적인 노동수요가 그리 많지 않습니다. 현 산업구조에서는 현재처럼 100군데에 이력서를 내도 오라는 데가 별로 없을 거라 생각됩니다. 따라서 필요치도 않은 인력을 뽑도록 기업에 강요하는 것은 알을 낳는 암탉을 해치는 근시안적 자충수입니다.

그럼 일자리를 어떻게 만들까요? 이처럼 중요한 이슈에 대한 답들이 제시되었나 하고 제가 여기저기 찾아봤는데, 아무도 여기에 대한 해법이나 아이디어를 못 내셨더라고요.(웃음) 그래서 이 문제의 해결방안에 대해 열심히 고민해봤는데 뾰족한 수는 없지만 두 가지 전략적 방향성을 찾았습니다. 첫째는 서비스업의 개척입니다. 실태조사(fact finding)에서 보면 제조업으로는 전 세계를 통틀어 어디를 가도 해결방법이 없습니다. 예를 들어서 삼성전자의 입장에서는 글로벌 경쟁에서 이겨야 하고 이기기 위해서는 가장 싼 부품공급업체에 가서 부품을 사와야 하고 그러려면 해외 아웃소싱을 안 할 수가 없습니다. 델컴퓨터 같은 회사에서도 한국 손님들과 전화로 응대하는 일에 비싼 한국인보다 저렴한 조선족을 고용한단 말입니다. 그리고 LCD 같은 제조업은 전부 자동화되어서 사람이 별로 필요 없어요. 국내외적으로 제조업은 아무리 밀어줘봤자 큰 고용파급효과가 없습니다. 남아있는 분야가 서비스업입니다. 아까 윤 교수님이 말씀하신 사회적 인프라 중에 법률, 의료, 교육, 문화, 예술 분야가 있는데, 아직 이들 서비스분야는 기회의 땅, 신대륙입니다.

그간 서비스분야의 개방과 발전을 위해 노력을 안 한 것은 아니지만 성공적이지 못했습니다. 기존 세력의 집단이기주의, 사회구조적인 여러 가지 힘의 균형문제 때문입니다. 제가 한국개발연구원(KDI)에 있을 때 외국인투자(FDI) 유치 과정을 운영했었는데, 외국인 기업을 인천 등 선정된 경제자유구역(Free Economic Zone)에 유치하려면 거기 오는 외국인 직원들의 기본생활수준을 유지하기 위한 병원과 학교가 있어야 했습니다. 그런데 필요한 교육 시스템과 의료 시스템을 아직까지 못 집어넣었고, DJ정권부터 수조 원의 예산이 들어간 경제자유구역 프로젝트는 10여 년이 지난 오늘날까지 공회전 중입니다. 외국병원이나 특수학교가 들어오게 되면 이익을 보장해줘야 하고, 그렇게 되면 기존 병원이나 학교는 상대적으로 차별대우를 받게 되기 때문에 이들의 반대가 심했던 겁니다. 기존 시스템과의 차별이라며 의료 및 교육계의 기성이익집단에서 반대를 한 거죠. "우리의 의료보험 시스템이 무너진다" 또는 "평등교육에 위배 된다"는 등의 여러 가지 가설적 이유로 말입니다. 이를 극복하여 성공한 나라가 싱가포르, 네덜란드, 인도네시아, 말레이시아, 중국입니다. 차세대 리더십과 연결하여 한 말씀을 더 드리면 이제는 국내의 집단이익과 이념의 대립을 소통과 협상으로 풀 수 있고, 국제적인 감각과 혜안을 가지고 설득할 수 있는 인물이 국가적 리더로서 필요한 것 같습니다.

첫 번째 이야기가 길어졌는데, 두 번째 해결방안은 인력의 국제수출입니다. 모든 교수님들이 말씀하신 것처럼 우리 젊은이들, 2030세대의 실력은 굉장히 좋습니다. 스펙을 갖추느라 외국어에도 능통해요. 우리는 70년대에 베트남으로 인력을 파견하고 중동에도 파견했거든요. 독일에는 간호사와 의사도 보냈죠. 준비된 젊은 친구들을 국내에서 모두 소화할 수 있는 영토가 부족합니다. 해외에 인력을 파견하면 국내 취업난도 해결하고 국위선양도 할 수 있는데, 구체적인 방법은 앞으로 깊이 연구해보아야 할 과제입니다.

윤평중 : 사회자께서도 아까 지적하셨지만 일자리를 만드는 문제가 그야말로 우리 시대의 과제 가운데 핵심 중의 핵심일 수밖에 없습니다. 서비스산업의 고용유발효과가 구조적으로 성공적인 방식으로 이루어지고, 만약 구체적인 현실 적

합성이 있는 기획으로 판정이 되면 조 교수님도 제2의 안철수인 국민 멘토로 떠오를 수 있게 되는 거죠.(웃음)

박재창 : 절대적으로 공감합니다. 일자리가 없다는 것은 소위 경제활동의 국경이라는 것을 전제하는 것이거든요. 그러니까 자본은 국경을 넘어 전 세계적으로 자유롭게 활동하고 있는데, 국경을 넘는 노동의 이동은 자유롭지 못한 것이죠. 그런 데서 오는 일자리 창출의 구조적인 문제가 있는데, 이를 뛰어넘기 위해서는 두 가지 방안이 있다고 생각합니다.

기본적으로는 경제활동에 있어서의 일국중심주의적인 사고를 뛰어넘을 수 있어야 합니다. 글로벌 마인드로 접근하지 않으면 문제를 해결할 방법이 없습니다. 문제의 소재가 바로 경제활동의 초국화 내지는 글로벌화에서 비롯되었으니까요. 글로벌 마인드로 접근할 때 그 대안은, 먼저 방금 말씀하신 대로 전 세계를 상대로 하는 인력의 송출에 있다고 봅니다. 서비스업이 됐건 제조업이 됐건 일자리라고 하면 우선적으로 국내시장을 염두에 두는데, 전 세계적인 시장을 상대로 일자리 창출문제를 고민해야 합니다.

또 하나는 구매력이라고 하면 내수시장에서 생산된 구매력만을 생각하는 데, 외국에서 축적된 구매력이 우리나라에 와서 국내시장에 대한 구매력을 높이는 방안도 생각해 볼 수 있거든요. 미국의 경우 집값이 떨어지면서 주택담보대출(mortgage)이 문제가 되고 대출해준 은행이 위기를 맞으면서 결국은 전 세계적으로 금융위기가 발생한 일이 있지 않습니까? 이런 문제를 해결하기 위한 대안으로 최근 미국은 5만 달러 이상의 집을 사는 경우 시민권을 주는 정책을 내놓았어요. 외국 자본이 미국 내에 들어와서 소위 주택시장에 대한 구매력을 증진시키고, 그것이 금융건전성은 물론 일자리 창출로 연결되도록 하자는 것입니다.

그러니까 지금까지와는 전혀 다른 관점에서 경제적 관계를 보는 눈이 필요한데, 그런 의미에서 굉장히 창의적인 접근 전략과 아이디어가 필요한 시대라고 할 수 있습니다. 도식적인 시각만으로는 우리가 당면하고 있는 문제를 해결할 방법이 없습니다. 지금과 같은 세계경제체제의 물량공세 시대에서 이에 대응할 수 있는 경제력의 축적이 이루어져 있지 않았다면 백약이 무효할 뻔했습니다. 우리는 다행히도 이런 세계화 시대에 대응해 나아갈 수 있는 물적 토대는 갖췄다고 할 수 있습니다. 문제는 시대적인 변화에 마인드가 전혀 따라가지 못하고 있다는 데에 있어요. 그래서 정책창안자들이 글로벌 마인드를 갖추는 일이 시급한 과제입니다. 세계 경영의 시대인데 글로벌 마인드 없이 국정을 관리하니 문제를 풀지 못하는 거예요. 따라서 세계 경영 마인드를 갖춘 창의적인 지도자가 나와야 합니다.

두 번째 문제는 결국 교육이라고 생각합니다. 일부에서는 고교 졸업생의 80%가 대학을 진학하는 데 이래서는 단군 할아버지가 살아 돌아온들 일자리 수요를 맞출 수 있겠느냐고 합니다. 대학진학자의 수를 속히 줄여야 한다는 주장입니다. 저는 이것은 말도 안 되는 소리라고 생각합니다. 다른 나라에서는 젊은이들이 공부하려고 하지 않아서 고민인데, 공부하겠다는 에너지가 분출하는 사회라면 당연히 공부시켜야죠. 더군다나 정보화 사회에서는 양질의 고등교육이수자가 절대적으로 필요하게 됩니다. 다만 고등교육을 마쳤음에도 불구하고 괜찮은 일자리를 찾지 못하게 되는 이유는 대학이 일자리에 필요한 교육을 시키지 못했기 때문이에요. 나라 밖의 세계시장에 나가서 취직하려면 거기에 맞는 교육을 시켰어야죠. 따라서 그게 현지 사정이건 외국어 능력이건 또는 타문화에 대한 적응력이건 간에 다른 나라의 인력시장이 요구하는 인재들을 길러내려는 정책적 비전을 가진 이들이 국정을 관리하고 교육정책을 수립해야 합니다. 청년실업은 과다교육에 문제가 있는 것이 아니라 정책당국의 상상력 부재에 있는 셈이지요.

윤평중 : 제가 한 마디만 첨언하겠습니다. 두 분 말씀에 느끼는 바가 많은데, 생각의 지평 자체를 과감하게 넓힐 필요가 있는 것 같습니다. 아까 사회자께서 우려하신 것처럼 노동의 종말이라고 이미 리프킨(Jeremy Rifkin)이 예언했던 전 세계적 경향이 역전 불가능한 흐름으로 진행되고 있다는 데 대해 지도자들이 젊은 층에 영합만 하지 말고 냉정한 사실을 객관적으로 우선 보여줄 필요가 있다고 하는 데 동

감입니다. 자꾸 현재 집권하고 있는 세력의 잘못과 오류를 꼬투리 잡아서 반사이익을 얻는 네거티브 방식의 정치가 해결할 수 있는 건 별로 없습니다. 저는 만약에 올해 정권교체가 된다 하더라도 과잉기대와 과대환멸의 사이클로 특징지어지는 한국정치의 악순환의 진폭이 더 커질 것이라고 생각합니다. 어떤 정치세력이 집권해도 일자리를 창출해내고 경제를 성장시키는 데 어떤 묘수를 찾기 어려운 상황입니다. 그렇기 때문에 정권교체가 된다고 해도 전 세계적이고 한국적인 조건의 제약 때문에 단기간에 새 집권세력이 심각한 도전과 사회적인 비판과 환멸 앞에 직면하게 될 가능성이 높다고 생각합니다.

또 하나 말씀드리고 싶은 것은 아까 조 교수님이 특히 서비스업 쪽에서 기존의 여러 가지 진입장벽을 허물어뜨림으로써 많은 고용이 창출될 수 있다고 하는 중요한 지적을 하셨습니다. 노동의 종말이란 개념이 포착한 것처럼 제조업의 고용유발 효과는 경향적으로 감소하고 있으며, 이는 돌이킬 수없는 흐름입니다. 그러면 서비스업에서 새로운 고용을 창출하기 위해서 선결되어야 할 변화는 무엇일까요? 한국노동자의 목소리도 전체 노동자로 치면 10%도 안 되는 노동엘리트들에 의해 과대 대표되고 있습니다. 강력한 권한을 행사하는 대기업과 공기업 노조에 의해서 그들 계층이 과잉보호되고 있습니다. 그들의 목소리가 과잉 전달되고 있기 때문에 그보다 훨씬 많은 중소기업 노동자들과 비정규직, 실업자들의 목소리가 제대로 전달되지 않는 것이죠. 중소기업의 숫자가 대기업 숫자에 비해서 99%를 차지하고, 고용율에 있어서는 대기업이 8.7%에 지나지 않는 데 비해 중소기업은 84.7%의 노동자를 고용하고 있습니다.

그런데 왜 중소기업에 젊은 친구들이 눈높이를 낮춰서 취직을 하지 않느냐는 점을 개탄하는 목소리가 있는데, 이는 원론적으로 옳은 지적이지만 한국의 현실에서 2030세대들이 듣기에는 억울한 이야기일 수도 있다고 봅니다. 왜냐하면 일단 중소기업에 취직해서 경력을 인정받고 열심히 일해서 대기업으로 상향 이동할 수 있는 신분상승의 사다리가 끊어지거나 아주 협소화된 지 오래되었습니다. 그래서 일단 중소기업에 취직하게 되면 자기 자신의 인생이 카스트제도 비슷하게 거의 결정돼 버리는 한국적인 현실이 있기 때문에 그걸 잘 아는 젊은이들이 그러한 선택을 회피하는 겁니다. 젊은이들을 나무라기만 할 일이 아닌 거죠.

아까 조직 노동자의 이해관계가 과대 대표되고 있다는 말씀을 드렸는데, 이는 노동엘리트에 국한된 현실만이 아닙니다. 한국사회의 큰 문제는 이를테면 조직된 노조가 됐든 대기업집단이 됐든 '사'자 명칭을 갖고 있는 전문가 계층이 됐든 그들이 사회에 기여한 것에 비해 너무나 많은 몫을 가져가고 있는 거예요. 이를테면 과잉지대(rent)의 독점을 향유하는 폐쇄집단이 너무 많은 게 사회문제의 핵심입니다. 이들이 높은 진입장벽을 쳐놓고 새로운 경쟁이 창출되거나 젊은이들이 진입하는 것을 원천적으로 막고 있습니다. 동일노동 동일임금이라고 하는 원칙이 한국적인 맥락에서 뿌리를 내려야 더 많은 새로운 일자리가 창출될 수 있다고 봅니다. 이런 개혁의 시도에 대해 진보든 보수든 기득권 집단이 완강하게 저항하고 있기 때문에 이 장벽을 먼저 허물어뜨리는 작업이 중요하다고 봅니다.

김형준 : 말씀하신 것을 실제적으로 경험하고 해결한 나라가 스웨덴입니다. 제가 스웨덴을 최근 여러 차례 방문해서 들은 것은, 우선 한국 사람들이 스웨덴의 복지 모델에 대해 피상적으로 접근한다는 것입니다. 대부분의 한국 사람들이 과정보다는 결과에 주목하고 있다는 것을 지적하더군요. 스웨덴이 어떤 과정을 거쳐서 복지체제를 만들었는지는 물어보지 않고 현재 무슨 복지제도가 있는지 결과만 물어본다는 거죠. 그런데 그들의 복지체제는 1930년대 시작해서 1970년대까지 40년이 걸려서 만들었고, 진보의 전유물도 아니고 보수의 전유물도 아니며 대타협을 해서 문제를 풀어갔다고 하더라고요. 스웨덴의 인구는 약 900만 명 정도 되는 데, 우리보다 땅덩어리가 2.3배 정도 커요. 그리고 세금은 30~58%이고 대학진학률은 45%밖에 안 돼요. 그러니까 한국을 스웨덴과 똑같이 비교해서는 안 된다고 말합니다. 그렇지만 자신들이 겪었던 여러 가지 문제 해결 방법은 벤치마킹해야 한다고 이야기하더군요.

그 핵심이 결국은 리더십의 문제인데, 스웨덴의 한 제도를 예로 들어보겠습니다. 80년대 대기업과 중소기업의 문제를 해결하기 위해 대기업의 임금을 25% 삭감하고 중소기업의 임금을 25% 늘렸다는 거예요. 그러니까 임금격차를 완전히 줄이고, 대기업에서 줄인 25%의 비용을 전부 R&D에 쓰게끔 해줬다는 거예요. 그러니까 대기업도 경쟁력이 생기는 거죠. 중소기업 역시 임금을 25% 올리니까 그 안에서 엄청난 경쟁력이 생겼습니다. 이 제도를 임금조정제라고 그러더군요. 생각을 한번 해보세요. 현재 우리나라의 노동자 88%가 중소기업에서 일하는데도 불구하고 젊은 사람들은 좋은 일자리를 원합니다. 좋은 일자리는 결국 대기업인데, 대기업에서 일자리를 창출할 수 있는 부분은 적습니다. 때문에 중소기업에서 일했을 때 오는 상대적 박탈감을 어떻게 줄이느냐가 가장 중요한 문제인 것이죠. 결국 정치지도자가 이 문제와 관련해서 용단을 내려야 하고 타협을 이루게 해줘야 한다는 겁니다.

두 번째는 핀란드 사람들은 GDP의 35~40%를 담당하던 노키아(Nokia)가 파산해서 핀란드의 경제가 끝났다고 생각했습니다. 그동안 노키아의 지배력이 워낙 강하다보니 창의적인 기업을 만들 이유가 전혀 없었습니다. 그런데 지금은 완전히 뒤바뀌어 젊은 사람들이 창의적인 기업을 만들기 시작했다는 겁니다. 그러니까 우리 사회가 지향해야 할 정책은 일자리만 고집할 것이 아니라 지식창조국가를 만들어서 젊은 사람들에게 창업할 수 있는 기회를 주고 그것을 국가가 전폭적으로 지원할 수 있는 시스템을 함께 만드는 것입니다. 그런데 그런 것들이 굉장히 부족하지 않느냐 하는 겁니다. 그래서 다음 대통령이 누가 당선되던 간에 윤 교수님이 말씀하신 것처럼 이런 상태로 가면 정권교체든 뭐든 아무런 의미가 없다는 거죠.

김세중 : 무엇보다 젊은 세대에게 가장 절박한 과제가 일자리 부족에 있다는 데 공감대가 있는 것 같습니다. 조 교수님께서 일자리 창출의 돌파구가 서비스업 개방에 있다고 하셨고, 박 교수님이 국민국가 중심적 발상에서 벗어나 지구촌 전체를 향해 돌파구를 모색할 필요가 있다는 지적을 하셨습니다. 그리고 제가 젊은이들의 중소기업 기피현상에 대해 좀 쓴소리를 했습니다만, 윤 교수님 말씀대로 제가 좀 단순화한 면도 있었습니다. 이와 관련하여 스웨덴에서 대기업과 중소기업의 임금격차 해소를 통해 그 문제를 지혜롭게 풀었다는 김 교수님의 제시는 매우 유용한 말씀이라는 생각이 듭니다. 현실정책집행자들이 확실하게 참고해야 할 사항입니다. 그런데 박 교수님이 대학진학율 높은 것 자체는 오히려 바람직한 현상이라는 말씀이 있었습니다만, 이는 한두 가지 조건이 충족될 경우에 해당하는 것이 아닌가 하는 생각입니다. 첫째는 모든 대학들이 적어도 일정수준 이상 고등교육을 행할 역량을 갖춰야 하고, 둘째는 사회구조가 이들

대졸자에게 적절한 일자리를 제공할 수 있게 짜일 수 있느냐의 문제입니다. 그게 아닐 경우에는 사회적 차원만이 아니라 개인으로도 너무나 큰 낭비가 뒤따를 것이 우려되기 때문이지요.

김형준 : 스웨덴의 복지체제가 완성될 때 굉장히 중요했던 것은 복지체제와 더불어 교육, 지방행정이 연결되었다는 거예요. 방금 말씀하신 것처럼 학생이 어떤 분야에서 별로 능력이 없으면 바로 대학으로 보냅니다. 사회에 새로운 산업이 나오면 그 산업에 맞게끔 적응력을 높일 수 있는 교육을 시켜서 다시 투입한다는 거예요. 그러니까 스웨덴의 복지는 중앙정부에서 모두 하는 게 아니라 지방 수준에 맞추어 지방기업들도 연결되어 이루어지는 등 선순환 구조입니다. 그런데 우리는 주로 복지만 보고 이야기를 하고 있죠.

2040세대와 한국정치

김세중 : 정치로 분야를 넓혀서 이야기해볼까 합니다. 현재 우리의 정치현실에 대해 이의가 없는 사람은 매우 드물 것 같습니다. 기성정치에 대한 불만은 2040세대로 가면 훨씬 더 크겠지요. 서울시장 선거 당시 무소속 박원순 후보는 민주당의 지원을 받으면서도 끝내 입당은 거부했지요. 득표에 걸림돌

이 된다고 보았기 때문이 아니었겠습니까? 기성정치에 대한 평가가 왜 그렇게 나왔는지 문제를 짚어보고 개선 방법에 대한 의견을 말씀해주시죠.

김형준 : 정치의 본질은 갈등을 조정하면서 공익을 추구하는 것인데, 우리의 경우 오히려 정치가 갈등을 증폭시키면서 사익을 추구하는 것으로 완전히 바뀌어 버린 현실입니다. 그러니 정치 불신이 생길 수밖에 없습니다. 그리고 정당은 임의단체에 불과하지 국민의 대표기관이 아닙니다. 정당은 국민들에게 끊임없이 다가서서 국민들의 요구를 집약하여 그에 맞는 나름대로의 정책이나 대안을 제시해야 하는데, 한국의 정당은 어느 순간에 정당이 아니라 파당으로 바뀐 것 같습니다. 실제로 2009년에 EAI라는 곳에서 35개의 조직을 대상으로 신뢰도를 조사해보니 가장 신뢰할 수 없다는 35위가 한나라당이고 34위가 민주당이었습니다. 신뢰를 못한다는 것은 결국은 자기네들끼리만 모여서 날마다 지겹게 싸우는 모습만 보인다는 말이죠. 그러니 시민사회 영역이 점점 커질 수밖에 없어요. 다시 이야기해서 그동안 정당이 독과점 체제로 향유하고 있었던 것이 무너진 것이죠.

또 하나는 여당이 대통령의 눈치만 보면서 무기력의 극치를 보였고, 야당은 철저하게 거리의 정치로 가면서 시민사회단체와 정당과의 구별을 아예 붕괴시켜 버렸어요. 그러니까 국민들 입장에서는 정당과 시민단체와의 차이점을 못

느끼게 되고, 그럴 바에는 차라리 상대적으로 도덕적이나 어떤 면에서 나은 시민단체 쪽으로 갈 수밖에 없는 상황이 된 거죠. 결국 우리나라의 정당들은 서로 공멸의 게임을 한 거예요.

그럼 왜 과거보다 현재에 정당이나 정치에 대한 불신을 강하게 느끼느냐 하면 지금까지 이야기한 것과 같은 맥락입니다. 그동안은 목소리를 내지 않았었는데 정치적 학습과정을 거치면서 정치효능감이 높아지니까 자신의 요구를 관철시키고 싶어졌고, 자연스럽게 다원민주주의 사회로 가다 보니 현재와 같은 정당 기득권 체제로는 다양한 요구를 수용하지 못한다는 사실을 알게 된 것이죠. 그 대안으로 시민단체를 포함해서 이익집단들이 등장하는 것이죠. 박원순 시장의 등장도 한마디로 이야기하면 시민운동이 결국 기존 정당체제를 압도하는 시대를 반영한 겁니다. 한국의 정당들이 국민들이 요구하는 기대에 맞추지 못한 것도 있지만 가장 큰 문제는 과거에 작동했었던 운용기제를 그대로 안고 있다는 거예요. 그러니까 60년대 초에 JP가 만든 공화당의 정당모델을 지금도 그대로 사용한단 말이죠. 낡은 옷을 입고 새로운 변화에 적응하려니 이루어질 수가 없는 거죠.

안철수라고 하는 사람에 대해서 갖고 있는 말씀을 좀 드리겠습니다. 선거 때가 가까이 오면 우리가 모르는 사이에 어떤 축이 만들어지는데, 현재는 2002년과 굉장히 흡사한 축이 만들어지고 있습니다. 2002년에 노무현이라는 사람의 등장과정을 보면 2001년도 11월에 노무현 당시 전 해양수산부 장관의 지지도는 4%였어요. 그런데 별안간 4개월 만에 민주당의 대통령 후보로 부상을 했단 말이죠. 그런데 그 이유는 자기가 의도하든 그렇지 않든 네 가지 축을 만들었기 때문입니다. 첫 번째 축은 낡음과 새로움의 축이에요. 그러니까 이회창 총재 세력들은 낡은 세력이고, 본인은 당시 DJ의 민주당에 소속됐음에도 불구하고 낡은 정치를 청산하고 지역주의를 타파하는 굉장히 새로운 세력이라는 것이죠. 이게 먹혀들어간 거예요. 또 하나의 축은 20대와 30대를 하나로 묶고 50대와 60대를 하나로 묶는 세대의 축을 만든 겁니다. 또 하나의 축은 "반미면 어떠냐" 하는 이념의 축을 만든 거예요. 마지막 축은 서민과 기득권이라고 하는 계층의 축을 만든 것이거든요. 그러니까 낡음과 새로운 변화의 축과 세대의 축과 계층의 축과 이념의 축이라는 네 축이 만들어지면서 실제 굉장히 지지도가 낮은 집권당인데도 불구하고 정권을 창출했습니다.

지금도 보면 이 네 가지 축이 만들어져 있습니다. 하나의 축은 낡음과 새로움, 기존 정당들은 전부 낡은 세력이라는 것이죠. 아무리 박근혜 전 대표가 비대위를 만들어서 한나라당을 쇄신한다고 하지만 한 달 지나서 조사해보니 오히려 박근혜 전 대표의 지지도가 떨어지고 스스로 정치인이 아니라고 하는 안철수 씨는 높아졌습니다. 이것이 기존 정당과 기존 정치인들이 전부 낡았다는 인식이죠. 그리고 새로움이라고 하는 것은 안철수 씨도 그렇지만 문재인 씨도 분명히 정치인이라고 볼 수밖에 없음에도 불구하고 마치 새로운 정치인인 것처럼 느끼죠. 또 하나의 축은 2030세대가 아니라 20-40대까지 묶어지는 강화된 세대의 축이 만들어졌고, 또 하나는 안철수 씨가 역사의 퇴보와 역사의 발전이라는 발언을 한 것입니다. 한나라당이 집권하는 것은 역사의 물결을 거스르는 것이라고 이야기를 했단 말이에요. 그러니까 한나라당은 역사의 퇴보세력이고 자신들은 역사의 발전세력이라고 하는 축이 만들어지고, 마지막 축이 굉장히 중요한 축인데, 지금까지 우리가 이야기했던 모든 것을 관통하는 것인데 상식과 비상식의 축을 만들었어요. 현재는 너무나 비상식적인 것이 마치 상식을 누르는 것처럼 되었단 말이죠. 이러한 상황에서 기존 정당과 기존 정치인은 국민들에게 다가설 수 없게 된 겁니다.

그럼 안철수 씨는 무슨 업적이 있느냐 하는 것인데, 우리가 잘 인지하지는 못하지만 업적이 있습니다. 오늘도 저는 안철수 씨를 만났습니다. 컴퓨터를 켜는 순간 안철수 씨를 만나는 겁니다. 안철수 씨의 업적은 세 가지의 상징을 갖고 있는데, 하나는 얼마나 포괄성을 갖고 있느냐 하는 겁니다. 그는 진 국민을 상대로 7년 동안 무료백신을 배포했습니다. 이는 공익에 대한 문제와 관련이 있는데, 그것이 지금까지 지속되고 있는 거예요. 또 하나는 국민들로 하여금 정치인들은 업적도 없이 싸움만 한다는 것이고, 자신은 업적이 있는 자기 이미지와 부합한다는 것이죠.

박원순 시장의 경우는 무엇을 했느냐 하면, 엄청난 공격을 받기는 했지만 일반 젊은 층이 생각할 때는 무언가를 만들었다고 보는 거에요. 〈참여연대〉나 〈아름다운 가게〉가 아름답지 못한 면도 많지만 어쨌든 그러한 것들을 만들지 않았냐는 것이죠. 무언가를 창조하고 만들어간다는 생각에 사람들이 관심을 갖고 기대한다는 겁니다. 그런데 기성정치인들이 창출하는 것은 철저하게 정파적이고 파당적이에요. 그런 식이니 아무리 쇄신하고 당명을 바꾼다 하더라도 결국은 국민들에게 감동을 주지 못하는 겁니다. 한 마디로 한국정치가 거의 붕괴 직전까지 왔다는 것인데, 어쩌면 자연스러운 현상일지도 몰라요. 이를 보통 정치적인 재편성문제라고 하는데, 이제는 그 단계에까지 왔다고 봅니다.

박재창 : 편의상 기성정당들을 정당이라고 부르고 있는데, 사실 진정한 의미의 정당은 한국사회에 없었던 것이죠. 좀 심하게 이야기하면 파워엘리트들의 권력놀음이 정당이라고 하는 너울을 쓰고 있었던 것이고, 그런 편익을 위해 그야말로 사회주의 국가에서나 볼 수 있는 동원정당 시스템을 도입해서 권력엘리트들의 궁정정치 수요를 감당하는 기재로 작동해왔던 것이죠. 그런 의미에서 국민의 요구를 수렴하여 정치적 합의(consensus building)를 도출해내고자 하는 본래적인 의미의 정당 시스템 자체가 없었던 것이고, 그 빈

자리를 시민사회단체들의 유사정당적 기능이 대행해온 것이라고 말할 수 있을 겁니다. 그런 의미에서 보면 시민사회단체도 진정한 의미의 풀뿌리 시민사회단체는 아닌 것이죠. 형성 초기부터 민주화 투쟁의 연장선상에서 유사정당적 기능을 대행하는 일에 우선적인 목표를 두었다고 봐야겠죠. 시민사회가 권력견제론과 정치개혁론 사이에서 오랫동안 갈등을 겪어왔다는 사실은 이미 잘 알고 있는 바와 같습니다.

사실 이전에도 시민사회에 그런 움직임들이 있었습니다만, 박원순 시장의 당선을 계기로 시민사회가 정당정치 영역에 정식으로 진출한 것이라고 보아야 할 것입니다. 서구사회에서도 정당의 발전과정을 추적해 보면 초기단계에서는 사회운동이 결집해서 원외정당을 이루고, 원외정당이 원내정당으로 변화하는 과정을 겪었습니다. 그와 유사한 과정을 우리가 이제 겨우 밟기 시작하는 것은 아닌가 생각합니다. 그런 의미에서 진성정당이 이제 태동단계에 들어서는 것이라고도 말할 수 있을 겁니다. 또 하나는 한국사회에서만 정당의 실패가 목도되고 있는 것이 아니라 범지구적 현상으로 나타나고 있다는 점입니다. 지구촌 여러 곳에서 정당 시스템이 잘 작동하지 않고 있습니다. 중요한 이유는 정보화 사회가 도래하면서 사회구조적인 성격이 변했기 때문이에요. 정당 시스템이 작동하려면 시간 공간과 지리 공간이 전제되어야 합니다. 그런데 정보화 사회가 도래하면서 정당정치과정상의 시간 공간과 지리 공간이 함께 증발해 버렸어요. 그러니까 지역에서 어떤 사건이 생기면 그것을 토대로 해서 이해관계 충돌자나 상이한 의견 사이에서 조정과 타협을 통해 합의의 절차를 밟고 지리적인 경계를 넓혀 군당(郡黨)이나 도당(道黨) 나아가서는 전국당으로 올라가면서 순차적으로 정보의 공유나 타협의 확산과정을 거치게 되는 데, 정보화 사회는 그런 것들을 허용하지 않는 사회구조로 전환된 거예요. 어떤 사건이 터지면 전국적으로 일시에 그것이 공유되면서 협상의 여지를 안 주고 곧바로 찬성이나 반대로 갈리고 마는 겁니다. 거기에는 도무지 정당이 개입할 여지가 없어요. 그러니까 정당 시스템 자체가 원래 완벽한 의사결집기구도 아닌데다가 그나마 그것이 탄생하던 시기의 사회구조와는 크게 다른 사회와 대면하게 되면서 더 이상 사회관계를 조율하는 장치로 작동하지 못하게 된 겁니다.

아까도 말씀드렸습니다만 소위 정치적 자유주의의 작동기제로 고안했었던 것들이 정당, 의회, 행정부라고 한다면 이들 모두가 이제는 제대로 작동하지 않고 있는 거죠. 이런 근본적인 문제가 있는데다 한국사회 특유의 문제가 부가되면서 정치체제의 무력화 내지는 와해가 진행되고 있는 셈입니다. 특히 한국사회가 정보화 진행 정도에서 첨단을 걷다보니 그런 성격이 보다 두드러지게 나타날 수밖에 없는 것이죠. 그렇기 때문에 한국정치의 정상화를 이루기 위해서는 결국 통치 시스템을 바꾸지 않으면 안 된다고 봅니다.

지금과 같은 시스템이나 대리인들이 국정관리를 전담하도록 해서는 안 됩니다. 그동안 정치적 대리인에게 위임해 두었던 참정의 권한을 환원해서 그것이 2040세대가 되었건 5060세대가 되었건 그들의 문제는 그들 스스로가 나서서 말하고 대안을 제시할 수 있도록 해주어야 합니다. 그들이 참여할 수 있는 공간을 지금보다 획기적으로 확장해야 하는 겁니다. 국가권력구조의 개편이라는 차원에서 한국식 대통령 중심제가 갖는 제왕적 대통령의 권력집중현상을 시정하기 위해 이원집정부제를 도입한다거나 책임총리제를 도입한다거나 또는 삼권 간의 분립을 강화하고, 견제와 균형의 원리를 내실화하는 것과 같이 정부 내부의 권력균형을 도모하는 일보다도 훨씬 더 중요한 것은 지금까지 유지되어 온 국가와 시민사회 간의 권력배분 기준선을 재조정해야 한다는 점입니다.

지금까지 산업사회에서 국가는 합리적이고 초이성적인 판단의 주체이기 때문에 결코 오류를 범하는 일이 없다고 가정해 왔습니다. 그러나 정보화 사회의 도래 이후 '정부의 실패'가 일상화되면서 국가가 무오류의 문제해결 주체라는 인식이 철저히 도전받고 있습니다. 종국적 결정주체로서의 완결성을 보장할 수 없다는 것이죠. 그렇다면 어떻게 해야 하겠어요? 국정관리의 새로운 디자인이 아직 고안되지 않고 있는 실정이라면 비록 잠정적이기는 하지만 시민으로 하여금 국정과정에 참여해서 자신의 문제에 대해서는 스스로가 규정하고 판단하며, 대안을 제시하도록 하는 것이 차선이라고 보는 것이죠. 아직은 시대의 성격을 규정하는 새로운 패러다임이 완전히 정립되지 못한 상황이니만큼 어정쩡한 대안이라도 모색할 수밖에 없다는 것이지요.

윤평중 : 두 분 선생님이 정당정치와 연관된 한국정치의 구조적인 딜레마에 대해 정확하고 상세하게 설명을 해주셨기 때문에 굳이 첨언할 필요는 없을 것 같습니다. 조선조의 당쟁을 연상시키는 한국정당의 붕당화는 조선민중들의 구체적이고 긴박한 삶과는 전혀 무관한 그들만의 리그에서 일종의 땅따먹기 싸움이었기 때문에 조선조의 당쟁이 가일층 격렬해질 수밖에 없었던 구조를 현대정치가 닮아가고 있는 것 같습니다. 다수 시민들의 절박한 사회경제적 이해관계를 충실하게 대변할 수 있는 정치적인 통로 자체가 닫혔거나 협애하기 때문에 정당들이 프로 정치꾼이나 운동권들, 음모꾼들의 정치 놀이터 비슷하게 되어서 자멸적인 상태로 가고 있고, 이것이 혁파되지 않으면 안 된다고 하는 밑으로부터의 요구가 분출하고 있다는 데 공감합니다.

현대 정당정치는 대의정치일 수밖에 없고, 대의정치는 결국 정당정치입니다. 그런 정당 자체가 한국사회에서 한 번도 제대로 뿌리를 내린 적이 없다는 뼈아픈 말씀을 아까 박 교수님이 하셨는데, 그것도 일종의 근대적 과제이죠. 정당정치가 대의와 대변의 주된 통로인데, 민중들의 요구를 담아내는 직접민주제적 요소는 그것과 보완관계를 맺는 근대적인 과제입니다. 그 과제가 아직 해결되지 못한 것이죠. 이런 상황에서 포스트모던적인 IT혁명과 미디어의 변화가 폭발적으로 일어나는, 이른바 '비동시적인 것의 동시성'의 상태인 것입니다. 한국정치의 문제가 더욱더 혼미해지는 상황이고, 뭔가 크게 바뀌지 않으면 안 되는 임계점에 이르렀다는 데도 공감합니다.

시민단체가 유사정당의 역할을 해왔다고 지적하셨는데, 그것은 보기에 따라 다른 측면도 있는 것 같아요. 한국현대사는 보수가 어떤 의미에서는 나라 자체를 만들었고 또 강고한 헤게모니를 주도해온 역사에 다름 아니었으므로 진보 또는 야권이 상대적으로 약할 수밖에 없었지요. 그 때문에 비판적 시민사회진영을 끌어들여서 정치투쟁을 벌이지 않을 수 없는 현실적인 배경이 있었다고 봅니다. 시민 없는 시민운동에 대한 비판은 옳지만 이런 현실적 권력관계라는 맥락에 비추어보면 이해할 수 있는 여지가 부분적으로 있기도 하다는 생각이 듭니다.

조성호 : 정치가 전공이 아닌 제가 보기에도 우리나라의 정당정치가 대의정치의 근본인 민의를 제대로 못 들었던 것 같습니다. 진보정당이든 보수정당이든 세상의 변화를 제대로 감지하지 못했고, 2040세대에 대한 이해도 굉장히 낮았던 것 같습니다. 그러다가 소외된 민의가 갑자기 표출되어서

‘안철수 현상’도 일으킨 것 같습니다. 너무 오랫동안 무관심했던 거죠. 20, 30, 40대는 50, 60대에 비해 3/5인데, 그럼 다수거든요. 세계적인 부호인 워런 버핏과 빌 게이츠는 많이 기부하는데, 그 이유를 따지고 보면 자기들을 부자로 만들어 준 자본주의 시스템을 그대로 유지하고 싶은 것이거든요. 그렇지 않으면 대다수한테 밀리니까요. 멋있게 표현해서 ‘노블레스 오블리주(noblesse oblige)’이지요. 최근 열린 다보스의 주제가 소외된 30%를 돌아보는 자본주의였지요. 지금이 그런 상황인 것 같아요.

현재 우리나라 정당정치의 큰 기틀은 박정희 정권 때 형성되었고, 큰 개혁 없이 계속 유지되고 있습니다. 대통령 당선 전에는 어떻게든 정치개혁 하겠다고 하지만 되고 나서는 이런저런 이유로 안 하지요. 그 단적인 예가 몇 만 개에 달하는 대통령의 기관장 임명권이지요. 아무도 포기를 안 했죠. 늘어났으면 늘어났지 줄어든 것 같지는 않습니다. 결국 몇십 년 전 정치 시스템이 그대로 유지되어 왔단 말이죠. 그간 세상이 변했고 또 3/5가 변했다면 이제 구조조정을 할 때가 된 거죠. 저는 당연한 현상이라고 생각합니다. 그런데 개혁에 있어서 가장 중요한 출발점은 국민입니다. 여당이든 야당이든 직접이던 간접이던 간에 민의를 들어야 하고 그러한 시스템을 만들라고 말씀드리고 싶습니다. 소통이 매우 중요하다고 하는데 2040세대가 원하는 것을 알아야 문제의 실마리를 찾고 5060세대들도 이해를 하지요.

어제 모 신문 논평을 보니까 2040세대의 문제를 풀려면 안보교육을 더 시키라는 이야기가 나왔더라고요. 제 생각에 안보문제는 아니거든요. 아직도 기득권이 2040세대를 제대로 이해하지 못하고 있는 거예요. 정치권도 똑같이 이해를 못하고 있는 거예요. 조금 변화가 있으려고 하지만 자기의 주요 고객인 시민들의 민의를 이해하지 못하는 시스템과 조직을 가지고서는 더 이상 정당을 통한 대의정치가 어렵다고 생각합니다.

김세중 : 한국의 정당 또는 정치 일반이 불신의 대상이 된 배경과 원인에 대한 통찰력 있는 제시가 있었습니다. 더 이상 지적이 필요 없을 정도로 포괄적이고 심층을 건드리는 말씀들입니다. 그리고 정당의 기능부전 상태와 연관관계 속에서 한국의 시민단체가 해왔던 역할을 재조명한 선생님들의 말씀은 일반 독자들께도 흥미로운 사실일 것 같습니다. 이로써 대개 2040세대의 기성정치 혐오현상의 배후는 분명해진 것 같습니다.

그러나 아무리 현실정치가 혐오스러워도 정치는 가장 포괄적 차원에서 사회의 진로를 결정하고 그것을 따라가기 위해 불가결한 사회통합과 발전을 추동하는 힘 아닙니까? 그 힘을 복원할 수 있는 길이 있는지요.

박재창 : 그러면 구체적으로 어떤 정치개혁의 디자인이나 구상이 가

능하냐가 현실적인 고민일 것입니다. 간접민주주의에 직접민주주의적인 요소를 가미하는 구상을 해보아야지요. 아직 새로운 패러다임이 없고 그렇다고 간접민주주의도 더 이상 약속대로 작동하지 않는다면 직접민주주의적 요소를 추가해서 자체로는 모순적일지 모르지만 기능적으로는 실패나 무력성을 최소화하는 일종의 임시방편이라도 시도해야 하는 것이지요. 그런 점에서 국민창안제 같은 것은 검토할 가치가 있습니다. 일정 규모의 유권자가 동의하는 경우 일종의 법률제정 청원권을 주자는 것입니다. 국회에 청원위원회를 두고, 예를 들어 30만 명 정도의 유권자가 동의하는 의제가 제안되면 국회가 의무적으로 이를 심의하게 하자는 것이지요. 국회에 부여하고 있는 입법권을 부분적으로 환원해서 국민이 직접 행사하도록 하자는 것입니다. 적어도 국회의원이 입법과정에 대한 일종의 수문장 역할을 수행하면서 중요한 입법과제를 외면하는 일을 방지할 수는 있을 것입니다. 국민소환제 같이 선거 당시 국민과 맺었던 약속을 지키지 않는 경우 비록 임기 중이라고 하더라도 소환할 수 있도록 하는 제도 도입도 또 다른 방안 가운데 하나가 될 수 있을 겁니다. 임기제가 국회의원의 권력 남용이나 오용에 대한 일종의 보호막으로 작용하는 현상을 시정해보자는 것이고, 그런 의미에서 국민참정권의 회복 수단 가운데 하나라고 할 수 있을 것입니다.

다양한 형태의 사회갈등조정기구를 만들어 의회가 미처

감당하지 못하거나 외면하는 과제에 대해 조정과 타협을 촉진하는 것도 또 다른 차원의 과제 가운데 하나입니다. 이미 세계 여러나라들이 의회 외에도 정치적 이해관계의 조율이나 갈등해결 수단으로 여러 유형의 갈등조정기구들을 가외적으로 설치해서 운영하고 있습니다. 대체분쟁해결 방안(ADR)을 모색해 보자는 것이지요. 이를 위해 사회갈등조정기본법 같은 것을 제정할 수도 있을 겁니다. 같은 관점에서 옴부즈맨을 활성화하는 것도 또 다른 방안 가운데 하나입니다. 비록 사후적이기는 하지만 정부가 하는 일에는 언제나 오류가 발생할 소지가 있음을 상정하고 이를 보완·시정하기 위한 제도적 장치를 별도로 두어 시민참여의 공간을 확장하고자 한다는 점에서 의의가 적지 않을 것입니다. 전통적인 국가경영의 원리에 일종의 도전장을 내미는 셈이지요. 행정과정에 대한 시민참여의 공간을 체계적으로 확장하는 노력도 경주되어야 합니다. 거버넌스 체제의 도입을 통해 정책의 고안단계에서부터 시민참여의 기회를 부여함으로써 정책의 적실성이나 수용성 정도를 높여보자는 것입니다. 이를 위해서는 다양한 형태의 합의제 의사결정 모형이 도입되어야 할 것입니다.

김형준 : 정치적인 관점의 이야기를 할 때는 제도적인 영역과 의식적 영역이 있지 않습니까. 말씀하신 그런 것들은 엄밀하게 따지면 제도개혁과 의식개혁이 함께 결합되어야 하는 데 따

라가지 못하고 있다는 것이죠. 정당과 정치가 실질적으로 자정될 수 있는 그런 제도를 어떻게 만들 것이냐 하는 문제이죠. 의식에 대한 문제가 변하면 좋은데 문제는 의식의 변화가 굉장히 늦게 온다는 것입니다. 그러니까 현실적으로 제도를 통해서 의식의 변화를 꾀하는 게 가장 빠른 방법이라는 거죠. 그런 의미에서 최근 정치권에서 여러 가지 쇄신, 정치개혁과 관련하여 많은 이야기가 나오고 있습니다.

그런데 하나 짚고 넘어가야 할 부분이 여야와 진보-보수를 떠나서 한국정치가 정상화될 수 있는 가장 중요한 제도적인 쇄신에 대해서는 그동안 우리가 침묵해왔다는 것입니다. 한국에서 선거의 역사는 정치개혁의 역사예요. 정치개혁을 안 한 적이 없습니다. 그런데 현재 개혁의 초점은 인적 쇄신, 정책 쇄신입니다. 가장 최상의 쇄신인 운영 구조에 대해서는 이야기하지 않고 있죠. 그러니까 굉장히 비근대적이고, 일인정당독재체제를 그대로 유지를 하고 있는 것이죠. 중앙당의 폐지, 당대표의 폐지 등의 논쟁이 나오는데, 확실한 것은 우리 정치가 후진적으로 가는 여러 이유 중에 하나가 잘못된 권력구조라는 겁니다. 대통령제냐 내각제냐의 문제가 아니라, 대통령제를 채택하고 있지만 내각제적으로 운영하고 있는 게 가장 잘못된 것이죠. 대통령제에서는 견제와 균형, 권력의 분산이 핵심인데, 중앙당을 중심으로 한 여당은 항상 정부를 지지하고, 야당은 항상 정부를 반대하는 나쁜 구조를 가지고 있어요. 그러니까 정부 혹은 청와대가 집권당을 통해서 국회를 장악하는 구조를 가져왔다는 것이죠. 저는 우리가 한 번도 안 해본 정치개혁을 '3+2개혁'이라고 말합니다. 우선 세 가지 개혁은 기존의 비대한 중앙당 체제, 당대표 체제, 그리고 지역구에 있는 당원협의회를 폐지해야 한다는 것입니다. 아까 말씀드린 것처럼 63년도에 민주공화당이 창당되면서 생긴 여러 가지 뒤틀리고 왜곡된 정당의 구조를 바꾸지 못했다는 겁니다. 나머지 두 가지 개혁은 강제적 당론과 당정협의회를 폐지하는 것입니다. 헌법 제46조 2항은 "국회의원은 국가이익을 우선하여 양심에 따라 직무를 행한다"고 규정하고 있고, 모든 국회의원은 국회법 제24조에 따라 임기 초에 "나는 헌법을 준수하고 국민의 자유와 복리의 증진 및 조국의 평화적 통일을 위하여 노력하며, 국가이익을 우선으로 하여 국회의원의 직무를 양심에 따라 성실히 수행할 것을 국민 앞에 엄숙히 선서"를 하는데, 지금까지 한국의 정당들은 강제적 당론을 통해 의원들의 자율성을 완전히 속박했다는 것입니다. 다른 하나는 우리는 당연하게 받아들이지만 대통령 중심제를 채택한 나라에는 없는 당정협의회입니다. 당정협의회에서는 모든 것을 몇 사람이 결정하기 때문에 의원들이 거수기가 되어 결국 국회 상임위가 활동을 못하게 됩니다. 이러한 기본적인 제도개선을 우선적으로 해야 하는데, 우리의 정치 실정에 맞지 않고 비현실적이며, 책임정치를 맡는다는 이유로 그동안 한 번도 개선이 안 되었습니다. 그렇다면 진단이 잘못된 것이죠. 수많은 제도적인 정치개혁을 했음에도 불구하고 왜 점점 정치가 악화됐냐 하면 그동안의 제도개혁이 정확한 진단 속에서 이루어진 것이 아니었다는 겁니다. 그런 의미에서 이제는 용단을 내려야 합니다.

그와 더불어 국민들의 정치의식 수준이 빠른 속도로 변화될 수밖에 없기 때문에 의식이 제도를 바꾸는 단계로 왔다는 현실을 직시해야 합니다. 지금까지는 제도를 통해 의식을 바꿔서 산업의 변화를 가져왔지만 이제는 의식을 바꾼 후 제도를 바꿔야 하는 상황이 왔다는 것입니다. 그리고 권력구조, 정당의 운영, 충원구조, 더 나아가서 국회구조라는 네 가지 사각구도가 한 번도 유기적으로 연결되면서 선진정치를 만들거나 허약한 정당체제를 정상화시킬 수 있는 진실한 개혁이 없었다는 겁니다. 따라서 2012년 총선과 대선에서 맞물리는 결과를 얻는 어떤 정치세력이라도 정치개혁 또는 정당개혁을 하지 않으면 2015년의 집권당도 또 다시 바닥을 헤맬 수밖에 없는 구조를 가진다고 볼 수 있습니다.

김세중 : 두 분 선생님들께서 이론적이면서 제도개혁을 통한 구체적인 개선 방안들을 제시하셨습니다. 박 교수님이 오늘날 대의민주주의가 제대로 작동하지 못하는 상황에 주목해서 직접민주주의를 적절하게 접합시키기 위한 방안으로 국민창안제, 국민소환제를 제안하셨습니다. 특히 극심한 갈등에 시달리는 우리 사회의 현실에 비추어 사회갈등조정기구

창설을 제의하신 것은 매우 시의적절한 것 같습니다 김 교수님은 국회의원의 자율을 부정했던 권력구조의 문제해소를 위해 구체적으로 중앙당 폐지, 당정협의회 폐지 등 개선 방안들을 내놓으셨습니다. 또 정당구조와 국회구조를 유기적으로 연결시키는 개혁의 중요성도 강조하셨습니다. 오랜 숙고의 산물이라는 느낌입니다.

뉴미디어 환경과 2040세대

김세중 : 다음으로 2040세대 쟁점을 뉴미디어와 관련해서 논해보도록 하겠습니다. 좌담 모두에서 2040세대를 함께 묶을 수 있는 근거가 여러 각도에서 제시되었습니다만, 저는 그들을 함께 묶는 요인의 하나로 소셜미디어를 공유하는 세대라는 점을 강조할 수 있다고 봅니다. 어떤 자료를 보니 50대부터는 SNS 사용률이 급격하게 떨어지더군요. 이런 배경에서 새로운 미디어가 갖는 함의에 대해 자유롭게 말씀을 해주셨으면 합니다.

윤평중 : SNS 혁명에서 비롯된 직접민주제적 요소를 정치발전에 선용해야 한다는 시대적인 요구에 첨언을 하겠습니다. 5060세대가 주로 TV를 통해서 현실에 대한 시사적인 정보를 얻는 데 비해 2030세대는 압도적으로 SNS로부터 정보를 얻

고, 중간에 있는 40대는 양쪽을 균형 있게 소스로 삼고 있지만 통계를 보니 SNS에 대한 의존치가 약간 더 높더라고요. 이것은 좋고 나쁨의 문제가 아니고 SNS가 비록 중립적인 기술적 수단이지만 앞으로 한국의 정치사회 지형을 변화시키는 데 있어 그 비중이 빠르게 증대될 것이라고 하는 점은 명백하고 객관적인 사실인 것으로 생각합니다.

그래서 이 점을 좀 더 전향적이고 적극적으로 정당정치의 내실화나 활성화와 연관 지어서 생각해볼 필요가 있습니다. 민주정치라고 하는 것은 고대 아테네 시대부터 말의 정치 아닙니까. 말을 통한 커뮤니케이션으로 중요 정책과 의제를 형성하고 시민들에게 묻고 집행하며 검증받고 평가받는 과정의 연속이거든요. 말의 정치란 관점에서 보면 SNS는 말과 커뮤니케이션의 지평을 획기적으로 확장시키는 혁명적 변화이기 때문에 결국 현대 민주정치의 가능성과 지평 자체를 그만큼 확장시키고 심화시키는 효과가 있다고 하는 점에 주목해야 합니다. 단적으로 <나꼼수> 열풍에 대해 특히 보수 성향의 분들이 불편한 심경을 갖고 있는데 <나꼼수>도 일종의 말의 정치임을 이해해야 합니다. 이를테면 예전 권위주의 통치기간 공론장의 핵심이 제도언론이었고, 제도언론은 의제를 형성하고 상의하달하는 방식으로 국민들에게 계몽적이거나 권위적인 태도로 따를 것을 요구했습니다.

그러나 SNS의 등장과 정치사회적 영향력의 증대는 결국

의제결정 능력이나 심의의 과정이 다원화, 국지화되는 것을 뜻합니다. 나아가 SNS의 특성상 물리적인 시공간 자체가 탈시간화, 탈공간화되는 것을 가능하게 하기 때문에 일각에서는 일인 미디어의 등장이라고까지 평가를 하거든요. 이는 일단 전향적으로 보면 한국민주주의의 내실화를 위한 중대한 계기가 될 수 있다는 것이죠. 물론 그림자가 있습니다. SNS의 성격이 감성적이고 포퓰리즘적으로 치달을 수 있는 여지가 있지만 <나꼼수>가 눈에 가시이기 때문에 어떤 방식으로든지 통제하고 관리하겠다는 반응은 시대착오적이라고 생각합니다. 기술적으로나 물리적으로 그것을 통제하고 관리한다는 것 자체가 거의 불가능에 가깝습니다. 민주정치의 내실화, 충실화라고 하는 것은 말의 유통을 충실하게 만드는 과정과 다르지 않지요. 커뮤니케이션이 활성화되고 시민들의 담론이 정책을 결정하고 국가가 정책을 실행할 경우 충실하게 민의가 반영되려면 어떻게 해야 하겠습니까. 담론이 경쟁하는 말의 시장으로서의 공론의 영역, SNS에서 생산되는 루머나 음모론의 유포 등의 여러 문제가 엄존하기도 합니다. 이런 문제가 SNS를 포함한 공론영역에서 자발적이고 자생적으로 걸러질 수 있는 단계로 나아가야 합니다. 음모설이나 허구적인 견해가 탈락하고 좀 더 신뢰성 있는 담론이나 정보들이 받아들여질 수 있는 자정기능을 갖추도록 서로 협력하고 적극적으로 동참해야 한다고 생각합니다.

마지막으로 한 가지만 더 말씀드리면 SNS를 포함해서 확장되고 심화된 공론영역에서 우리가 정말 집중해야 할 부분은 경합하는 담론들 가운데 좀 더 고급의 담론과 왜곡되거나 저질인 담론들 사이의 질적 차이와 격차가 분명해야 한다는 대목입니다. 객관적인 사실성의 잣대에서 한 담론이 다른 담론보다 우월하거나 열등하다는 검증이 자유롭게 이루어져야 합니다. 예컨대 천안함 폭침문제 또는 <나꼼수>에서 이야기하는 이명박 정부에 대한 비판도 객관적 사실성의 준거에 의해서 검증할 수 있어야 합니다. 두 번째는 도덕적 정당성의 관점에서 여러 담론들을 검증해서 그 잣대를 통과하지 못하는 담론들은 탈락시킬 수 있는 시민의 자기훈련이 현대 민주정치를 내실화하는 데 결정적으로 중요하다고 봅니다.

김형준 : 최근의 정보이론(information theory)에 의하면 많은 사람들이 제한된 정보를 가지고 확신에 차서 행동을 한다는 겁니다. 그게 '추지(推知)틀 이론'인데요. 그러니까 옛날에는 정보를 얻는 방법이 기존매체를 통해서 얻었고, 지금도 조사해보면 나이 드신 분들은 TV나 신문을 통해서 정보를 얻습니다. SNS 같은 경우 윤 교수님이 말씀하신 것처럼 새로운 기제이고 우리의 담론 지평을 넓힐 수 있다는 장점도 있지만, 문제는 SNS에서 확인되지 않은 사실이 나갔을 때 그것을 확신에 차서 옳다고 생각한다는 것이죠. 이러한 구조

를 어떻게 막아내느냐가 문제가 아니라, 정보의 취득, 습득 과정 속에서 결국은 경쟁체제를 만들 수밖에 없다는 것입니다. 어느 한쪽이 일방적으로 주도하는 것이 아니라 여기에 맞설 수 있는 다양한 채널들을 만들어 줄 수밖에 없는데, 이것은 시민단체의 영역에서 할 수 있다고 봅니다. 만약 정부가 그 역할을 한다고 하면 탄압처럼 느껴지고, 또는 주요 정당들이 한다고 하면 왜곡이라고 생각하기 때문에 SNS 등 다양한 미디어에서 나오는 정보를 정확하게 판단하고 국민들에게 이를 제대로 전달하는 형태의 시민사회 영역이 나올 수밖에 없다고 보는 것이죠.

한편 SNS문화를 거슬러 바꿀 수는 없다고 봅니다. 그런 면에서 보면 어느 정도 시간이 걸리겠지만 결국은 균형을 맞춰갈 것이라고 봐요. 지금은 일방적으로 한쪽 얘기가 들리지만 사람들은 결국 거기에 적응을 하거든요. 도로 사정이 안 좋아 차가 막히면 자동차를 타지 말라는 것이 해법이 아니라 직접 자동차를 타고 가보라는 것이죠. 거기서 고통을 느껴야 차를 타지 않는 것처럼 사람들이 실제적인 행위 속에서 잘못된 길을 가고 있다는 인식을 갖지 못한다면 바꾸기가 어렵습니다. 예를 들어 토크빌(Alexis de Tocqueville)이 미국의 민주주의를 직접 확인하고 이야기한 것처럼, 민주주의는 결국 자기 수정 능력을 갖고 있기 때문에 발전되어 나간다는 것이죠. 그리고 현재 우리가 갖고 있는 부작용문제가 크더라도 어느 일방의 힘에 의해 끌고 가는 계급민주주의로 갈 수 없다는 사실도 알아야 합니다. 따라서 자체적으로 자연스럽게 정화능력을 가질 수 있는 자기수정 메커니즘을 작동시킬 수 있는 단계가 올 때까지 어느 정도 시간적인 여유가 있어야 한다는 것이죠.

박재창 : 굉장히 낙관적인 예견을 피력하셨는데 그렇게 되기를 저도 기대하고 또 희망합니다. 중요한 것은 정보사회적인 특성이 영향을 미치기 이전에 사회적 인프라가 축적되어 있었다면 그러한 자생력이나 균형회복력이 작동하면서 심각한 문제없이 균형적인 조응을 해나갈 수 있었을 것입니다. 그러나 우리의 경우는 그런 준비 없이 쏟아지는 정보사회의 구조적 특성에 그대로 노출되고 있는 겁니다. 이와 관련하여 두 가지의 문제가 있습니다. 우선 SNS를 비롯한 정보사회의 의사소통 기제들이 본질적으로 가지고 있는 속성상의 문제가 있습니다. 흔히 이야기하는 것인데 책임의 소재지를 밝히기가 어렵다는 것이지요. 그래서 직접민주주의적인 요소를 보완하는 데 있어 SNS 등이 굉장히 중요한 역할을 수행하는 것은 사실이지만 민주주의의 철학적인 원리에 맞게 운영되고 그 결과 책임 추궁할 대상을 특정할 수 있느냐가 매우 중요한 과제로 제기됩니다.

또 하나는 외형적으로 볼 때 심의성을 증대하는 것이 사실이지만 대표성은 어떻게 확보할 것인가를 간과할 수는 없다는 거죠. 그러니까 SNS에 대한 접근성이 좋아서 활발하게 참여하고 자기 목소리를 내는 사람들과 접근성이 차단되어 있거나 그런 능력이 없거나 스스로 외면하거나 즐기지 않는 사람들과의 차등문제를 어떻게 보완할 것인가가 또 다른 차원의 과제입니다. 대화나 접촉이 많아지면 심의성 정도가 높아진다고 판단하는데, 사실 SNS에서 이루어지고 있는 대화나 접촉이 과연 정보의 공유를 통해 일종의 학습과정 내지는 가치관 교정과정을 동반하는가의 문제가 제기될 수도 있습니다. 그래서 정보사회 도구들을 이용한 정치과정이 불가역적이고 대단한 효능성을 발휘하는 것임에도 불구하고 조심스럽게 접근해야 할 요소를 본질적으로 가지고 있고, 특히 한국사회에서 그런 구조적인 특성을 가지고 있는 기제들이 작동할 때 그것을 수용하고 자생적으로 관리해 나갈 수 있는 준비가 갖추어져 있지 못한 문제를 어떻게 해결할 것인가의 과제가 있습니다. 지금까지 한국사회는 서구사회의 발전과정을 모방해서 현재의 위치에까지 왔다고 생각합니다.

그러나 한국사회는 모방발전전략만으로는 더 이상 전진해 나갈 수 없는 단계에까지 와 있습니다. 정보사회의 모순적 구조가 더 이상 모방할 만한 대상을 제시해 주지도 못하고요. 한국사회의 자생력 내지는 주체적인 자기 문제해결능력에 정면으로 대응하지 않으면 안 되는 시점에 다다른 것이지요. 그런 점에서 사회자본 축적문제가 시급한 과제가 되어 있습니다. 거국적인 민주시민교육 같은 것이 시급하게 요구되는 이유입니다. 오늘날은 시민 각자의 자존감도 높아져 있고, 독자적인 의사결정권의 행사가 가능한 물리적 환경조건도 갖추어져 있습니다. 다만 이에 동반되는 문제점들을 스스로 해결하지 않으면 안 되는 과제에 직면해 있는데, 이를 정보화 사회의 구조적인 모순이라고 한다면 이 문제를 해결하기 위해서는 자기 성찰적인 인간이 필요합니다. 스스로 돌발 상황에 조응하면서 거기에 맞추어 자기 수정이 가능한 존재여야 하기 때문이지요. 그러나 우리 사회는 이런 시민을 만들어내기 위한 준비가 갖추어져 있지 않은 상태입니다. 이게 매우 고민스러운 과제입니다. 그러나 아무도 이 문제를 정면으로 제기하지를 않고 있어요. 지금이라도 민주시민교육에 나서는 일 외에는 다른 방도가 없습니다.

조성호 : 박 교수님께서 말씀하신 SNS와 관련한 두 가지 문제점에 전적으로 동감하면서, 그럼에도 불구하고 SNS는 직접민주제의 장점 중의 하나인 직접적 소통을 가능케 한 대단히 위력적인 IT발명품이라고 생각합니다. SNS의 본질은 과거 그리스 아크로폴리스에서 행하여졌던 직접민주제가 인류문명의 기술발달로 가능케 되었다는 것입니다. SNS의 위력은 가히 가공할 만합니다. 최근 이집트와 리비아의 사태에서 보듯이 정보소통의 부재 또는 인위적 장막으로 인해 수십년간 꿈쩍도 안 했던 독재사회가 순식간에 바뀌는 기폭제

가 되었습니다. 그 강도에 비하면 미미하지만 지난 1, 2년간 한국사회에서 다소 소외되었던 2040세대의 목소리가 크게 부각되고 정치행동화 되는 현상과 일맥상통한다고 생각합니다.

문제는 이런 문명의 이기(利器)를 어떻게 유도, 규제하면서 사회에 긍정적인 역할을 하게 할 수 있는가에 있습니다. 의사표현의 자유와 그에 상응하는 책임을 불가분의 관계로 인식하게 하면 대화와 협상을 통해 의견수렴(consensus building)할 수 있는 대단히 좋은 플랫폼(platform)인 거죠. 자동차도 인류문명에 대단히 중요하고 위력적인 이기이지만 동시에 잘못 사용되면 사회에 대단히 위험한 존재가 될 수도 있습니다. 하지만 교통법규, 교통경찰 등 공적 제도를 통한 적절한 규제와 통제로, 또 한편으로는 운전면허시험, 적성검사 등을 통한 운전자의 정규적 교육으로 부정적 요인들을 해결하고 있습니다. SNS도 초창기인 현재 아직 제도화하지 못하여 통제가 덜 되고 그래서 마이너스적인 요인들도 많이 보이지만, 이는 운영상의 문제로 조만간 사회 구성원들이 수긍할 수 있는 합리적 수준으로 수렴되어 해결될 것으로 믿습니다.

김세중 : 뉴미디어의 장단점에 대한 종합적인 제시가 있었습니다. 윤 교수님께서 소통의 지평을 넓혀서 민주주의를 내실화하는 계기가 될 수 있는 반면 감성적이고 대중영합적 담론을 추

동할 위험성을 제기하셨습니다. 덧붙여 박 교수님이 뉴미디어의 문제점이 대표성, 심의성, 책임성이 동반되지 않는 소통도구일 수도 있다는 것을 매우 설득력 있게 제시하셨습니다. 여러 선생님들이 합의를 하신 것은 뉴미디어의 문제점은 편의주의적 규제로는 접근할 수도 없고 해서도 안 된다는 점입니다. 시민의식이 성숙되어 생각의 시장에서 진실과 격조 높은 견해가 자연스럽게 살아남는 것을 인내하는 것이 최선의 접근이라는 데 합의가 있는 것 같군요.

첨언하고 싶은 것은 조 교수님께서는 상대적으로 SNS의 긍정적 측면을 강조하는 입장인 것 같다는 것입니다. 단순하게 낙관만하는 것은 아니고 마치 적절한 제도 도입으로 위험한 자동차가 인류에게 매우 유익한 이기가 되었듯이 뉴미디어도 경험이 쌓이면서 적절한 제도도입 등을 통해 문제점이 하나하나 극복되리라고 보는 관점은 설득력이 있어 보입니다. 한 순배 돌아가며 말씀하신 것만으로도 뉴미디어에 대해 많은 논의가 된 것 같습니다. 여기에 첨언하실 것이 있으신지요.

윤평중 : SNS 소통문제에 대해서 관점에 따라 낙관적으로 평가하거나 아니면 현재 진행되고 있는 난맥상이나 혼란, 사회적인 역기능, 그리고 갈등의 증폭 때문에 우려하는 시각을 가질 수 있겠습니다. 박 교수님이 걱정하시는 것처럼 무책임한 루머나 음모에 가까운 이야기들이 난무하고 또 남을 해

코지 하고 인격을 모독하며 거짓된 정보를 지어내서 정치적 견해를 달리하는 세력을 타격하는 데 악용하는 경우가 비일비재하죠. 이런 것들을 연구하는 학자들은 미국사회의 경우를 집중적으로 분석하지만, 이들에 의하면 그런 부정적 추세가 우리 사회에도 그대로 들어맞는다는 겁니다. 예를 들어 SNS를 비롯한 첨단 IT문명의 도구들이 계속 확대되면서 민주정치의 활성화에 봉사한다기보다는 오히려 역기능이 증폭되고 있다고 주장합니다. 트위터나 페이스북 등을 통해 숱한 정보들이 무차별적으로 확대·재생산되면서 오히려 정치적 견해를 같이하는 사람들 내부에서 일종의 폭포효과가 발생한다는 겁니다. 인간광우병과 관련된 촛불시위가 일어났을 때 미국산 수입 쇠고기가 인간광우병을 촉발한다고 믿었던 다수의 한국 국민들은 과학자 공동체와 전문가 집단이 객관적 사실(fact)을 제시하면서 인간광우병 위험성을 근거 없다고 일축했음에도 불구하고 요지부동이었습니다. 광우병 공포에 사로잡힌 다수 시민들이 과학적 증거를 신뢰하지 않고 자신들과 견해를 같이하는 집단 내부에서 증식되는 사이비 정보에 무한 신뢰를 보내면서 폭포처럼 휩쓸려 가는 것인데 이를 동조화 효과라고도 합니다. 자신이 가지고 있는 선입견이나 편견을 강화하는 자료와 정보들만 선택적으로 수용하고 다른 얘기는 아예 외면하는 것이죠. 그 결과 민주정치의 근본적인 토대를 취약하게 만들고 사회적 인프라에 심대한 위협이 되는 현상들이 노정되고 있다는 데 저도 공감합니다.

그러나 아까도 말씀드린 바 있지만 이는 물리적인 통제나 관리로 해결할 수 있는 상황이 아닙니다. 비유를 하자면 손오공이 이미 부처님 손바닥 바깥으로 빠져나가 버렸어요. 그럼 유일하게 내놓을 수 있는 방안은 아까 박 교수님도 말씀하셨지만 긴 호흡을 가지고 장기적인 의미에서의 시민교육뿐입니다. 그러나 이것도 교육의 상위주체가 있어 시민들을 계몽하는 방식은 유효할 수도 없고 성립할 수도 없는 접근방법입니다. 시민들 자신이 소통의 참여자이자 주체가 되어 일종의 자정기능이 성립되고 작동할 수 있도록 스스로 훈련하는 방법밖에 없습니다.

그래서 저는 SNS의 도전이 복합적 의미를 갖는다고 봅니다. SNS의 지평에서는 표현의 자유와 언론의 자유라는 미명하에 자유가 넘쳐나고 권리주장이 넘쳐납니다. 동시에 깨달아야 할 것은 모든 시민들이 스스로 성찰하고 체득할 수밖에 없다는 교훈입니다. 자유에는 책임이 동반되고 권리주장에는 의무가 복합체로 따라온다는 것을 한국 국민들은 앞으로 상당 기간 동안 막대한 사회적 비용을 지불하고 시행착오의 과정을 겪으면서 스스로 훈련해 가지 않으면 안 될 것입니다. 그러나 중장기적으로 보면 SNS가 민주정치의 활성화에 기여하게 될 것이고, 우리 국민들이 그런 삶의 방식을 자체적으로 형성하리라는 낙관적인 생각을 가지고 있습니다.

박재창 : 한국사회의 경우 SNS의 긍정적 요소에 대한 기대가 크죠. 왜냐하면 그동안 소통이 차단된 사회에서 살아왔기 때문에 SNS가 불러오는 소통증대효과에 대한 수요와 기대가 클 수밖에 없습니다. SNS가 어떤 사회를 이상향(utopia)으로 이끌 것이냐 아니면 반이상향(dystopia)으로 이끌 것이냐에 대한 논쟁이 있습니다만 결국 그것이 어떠한 맥락에서 어떤 목적으로 사용되느냐에 따라 기술적인 특성으로서의 일종의 증폭기(dramatizer) 역할을 수행하는 것이라고 이해하면 어떨까 싶습니다. SNS와 관련해서 윤 교수님이 좋은 말씀을 하셨는데 민주시민교육이라고 하는 것은 결코 누가 누굴 일방적으로 특정의 가치관을 주입하거나 교정한다는 차원의 것을 말하는 것이 아닙니다. 다만 민주주의가 무엇이고 그것을 달성하기 위한 제도나 수단에는 어떤 것이 있으며, 그것이 잘못 운영될 경우 어떤 역기능이 있을 수 있고 왜 민주주의는 고귀한 것인지에 대한 이해력을 높여 스스로 사회적인 문제에 민주적으로 대응할 수 있는 능력을 갖춘 시민을 만들어내자는 것이지요. 가장 효과적인 방법은 참여를 통해 스스로 깨우치는 기회공간을 확장하는 일이라고 생각합니다.

또 하나는 국가와의 소통 단절이 사회적으로 큰 좌절을 불러온 상황이기 때문에 국민이 원하는 것이 무엇인가를 파악하고 그것을 국정에 반영하기만 한다면 아주 지고지순한 것이라고 생각하기 쉬운데, 사실은 국정을 운영하는 데 있어 국민이 원하는 것이 무엇인가를 파악하고 이를 국정운영과정에 반영하는 것도 중요하지만 전문가에 의한 과학적이고 합리적인 판단 또한 중요한 의사결정요소 가운데 하나라는 겁니다. 균형민주주의를 지향해야 하는 것이지요. SNS의 정치적 효용을 생각할 때 함께 감안하거나 유의해야 하는 과제라고 생각합니다. 그동안 우리 사회는 엘리트 중심주의 내지는 전문가 중심주의에 매료된 나머지 지나치게 전문가의 판단에 의지한 결과 소위 전문가의 독단에 의한 폐해가 적지 않았습니다. 그런 점에서 SNS의 순기능을 강조하게 되는 현상에 대해서 이해하고 또 기대가 클 수밖에 없는 일이기도 합니다.

조성호 : 저는 그것이 아까 말씀드린 리더의 국제적 혜안과 더불어 차세대 리더십의 또 하나의 과제라고 생각합니다. 민의가 투명하게 올라오고 그것을 알고 이해하는 것은 직접민주주의이든 간접민주주의이든 당연히 필요한 기본요건입니다. 그것이 반영이 되느냐 그렇지 않느냐는 또 다른 문제인 것이죠. 기술관료(technocracy)나 전문가 집단을 통해 얻어진 결과물이라 할지라도 30%는 이에 대한 반대가 나올 수 있습니다. 이들 30%를 어떻게 설득하고 타협으로 이끌어내느냐가 과거 어느 때보다 요구되는 리더십 덕목으로 된 것 같습니다. SNS 자체는 어떻게 보면 이야기를 하고 싶어도 할 데가 없는 사람들한테 숨통을 터주는 역할을 한 것

뿐이지요. 과거라고 100% 찬성만 있었겠습니까? 소통할 수 있는 적절한 채널이 없었던 거지요. 어쨌든 앞으로 대한민국의 차세대 리더십은 소통과 타협의 덕목이 매우 중요하게 되리라 봅니다. 그러니까 SNS의 등장으로 좋은 리더가 되기 더 어려워지고 복잡해진 것이죠.

김형준 : SNS 여론을 들여다보면 내년 총선과 대선 결과를 어느 정도 예측해 볼 수 있는 단서가 제공됩니다. 단 몇 분 만에 특정한 사건이 리트윗으로 대다수 트위터리안에게 전달되는 세상이죠. 트위터가 선거에 미치는 영향력이 득표율의 8~12%라는 연구 결과도 있습니다. 내년 총선과 대선 정국에서 SNS 이용자가 얼마로 늘어날지 예측하기 어렵지만 SNS의 위력은 더욱 커질 것으로 전망됩니다. 다만 SNS와 관련하여 단순한 껍데기가 아니라 정신을 배워야 한다고 봅니다. 이를 위해서는 SNS를 이용할 때 겉모습이 아닌 체질과 마인드를 바꿀 필요가 있습니다. SNS 이용자들은 개인 간의 관계에 주목하며 타인이 무엇을 하는지 어떤 생각을 하는지 알고 싶어 하죠. 그리고 사회적 이슈에 민감하고 세상을 바꿀 수 있는 주제에 대해 폭발적으로 반응합니다. 더구나 욕설과 비난이 난무하는 인터넷 포털과 달리 SNS는 어느 정도 집단지성의 힘에 의해 움직이고 자정능력도 있습니다.

따라서 SNS를 인터넷 포털과 같은 안이한 자세로 접근하면 역풍을 맞게 될 우려가 있습니다. SNS는 상당히 자발적이고 열린 공간이며, 특성상 진정성과 자발성이 중요하기 때문이죠. SNS와 관련된 외부 명망가를 영입하고 SNS 관련 애플리케이션을 개발한다고 SNS 소통이 저절로 강화되지는 않습니다. 또한 SNS를 상대방 비난과 자신의 홍보 수단으로 잘못 사용하면 회복하기 힘든 상처를 입게 되죠. 2040세대가 왜 SNS를 하는지, SNS를 통해 말하고자 하는 내용이 무엇인지부터 따져봐야 합니다. SNS를 통한 소통이나 SNS의 수용은 고사하고 SNS를 막을 방법만 고민하면 해답이 없어요. 이제부터라도 젊은 층의 목소리와 요구를 억누르는 것이 아니라 앞장서서 듣고 대화하며 소통하려는 노력을 해야 합니다.

김세중 : SNS에 대한 만만치 않은 우려가 표명되었습니다만, 동시에 소통의 기제로서의 순기능 그리고 순기능이 일반화되기까지 어느 정도 사회적 비용지불이 불가피하다는 지적, 덧붙여 뉴미디어 시대에는 특히 타협과 설득의 리더십이 중요하다는 말씀도 있었습니다. 미디어 부분에 대한 논의가 오늘의 초점인 2040세대에 대한 언급이 없이 일반론적 차원에서 진행된 감도 있습니다. 그러나 뉴미디어의 사실상 주인공이 2040세대이기에 그들의 사고와 행태 속에 뉴미디어의 특색이 가장 강하게 녹아 있을 것입니다. 따라서 일반론적 고찰은 그들의 사고와 행태에 대한 고찰로 볼 수도 있을

것입니다. 즉 그들은 뉴미디어의 특색이 보여주듯 미증유의 소통세대이면서 동시에 감각적 포퓰리즘이나 동조화의 폭포 현상의 희생자일 수도 있는 것입니다. 그들이 최근에 보여준 일련의 사고와 행태에는 그런 특색들이 반영된 감도 있는 것 같습니다.

특히 금년 선거에 SNS의 위력이 커지리라는 예측이 제시됐습니다. 이는 2040세대의 역설적 양면성이 더욱 큰 폭으로 표출될 수 있음을 의미하는 것 같습니다. 일단은 현시점에서 특히 2040세대가 왜 SNS에 몰두하는지 그리고 말하고자 하는 내용이 무엇인지 검토하는 것이 급선무라는 김 교수님의 제안을 되새기는 것으로 논의를 종결하겠습니다.

오늘 2040세대라는 뜨거운 쟁점을 가지고 매우 열띤 논의가 있었습니다. 30년을 포괄하는 세대의 고뇌와 실태를 한 번의 좌담으로 파악하는 데 한계가 있겠습니다만, 이 쟁점에 대한 본격적 논의였음이 틀림없습니다. 특히 오늘은 여러 사정으로 늦은 시간에 좌담이 시작되어 전례가 없는 야심한 시간이 되었습니다. 그럼에도 시종일관 열띤 토론으로 임해주신 선생님들께 거듭 감사의 말씀을 드립니다.

(「시대정신」, 2012 봄호.)

3. 한국, 어디로 가야 하나?
- 증오정치 그만…정책으로 대결하라

대담: 박재창 숙대 교수, 조기숙 이대 교수, 손호철 서강대 교수
일시 : 2001년 8월 8일
장소 : 동아일보 회의실

정치왜곡

박재창 : 권위주의 청산을 토대로 민주주의를 공고히 했어야 했는데 이것이 잘 되지 않아 우리 사회가 다양한 문제를 겪고 있습니다. 정치개혁 없이 사회의 전반적인 개혁이 불가능하다는 것을 절감하고 있습니다. 정치개혁이 부진한 이유와 정치 현장에서 벌어지는 문제를 얘기해 보시지요.

조기숙 : 과거 경제발전을 위해 정치를 후퇴시킨 측면이 있었습니다. 그러나 경제가 발전하면서 군사정권 때 억눌렸던 온갖 계층의 목소리가 터져 나오고 있습니다. 정치개혁의 핵심은 정치의 활성화입니다.

손호철 : 김대중(金大中) 정권 출범 후 3년 반이 됐는 데, 정치적 시민

권 측면에서 보면 별로 나아지지 않았습니다. 의회민주주의 측면에서도 진전이 없었습니다. 소수정권의 한계에 기인하지만, 개혁독재가 그렇게 만들었다고 생각합니다. 사회경제 개혁을 추진하는 힘이 정치에서 나와야 하는데, 소수정권이라 힘이 부치다 보니 과거 군사독재의 결과제일주의를 재연한 모양이 됐습니다.

박재창 : 정치개혁은 단순히 대의민주주의 정상화만으로는 안 됩니다. 정보화시대에 들어서면서 대의제도 자체의 모순도 극복해야 하는 이중의 과제를 안고 있습니다. 시민사회가 제대로 형성돼 있지 않고, 신뢰·질서·규범이 부족하며, 사회자본(social capital)도 축적되지 않은 상태에서 정치개혁을 하기는 어렵습니다. 정치개혁의 주체와 대상이 중복되는 구조적 모순도 있습니다. 냉전을 극복하지 못하고 있다는 부담도 정치왜곡의 원인이 되어 있습니다.

조기숙 : 교육개혁, 의약분업 등은 소수정권의 전문성 부족으로 실패를 피하기 어려웠고, 다른 정권이라면 잘 했을 수도 있었을 것이라고 생각합니다. 그러나 정치개혁은 어떤 정권이 들어섰더라도 실패했을 것입니다. 온 국민이 일상생활 속에서 스스로 권위주의를 벗어나지 못하고 있고, 사회적 인프라가 없는 상태에서 기득권자가 기득권을 놓지 않는 것은 당연한 일입니다. 정치적 기득권자가 스스로 버려야 하지만, 시

민사회의 엄청난 요구 없이는 어렵습니다. 우리 시민사회는 87년 이후 비로소 형성되기 시작했습니다. 그래도 이 정도 수준이면 많이 왔습니다.

정치의 독과점

박재창 : 개혁의 주체는 개혁이 실패하더라도 잃을 것이 없습니다. 개혁의 추진과 저항의 강도 사이에 차이가 커 개혁을 어렵게 합니다.

손호철 : (대통령은) 소수정권으로서 당내 민주주의를 하면 개혁에 실패한다고 생각해서 안 했습니다. 또한 의회도 수구세력이 다수를 차지하고 있으므로 정치에 대한 통제력을 가져야 한다고 생각하고 있는 것 같습니다.

조기숙 : 그럼 야당의 리더십은 왜 권위적이라고 생각하십니까?

손호철 : 뭉쳐서 싸우기 위해서라고 자기들은 생각합니다.

조기숙 : 그건 소수정권의 문제가 아니라 독과점 체제 때문이라고 생각합니다.

손호철 : 시민사회가 정치개혁을 강제해야 하나 그렇게 안 되는 이유는 지역에 기반한 독과점 체제를 보장하는 지역주의 때문입니다.

박재창 : (현 정권은) 진지성의 결여, 전문성의 부족, 그리고 근본적인 소수세력의 한계가 있었다고 생각합니다. 정치시장이 유연하지 못한 이유는 지역주의 때문입니다.

조기숙 : 현 정권이 다수정권이었더라도 정치개혁을 하지 못했을 것이라고 생각합니다. 대통령선거에서 치열하게 싸운 대통령과 야당총재 간의 불화가 정쟁의 원인이 되고 있습니다. 대통령이 총재를 겸하고 총재가 공천권을 휘두르는 것도 큰 문제입니다. 국회의원 공천권을 정쟁의 도구로 쓰고 있는 데 왜 이 권한을 놓겠습니까. 야당의원들도 총재와 맞서고 싶어도 정권을 가져와야 하기 때문에 내부에서 싸우지 못하고 있다고 합니다.

백 아니면 흑의 정치

손호철 : 군사독재시절이었던 유신시대나 5공 시절에는 증오의 정치가 기승을 부리진 않았습니다. 표현의 자유가 없기도 했지만, 최소한 상식적 수준에서 뭐가 선인지 악인지 구별할

수 있는 도덕적 권위라는 게 있었습니다. 문제는 김영삼, 김대중 대통령 등 민주화 세력이 집권하면서 그 사람들이 주장해 온 민주주의 잣대가 불신을 받게 됐다는 것입니다. 이 때문에 도덕적 허무주의가 확산됐습니다. 이것이 증오의 정치를 전면화 시켰다고 봅니다.

조기숙 : 지금은 옳고 그름을 판단할 수 없는 상황에서 옳고 그름을 주장하고 있습니다. 의견은 다양하고, 총천연색입니다. 수천 수만 가지의 생각이 있는데 흑이 아니면 백, 백 아니면 흑의 양분론적 사고가 지속되고 있습니다.

박재창 : 정권교체에 자신감을 가진 야당과 정권을 뺏기지 않으려는 여당 간에 공존하는 방식과 과실을 나누는 방식에 대한 합의가 없습니다. 우리의 정치문화는 구체적 토론과정 없이 증오와 적대감이 누적되다가 일정 한계에 다다르면 폭발적으로 한꺼번에 표출됩니다. 정치가 지나치게 관념적인 것도 문제입니다. 구체적인 실체가 있어야 조정과 타협이 가능한데 원론만가지고 싸우면 조정과 타협이 있을 수 없습니다.

손호철 : 최근 정치권에 사회주의 논쟁이 있었는데 경제학자 출신인데다 집권을 노리는 제1 야당의 정책위의장이 그렇게 무식할 수 있는지 충격적이었습니다. 그러나 양면이 있습니다. 낡은 색깔론적 담론은 극복해야 할 대상이지만 정책을 가지고

논쟁을 벌인 것은 긍정적 측면이 있습니다.

조기숙 : 색깔론이나 사회주의 논쟁도 상징정치의 폐해라고 볼 수 있습니다. '여당의 사회복지정책이 이래서 낭비가 크고…' 하는 식으로 말하면 유권자들이 못 알아들으니까 한 방 먹이려는 목적에서 '나쁜 놈'으로 만들기 위해 색깔론 등 상징적 언어를 동원하고 있습니다.

박재창 : 관념의 정치에서 벗어나 프로그램의 장단점을 구체적으로 짚어주면 훨씬 좋을 것입니다. 정치가 너무 과장을 합니다. 쟁점의 이슈화를 위해 정치적 책임을 외면해 버리고 있습니다. 정교한 언어와 치밀한 재단을 해야 하는데 우리 정치는 너무 무지막지하고 조악합니다.

개혁, 어떻게 하나

조기숙 : 제일 시급한 것은 정당 개혁입니다. 그러나 지금과 같은 소선거구제 하에서는 도저히 불가능합니다. 정당 제도를 개혁하려면 선거 제도를 바꿔야합니다. 다행히 헌법재판소가 현 비례대표제에 대해 위헌판결을 내린 만큼 지금 개혁해야 합니다.

손호철 : 그 의견에 동의합니다. 독일식 비례대표제로 가야 합니다. 일본식 비례대표제는 매우 위험한 발상입니다. 또 당내 민주화를 위해 예비선거를 의무화하지 않으면 국고보조금을 받지 못하게 하는 방식도 필요합니다. 의회의 독립을 위해 미국처럼 감사원을 의회 산하에 둬야 합니다.

박재창 : 권력구조를 어떻게 바꾸느냐 하는 것은 또 다른 차원의 과제입니다. 의회의 독립성 확보를 위해 다양한 장치를 생각할 수 있습니다. 그러나 대통령이 여당 당수를 겸직하는 우리의 현실에서 과연 행정부로부터 의회의 독립을 보장할 수 있느냐가 문제입니다. 대통령이 여당총재를 하지 않는 제도적 방법이 없을까 고민해야 합니다.

조기숙 : 우리나라 국회의원들이 대통령이나 야당 총재보다 더 개혁적이라고 보기 어렵습니다. 돈세탁방지 관련법 처리 과정에서 의원들이 법안을 누더기로 만들었습니다. 사립학교법도 대통령은 개정하라고 하는데 의원들이 하지 않았습니다. 전횡을 휘두르는 총재와 의원들의 반개혁성을 어떻게 조화시킬 것인가가 문제입니다. 정쟁에 동원될 때는 총재에게 충성을 바치지만 의원 자신들의 이해관계가 걸리면 총재에게 반기를 듭니다. 무작정 의원들에게 자율성을 주는 것도 문제입니다.

박재창 : 의회민주주의를 잘 하는 나라들을 살펴보면 정치권에 들어가는 사람들의 자질이 근본적으로 다릅니다. 건전한 생각을 가지고 이상사회에 대한 꿈을 가진 사람들이 적극적으로 정치권에 진출하도록 하는 사회 운동이 있어야 하겠습니다.

조기숙 : (그런 사람들이) 정치권에 흡수돼 변절하는 것보다 시민사회에 남아 압력을 행사해야 합니다. 이는 시민사회의 성숙을 위해서도 필요한 일입니다.

박재창 : 정치개혁은 종합적 관점에서 접근해야 합니다. 또 인적자원의 교체나 의식의 개혁 등이 패키지로 이뤄져야 합니다.

손호철 : 국회의원들이 반(反) 개혁적인 것이 사실이지만 그것이 두려워 의회에 자율성을 안줄 수도 없습니다. 의회에 자율성을 주고 사회적으로 어떻게 통제할 것인가를 고민해야 합니다. 한국정치인들은 타락하지 않으면 승리할 수 없고, 승리하기 위해 변하면 현실정치 수준으로 떨어지는 딜레마가 있습니다.

조기숙 : 정쟁이 심해 변화를 못 느끼지만 시민단체들이 국회를 감시한 뒤 작성한 속기록을 보면 국회의원들이 많이 변했음을 느낄 수 있습니다. 우리 헌법은 미국식 순수 대통령제가 아닌 프랑스식 헌법에 가까우므로 양대 정당과 몇 개의 군소

정당이 있는 것이 도움이 될 것입니다. 독일식은 너무 많은 정당들이 나와 양대 정당제가 어렵습니다. 내각제로 가면 독일식이 좋지만, 우리 헌법을 보면 일본식이 오히려 나은 것 같습니다.

손호철 : 소수정당이 나올 수 있는 상황을 만드는 것이 중요합니다. 신생정당 출현이 어려운 일본식보다는 독일식 선거제도가 맞다고 봅니다.

박재창 : 지역감정을 토대로 선거가 치러지기 때문에 독일식 제도를 취한다고 정당이 난립하지는 않을 것입니다.

개혁과 리더십

손호철 : 정치개혁의 핵심은 간단합니다. 대통령의 자기 개혁 없는 정치개혁은 실패합니다. 대통령이 스스로 제도적으로 권력을 줄이고 자기 개혁을 하는 모습을 보이지 않고서 남에게 개혁을 강조할 경우엔 실패합니다. 자기 개혁의 도덕적 기반을 가지고 정치개혁을 압박할 때 승리할 수 있고 그것이 최후의 해법입니다.

조기숙 : 나도 리더십이 중요하다고 생각하지만 윗물이 맑아진다고

아랫물도 맑아질까 하는 의문을 가지고 있습니다. 국민 하나하나가 성숙한 민주의식을 가져야 합니다. 세련된 눈으로 정치의 다양한 모습을 보지 않는 한 민주주의는 하루아침에 오지 않습니다.

박재창 : 정치개혁도 단기적 과제와 중장기적 과제를 구분해서 접근해야 합니다. 단기적으로는 리더십의 결단이 중요합니다. 중장기적으로는 정치교육이 중요한 과제가 됩니다. 그런 의미에서 정치개혁도 너무 조급하게 성과를 기대하지 말고 길게 접근하려는 노력이 필요합니다.

(「동아일보」, 2001.08.09.)

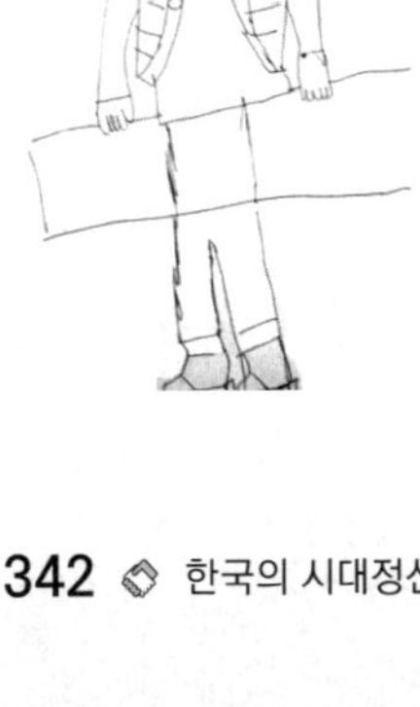

4. 16대 의장, 어느 당(黨)서 맡아야 하나

대담 : 임혁백 고대 교수, 박재창 숙대 교수
일시 : 2000년 4년 20일
장소 : 동아일보사 회의실

입법부의 수장인 국회의장은 헌법의 3권 분립 정신에 따라 행정부, 사법부의 수장과 함께 대등한 위치에서 국정을 이끌어나가는 자리이다. 이달 말 임기가 시작되는 제16대 국회의 수장 자리를 놓고 벌써부터 여야 간 힘과 논리의 대결이 팽팽하다.

과반수에서 4석이 모자라는 의석을 차지한 한나라당은 총선 민의를 반영해 제1당이 국회의장을 내는 것이 순리라며 절대 양보할 수 없다는 입장이다. 민주당은 원만한 국정운영을 위해 국회의장은 집권 여당에서 나와야 하고 이것이 한국정치의 관행이라고 반론을 편다.

두 정치학자는 팽팽한 논리의 대결을 벌였지만 어느 당에서 국회의장이 나오더라도 당적을 버리고 국회를 초당적으로 운영해야 한다는 점에서는 견해가 같았다.

원만한 국정운영위해 집권당서…

임혁백 : 선거가 끝나자마자 16대 국회의장직을 둘러싸고 여야 간에 힘겨루기가 시작됐습니다. 민주화 이후 우리의 대표들은 날짜에 맞추어 원 구성을 해본 적이 없었습니다. 원 구성에서부터 싸움질하게 되면 임기 끝날 때까지 상쟁(相爭)의 정치를 계속하게 돼 있는 것입니다.

절대 과반수 의석을 확보하지 못한 한나라당이 제1당이라는 논리로 국회의장직을 차지해야한다는 주장은 억지입니다. 다수결주의라는 수의 원리를 적용한다면 국회의장직은 제1당이 맡는 것이 아니라 과반수를 넘는 다수당 또는 다수 정당연합이 맡아야 합니다. 한나라당이 미국의 예를 들지만 미국에서는 양당제가 공고화의 수준을 넘어 고착화돼 있기 때문에 선거는 항상 절대 과반수가 넘는 의석을 가진 정당을 만들어 주고, 따라서 야당이 다수당이 되었을 때 국회의장직을 차지하는 데 아무런 문제가 발생하지 않습니다.

美-유럽과 단순비교는 무리

의원내각제를 하는 유럽의 선진 민주주의 국가들도 단일 정당 또는 정당연합이 절대 다수를 만들어 원 구성을 하기 때문에 '다수의 지배'라는 민주주의의 일반 규칙에 의거해 원 구성을 하는데 큰 문제가 없습니다.

민주당은 헌정 사상 야당이 국회의장을 맡은 선례가 없다는 한국 의회정치의 전통과 관례를 들어 비록 소수 정당이지만 집권여당이기 때문에 국회의장직을 맡아야 한다는 논리를 펴고 있습니다. 야 3당 공조체제가 절대 과반수를 넘는 의석을 차지했던 13대 여소야대 국회에서 야 3당이 여당인 민정당에 국회의장직을 양보한 전례가 있다는 것입니다.

국회의장직 선출 문제는 이번 총선에서 주권자인 국민이 어느 당에도 절대 다수를 주지 않았기 때문에 발생했었습니다. 한국의 주권자들은 안정 속의 개혁을 바라면서도 강력한 견제세력의 필요성을 동시에 요구하는 이중적 의사를 표현했습니다.

국민은 이러한 이중적 의사를 '의석 수에 기초한 대결의 논리'가 아닌 '화해와 화합의 논리'로 실현해 줄 것을 요구하면서 총선에서 여야가 서로 합의해 원 구성을 할 수밖에 없는 국회구도를 만들어 주었습니다.

16대 국회의 원 구성은 총선에서 나타난 주권자의 집단적 명령 즉 총선 민의에 따라 이루어져야 할 것입니다. 총선 민의는 21세기에 들어서 처음 구성된 16대 국회가 지난 세기에 우리 정치의 발전을 가로막은 불화 반목 불신에 기초한 상쟁의 정치, 그리고 아무 것도 생산해 내지 못하는 불임(不

姙)의 정치를 청산하고 화해와 타협에 기초한 생산적 화합 정치를 만들어 내야 한다는 것입니다.

13代 與小野大 때도 여당 몫

총선 민의는 현재 우리의 '민족시간'에 대한 정확한 인식에 바탕을 두고 있습니다. 현재 한국의 '민족시간'은 국제통화기금(IMF) 관리체제 이후에 선진적인 정치 경제 사회 지배구조를 구축해야 하는 개혁의 시간이며, 동시에 지구상에서 마지막 남은 '냉전의 섬'인 한반도에 평화를 복원해야 하는 시간입니다.

총선 민의는 상쟁의 정치를 지속할 경우 세계사적 민족사적 전환기에 안과 밖으로부터 밀려오는 도전에 효과적으로 대응할 수 없으며, 따라서 동서화해 남북화해를 이야기하기 전에 여야화해부터 이루어내고, 국가적 문제를 실질적으로 해결할 수 있는 생산적 정치를 실현하라는 것입니다.

만약 새 정치의 출현을 바라는 총선 민의를 거역할 경우 정치권 전체를 집단적으로 퇴출시킬 준비가 돼있음을 이번 총선과정에서 분명히 보여줬습니다.

與野 화합-타협으로 해결해야

여야는 이러한 주권자의 명령을 충실히 이행하는 모습을 보여줘야 합니다. 먼저 16대 원 구성에서부터 무언가 달라지고 있다는 것을 보여줘야 할 것입니다. 여야는 대화와 타협을 통해 당파적 이해에 연연하지 않는 초당적 리더십을 가진 지도자를 국회의장으로 선출할 것에 합의해야 할 것입니다.

새 국회의장이 초당적 리더십을 발휘하기 위해서는 취임 후 당적을 버려야 할 것이고, 이는 여야 원 구성 협상과정에서 확인돼야 할 것입니다. 대화와 타협에 의한 원 구성은 역사적인 남북정상회담을 앞두고 우리 정치가 이뤄내어야 할 필수적인 과제이기 때문에 여야영수회담의 의제로 올려져야 할 것입니다.

국회의장직 문제도 하나 제대로 여야 간의 화해와 타협으로 해결하지 못하면서 우리 정치인들은 동서화해를 이야기할 수 없을 것이며, 동서화해를 이룩하지 못하면서 남북화해를 이야기할 수 없을 것이다.

안정적 국회운영위해 제1당서

박재창 : 국회의장은 정부를 비롯한 국회 외부기관에 대해 국회를

대표하며 원내 제(諸) 세력 간의 이해관계를 조정하는 중재자입니다.

엄밀히 말한다면 방관적 중개자가 아니라 제3의 심판자입니다. 그렇기 때문에 원내 입법과정은 여야 간의 이견을 조정해 나가는 정치적 타협의 장이라기보다는 국회의장의 결정을 여야가 존중하고 수용해 나가는 합의제 결과 판단의 체계라고까지 말합니다.

따라서 국회의장은 어떤 국회 외부기관으로부터도 자유로워야 하고 독자성과 권위를 견지할 수 있어야 합니다. 그러나 우리의 정치 현실에서는 대통령이 여당을 매개로 국회의장 선출에 간여하고 그 이후의 국회운영 전반에 지배적인 영향력을 행사해 왔습니다.

野서 맡아야 행정부 견제 가능

그 결과 국회가 행정부의 시녀나 고무도장의 날인자로 전락했으며 정치적 냉소주의가 우리 사회에 확산되는 주요 원인이 되었습니다. 지금처럼 대통령이 여당 총재를 겸하는 상황이 계속되는 한 여당출신 국회의장이 선출될 경우 국회가 무력화되는 전철을 반복하게 될 것은 뻔한 이치입니다.

무력한 국회가 단순히 정치적 통합과 사회적 결속력에서만

뒤지는 것은 아닙니다. 정치권력의 독주에 제동을 걸 수 없으며 통제되지 않는 권력이 비효율과 독단에 빠질 것은 물론입니다. 더욱이 이번 선거결과는 이 나라에 대립적인 2개의 의견이 공존하고 있음을 분명히 보여주었습니다. 적어도 여당의 독주는 허용할 수 없다는 메시지입니다. 우리의 헌법이 정부와 국회 모두에 법률 제안권을 주는 이유도 따지고 보면 행정부와는 다른 국회 자신의 목소리를 입법 과정에 투입하자는 의도입니다. 이제는 우리도 국회의 독립적 지위가 이 사회의 정치적 안정을 향도할 수 있게 유도해야 하는 때가 된 것입니다.

제1당 무시 땐 국회파행 올수도

보다 더 다행인 것은 이번 선거의 결과 다수당이 없다는 사실입니다. 원내 제1당이 국회의장을 차지하고 그 결과 입법부와 행정부가 사실상 여야에 의해 따로 조타되는 균점정부가 들어선다고 하더라도 국회의 경우 야당에 의한 일방적인 횡포나 배타적 지배가 자리 잡기는 어렵게 되어 있습니다. 국회의 자율권과 기관독자성을 확립하기에 최적의 기회를 맞았다는 의미입니다.

국회의장은 또한 원내 입법과정에서 안건을 위원회에 배정하며 특정 의원에게 발언권을 부여하고 투표시기를 정하며 의사규칙을 최종 해석하는 것과 같은 의사 정리권과 질서 유지권을 갖습니다.

첨예한 정치적 대립 속에서도 이해당사자들이 수용하는 이해관계 조율의 원칙과 기준을 제시해야 한다는 의미입니다. 국회의장의 이런 문제 해결능력은 그가 국회 내부에서 확보하고 있는 인간관계와 네트워크에 의존하게 된다고 하여도 과언이 아닙니다.

국회의장은 보다 많은 국회의원의 정치적 지지와 존경을 받을 때 그에게 주어진 소임을 보다 더 원활히 수행할 수 있다는 의미입니다. 국회의장은 원내 다수파 속에서 나와야 제격인 셈입니다. 그러나 이번 선거 결과는 어느 정파에도 다수 의석을 허용하지 않았습니다.

따라서 어느 정당이든 국회의장을 당선시키려면 자기 당 외부에서 지지 세력을 확보해야 하는 실정입니다. 이 경우 당연히 원내 제1당을 중심으로 다수세력 결집에 나서는 것이 효율적이며 또 순리적입니다.

당적 버리고 초당적 운영해야

제1당의 존재를 무시하는 국회 운영이야말로 국회를 파행으로 몰고 가는 지름길이 될 것이며 이는 결과적으로 집권여당에도 정치적 부담이 될 수밖에 없습니다. 의회민주주의는 그것 자체가 힘의 견제와 균형의 원리를 바탕으로 합니다. 가이샤의 것은 가이샤에게 주어야 순리인 것입니다.

다만 국회운영의 안정과 효율화를 위해서는 국회의장이 오히려 어느 정파에도 속하지 않는 것이 보다 더 유리하다는 일부 의회주의 선진국의 교훈에 유의해 볼 필요가 있습니다. 국회의장이 당적을 떠나 파당적 편향성에 대한 의구심을 차단하는 것이 원만한 의회운영의 초석이라는 의미입니다. 선진국에서는 국회의장의 금욕적 중립성에 대한 보상으로 다음 번 선거에서 여야는 국회의장 선거구에 아무도 공천하지 않는 정치적 예의를 지킵니다.

특히 지금과 같이 여야 간의 의석수가 어느 당에도 다수당을 허용하지 않을 때에는 국회의장의 당적 이탈을 전제로 원 구성의 원칙에 대한 정파 간의 이견 조율에 나서는 것도 지혜로울 것 같습니다.

(「동아일보」, 2004.04.21.)

IV
선거개혁의 핵심쟁점

1. 15대 대선, 어떻게 치를 것인가?

대담 : 박재창 숙대 교수, 김석준 이대 교수
정리 : 주태산 기자, 편완식 기자
일시 : 1997년 7월 23일
장소 : 세계일보 회의실

신한국당이 대선후보를 선출함으로써 여야 3당은 대통령선거 정국으로 돌입하고 있다. 그러나 우리는「고비용, 저효율」의 정치구조 개혁, 과거의 부정적 정치문화 청산 등 큰 과제를 안고 있다. 이 같은 상황에서 15대 대통령선거를 어떻게 치를 것인가를 놓고 지혜를 모아야 할 때이다. 박재창(숙명여대·의회행정), 김석준(이화여대·정치사회학)교수의 긴급대담을 통해 해법을 알아본다.

박재창 : 여야 3당의 대통령후보가 모두 확정되었습니다. 15대 대통령선거가 바야흐로 시작되었다고 볼 수 있지요. 한국정치는 대통령 한 사람에 의해 크게 좌우되는 것이 현실입니다. 15대 대선은 21세기의 징검다리 역할을 하는 대통령을 뽑는 것입니다. 남북관계의 구체적 변화와 한국경제의 사활이 걸린 시점에서 우리의 사회제도가 지역, 계층, 세대간 갈등을 넘어서기에는 한계가 있습니다. 그러므로 무엇보다 정치가 사회통합의 전기를 마련해야 합니다. 과거 노회한 정치로는 이제 더 이상 사회적 요구를 수용할 수 없는 지경에 이르렀기 때문에 한국정치의 근본적, 질적 변화가 모색되어야 합니다. 그래서 15대 대통령을 어떻게 뽑느냐는 매우 중요한 일입니다. 우선 선거제도, 선거운동, 선거관리 등을 정치권과 언론, 시민단체들이 어떻게 풀어나갈 것인가에 대해 생각해 보아야 합니다. 고비용 저효율의 정치관계법 개정안, 통합선거법 손질 등은 대선전에 반드시 해야 한다는 데는 모두가 동의하고 있는 것 같습니다.

김석준 : 선진국들은 21세기를 맞기 위한 국가 리더십을 준비하고 있습니다. 우리도 사회경제 분야의 새 질서가 정치권에 반영돼야 합니다. 21세기엔 정치권을 중심으로 사회구성 기본질서의 틀을 바꿔야 합니다. 경제분야는 그동안 신속히 대응해 왔습니다. 기업구조 조정, 세계기업화, 경쟁력 강화 등 지각 변동에 가까운 변신의 노력이 있었습니다. 아직 정

치권에선 이런 변화가 없습니다. 즉 정치권은 산업사회의 권위주의에 머물러 정보화 사회의 기본질서에 부응하지 못하고 있다고 봐야지요. 패러다임의 변화가 있어야 합니다. 그동안 우리나라의 급속한 산업화가 가져온 정치, 지역, 세대갈등 등을 20세기 문제 극복차원에서 접근할 필요가 있습니다. 그런 다음 21세기를 이끌어갈 국가경영전략을 국민들에게 공약을 통해 선택받아야 합니다. 그렇게 하려면 대선제도와 선거방식 등을 바꿔야 합니다. 이번 각 당의 대선후보 결정과정을 보면 야당은 과거의 방식을 답습 했고, 여당은 정치실험이라고 할 수 있는 당내경선을 통해 한국정치의 새로운 패러다임의 단서를 제공했습니다.

통합선거법은 고효율 저비용의 방향으로 손질해 정경유착을 사전에 차단하고 선거공영제 전면도입, 선거비용 전면축소가 시행돼야 합니다. 선거운동방식도 사조직과 대중동원에서 탈피, 정보화 사회에 걸맞게 TV공개토론 등을 통해 국민통합방식이 적극적으로 이뤄져야지요. 사조직과 관련된 정치브로커 배제, 과다한 홍보물 대폭 축소, 정책중심 정책토론회 활성화, 정치자금의 투명화 등은 기본적으로 해결해야 할 시급한 과제 입니다. 선거로 지도자를 선출하는 것은 「공공재의 생산」, 「공익의 산출」로 보고, 정치자금을 민주주의를 위한 비용으로 간주해 세금으로 충당하고 소액다수의 후원제를 활성화해야 합니다. 정당의 경우는 단시일 내에 급조하여 당원 가입증을 사고 파는 사태를 불식시켜야 합니다. 일반국민이 자연스럽게 가입할 수 있는 상향식 정당이 되어야겠지요.

박재창 : 15대 대선은 정치제도 개혁이 수단이자 목표가 되고 있습니다. 21세기가 요구하는 한국정치의 질서를 개편하는 데는 시간이 촉박합니다. 이제껏 졸속개혁이 한국정치의 실패 요인으로 작용했습니다. 정치발전을 위한 노력이 중장기적으로 이뤄져야 하겠습니다. 선거제도도 기득권층이 불리한 쪽으로 변화되기 어려웠기 때문에 15대 대선의 쟁점으로 삼아야 합니다. 소수의 정치지도자 중심의 선거에서 벗어나 일반시민 친화적인 선거, 즉 풀뿌리 대통령선거로 전환돼야 합니다. 유권자들이 한 표를 행사하거나 공정선거 계몽, 불법선거 감시 등을 하는 것으로 끝나지 말고 사회 운동차원에서 선거과정의 주역으로 나서야 합니다. 풀뿌리들이 정책을 제안하는 등 정책 중심의 「정치압력운동」(정치과정운동)에 나서야 합니다. 예컨대 환경단체 등에서 후보들에게 일정한 정책을 주문하고 표를 몰아주는 경우와 같습니다. 언론도 그점에 초점을 맞춰야 합니다. 후보의 인물 됨됨이 같은 개인중심의 보도에서 벗어나야 하고, TV토론도 하나의 대안입니다만 그렇다고 모든 문제가 해결되는 것은 아닙니다. TV라는 도구보다는 거기에 무엇을 담느냐가 더 중요 합니다. 언론이 정치권에서 독립되고, 정책 중심과 풀뿌리중심 정책제안이 이뤄져야 합니다. 대선

이 더 이상 지역, 세대, 정치 엘리트의 갈등을 증폭시키는 계기가 되어서는 안 됩니다. 노조의 정치활동, 사회단체의 특정후보 지지, 언론인, 교사, 공무원 등 여론 선도층의 정치활동 허용은 권력분점차원에서 고려돼야 하고, 이는 곧 한국정당 민주화의 밑거름이 될 것입니다.

김석준 : 기본적으로 대선은 국민들이 원하는 바, 생산적인 국가경영을 준비하는 자리가 되어야 합니다. 역대 대선마다 그렇지 못했던 것은 북한의 변수 즉 「북풍」, 남한 내 「지역대립」 등이 정책경선을 막아왔기 때문입니다. 또한 후보들도 돈을 많이 쓰고 조직을 동원하고 사람을 많이 끌어들여야 표가 나왔기 때문에 정책경쟁의 필요성이 적었던 것이죠. 우선 각 당은 앞으로 해야 할 국가적 의제(national agenda)를 제시하고 사회단체, 노조, 기업단체, 직능단체들도 중요 이슈를 국민들에게 내놓으면 국민들은 이들 중 일부를 채택해야 합니다. 그러면 당은 구체적으로 집행할 수 있는 정책대안들을 조직하여 다시금 국민들에게 제시함으로써 국민들이 지지할 후보를 선택하게 해야 합니다. 이렇게 되면 정권을 담당했을 때 시행착오를 줄일 수 있어 고효율의 정치도 가능해집니다. 이번 문민정부의 경우도 실명제나 노사관계법 개정 등 정권으로서의 큰 선택을 했습니다. 하지만 이 때문에 정치적 어려움과 「비용」을 치르는 경험을 했죠. 만일 이 같은 국가적 이슈들을 사전에 선거과정에서 걸러

내어 미리 국민적 합의를 이룬다면 어떤 정치적 반대 세력도 새 정권하의 집행과정에서 교묘히 저항하기가 힘들지 않았겠습니까. 그러니까 집권 후 국가적 에너지의 낭비가 최소화할 것이고 선거과정이 곧 국민통합을 가능케 할 것입니다. 이번 선거에서는 그럴 가능성이 충분히 보입니다. 이처럼 대선이 정책경선이 되려면 언론의 공정성, 중립성이 매우 중요합니다. 지난번 TV토론의 경우 일부 집단에서 패널로 선정되어 자신만의 이슈를 편파적으로 강조, 국가 전체의 의제 가운데 일부만 왜곡되게 부각한 것을 기억합니다. 따라서 언론들이 이제 언론사의 입장에서만 패널리스트와 이슈를 정하지 말고 사전에 충분한 논의를 통해 토론의 공정성을 유지하고 각 부분의 정책이슈를 걸러내 주어야 합니다. 결국 이번 대선은 지역감정 요소는 상당히 줄어들 전제가 되어 있습니다. 여당의 경우 지난 40여년 한국정치사회에서 볼 수 없던 비영남 후보가 나왔다는 것이 중요한 전기가 될 것입니다. 지역감정을 득표수단으로 이용하는 일이 역대 선거에 비해 크게 적을 것입니다. 반면 북풍의 요소는 황장엽씨와 관련해 그 위험성이 여전히 염려되고 있습니다. 집권당이 이를 활용하지 않고 엄정중립의 자세를 가지고 대선을 치러야만 또 하나 현 정권의 업적으로 평가받을 수 있을 것입니다. 선거과정에서 사회 각 세력의 주장을 어떻게 국민전체가 참여하는 공론의 장으로 끌어내느냐 하는 것도 중요합니다. 그러려면 정치적으로 구속받고 있는 제약조건들을 이제는 다 풀어줄 필요가 있습니다. 그동안 노조라면 너무 지나치게 제약해왔으며 공무원이라든지 교원 등 전문가들의 정치, 정당 활동도 제약해온 것이 사실 입니다.

박재창 : 앞으로의 정치는 대통령 혼자의 힘만으로는 되지 않습니다. 즉 대통령 주변의 인적 집단, 정책을 창출해내는 사람들과 대통령이 더불어 국가를 경영하는 것이기 때문에 대통령을 보좌하는 인적 집단의 도덕성, 책임감, 전문능력 등에 대한 검증이 자연스럽게 이뤄져야 합니다. 그래야만 국정운영의 책임이 보장됩니다. 15대 대통령선거에서는 정치 개혁의 한 방법으로 대중동원이 아닌 TV중심의 토론과 정책제시가 이뤄 져야 한다는 국민적 합의의 새 시대가 도래하고 있습니다. 그러나 TV토론은 공정성 등을 놓고 치밀한 준비가 없으면 새로운 실패의 선례를 만들 가능성이 없지 않습니다. TV토론 주최 측이 불편부당성을 확보해야 하고 선정주의나 시청률을 의식한 상업주의 때문에 토론상의 이슈를 훼손하는 일이 없어야 합니다. 이같은 문제점을 해소하려면 토론주도를 방송사가 할 게 아니라 TV토론관리위원회를 두고 객관성을 확보하는 것이 선결 문제입니다. 또한 선거에서의 암적인 문제가 지역갈등 조장과 지역 분열 입니다. 아무리 선거 때 도덕적, 윤리적으로 지역갈등을 조장하지 말라고 해도 실제는 지역문제가 대두 됩니다. 이 문제는

대통령후보가 지역갈등을 수렴할 대안을 제시해야 해결됩니다. 미국의 정부통령제처럼 지역이익을 공정하게 대변할 수 있는 제도를 내놓던지, 아니면 양원제를 선택하여 지역갈등 조정능력을 부여하든지, 지자체를 활성화시켜 이를 해소하든지 하는 제도적 장치가 따라야 합니다. 우리의 대통령제 자체가 5년 단임이어서 문제가 있습니다. 권력구조 개편에 대한 합의가 마련돼야 합니다. 이것이 잘못되어 있는 한 정치개혁의 기회를 잃게 될지도 모릅니다. 선거를 통해 중임제나 다수대표제를 논의해야 하고 지역감정이 해결 안 되면 결선투표제를 도입, 15대 대선 전에 절대다수대표제를 검토해야 합니다.

김석준 : 우리 국민들이 대통령을 사람 중심으로 이해하였기 때문에 출신지, 학연 등을 따졌습니다. 이제는 사람이 아니라 제도와 기관으로서 자리매김하는 대통령부 개념을 도입하고 정착시켜야 합니다. 우리 정치의 비극은 가치관 선택의 틀이 없어서 정당, 파벌 등을 타파하지 못하고 지역감정, 학연, 지연들을 동원해 왔습니다. 또한 정당 활동이 지금보다 훨씬 자유로워지고 노동계나 재계를 대표하는 정당도 나와야 합니다. 92년 대선에서 한 재벌이 정당을 만들었다가 실패했지만 재계를 대표하는 진정한 정당이 나오면 노조를 대표한 정당도 출현할 수 있습니다. 그리하여 재계와 노동계의 중간에 기존의 정당이 존재하면 선택의 폭도 넓어질

것이고 정당도 각 집단을 명실 공히 대표하게 될 것입니다. 대통령은 대통령부로서 대한민국의 한 부서로서 존재하고 그 위에 얹혀 있는 집권자가 방향을 조정하면 하나의 부가 국가의 기관으로서 정착될 수 있습니다. 청와대가 권한 행사를 어떻게 하느냐를 검토한 바 있지만 쟁점화 되지 않은 것은 아쉬움으로 남습니다. 비서실이나 국가의 각종 장치로서 위원회, 행정부, 국무총리 등을 재인식하고 제도화할 필요성이 있습니다. 이것은 헌법을 개정해서라도 권력구조 등을 재조정하고 권력 장치로서 필요한 조치를 강구해야 할 것입니다. 대통령이 부의 운영중추로서 우뚝 서면 통일, 안보, 경제 등을 통괄하고 국가 지속성을 유지하는데 아무런 변화를 겪지 않고 국시를 유지해 나갈 수 있게 될 것입니다.

(「세계일보」, 1997.07.23.)

2. 돈 정치, 이대로는 안 된다

대담 : 박재창 교수, 이상호 기자
일시 : 1997년 4월 30일
장소 : 문화일보 회의실

의회정치와 정치자금 제도에 관한 전문가인 숙명여대 행정학과 朴載昌(박재창)교수는 30일 "한보사건이 정치권에 던진 과제는 정치자금의 규모를 줄이고 법률적으로 하자가 없는 깨끗한 돈으로 정치자금의 조달구조를 개선해야 한다는 것"이라고 지적했다. 박교수는 "이를 위해 고비용 정치구조를 개선하기 위한 정치권 스스로의 노력과 함께 유권자에 의한 돈의 수요를 차단하고 기업들의 음성적인 정치자금 공급과 조성이 불가능해지도록 국가 전체의 개혁이 병행돼야 한다"고 말했다.

이상호 : 우리나라 정치가 돈이 많이 드는 가장 큰 이유는 무엇 때문인지요?

박재창 : 선거과정에 문제가 있습니다. 유권자들을 동원하고 사조직을 운영하는데 너무 큰 돈이 들어갑니다. 대선에서 여의도 집회 한번 여는데 3백억 원이 든다고 하지 않습니까? 그리고 일상적인 정치활동에서도 경조사비가 지나치게 들어가는 게 고비용 구조의 큰 원인중 하나입니다.

이상호 : 선관위에서 각 정당에 지급된 국고보조금이 지난 해의 경우 5백억 원 가까이 됐는데도 막상 정치권에서는 모자라는 눈치입니다. 국고보조금을 어떻게 생각하는지요?

박재창 : 국고보조금은 과거 서독 법원의 판례처럼 국민의 세금을 아무런 동의 없이 지지하지도 않는 정당의 활동자금으로 준다는 점에서 위헌요소가 있습니다. 우리의 국고보조금은 그동안 기성정당의 기득권 유지를 뒷받침한 면과 중앙당의 소수 '당권 엘리트'들에게 정치비용을 대줌으로써 이들이 비민주적으로 정당을 운영하는데 기여해온 면이 있습니다. 국고보조금을 존속시키려면 수령자를 지정토록 해야 합니다. 특정 정당의 중앙당에 얼마, 지방당에 얼마 이런 식으로 납세자가 지정토록 해야 합니다.

이상호 : 문민정부 들어서 지정기탁금 1천여억 원을 여당이 독식해 논란이 일고 있습니다.

박재창 : 지금까지의 운용과정을 보면 지정기탁금은 기업에서 여당으로 들어가는 정치자금의 합법적인 세탁장이 된 느낌입니다. 우리나라 정치풍토상 기업인들이 야당을 지정해 기탁금을 내기가 불가능한 만큼 적어도 30%정도는 상대당에도 지원하도록 하는 제도를 검토해 보아야 합니다.

이상호 : 정당이나 국회의원 후원회를 少額多數主義(소액다수주의)로 운용하기 위해 인원이나 액수의 상한을 확대하거나 폐지하자는 주장이 나오고 있는데 어떻게 생각하십니까?

박재창 : 그점도 중요하지만 문제는 후원회의 성격입니다. 그동안 후원회는 지역중심으로 혈연과 학연 등에 따라 운영되고 있는 데, 이를 정책중심 후원회로 전환해야 합니다. 수요자 중심에서 공급자 중심으로 바꿔야 합니다. 예컨대 특정한 정책을 관철코자 하는 모임에서 정치자금을 모아 뜻이 맞는 의원들을 지원할수 있도록 하자는 것입니다.

이상호 : 우리나라 정당은 외국에 비해 당비 의존율이 낮은데 이를 개선할 방법이 없습니까?

박재창 : 우리나라에 진정한 의미의 정당이 없다는 증거입니다. 노조원이나 언론인, 교사, 공무원 등 정당활동에 참여할 수 있는 엘리트들의 정치참여를 막은 것이 중요 원인 가운데 하나입니다. 이를 개방하면 달라질 수 있을 것입니다.

이상호 : 기본적으로 우리나라 정당의 재정구조가 취약하지 않은가요. 근본적인 개선방법은 없습니까?

박재창 : 재정구조가 취약한 것은 돈을 많이 쓰기 때문이고, 우리나라만큼 정치자금 조달구조가 다양하게 합법화 되어 있는 나라도 없습니다. 무엇보다 돈을 적게 쓰겠다는 의식의 전환이 필요합니다. 정당도 이제 남의 돈이 아니라 영국 노동당처럼 문화사업 등을 통해 스스로 돈을 벌어 쓰는 방법도 생각해봐야 합니다.

(「문화일보」, 1997.04.30.)

3. 새 민주정치질서 구축의 대전환기
- 새해 정국을 전망한다

대담 : 이부영 통합민주당 최고위원,
박재창 숙명여대 교수,
김석준 이화여대 교수
정리 : 황성기 기자, 이도운 기자
일시 : 1996년 1월 1일
장소 : 서울신문 회의실

새해는 제15대 총선이 있는 해이다. 95년 노태우씨 비자금사건으로 비롯된 정치권 사정은 필연적인 정계 개편을 유도하고 있다. 또한 세대교체론이 치열하게 전개될 전망이다. 이 모든 「혁명」은 결국 유권자인 국민의 손에 달려 있다. 소수의 담합 또는 밀실 정치로부터, 다수의 투명하고 공개적인 정치로 가느냐 못가느냐의 여부는 결국 국민들 손에 달린 것이기 때문이다. 이부영 통합민주당 최고위원· 박재창 숙명여대 교수·김석준 이화여대 교수 등 전문가 3인의 정담을 통해 올해 정국을 전망 해본다.

이부영 : 해방 50주년이었던 지난해는 21세기 통일시대 준비, 6·27 지방선거에서 부활된 「지역할거주의」 타파, 노태우·전두환 두 전직대통령의 구속기소 등에 따른 부정부패의 고리 단절과 역사 청산 등의 과제를 주었습니다.

박재창 : 지난 95년 우리나라 정치권의 특징은 리더십의 공백이라고도 말할 수 있습니다. 권력의 파편화라고나 할까요. 우리 정치권은 지난 한 해 동안 세대교체 세력과 수평적 정권교체 세력 간의 대결, 지역등권론과 지역할거주의 배격론의 대칭, 또 연말에 와서는 다시 개혁과 수구의 대결이라는 형식의 대칭적 관계가 이어졌습니다. 그런 와중에서 우리의 정치는 리더십을 상실했고, 나름대로 정치의 틀을 지배하던 기본질서가 깨졌다고 말할 수 있습니다. 이는 어찌 보면 국내뿐만 아니라 범인류적 현상이며, 한국정치에 새로운 패러다임이 형성되기 위한 전 단계로도 해석됩니다.

김석준 : 지난해의 지방선거는 민주화가 진전됐다는 긍정요인에도 불구하고 중앙정치까지 지역할거주의가 확대됐다는 부정적 요소를 보였습니다. 두 전직 대통령의 구속에 따른 정치권의 혼란은 재계는 물론 사회 각계의 혼란으로 이어졌으며, 이런 가운데 세대교체가 하나의 명제로 등장했습니다.

이부영 : 크게 보면 지난날의 관행을 답습할 것인가, 아니면 이를 극

복하고 청산해 나갈 것이냐 하는 논쟁으로 시작될 것 같습니다. 거기에 덧붙여 지역할거주의와 검은 돈의 거래, 냉전시대의 이분법적 논리라는 지난날의 행태를 유지하고 있는 정치세력과 이를 극복하기 위한 흐름 간의 대결이 펼쳐질 것으로 보입니다.

과거의 정치 틀 깨져

박재창 : 올해 총선은 정치파괴 과정에 놓여 있습니다. 세계적인 조류를 보면 국가와 정치의 축소가 강요되고 있으며, 과도한 정치의존에서 벗어나려는 움직임을 보이고 있습니다. 민주정치로 포장된 소수에 의한 음모정치, 궁정정치, 담합정치가 파괴될 것으로 봅니다. 정치적 혼돈이 심화되는 양상을 띠는 가운데 새 정치질서와 체제를 모색하는 몸부림을 보일 것입니다. 남북관계가 여태껏 경험하지 못한 갈등과 협조의 관계로 불거지면서 정치에 큰 영향을 미칠 것으로 예상됩니다. 외형적으로는 법률·사회정의·부패척결 등 법치주의가 자리를 잡을 것이며, 정치축소의 반작용으로 정치적 욕구를 수용하는 창구로서의 시민운동이 거세질 것으로 봅니다.

김석준 : 96년 역시 또 다른 격동의 해가 될 것으로 전망합니다. 30년을 넘게 계속되어온 구질서를 청산하는 것이 간단하지 않

기 때문입니다. 당위와 현실정치 사이의 긴장과 갈등, 정치권의 새로운 세력 등장 등이 매우 다이내믹하게 전개될 것 같습니다. 그러나 시각을 좀 더 높고 멀리해서 보면 역사의 흐름이 바로 잡히는 긍정적인 한 해가 될 것입니다. 따라서 정치권은 유망한 신인들을 유입할 수 있는 장치를 마련하는 것도 시급합니다.

이부영 : 이제 세대교체에 관해 말머리를 돌려 봅시다. 저는 하나의 시대어로 냉전·이념대결·특권·부정부패 등을 넘어서는 것으로서 세대교체가 아닌 「시대극복」이라는 표현을 쓰고 싶습니다. 통일을 위해 북한 동포를 먹여 살릴 준비도 하기 힘든 마당에 지난 시대의 사고·행태에 눌러 앉아서는 살아남기 힘들다는 의미에서, 정치에도 이 같은 사고를 가진 사람들이 집단을 이루어야 하는 세대교체가 있어야 한다고 봅니다.

박재창 : 올해의 정치도 혼란을 거듭하겠지만, 이는 비관적인 절망이 아니라 전향적으로 나아가려는 몸부림이 될 것이라고 믿습니다. 한국정치의 시대정신은 정치도덕성의 회복입니다. 그러나 이를 구현하는 것은 또 다른 차원의 문제입니다. 총선에서 국민의 심판에 맡긴다고만 하기에는 너무나 막연한 일입니다. 구체적으로 어떻게 세대교체를 실현할 것인가는 정치권 내부에서 이뤄질 것입니다. 수평적 정권교체와

수직적 정권교체 세력이 다투게 될 것입니다. 이 싸움의 결론에 따라 구체적인 세대교체의 모습이 나타날 것입니다.

유망 신인 유입을

김석준 : 세대교체의 개념에 대한 두 분의 말씀에 공감합니다. 기존 정치인 가운데 물러날 사람들이 많습니다만 스스로 교체 대상이라고 여기는 사람은 적은 것 같습니다. 세대교체는 후진양성 등 여러 가지 이유가 있겠으나 자연스럽게 도태되는 것이 가장 바람직합니다. 여야는 이번 선거에서 전략적 요충지에 세대교체의 모습을 보여 줄 것이나 「화장만 고치는」 차원이어서는 곤란합니다. 국민들이 원하는 새 세대는 자질·도덕성·능력·전문성을 갖추어야 하며 진실로 국민들 편에서 필요한 사람이어야 합니다. 세대교체에 나서는 정치 신인들은 헌신과 봉사의 결단이 필요하고 이들은 사회단체 및 각 분야의 전문직에서 나와야 합니다. 이와 함께 새로운 사람을 담을 수 있는 제도와 틀이 필요하고 기성 정치인에게 유리한 틀은 깨져야 합니다.

이부영 : 총선결과를 예측함에 있어서, 5·6공 비자금 문제와 5·18, 12·12문제가 어떻게 낙착되는가 하는 문제가 가장 중요합니다. 5·6공 비자금이 단순히 5·6공에만 그치지 않고, 현 여

권 또 야권 지도자들에게까지 흘러간 것으로 드러나면, 이는 엄청난 파괴력을 지니게 될 것입니다. 또 5·18과 12·12의 해결 방향은 우리나라 정치 정통성의 무게중심이 과연 어디인가를 결정하게 될 것입니다. 김영삼 대통령이 자신의 정치적 이익이 아니라 역사를 바라보며 이런 문제를 처리하게 되면, 정국은 심대한 변화를 겪을 것입니다. 그러나 만일 김 대통령이 민족의 앞날을 생각하지 않고, 근시안적으로 정략적 이익을 위해 이 문제를 다룬다면, 오히려 그 여파가 부메랑처럼 김 대통령에게 되돌아갈 것입니다. 특히 총선에서 김 대통령은 치명타를 입게 될 것입니다. 검은 돈과 지역분할구도에 근거한 세력들은 총선에서 어느 정도 자기 지지기반 지역에서 기승을 부리게 될 것입니다.

남북관계 새 변수

박재창 : 15대 총선은 역사청산과 단죄의 정국이 어떻게 결말이 나고 현 정국구도가 어떻게 재편될 지에 달려 있다고 봅니다. 정계개편과 세대교체는 총선을 통해 이뤄질 것이나 새 세대가 중산, 보수, 안정을 희구하는 대다수 유권자 층을 대변할 수 있는지에 대해서는 회의적이라고 생각합니다. 각 정당이 총선 전에 대선 주자를 가시화시킬 것인지가 총선을 지배하는 변수로 등장할 것이나 역시 선거의 쟁점은 시대

정신이 된 「정치의 도덕성」이 될 것으로 전망합니다.

김석준 : 지난 6·27 지방선거를 돌이켜보면, 당시 많은 우려가 있었지만 결국 지방자치선거가 실시되고 주민들이 지방정부의 주인이 되는 시대가 왔습니다. 오는 총선을 미시적으로 보면 어느 후보가 당선됐고, 어느 당이 이겼다는 말이 나올 것입니다. 그러나 거시적으로 보면 민주적인 룰에 따라 새로운 시대를 여는 선거로 기록될 것으로 기대합니다.

박재창 : 총선이 끝나면 권력구조에 대한 논의가 제기될 것으로 봅니다. 그러나 일각에서 제기하고 있는 내각책임제로의 개헌은 그 동기가 불순합니다. 내각책임제하에서는 재벌공화국, 재벌이 지배하는 정치가 될 가능성이 많습니다. 오히려 내각책임제는 권력응집적이어서 전횡이 더 쉽습니다. 행정부는 물론 입법부도 장악하기 때문입니다. 대통령책임제는 기본적으로 권력분립형 입니다. 바꿔야 할 결정적 이유도 없으며 내각책임제로 돌아서면 한국정치의 내용이 바뀔 것이라는 논리는 어처구니 없는 것입니다.

내각제 동기 불순

이부영 : 지역할거와 좌우대립구도, 정경유착 등을 정치적 무기로 활용하려는 세력들이 어쩌면 총선 뒤에 권력구조의 개편을 시도할지도 모릅니다. 대통령제 아래서는 권력에의 접근이 어렵다고 생각하는 사람들이 지역적인 연합을 통해 세력을 유지하는 방편으로 내각제 개헌을 생각할 수 있습니다. 그러나 국내정치보다는 남북관계가 우선돼야 한다는 것이 우리 국민의 일반적인 정서입니다. 남북관계에 영향이 올지 모르는 내각제 개헌은 위기를 부를 수 있습니다. 특히 내각제가 되면 2~3개의 큰 재벌이 연합해서 정권을 창출해낼 수도 있다는 위험이 있습니다.

박재창 : 이번 총선은 전반적인 지자제 실시 이후 맞이하는 첫 번 째 선거라는 점에서 현실정치를 관찰할 수 있는 좋은 기회라고 봅니다. 결론적으로 한국정치는 낙관적인 기대의 흐름이 있는 만큼 다소의 시행착오나 혼란이 있더라도 민주화와 성숙으로 나아갈 것이라고 기대합니다. 지금까지 한국정치는 교과서적이 아닌 양식 즉 음모와 권모술수 등이 판치고 소수의 정치인이 정치를 독과점 함으로써 시민들이 정치에서 소외돼 왔습니다. 그러나 이들은 총선과 97년의 대선을 거치면서 점차 강력한 시민의 권리를 얻게 될 것으로 봅니다. 정치파괴로 인한 정치저변의 변화로 생활정치가

자리 잡을 것으로 기대합니다. 한국정치의 미래는 밝습니다.

김석준 : 두 분의 말씀에 공감합니다. 앞으로는 현직 대통령에 대한 헌법소원도 나올 것입니다. 대통령제의 초월적, 초법적 관행은 우리가 민주질서를 회복하면서 최소화 되고 있습니다. 다만 오는 총선에서 많은 정치신인을 배출할 수 있도록 선거구를 중대선거구로 전환하고, 선거연령도 19세로 낮추는 것이 바람직하지 않은가 봅니다.

(「서울신문」, 1996.01.01.)

4. 바람직한 「풀뿌리 민주」 운영방안의 모색

대담 : 박재창 숙명여대교수, 백경남 동국대교수
사회 : 조규석 본사편집국장대우
정리 : 전천실 기자
일시 : 1995년 6월 29일
장소 : 세계일보 회의실

조규석 : 이번 6·27지방선거는 최소한 광역단체장 선거결과로만 볼 때 산술적으로는 여소 야대가 분명합니다. 그러나 정치적으로는 지역할거주의 혹은 이른바 지역등권주의의 새로운 대두로 풀이할 수 있겠습니다. 이번 지방선거결과를 총평한다면….

지구당 제 몫 찾아야

박재창 : 이번 선거의 최대변수는 역시 지역감정이고 일종의 「무당파 현상」의 표출이라고 할 수 있습니다. 이 같은 지역주의와 기성정당 배격현상은 일면 이율배반적이기는 하지만 오히려 그렇기 때문에 정책보다는 인물을 선택하는 현상을

가져왔다고 봅니다. 다시 말해 지역정서를 대변하는 인물을 지지한 것 입니다. 유권자는 민자당 정권의 개혁이 실종되었다고 본 데다 개혁추진 과정에서 나타난 권력의 오만에 대해 가차 없이 비판한 것이라고 볼 수 있습니다. 아울러 이번 선거는 역대 선거사상 관권, 금권이 가장 철저히 배격된 선거로 기록될 것 입니다. 여당으로서는 집권당 프리미엄을 완전히 상실한 상태에서 선거를 치른 셈이고 유권자는 여권의 그 같은 의지에 보답하지 않았다는 역설도 가능합니다.

백경남 : 우선 정부의 공정한 선거관리 노력이 돋보이는 선거였다고 평가하고 싶습니다. 민자당은 비록 패배했지만 그런 차원에서 긍정적으로 생각해야 할 것입니다. 이번 선거의 경우 초반전에는 유권자들이 선거의 중대성을 깨닫지 못한 채 무관심으로 일관하다가 중앙정치지도자들이 「지역등권론」, 「핫바지론」, 「세대교체론」을 잇따라 제기하면서 본격적으로 열기를 띠는 양상으로 전개 됐습니다. 특히 자민련의 약진이 두드러지는 데 이는 박정희 집권 시대부터 형성된 보수 계층의 표가 JP로 결집된 것으로 보입니다. 또 하나 특징적인 것은 일부 기초의원선거에서 유권자들이 후보자 이름도 모르고 투표하는 일도 있었습니다. 선거 결과에 우연이 작용하는 어처구니 없는 일이 벌어진 것이지요.

박재창 : 이번 선거의 특징을 한마디로 표현한다면 「모순의 선거」라고도 말할 수 있습니다. 지방자치 정부를 구성하기 위한 선거이면서 선거진행상황이나 쟁점 측면에서는 오히려 중앙집권적 이었습니다. 선거 초기 지방자치적인 이슈가 제기될 듯 하다가 중앙정치적인 패권주의에 함몰돼 버렸습니다. 중앙당이 중심이 돼 선거를 치렀고 지방자치의 중심세력이 돼야 할 지구당은 제 역할을 하지 못 했습니다. 또 광역자치단체장 중심으로 선거가 흘러갔는데 지방자치 정신에 충실하려면 「장선거」보다 「의원선거」에 초점이 맞춰졌어야 했습니다. 또 하나의 모순은 선거를 통해 국민통합이 신장돼야 하는데 반대로 정치 갈등을 재생산하는데 기여했다는 사실입니다. 이번 선거에서 정당정치가 완전히 증발해 버렸습니다. 여론조사에 의하면 정당을 보고 투표하는 유권자는 전 지역에서 10%도 안 되었다는 사실이 이를 뒷받침 합니다.

정쟁무대 경계대상

조규석 : 원론적으로만 규정하면 지방선거는 지역일꾼을 뽑기 위한 주민자치행사입니다. 그러나 그 결과는 중앙정치에 영향을 끼치지 않을 수 없는 것도 사실입니다. 특히 이번 선거는 본래의 취지와는 달리 지나치게 정치화된 선거였습니

다. 향후 정국의 전개양상을 전망해 보시지요.

박재창 : 대대적인 정계개편 바람이 불 것입니다. 기성 정치권이 단순히 지역등권주의와 세대교체론을 두 축으로 개편되는 차원을 넘어 새로운 정치세력이 대두하는 등의 지각변동이 필연적 입니다. 다시 말해 기성 정치권내의 이합집산 차원이 아니라 완전히 새로운 정치세력의 유입을 통한 정치권 개편이 이뤄진다는 뜻 입니다. 하여 간 혁명적 지각변동이 있을 것 입니다. 또 내각제 논의가 본격화될 것 입니다. 물론 민자당이 반대할 것이지만 지역고착구도가 심화되고 그 부작용이 부각되면서 이를 극복하기 위한 당위성 측면에서도 반민자연합이 내각제를 강도 높게 거론할 것입니다.

백경남 : 민주당과 자민련이 권력분점을 기대하고 연대형식으로 내각제를 추진할 것으로 예상됩니다. 민자당은 집권당으로서 정국주도의 측면에서 당분간 상당한 어려움을 겪게 될 것입니다. 민자당 민주계가 새로운 정치세력 수혈을 통해 돌파구를 마련하려 하겠지만 이것도 쉽지 않을 것 입니다. 현재도 이질적 세력의 인위적 통합으로 어려움을 겪고 있는데 이번 선거결과로 보면 더욱 어려운 상황이 전개될 것 입니다. 하여간 모든 정파가 앞으로 있을 총선, 대선을 의식해 총력전을 펼치면서 정국은 소용돌이로 빨려 들어갈 것 입니다. 다시 강조하지만 이번 선거는 문민시대를 실감케 한

선거였습니다. 앞으로는 선거에 의해 우리 정치의 큰 흐름을 결정하는 시대가 정착돼 갈 것입니다.

조규석 : 논의의 대상을 좁혀 지자체의 운영문제를 짚어 봐야 하겠습니다. 이른 바 중앙정부와 지방자치단체 간의 수직갈등 혹은 지방자치단체와 지방자치단체 간의 수평갈등의 문제가 심각해지리라는 예상이 이번 선거결과 현실적 우려가 되고 있습니다만….

법치주의 정신 절실

백경남 : 중앙정부와 지방자치단체 간의 갈등은 언제든지 있을 수 있는 것 입니다. 문민정부가 지금까지 해왔던 것처럼 국정운영에 있어서 지역차별을 두지 않고 법대로 한다면 큰 문제는 없다고 봅니다. 민자당은 선거과정에서 자신만이 중앙정부의 협조를 얻어 지역개발을 할 수 있을 것이라고 하지 말고 야당이 돼도 차별이 없을 것이라고 주장했어야 했습니다. 지방자치시대의 본격 개막과 함께 과거의 폐습을 청산하고 지방시대에 맞는 새로운 패턴의 정치를 펼쳐야 합니다. 유권자도 지역정서에 집착하는 자세를 지양하고 성숙된 공동체의식을 가져야 합니다.

박재창 : 중앙정부와 지방자치단체 간의 수직적 갈등문제는 두 가지 차원에서 생각할 수 있습니다. 첫째는 행정구조관계인데 이점에서는 전혀 두려워할 필요가 없습니다. 현대 행정에서는 이른바 행정구조의 내재율이 작용하고 있습니다. 즉 중앙정부와 지방자치단체 간에는 정책과제가 갖고 있는 기본성격 때문에 갈등이 있다고 해도 근본적인 갈등일 수는 없다는 뜻 입니다. 또 갈등이 꼭 역기능만 하는 것은 아닙니다. 중앙정부와 지방자치단체 간의 창의적 경쟁을 발현시키는 기능도 합니다. 여기서 중요한 것은 기초지방자치단체의 대표가 광역지방자치단체의 의사결정에 참여할 수 있는 제도적 장치가 있어야 한다는 사실 입니다. 둘째, 정치갈등 문제는 정당을 통해 해결할 수밖에 없습니다. 주민의 다양한 정치욕구들을 기존정당들이 어떻게 효율적으로 중계하느냐가 주요변수입니다. 그러니까 중앙 정당들 간의 패권적 갈등을 해소하는 일이 이 문제 해결에 중요한 데 이게 비관적 입니다.

백경남 : 지방자치제도가 제대로 기능하려면 합리적 분권화가 추진돼야 합니다. 먼저 중앙정부의 정책결정권을 대폭 지방자치단체에 이양해야 합니다. 그리고 지방자치단체의 재정력 강화를 위해서는 중앙정부의 지원, 협조, 조정이 필수적 입니다. 무엇보다 절실한 것은 이런 전반적인 것을 감시하기 위한 주민의 참여 입니다. 이를 위한 제도적 장치도 하루 빨

리 마련돼야 한다고 생각합니다.

주민감시 활성화를

조규석 : 수평갈등이라고 할 경우 지역과 지역 뿐 아니라 지방정부와 지방의회 간의 갈등과 마찰도 생각할 수 있습니다. 이를 극복하려면 양자가 어떤 관계이어야 하는지요.

박재창 : 지역이기주의의 극복이 논의의 핵심인데 지방자치단체의 지리적 경계를 넘어서는 정책과제의 해결을 위해서는 관련기관을 초월하는 기능적 특별기구를 구성해 조정할 수 있습니다. 이는 선진국에서는 일반화된 방법 입니다. 이를테면 미국 롱아일랜드의 경우 이런 성격의 기구가 1천개에 달 합니다. 한편 지방자치단체와 지방의회 간의 갈등은 정당정치가 제대로 기능하고 있다면 정당정치를 통해 조정이 가능할텐 데 현재의 정당대결구도 때문에 그 해결이 쉽지 않습니다.

백경남 : 지방자치제도가 어느 정도 뿌리를 내리게 되면 지방자치단체가 중앙정부를 통하지 않아도 전국 유수 도시와 독자적인 관계를 맺을 수 있습니다. 그렇게 되면 전혀 다른 차원의 문화가 생성될 수 있습니다. 또 전국 레벨의 지방자치단체장 모임을 만들어 중앙정부에 공동으로 대응하는 일도

있을 수 있습니다. 앞으로 우리 정치는 우리 것만이 아니라는 개방적·합리적 태도를 갖게 되면 크게 어려움은 없으리라는 생각입니다.

복지주의 시각 중요

조규석 : 어쨌든 시민이 뽑은 「목민관」 시대가 본격 출범했습니다. 이런 경험은 61년의 잠깐 동안을 제외하고는 사실상 역사 이래 처음인데 그 정착에 적지 않은 어려움이 있을 것입니다. 목민관이 가져야 할 바람직한 자질과 자세를 정리해 본다면….

박재창 : 지방자치단체의 역할에 대한 인식에 혁명적인 변화가 있어야 합니다. 일반적으로 지방자치단체는 갈등관리자, 정책제안자, 지역대표자 등의 3가지 역할을 하고 있습니다. 첫째, 앞으로 지방자치단체는 갈등관리자로서 중앙정부의 하급기관에 머무르지 말고 기본적으로 복지주의적인 시각을 가져야 한다고 생각합니다. 지역유지 등 여론 선도층에 압도돼서 지역관리를 하지 말고 내재된 갈등까지 찾아내서 지역관리를 해야 지역갈등을 해결할 수 있습니다. 둘째, 정책제안자로서 지방자치단체는 이제 공급자 중심에서 벗어나 수요자 중심에 서야 합니다. 이를 위해서는 주민참여

와 정책정보 공개가 필수적 입니다. 셋째, 지역대표자 차원에서 지방자치 단체는 중앙정부가 제시하는 획일주의적 원칙을 관철하려 하지 말고 지방 자치단체의 정체성을 정립할 수 있도록 노력해야 할 것입니다. 특히 경영마인드를 통한 지역경제 활성화는 대단히 중요합니다.

백경남 : 지방 살림에 대한 경영능력을 갖기 위해서는 그 나름의 지적 연마가 필요하겠지요. 행정의 거의 모든 분야에서 이권개입이 있기 마련인 지방행정에서 단체장이나 의원 각자의 청렴성·도덕성 유지가 가장 긴요합니다.

신속한 여론수렴을

조규석 : 기대와 우려가 교차되는 가운데 본격적인 지자제 시대에 들어섰습니다. 광역이든 기초이든 우리 자치단체는 환경, 교통, 공해, 복지 등 스스로 해결해가야 할 문제들을 무수히 떠맡게 됐습니다. 선거결과에 관계 없이 지자제의 앞날을 점쳐 보시지요.

박재창 : 비관과 낙관을 떠나 지방정부 출범은 필연적인 것 입니다. 그렇지 않았다면 세계의 변화에 능동적으로 대처하는 데 엄청난 어려움을 안았을 것 입니다. 국가경영단위를 줄여

사회변화에 기민하게 대처하게 된 것은 천만 다행 입니다. 그 과정에서 시행착오는 있겠지만 어느 정도의 갈등은 본질적인 것이므로 너무 비관적으로 볼 필요는 없다고 생각합니다.

백경남 : 지방정부의 출범에 대한 기대로 대답을 대신할까 합니다. 첫째, 주민의사가 정책결정과정에서 좀 더 신속히 반영될 것입니다. 둘째, 보수적 편향성을 극복하는 계기로 될 것입니다. 셋째, 생활정치의 중요성이 새롭게 평가될 것 입니다. 넷째, 지방인재를 육성할 수 있는 「제도적」 통로가 열렸다고 보겠습니다. 다섯째, 관료주의 폐단을 없앨 수 있는 좋은 기회를 맞았습니다.

조규석 : 여러 가지 어려움은 있겠지만 어쨌든 본격적으로 시작된 지자제가 중앙정치의 변화에도 긍정적으로 영향하기를 기대합니다. 오랜 시간 감사합니다.

(「세계일보」, 1995.06.29.)

5. 서울후보 「빅3」 공약의 허와 실

대담 : 박재창 교수, 김병준 교수, 이성복 교수
정리 : 문호영 기자, 박성원 기자
일시 : 1995년 6월 21일
장소 : 서울신문 회의실

선거운동이 본격화되면서 각 후보들은 이런 저런 공약을 봇물처럼 쏟아놓고 있다. 그 가운데는 실현가능성이 별로 없는 공약들도 적지 않다. 그러나 후보자 간 TV토론이 활성화되고 개인 유세가 무제한 허용되면서 이전보다 후보들이 공약 제시에 신경을 쓰고 있는 것은 새로운 선거풍토 확립이라는 측면에서 진전이라고 평가할만하다. 이번 4대 지방선거의 하이라이트라고 할 수 있는 서울시장 선거에 출마한 정원식(민자), 조순(민주), 박찬종(무소속) 등 이른바 「빅3」 후보들이 펼쳐놓은 공약의 허실을 박재창 교수(숙명여대 정법대학장), 김병준 교수(국민대 행정학과), 이성복 교수(건국대 행정학과)의 정담을 통해 알아본다.

박재창 : 서울은 국제도시일 뿐 아니라 우리나라 인구의 25%가 집중된 대도시 입니다. 그만큼 대도시로서의 문제가 심각하다는 이야기 입니다. 각 후보들이 내놓은 정책대안들이 서울이 안고 있는 문제점을 적절하게 지적하고 있는지, 그 정책대안들이 실현가능한 것인지에 대한 검증이 있어야 한다고 생각합니다. YMCA가 서울시민들을 대상으로 실시한 정책과제에 관한 여론조사에 따르면 환경·교통·실업 및 물가·행정개혁·안전 등의 순으로 나타나고 있습니다. 생각 밖으로 주택과 노인문제는 우선순위가 떨어집니다. 서울이 국제도시로서 경쟁력을 갖추는 문제도 중요한데 우선순위에서 멀리 밀려나 있습니다.

이성복 : 먼저 환경문제를 얘기해 보죠. 환경보호를 위한 여러 정책들이 제시되고 있지만 환경문제에는 서울시장 후보가 거론할 수 없는 부분이 많습니다. 환경규제기준 설정 등은 중앙정부가 통제하는 업무입니다. 상수도는 민선 서울시장이 임기 3년 동안 획기적으로 개선하기 어렵습니다. 세 후보가 TV토론에서 제시한 취수장 이전과 설악산 생수도입 등은 서울시가 과거 몇 년 동안 타당성을 검토한 결과 비용 면에서 효율성이 없다고 결론을 내리고 고려대상에서 제외된 것입니다.

박재창 : 환경문제는 서울시가 인근 지방자치단체의 협조를 얻어

해결해야 할 문제라고 봅니다. 그러므로 세 후보는 기본적 과제라고 할 수 있는 인근 지방자치단체와의 갈등을 개선하는 방안을 구체적으로 제시할 필요가 있습니다. 환경문제의 해결을 위한 엄청난 재원 조달계획과 연차적 집행방안 등에 대해 구체적인 정책을 제시하는 후보가 보다 호응을 얻겠지요. 교통관련 공약은 어떻게 보십니까.

김병준 : 강제성을 띠고 안 띠고의 차이는 있습니다만 세 후보 모두 대중교통수단 확충과 활성화를 우선적으로 제시하고 있습니다. 교통문제에는 도로 및 주차장의 부족과 사회구조와 관련된 것들이 있습니다. 피상적으로 정책을 제시하기보다는 고민하고 분석한 뒤 어려움이 있지만 해결할 자신이 있다고 말하는 것이 더 설득력이 있었을 것 입니다.

이성복 : 자동차가 늘어나는 것은 필연입니다. 기계산업의 발달은 자동차산업의 발달 없이는 안 됩니다. 따라서 늘어나는 자동차를 소화시키는 측면에서 문제에 접근해야 합니다. 경기도를 포함하는 광역교통체계 수립에 관해서는 대부분 언급하지 않고 있습니다. 다만 외곽 반경 20㎞형 도시순환고속도로 건설을 얘기한 후보가 있는데 눈에 띄더군요.

80년대와 달라

박재창 : 교통상황에 대한 재진단이 있어야 합니다. 교통혼잡에 의한 사회적 비용이 매년 증가하고 있습니다. 교통상황은 70·80년대와 오늘날과는 엄청나게 달라졌습니다. 따라서 보다 과감한 정책이 입안되고 실천에 옮겨져야 합니다. 세 후보 가운데 한명은 올림픽대로를 이중 고가도로로 만들겠다고 말하기도 했습니다.

이성복 : 지난해 법규가 바뀌어 자치구 개발을 위한 기본계획에 25개 구청장들의 권한이 매우 확대됐습니다. 더구나 도시개발의 기본계획은 시장이 취임하기 10년 전에 이미 만들어집니다. 민선시장이 조정역할을 수행하는 과정에서 민선구청장과 권한갈등을 빚을 가능성이 있다는 점을 알아야 하겠지요.

박재창 : 다음은 재정문제에 대해 논의해 보기로 하죠. 서울시의 부채는 현재 4조원이 넘으며 서울시민 한 사람당 40만원씩 부채를 안고 있는 셈입니다. 이 추세대로라면 99년의 서울시 부채는 8조원 정도로 예상됩니다.

김병준 : 세 후보가 모두 부채에 대한 중앙정부의 책임을 강조하고 있습니다. 조순·정원식 후보는 특히 특별회계인 지하철부

채에 대해 중앙정부의 부담을, 박찬종 후보는 교부금확대를 요구하고 있습니다. 그러나 교부세는 지방정부의 재정지원을 위한 최소수단이며 서울에 이를 대줄 때는 다른 지역과의 형평성에 문제가 생길 수 있어요.

이성복 : 4년 전 지방의회가 처음 구성될 때 내무부가 특별시와 직할시의 세목 가운데 자치구 세목으로 4개 항목만을 부여한 반면 같은 기초자치단체인 시·군에는 9가지나 부여했어요. 서울시는 서울시내 재정균형을 위해서는 시가 많은 세목을 갖고 자치구들에 골고루 나누어 줄 수 있어야 한다는 논리였죠. 그러나 이제 자치시대에서는 자치구에게 이를 보다 많이 돌려줌으로써 기초자치단체 간에 자유로운 경쟁을 유도해야 합니다. 정원식 후보는 이 점을 지적했는데 적절했다고 봅니다.

결속·화합이 중요

김병준 : 시장이 정치력으로 해결할 사안과 법률적으로 해결할 사안은 구분돼야 합니다. 예컨대 주차장 문제 등은 시장의 재량범위 안에 있지만 시장후보가 공약에서 노골적으로 중앙정부의 권한행사를 약속하는 것은 다소 문제가 있습니다. 그것보다 자치재정권의 확대나 과표 현실화를 정부에

요구하겠다는 약속이나 토지·건물 등의 비과세·감면대상 축소 등을 제기하는 것이 현실적일 수 있습니다.

박재창 : 한 해에 7조~8조원에 이르는 서울시 재정을 효율적으로 운영하고 방만한 재정을 보다 진지하게 해결할 현실적 방안들이 제시되었더라면 하는 아쉬움도 있습니다. 예컨대 예산공개나 감사청구제, 새로운 예산기법의 도입, 서울시 투자기관의 민관합동감시제 등 경영합리화 노력 등 입니다. 다음으로 재정과 직결돼 있기도 한 사회복지 분야를 점검해 보겠습니다. 서울시만큼 빈부의 격차가 심한 곳도 드뭅니다. 사회복지는 민선시장이 자치 지역 내부의 결속과 화합을 이루는데 있어 중요한 과제입니다.

눈앞의 표만 의식

김병준 : 표와 연결돼 있는 노인, 여성, 탁아 문제에 대해서는 세 후보가 모두 적극적인 해결의지를 보이고 있는 것 같습니다. 그러나 표와 직접 연결되기 어려운 장애인 문제 등에는 구체적 대안들을 내놓지 못했습니다.

박재창 : 사회복지는 소극적으로 개별적인 요구에 부응하는 식이 아니라 적극적인 접근을 해야 합니다. 예를 들어 여성의 지

위향상은 단순히 탁아시설 확충이나 부녀상담실 신설로 해결되는 것이 아니라 여성의 취업 확대 등을 통해 근본적으로 해결돼야 합니다.

김병준 : 각 후보들이 표를 의식해서인지 전체적으로 내놓을 것은 내놓은 것 같습니다. 아쉬운 것은 적어도 10~20년 뒤 서울의 위상·비전을 제시하며 시민을 설득하거나 정책대안을 내놓지 못하고 있다는 점이죠. 행정의 경쟁력을 향상시킬 방안도 미흡하고요. 유권자들의 관심을 끌 사항들을 경쟁적으로 내놓다 보니 세 후보의 공약이 비슷합니다. 교통과 주거문제 등에 큰 비중을 두고 있습니다. 곧 바로 표로 연결시킬 수 있는 정책대안들이 대부분입니다. 서울이 세계 경제권의 축이 되기 위한 방안 등은 상징적 구호로만 그치고 있는 데 막판에라도 그 점이 보완되었으면 좋겠습니다.

공동화 해소를

이성복 : 세 후보들은 공통적으로 교통과 환경에 우선순위를 두고 있습니다. 두 가지 모두 중요한 문제임에 틀림없지만 환경은 서울시 업무가 아니라 중앙정부의 영역에 속하는 것이 대부분이라는 사실을 알아야 합니다. 또 세 후보들의 공약을 검토해 보면 서울의 기형적 산업구조에 기인한 공동

화 현상 해소에 관한 부분이 거의 없습니다. 지역경제의 생산성 제고에 관한 언급이 필요하다는 점도 지적하고 싶습니다. 인구 1천만 명을 넘는 거대도시가 모범적으로 산업구조개편에 적응하고 행정의 경제화 및 서비스 확대 등을 통해 이룰 방안들이 아쉽습니다. 민선시장의 기본과제는 장기적 비전제시와 행정서비스 개선입니다.

박재창 : 시장의 기본역할은 주민 계층 간, 지역 간 갈등을 해결하고 세계화·정보화·복지화에 대한 철학과 비전을 제시하는 것입니다. 후보들 나름대로 노력은 했겠지만 전체적으로는 단편적·추상적 정책 제안에 치우쳐 있는 느낌을 받습니다. 그동안 중간관리 대상자 위치에 있던 서울시가 주민자치체로 새로 태어나는 과정에서 필연적으로 제기될 역작용을 솔직히 진단, 해결책까지 제시했으면 더욱 좋았을 뻔 했습니다.

(「서울신문」, 1995.06.21.)

V
시민운동과 시민참여

1. 한국 YMCA 운동 100년의 성찰
- 생명과 평화를 위한 내일의 과제

대담 : 서광선 이화여자대학교 명예교수,
안재웅 한국YMCA연맹 이사장,
박재창 아시아 태평양 YMCA 회장,
남부원 한국YMCA연맹 사무총장
정리 : 홍승표 기독교 사상 편집장
일시 : 2014년 2월 24일
장소 : 서울 중구 세종대로16길 23 스페이스 노아

남부원 : 안녕하세요? 올해 YMCA연맹 100주년을 맞아 「기독교사상」에서 한국기독교 청년운동과 YMCA연맹의 지난 100년을 돌아보고 앞으로의 한국기독교 청년운동과 한국 YMCA의 진로와 과제에 대해 함께 전망하고 이야기 나눌 수 있게 되어 무척 반갑고 감사드립니다. 이 시간 바쁘신 중에도 함께해 주신 서광선 교수님, 박재창 회장님, 안재웅 이사장님께 깊이 감사드립니다. 오는 4월 2일은 한국 YMCA 연맹이 결성된 지 100년이 되는 날입니다. 이제 100년을 맞은 한국 YMCA가 세계시민사회 형성에 어떻게 기여할 수 있을지 오늘 좌담을 통해 포괄적이면서도 구체적인 소중한 의견과 대화를 나눌 수 있기를 바랍니다. 우선 이번 YMCA 연맹 100주년이 가지는 역사적, 기독교사적인 의미와 개인

적 감회를 차례로 나눠 주시면 어떨까요?

한국 YMCA 초기사가 남긴 유산들

서광선 : 한국YMCA연맹이 이번에 100주년을 맞게 되었지만, 사실 한국에서 YMCA 운동이 처음 시작된 것은 '서울YMCA', 즉 '황성기독교청년회'(皇城基督教靑年會)로부터 유래(1903)합니다. 그 후에 전국 각지에 YMCA운동이 확산되면서 1914년에 조선기독교청년회연합회(현재의 한국YMCA연맹)가 창설되게 된 것이지요. 1903년 '황성기독교청년회'의 창설 당시와 1914년 YMCA연맹의 설립 상황을 살펴보면 한국사에서의 격동과 전환의 시기였습니다. 올해가 갑오년인데, 120년 전에 청일전쟁이 있었고, 1904-5년에는 러일전쟁과 을사늑약이 있었습니다. 1907년에는 한국군대가 해산되고, 교회사적으로는 평양에서 대부흥이 있었습니다. 또 1910년에 결국 일제에 의해 강제합병이 되었지요. 그러한 시대정황 속에서 한국에 기독교 선교가 개시되었고, 기독교청년운동과 YMCA가 시작되었다는 것은 남다른 역사적 의미를 지닌다고 봅니다. 이는 한국의 기독교와 기독교 청년운동이 민족 독립운동의 일환으로 시작되었다는 것입니다. 그러한 의미에서 올해 100년을 맞은 YMCA의 상황과 역사적 현실에 대해 생각하니 감개무량하며, 앞으

로 새로운 진로를 어떻게 모색해야 할지 고민하지 않을 수 가 없네요.

안재웅 : 서광선 교수님께서 YMCA연맹 설립 이전의 역사적 정황을 잘 말씀해 주셨습니다. 초기에 선교사들이 내한해서 교회, 학교, 병원, 연합기관 등을 세우는 과정에서 사회 선교의 중요성을 인식했던 것 같습니다. 결국 사회 선교를 위해서는 YMCA와 같은 운동이 한국의 시대상황에서 필요함을 절감하였고, 그로 인해 질레트(P. L. Gillette)라는 YMCA 전문 선교사를 초빙하고, 1901년 배재학당에 협성회를 주선하고, 1902년 비로소 배재 학생 YMCA가 성립되었다고 볼 수 있습니다. '황성기독교청년회'가 1903년이고, 그에 앞서 1902년에 학교에서 이미 YMCA가 시작된 것은 큰 의미가 있습니다. 또 1907년 도쿄에서 한국인 청년 YMCA가 결성되었고, 같은 해 도쿄에서 세계학생기독교연맹(WSCF) 회의가 개최되었는데, 그때 이미 윤치호를 중심으로 한 한국 측 대표단이 일본을 방문하게 됩니다. 당시 세계적인 에큐메니칼 운동가였던 존 모트(J. R. Mott)가 한국을 방문(1907)했지요. 당시 모트와 한국 기독교 청년운동 지도들 간에 상당한 교감이 있었던 것으로 보입니다. 이때에 한국 기독교청년운동에 '연맹'의 설립이 필요함을 인식하고 공감하게 되었던 것 같습니다. 그래서 오랜 준비 끝에 도시 청년회인 황성기독교청년회와 9개의 학교YMCA(학생기독

교청년회)를 묶어서 1914년에 연맹을 구성하게 되었던 것입니다. 연맹 설립 당시 언더우드(H. G. Underwood)가 첫 회장(초대 이사장)을 맡았고(2년 후 별세), 1917년에는 2대 회장은 에비슨(Oliver R. Avison)이, 월남 이상재 선생이 1920년에 3대 회장이 되었습니다. 이상재 선생 이후부터 한국인이 YMCA연맹의 회장을 맡으며 한국인 지도력의 주축을 담당해 오게 되었습니다.

남부원 : 네, 그렇군요. 조선기독교청년회연합회가 결성될 당시에, 기구적 성격이 강한 도시청년회인 황성기독교청년회보다 운동체적 성격이 강한 학생기독교청년회가 중심이 되었다는 사실이 주목되네요. 결국 초기 YMCA연맹은 운동지향성이 강한 연합체로서 시작되었다고 볼 수 있겠네요.

박재창 : 아시아 지역 차원에서의 YMCA 운동은 한국에서의 YMCA운동보다 늦게 시동됩니다. 지역 차원의 활동이 개별 국가의 활동 위에 구축되기 마련이라는 점에서 이는 매우 당연한 현상인 것 같습니다. 아시아YMCA연맹은 1933년에 세계 연맹이 주도해서 극동 및 인도지역 대회를 필리핀의 바기오시에서 연 것이 시발이 되었습니다. 그러나 1949년 세계연맹이 방콕에서 개최한 아시아대회에서는 YMCA운동의 에너지를 분산할 우려가 있다는 이유로 아시아 지역에 독립적인 YMCA 운동기구를 두지 않기로 결

정합니다. 이후 세계연맹 산하의 아시아지역위원회로 활동하다가 여러 우여곡절 끝에 1970대에 들어서면서 아시아인에 의한, 아시아인을 위한, 아시아인의 YMCA운동을 제창하고 나선 결과 아시아지역의 독립적인 YMCA운동 기구가 출범하게 됩니다. 이를 주도한 것이 한국 출신의 이수민 총무였습니다. 본격적인 아시아YMCA연맹의 시대가 한국이 배출한 걸출한 YMCA운동 지도력에 의해 열리게 된 것입니다.

아시아YMCA연맹의 수립은 미국이나 서구 중심의 YMCA운동 지도노선으로부터 독립하고자 했다는 점에서, 또 아시아인의 필요에 의해 아시아인 스스로에 의해 창출된 자치, 자립, 자성 운동이라는 점에서 주목해 볼 필요가 있습니다. 아시아YMCA연맹은 이후 세계 속의 아시아를 강조하면서 세계YMCA운동의 흐름을 제3세계 주도로 전환하고자 하는 노력을 경주하기도 합니다. 이는 모두가 그동안 꾸준히 성장해 온 한국YMCA운동의 역량이 아시아지역에서, 더 나아가 세계운동의 현장에서 발현된 성과가 아닐까 생각해 봅니다. 이런 현상은 이수민 총무가 아시아YMCA연맹에서의 임기를 마치고 세계YMCA연맹 총무로 진출하는 모습에서 확인해 볼 수 있습니다.

남부원 : 지금 말씀을 들으면서 한국 YMCA의 세계와 아시아에서의 리더십에 대해 다시 주목하게 되네요. 이수민 총장, 강

문규 총장님 등께서 1976년에 한국 YMCA의 목적문을 만들고 한국 YMCA의 정체성을 세워나가는 과정에서, 그 연장선상으로 아시아YMCA가 서구와 미국YMCA의 부속위원회적 성격을 탈피하고 주체적, 독립적으로 전환해 나아갈 수 있는 기틀을 만들어 가는데 기여했다는 생각이 듭니다.

서광선 : 초기 YMCA운동사에서 일제 강점 초기 105인 사건(1910년)에서 대다수의 수난자가 YMCA 지도자들이었다는 점을 주목하고 재평가를 해 보아야 한다고 봅니다. 105인 사건에 연루된 YMCA의 지도자들을 보면서, YMCA가 창립 초기부터 민족과 한국국민들에게 신임을 받고 지속적으로 사회운동과 민족·독립운동을 전개할 수 있는 기본적 토양이 되었다고 봅니다. YMCA운동은 교회안의 운동이라기보다는, 한국사회와 민족의 비극적 콘텍스트(context) 속에서 민족을 위한 단체와 기관으로 인식되었다는 사실을 꼭 기억해야 할 것입니다.

안재웅 : 김천배 선생이 집필하신 YMCA의 역사서를 살펴보면, 1899년대 이미 한국의 청년들 150여명이 YMCA와 같은 청년운동 조직을 청원했고, 이러한 요청들을 언더우드나 아펜젤러 선교사가 받아들여 미국에 보고하고, 존 모트 등의 세계YMCA 지도자들이 질레트와 같은 YMCA 선

교사를 한국에 보내오는 과정에 '독립협회'와 같은 개화파 인사들의 열정과 노력이 주요한 역할을 했음을 알 수 있습니다. 독립협회 회원들 상당수가 감옥에서 개종하고, 다수가 독립협회의 대안으로서 YMCA를 민족운동의 중요한 창구로서 활용했음을 주목해야 할 것입니다. 또 3.1운동 당시 민족대표 33인 중 16명이 기독교인이고, 그 중에 9명이 YMCA의 지도자들이었음도 주목됩니다.

이것들만 보더라도 YMCA가 민족의 독립과 계몽을 위해서 짧은 시기 동안에 많은 기여와 공헌을 했음을 알 수 있습니다. 한국YMCA연맹 100주년을 맞이하면서 이러한 역사적 유산을 꼭 인식하고 계승해 나가야 할 것입니다.

서광선 : 3.1운동 직전에 일본 도쿄 YMCA에서 한인학생과 청년들이 2.8독립선언을 발표했었습니다. 2.8독립선언의 흐름을 계승해 민족대표들을 설득하고 독립선언서의 초안을 기획했던 박희도를 중심으로 한 학생YMCA의 노력과 헌신도 기억해야 하겠습니다.

박재창 : 구한말과 일제하의 YMCA 청년들이 민족주의, 반제국주의 운동의 선봉에 나섰다는 사실은 매우 자랑스러운 일이 아닐 수 없습니다. 그런데 이를 다른 측면에서 보면 결국 시대의 패러다임을 바꾸려는 개화운동의 선구자들이었다는 의미이기도 합니다. YMCA운동의 이상재, 조만식과 같

은 지도자들이 대학설립운동, 물산장려운동, 협동조합운동, 민족경제자립운동, 야학운동 등을 통해 당시의 한국사회로서는 처음으로 서구문명을 받아들이며 기존의 사회문화적인 패러다임을 바꾸려는 노력을 전개합니다. 계몽운동, 생활자구운동 등을 중심으로 하는 농촌운동, 인력양성이나 이념정립을 위한 학생운동 등에 나섰습니다. 새로운 사회를 열고자 했던 것입니다. 이런 YMCA 지도자들의 노력은 YMCA 밖의 다른 단체들을 통해서도 전개됩니다. 1922년 보이스카우트를 창설하거나 신간회운동을 주도하는 이상재 선생의 모습 등에서 찾아볼 수 있을 것입니다.

남부원 : 세분의 말씀대로 초기의 YMCA운동은 '개화자강운동', 서구를 중심으로 한 '사회각성운동'(복음주의와 에큐메니칼 운동), '청년운동'의 흐름 - 이렇게 세 운동의 흐름이 결합해서 초기의 사회참여적이고, 역사의 문제 앞에서 책임적인 오늘날 YMCA의 역사적 물줄기를 형성했다고 보입니다. YMCA연맹 100년을 맞은 오늘 이러한 유산을 창조적으로 계승하는 것이 우리의 과제라는 생각이 듭니다.

안재웅 : YMCA연맹의 창설 시기(1914년)가 일제하임에도 불구하고, Y연맹이 만들어질 수 있었다는 것은, 당시 한국 YMCA 지도자들의 큰 용기와 역사적 판단, 비전의 성과

였다고 봅니다. 1922년에 윤치호, 신흥우 등이 일본 도쿄에 가서 일본 YMCA와 담판을 지어 한국YMCA가 세계YMCA에 독자적으로 가입하는 것에 대해 동의를 얻어낸 사건도 중요한 역사적 사건이요, 유산입니다. 올해가 한국YMCA연맹이 세계연맹에 가입한지 90주년입니다. 당시 YMCA의 지도자들이 민족적 자존감을 살리면서 YMCA 운동을 전개했음을 알 수 있습니다.

서광선 : 1907년 평양 대부흥 이후 한국교회의 신앙내면화 현상이 심화되고, 비정치화, 비사회화 되고 있던 상황(1920년대)에 반해서 일본으로부터 공산주의 사상이 국내에 유입되면서 한국사회가 이념화되어, 보수적 신앙과 급진적 이념으로 한국사회가 양극화되는 양상을 보였습니다. 이러한 상황에서 YMCA가 어디에 서서 어떻게 민족과 사회에서의 역할을 담당할 것인가에 대해 고민하면서 민족계몽과 산업현장에서 청년들을 기독교 정신으로 리드하고자 시도하고 노력(계몽운동, 문맹퇴치운동, 농촌운동 등, 1930년대)했다는 점을 주목해야 할 것입니다.

남부원 : 서광선 교수님의 말씀을 들으면서 신흥우 선생의 '적극신앙단 운동'이 생각났습니다. 바로 그러한 내면화되고 개인화되는 기독교에 대응해서 한국YMCA가 창설될 당시의 사회적 책임에 대해 숙고하고, 그 시대에 꼭 필요한 사회참

여적인 운동(농촌계몽운동과 농민지도자양성, 협동조합운동, 문맹퇴치운동 등)을 주창해온 것을 기억하게 되었습니다. 그런데 이러한 한국YMCA의 초기운동이 한국교회의 보수적 흐름에 부딪혀서 신흥우 선생이 총무를 사임하는 과정을 보면서, 한국YMCA의 오늘의 진로 또한 고민해 보지 않을 수 없게 되는 것 같습니다.

해방공간부터 1970년대까지의 YMCA - 유지와 재건

서광선 : 해방공간에 저는 북한에 있었기에 남한에서의 YMCA에 대해 비밀스럽게만 듣고 알 수 있었습니다. 남한사회에서는 자연스럽게 YMCA 활동이 활성화 되었겠지만, 공산치하에서의 북한지역에서 - 물론 조만식 선생님이나 한경직 목사님 등의 활동이 있었지만 - YMCA의 공식적 활동을 구체적으로 들어 본 기억은 없습니다.

안재웅 : 해방 이후 남한사회에서는 YMCA의 재건에 초점을 맞추어서 운동이 확산되었던 것 같습니다. 백낙준 박사가 이사장이 되면서 김태묵, 김치묵, 김동길, 이환신 등을 주축 인사로 구성하면서 피난 갔다 돌아온 YMCA의 체제를 새롭게 조직하고 인적, 물적 토대를 새롭게 정비하는 시기였습니다.(미국 원조, 미국 YMCA 프로그램 소개 등) 한마디로 해방

공간과 6.25 전쟁 직후의 YMCA는 '관리형' 리더십이 이끌었던 기간이었다고 볼 수 있겠습니다.

이후에 YMCA운동이 본격적으로 운동체제로 들어선 것은 강문규 총무님께서 맡으시면서 부터라고 볼 수 있겠습니다. 당시의 내로라하는 그리스도인 교수들을 규합해서 그 당시의 한국 사회에 대해서 분석하고, 한국YMCA가 할 수 있는 일들에 대해서 구체적으로 고민하고 기획하는 노력을 기울이게 되었던 것입니다. 이렇게 한국 YMCA가 다시금 역동적인 운동체로서의 역할을 감당하기 시작한 것은 1970년대 이후부터라고 볼 수 있을 것입니다.

남부원 : 1938년에 YMCA가 폐쇄된 이후, 한국 YMCA는 전통의 단절, 지도력의 공백(부재)이라는 두 난관에 봉착했던 것 같습니다. 해방공간에 구자억 총무, 이승만 간사 등의 한국YMCA의 많은 지도자들이 정계에 진출했던 것입니다. 해방 이후의 남한사회의 혼란기 속에서 YMCA의 지도자들이 남한정부 수립에는 적지 않은 기여를 하였지만, YMCA의 입장에서는 주요 지도력이 공백상태에 빠지는 문제점을 노출시킨 것입니다. 결국 해방이후 YMCA는 사회운동체로서의 역량보다는 관리형 지도력이 조직을 정비하는 선에서 50-60년대를 거친 것 같습니다. 이에 1960년대엔 YMCA의 활동 성격과 내용에 대한 비판이 적지 않았습니다. YMCA가 유화마담 살 빼주는 곳이냐(수영장, 헬

스클럽, 체육관 등)는 비아냥도 있었고, 인디언 캠프 같은 것들을 사회적 합의와 논의 과정이 없이 미국 프로그램을 그대로 수입해 운영한 것도 중요한 한 예라고 할 수 있겠습니다.

서광선 : 6.25 피난시절 제가 부산YMCA에 있었을 때, 부산에서 가장 활발하게 광고 되던 것이 YMCA 영어학교 였습니다. 그때 김치우 목사님을 부산 YMCA 영어학교의 교실에서 뵐 수 있었습니다. 제 선친하고 평양신학교 동기셨기에 잘 알고 있었는데, 거기에서 그렇게 만날 수 있었습니다. 한국전쟁 당시에 YMCA하면 영어학교의 이미지였지요.

안재웅 : 저는 해방공간의 YMCA 지도자들이 비교적 양심적인 분들이었다고 봅니다. 일제말기 YMCA의 지도자들 중 자기의 지도력을 충분히 발휘하다가 친일을 한 사람들이 많았지요.(일일이 거명하기에는 불편함이 있습니다만) 이 사람들이 해방이후 다시 YMCA로 들어가 지도력을 발휘하는 것은 맞지 않다고 보고 YMCA에서 모두 떠났습니다. 그러다 보니 자연스럽게 정계로 흘러갔던 것 같습니다. 이들이 친일을 했지만, 나름대로 판단은 상식적으로 했고, 그러했기에 이후에 YMCA가 새롭게 시작하는 것이 가능했다고 봅니다.

박재창 : 해방공간과 6.25전쟁, 60년대 군부통치 시기는 YMCA 뿐

만 아니라 사회 전반의 모든 시스템이 붕괴되었고, 시민사회단체가 활동할 수 있는 공간과 폭이 매우 협소하던 시절이었습니다. 당시엔 YMCA도 거의 와해 단계에 있었던 것 같습니다. 그러나 6.25전쟁 이후 YMCA 재건운동이 시작되면서 열악한 가운데에서도 전후 피난민구호사업, 빈민식량센타사업, 상이군인원호활동, 아동교육, 직업보도학교, 노동자식당, 윤락여성선도사업 등 기층민에 대한 사회복지사업에 나섭니다. 그러나 이후 1970년대에도 YMCA 기구 재건운동이 계속적으로 이루어진 것을 보면, 해방이후 60년대까지는 YMCA운동이 한국사회 안에서 제 역할을 감당하기 어려웠던 시기라고 볼 수 있을 것 같습니다. 그러나 이는 YMCA에만 국한된 문제가 아니었습니다. 당시의 사회상황이 총체적으로 침체되고 한계점에 달했던 만큼 어느 누구도 사회운동을 제대로 해낼 수가 없었습니다. 결국 1970년대부터 YMCA운동이 본격적으로 다시 시작되었다고 할 수 있을 것 같습니다.

서광선 : 일제말기부터 1960년대까지는 YMCA의 암흑기라고 볼 수 있겠습니다. 이 당시는 한국기독교 청년운동이 그 역량을 발휘하기에는 여러 어려움들이 많았던 시기가 아니었을까 그렇게 생각되네요.

1970년대 YMCA - 정체성과 운동성의 회복

남부원 : 자연스럽게 1970년대의 YMCA 재건운동에 대한 이야기로 넘어오게 되었습니다. 서광선 교수님께서 과거 강문규 총무님과 함께 일하셨던 시절을 회상하시면서 먼저 말씀해 주시지요.

서광선 : 유신정권 초기지요. 강문규 총무가 YMCA 총무가 되었을 때 저는 이화여대 초임교수로 활동(1969년 초임)하고 있었습니다. 강문규 총무가 취임하고 나서 가장 역점을 두었던 일이 YMCA의 존재 목적과 정체성을 세우는 일이었습니다. 그래서 당시에 서남동, 유동식, 현영학 선생님을 초빙하고, YMCA에서는 김천배, 그리고 저를 끼워줘서 YMCA 목적문 기초위원으로 참여하게 되었지요. 이에 YMCA 목적문을 채택하게 되었습니다.

> 기독교청년회는 젊은이들이 그리스도의 뒤를 따라 함께 배우고, 훈련하며, 역사적 책임의식을 계발하고, 사랑과 정의의 실현을 위하여 일하며 민중의 복지 향상과 새문화 창조에 이바지함으로써 이 땅에 하느님 나라를 이룩하려는 것을 목적으로 합니다. (1976년 4월 23일 제23차 대한기독교청년회연맹 전국대회에서 채택)

그 당시 '역사 의식'이라는 말은 유신정권에 대한 반대성명이나 다름이 없었습니다. 그러니까 우리나라의 앞으로의 역사는 민주주의와 인권을 존중하는, 대한민국 헌법정신에 입각한 역사를 만들어나가는 것이 젊은이들의 사명임을 강조한 것이었지요.

1970년대의 청년문화는 생맥주, 통기타, 판소리, 탈춤 등이 당시의 청년문화의 저항적 민중문화가 트랜드였는데, 이러한 문화들을 넘어선 기독교 청년운동의 새로운 가치와 코드, 내용을 담아내고자 했던 것이고, 이는 당시 군사독재정권의 국민교육헌장에 대한 저항적 성격도 있었다고 할 수 있을 것입니다. 또 1970년대 당시에는 허용되지 않았던 '민중의 복지'라는 용어가 채택된 것도 획기적이고 의미 있는 일이었습니다.

그러나 이 목적문의 중심은 '그리스도의 뒤를 따라 함께 배우고 훈련하며 … 이 땅에 하느님의 나라를 이룩한다'는 그 메시지에 있다고 볼 수 있습니다. 이는 우리 땅 한반도에 하느님의 나라를 이룬다는 것을 YMCA의 궁극적 목적으로 삼는 것이며, 지금도 유효한 이상적 가치라고 봅니다.

그 목적문을 통과시키기 위해 참 많은 노력을 기울였고(목적분과사업위원회를 소집하고, 총회 때마다 이에 대한 해설과 토론이 진행되었음), 그야말로 한국YMCA의 이념적 기반과 비전을 다듬어 나갈 수 있었습니다. 또 구체적으로 지도력 양성을 위해서 YMCA 간사학교를 운영해서 중간 지도력을 향상시켰습니다. 학생 데모를 하다가 학교에서 제적당한 운동권

학생들이 YMCA에서 지도력을 형성하고 발휘해 나가기 시작했지요.

요컨대, 70년대 한국 YMCA의 부흥의 성격은 일제강점하에서의 청년운동의 저항과 투쟁이 해방과 분단이후 유신독재 시기에 재건된 것에서 그 의미를 찾을 수 있을 것입니다.

안재웅 : 결국 1970년대 YMCA운동사에서 강문규 총무님의 리더십이 크게 돋보인다는 것을 두고두고 생각하게 됩니다. 강문규 총무님께서 세계학생기독교연맹(WSCF)의 아시아 책임자로 나가 계시면서 세계 기독교청년운동의 흐름을 파악, 포착하고 이를 한국에서 적용하고 활성화시킨 긍정적 케이스였다고 보입니다. 만약에 그분이 WSCF에서의 경험이 없었다면 강 총무님도 결국은 관리형 지도자에서 조금 더 진전된 지도력만을 발휘했을지도 모릅니다. 하지만, 강문규 총무님께서 제네바에서 아시아를 담당하다보니 아시아 현장에 대한 무지와 무관심, 취약한 업무연계성의 문제를 절실히 느낄 수 있었던 것입니다. 그래서 강문규 총무님께서 아시아 책임자는 아시아로, 아프리카 책임자는 아프리카로 그 활동영역을 이전토록 견인했던 것이지요. 결국 세계 기독교 지도력의 지역화를 서구 기득권으로부터의 엄청난 저항으로부터 설득하고 극복해서 결국 성취해 내신 것입니다.

이러한 성과를 토대로 강문규 총무님께서는 1970년에 도쿄로 사무실을 이전하고, ‘아시아 지도력 센터’를 만들어 아시아 YMCA 지도자들에 대해 3개월 보름 동안의 일정으로 집중 교육과 훈련을 실시했습니다. 제가 바로 일본 도잔소에 가서 그 첫 교육 프로그램의 수혜자가 되었습니다. 그곳에서 현재의 아시아는 ‘혁명기’라는 메시지를 들었던 기억이 납니다. 『에이시언 드라마』(Asian drama)라는 책을 가지고 인도 경제학자 뮈르달((Karl Gunnar Myrdal)이 3개월간 가르쳤는데, 당시 아시아의 경제적 빈곤과 독립적, 주체적으로 나아갈 길에 대한 비전을 강의했었습니다. 또 펠리시아노 까리니온(CCA 전 총무)도 강사로 참여해 신학적, 이데올로기적 전망과 관점을 우리에게 교수했습니다. 이 얘기를 왜 하냐면, 강총무님께서 프랑스에서의 학생혁명과 버클리에서의 학생운동 등을 해외에서 경험했기 때문에 한국에서도 유신체제하에서 이러한 학생운동을 적용하고자 했던 것입니다. 당시 민청학련 사건도 이러한 흐름에 영향을 받았다고 할 수 있습니다.

그 당시에 이사장이 김용준 교수님이셨는데, 와세다대학의 객원교수로 가게 되니까 부이사장인 강문규 총무님이 이사장 대행을 하면서 이 모든 문제들을 뒷바라지 하게 된 것이지요. KSCF 학생운동을 돌보다가 YMCA도 진보적으로 가지 않으면 안 된다고 구상하셨던 것으로 보입니다.

서광선 : 당시 안재웅 이사장이 민청학련사건으로 감옥에 가셨었

지요. 제가 KSCF 이사 때였습니다. 그 당시 고초를 당했던 학생들에 대해 애쓰던 기억이 납니다.

남부원 : 앞으로 초기 한국YMCA와 세계YMCA의 조우와 만남이 한국의 KSCF와 YMCA운동에 영향을 미친 역사를 다각적으로 조명해 볼 필요가 있겠네요.

박재창 : 1970년대 YMCA운동은 반독재 민주화운동에 방점을 찍었다고 보았으면 합니다. 그러나 독재정권에 대한 저항과 함께 시민의식개발 운동이 병행되었던 시기이기도 합입니다. 이는 동전의 양면과 같아서 불가피한 일이기도 합니다. 이와 관련해서 당시에 주도했던 양곡은행운동은 오늘날의 마이크로크래디트 운동의 원형이고, 노조지도자교육은 사실상 우리나라에 현대 노동조합운동이 자리 잡게 된 출발점이라고 할 수 있습니다. 교사들에 대한 노동운동교육이 전교조의 물꼬를 트게 되었다는 점도 기억되어야 합니다. 농민운동지도자교육이 농민들의 지도력 개발에 크게 기여하기도 했습니다. 이렇게 육성된 YMCA운동의 전문지도력들이 1980년 서울의 봄, 1987년 6월 항쟁의 기반과 에너지가 될 수 있었습니다. 이점에서 한국 YMCA가 한국의 민주화 과정에 기여한 사실에 대해서는 지금보다는 훨씬 더 크게 평가되어야 한다고 봅니다. 이점에 대해 보다 체계적이고 사실적인 자료의 발굴과 증언의 체취가 필

요하지 않은가 생각합니다. 100주년을 계기로 그런 정보와 자료의 정리가 이루어졌으면 합니다.

당시 강문규 총장께서 유럽의 학생운동 등에 영향을 받아 운동으로서의 YMCA 재건을 새롭게 시작하셨는데 이 점은 높이 평가되어야 할 것 같습니다. 다만 이때 YMCA가 조금 더 진지한 고민을 했었더라면 하는 아쉬움은 있습니다. 당시의 상황으로 보아 불가피한 측면이 없었던 것은 아니지만 국가와 시민사회를 대칭적 관계에 있는 것으로 설정했기 때문에 시민사회의 토대 위에서 국가가 수립되고 성장하도록 지원하는 것이 아니라 시민사회와 국가(혹은 정부)가 불화하고 갈등하면서 서로의 간극을 넓혀가는 결과가 되었습니다. 시대가 지난 후 오늘날의 눈으로 보면 매우 아쉬운 점입니다. 풀뿌리에서부터 성장하는 시민사회 건설에 매진함으로서 시민사회 위에서 국가가 성장해 나가도록 하는 전략이 아니라, 지식인, 사회운동가 같은 엘리뜨를 중심으로 시민사회 세력권을 구축해 나가면서 국가와 긴장관계를 형성했기 때문에 사회구조의 이원화가 이루어졌고, 이러한 이원적 구조가 이후 한국사회에 고착되는 결과를 낳았습니다. 아쉬운 점이지요. 어쨌든 YMCA가 양자 간의 연결핀 역할을 자임하고 시민사회 개발을 주도했던 거의 유일한 시민단체였다는 점에 우리는 자부심을 가져야 하고, 또 우리 사회가 보다 더 주목해서 기억해주어야 한다고 믿습니다.

서광선 : 그 당시에 시민사회 단체라는 것은 거의 말살상태였고, 오로지 새마을운동만 가능했던 상황이었지요. YMCA가 거의 유일한 국가의 인준을 받은 시민사회의 대표적 단체였다고 해도 과언이 아닐 것입니다. 그래서 그나마 새마을운동에 대치되는 농민운동이나 노동자운동들을 주도해 나갈 수 있었던 것이라고 볼 수 있습니다.

1980-90년대 YMCA - 생명과 평화를 위한 발걸음

서광선 : 그러한 흐름 속에서 1980-90년대 시민단체 관련 기구들에서 YMCA출신의 지도력들이 다수 포진하게 되었던 것입니다.

남부원 : 시민운동의 중심축을 YMCA가 주로 담당했었는데, 새로운 시민사회운동의 산실 역할을 감당했던 것으로 평가할 수 있겠습니다. 기억하실지 모르겠지만 1980년대 중반에 YMCA의 슬로건 "새로운 사회는 시민 모두의 힘으로"라고 정해졌고, 양담배 불매운동, 국산타이어 애용운동, 초기적 의미의 환경운동 등을 YMCA가 처음으로 시도하면서 시민사회운동의 노력과 시도들이 훨씬 그 범위를 넓혀나갈 수 있었습니다. 그 이후에 1988년에 경실련과 환경운동연합이 출범하고, 1990년대 초에 참여연대가 발족하는

시민운동의 흐름을 YMCA가 주도하고 그 저변을 만들어 나갔던 것이라는 점을 알 수 있습니다.

서광선 : '풀뿌리민주주의'라는 말도 YMCA가 처음 사용한 말이 아닌가요?

남부원 : 네. 1991년에 첫 지방자치단체 선거가 있었을 때, YMCA가 굉장히 많은 실험을 하던 중에 나온 말이기도 합니다. 어느덧 이야기가 1980-90년대로 이어져 왔네요. 기존의 이미 보편화된 시민운동을 성찰하면서 YMCA운동의 정체성을 살리는 차원에서 생명평화운동으로 운동의 내용을 전환하게 되었습니다. 새롭게 시도되고 있는 생명평화운동의 영역에서 YMCA가 거둔 성과는 무엇이며, 앞으로의 실천과제에는 무엇이 있을지 이야기 나눠주시면 감사하겠습니다.

서광선 : 역사적으로 말하면, 세계 YMCA대회를 1991년에 개최했었는데, 당시 의제 중에서 가장 중요한 이슈가 1855년에 제정된 세계YMCA 목적문에 대한 검토가 있었지요. 그래서 21세기에 맞는 세계YMCA의 목적문을 만들자는 논의가 있었는데요, 그때에 제가 세계YMCA 목적문의 위원으로 참여하기도 했습니다. 현재 YMCA는 세계 5,000만 회원, 119개국의 회원국의 규모로, 유엔의 가맹국가와 유사한 규

모로서 시민단체로서는 세계에서 가장 크고 강력한 그룹이 세계YMCA 라고 볼 수 있습니다.

1998년에 세계YMCA에서 만들었던 '도전 21'이라는 프로그램이 큰 의미가 있었다고 봅니다. 거기에서 주목할 내용은 세계 YMCA는 에큐메니칼 단체이며, 평신도가 주축이 되며, 남성뿐 아니라 여성도 참여하는 평등적 구조, 청년이 주체가 되는 정체성을 확인, 기독교 정신과 이념에 기초해 활동, 사회정의와 사랑의 평화운동으로서 YMCA운동의 성격을 규정하고 아직도 이것이 세계YMCA의 기조와 방향이라고 볼 수 있을 것입니다.

이번 한국YMCA연맹 100주년을 맞아 목적문을 보완한다고 들었는데, 1976년에 제정한 한국YMCA의 목적문을 읽고 뭐가 없다고 생각하느냐고 물었을 때, 청년들은 '평화'와 '통일', '생명'이라는 말이 빠졌다는 이야기를 많이 들었습니다. 이처럼 한국YMCA의 새로운 방향은 에큐메칼 정신에 입각한 하느님 나라 운동으로서 생명과 평화를 지키고, 마침내는 분단을 극복하고 통일을 모색하는 데까지 나아가야 할 것이라고 봅니다.

안재웅 : 서광선 교수님께서 말씀하신대로 YMCA가 가지고 있는 국제적 네트워크가 얼마나 귀중하고 의미 있는 자산인가를 절감하고, 이를 얼마나 잘 활용하고 있는가 자성하게 됩니다. YMCA운동에 있어서 전문지도력과 유지지도력이

라는 두 트랙이 있다는 것은 큰 자산입니다. YMCA에는 초기부터 세계와 연계된 네트워크를 통해 설립되었고, 현재는 전국적으로는 65개 지역에 YMCA의 네트워크를 가지고 있고, 2400여명의 전문지도력을 확보하고 있습니다. 그 중 수많은 인력(이사, 위원, 자원봉자, 회원 등)이 YMCA에 함께 연대하고 있습니다. 어느 시민단체가 이러한 인적 자원을 가동 시킬 수 있으며, 적극적으로 재정적 참여를 하면서 건실하게 운영할 수 있을까요?

이러한 YMCA의 소중한 자산과 네트워크를 더 효율적으로 활용해야 함에도 불구하고, 제대로 된 활용과 평가를 받지 못하고 있는 것 같습니다. 그러나 지역에서는 YMCA가 가장 중심적인 시민운동체입니다. 또 세계적으로도 한국 YMCA가 지도력과 이슈를 창출하는 면에서 큰 공헌을 하고 있습니다.

박재창 : 1990년대와 2000년대는 한국YMCA가 국내외적으로 연대활동에 주력한 시대라고 할 수 있습니다. 먼저 국내적으로는 87년 체제의 등장 이후 시민사회의 지형이 많이 변하게 됩니다. 환경운동연합, 경실련, 참여연대 등 시민사회에 여러 운동단체들이 생겨나면서 이들과의 수평적 연대활동이 활발하게 일어납니다. 이런 시민사회단체연대활동에서 주목한 것은 공명선거감시운동, 민주시민교육운동, 시민정치운동, 평화교육운동, 통일운동, 분권과 자치운동 같

은 것이었습니다. 최근에는 마을만들기 운동이나 생협 같은 조합운동 내지는 단체자치운동이 주목을 받고 있습니다. 대체로 협치사회로의 진행을 촉진하는 사회기반조성 내지는 참여정치를 통한 사회개혁운동에 주력하는 모습입니다.

YMCA 내부적으로는 기구혁신을 통한 거버넌스체제 도입 논의가 활발히 전개되고 있습니다. 전문지도력과 유지지도력 사이의 협업체제를 어떻게 재조정할 것인가가 문제의 핵심이라고 말할 수 있습니다. 기구적으로 볼 때 YMCA와 지역공동체 사이의 연결핀 역할을 유지지도력이 담당해야 합니다. 그러나 그런 역할이 잘 수행되지 않고 있다는 평가입니다. 시대성격의 변화에 맞추어 운동체로서의 YMCA 내부 의사결정체제를 어떻게 수정해 나갈 것인가가 당면한 최대 과제 가운데 하나입니다.

국외적으로는 아시아지역 운동에서의 주도적인 역할이 빛났습니다. 1980년대 이후 아시아지역연맹은 아시아태평양YMCA연맹으로 명칭을 바꾸는 등 지역사정에 조응하려 노력하지만 한동안 운동의 매너리즘에 빠집니다. 그러나 2000년대 후반에 들어서면서 에큐메니칼 운동과 시민사회운동이라는 YMCA운동의 쌍두마차 가운데 특히 시민사회운동에 주목하고 그의 지평을 넓히며 역량을 강화하게 됩니다. 아시아지역 사회의 수요에 보다 더 적극적으로 대응하고자 노력한 결과라고 생각됩니다. 대안관광, 기후변화와 환경보호, 지구시민교육, 노인문제, 빈곤타파와 지속가능한 발전, 이종교간의 화해와 대화 운동 등 시대적인 요구에 부응하는 여러 사업을 개발해서 확산시키고 있습니다. 주제나 문제의식이 전통적인 YMCA운동 프로그램과는 다르다는 점에서 신YMCA운동 내지는 아시아판 신사회운동의 시대를 여는 것이라고 말할 수도 있을 것입니다.

이러한 아시아지역 YMCA운동의 범위와 활동주제의 변화는 오늘날의 지구촌이 급격히 변화하고 있다는 사실과 그에 대한 적극적인 대응 없이는 아시아 지역사회의 특정적인 수요에 조응해 나가기 어려울 것이라는 판단에 기초하고 있습니다. 이러한 인식의 틀은 한국YMCA가 한국사회에서 시민사회운동의 역량을 키워나가면서 새롭게 눈뜨고 넓혀나간 시야가 반영된 것이라고 볼 수 있습니다. 이러한 변화를 주도한 것이 한국YMCA 출신의 지도력이기 때문입니다.

이와 관련하여 보다 더 주목해 보아야 할 것은 지구시민운동을 주창하면서 이를 범지구적인 과제로 끌어올려 이제는 아시아태평양YMCA연맹이 세계YMCA운동의 운동 프레임을 공급하게 되었다는 점일 것입니다. 결과적으로 한국YMCA가 세계YMCA운동의 새로운 방향을 제시하고 있는 셈입니다. 한국 YMCA운동 100년의 역사가 아시아YMCA운동을 통해 세계YMCA의 운동 방향을 견인하고 있다고도 하여도 과언이 아닙니다.

그러나 다른 한편에서 보면, 한국YMCA연맹이 탄생 100주년을 맞아 너무 늙었다는 느낌도 지울 수가 없습니다. 급진적인 시대성격의 변화 속에서 한국YMCA가 감당해야 할 과제가 무엇인지 자신의 정체성을 무엇으로 세워야할지 보다 근본적인 고민에 나서야 할 때입니다. 그런 점에서 저는 지구시민운동, 지구 전체를 하나의 커뮤니티로 보는 인식전환 운동에 주목할 것을 권하고 싶습니다. 특히 정보화시대에 접어들면서 사회질서 자체가 재편되고 있다는 점과 그에 따라 분권과 인간 개개인의 자유의 확장에 대한 요구가 커지고 있다는 점에 유의해야 합니다. 산업사회의 대중민주주의 시대가 지나고 분절적, 분산적 자유주의 시대 또는 소중화(demassifying)의 시대가 도래 하고 있습니다. 따라서 이렇듯 파편화되는 존재들을 이어줄 공동의 가치창출 문제는 매우 시급한 과제입니다. 그런 점에서 근대의 이성과 탈근대의 감성을 지나 영성에 대한 요구가 그 어느 때보다도 커져 있습니다. YMCA가 지향하는 생활 속의 영성에 대한 주문이 급증하는 시대입니다. YMCA가 지구촌의 시대정신을 리드해야 하는 이유입니다. 거기에 맞는 프로그램을 개발하고 확산하는 일이 우리에게 주어진 당면의 숙제가 아닐까 생각합니다.

남부원 : 지난주에 세계YMCA 회의에 다녀왔습니다. 세계YMCA 스스로도 현재 고령화된 정체성에 대해 문제의식을 갖고

있었습니다. 그래서 젊은 세대의 지도력과 역량을 키워내고 활성화하는데 세계YMCA가 어떻게 지원하고 구체적으로 노력할 수 있을지가 주요한 관심사였습니다. 또 통합적인 리더십 양성을 위해 감성적 리더십을 넘어 영성적 리더십을 길러내는 노력이 있어야 한다는 것에 공감합니다. 최근에 YMCA가 청년들의 정신적 발전소로서의 역할을 자임하자는 논의가 활성화되고 있습니다. 그런 의미에서 생명·평화학교 같은 구체적 노력, 추상적 영성이 아닌 시민사회와 소통이 가능한, 교회에만 제한된 영성이 아닌 사회참여적인 영성적 리더십을 만들어 나가도록 노력하고자 합니다.

한국YMCA의 미래 비전과 시민사회를 위한 과제

서광선 : 'YMCA' 명칭에 대해 농담처럼 하는 말이 있습니다. YMCA의 'Young'이 이미 늙어버려서(Old) 'OMCA'가 되어버린 것이 아닌가하는 질문 앞에 봉착해 있는 것이지요. 파리기준을 만들 때 YMCA의 평균연령이 23살이었다고 합니다. 그런데 요즘 YMCA의 평균 지도력이 60대로 접어들었습니다.

'Man'을 보면, 유럽의 경우 YMCA 회원의 80%가 여성입니다. 한국의 YMCA 회원의 전체 남녀성비를 보면 역시 여성이 더 많습니다. 간사들을 보아도 2/3가 여성들입니다. 그런 의미에서 'M'도 'H'(human)로 바꿔야 하지 않을까 생각해 봅니다. 세계YMCA 목적문에서도 남녀 구별 없이 회원과 이사, 모든 지도력에서 남녀를 차별하지 않습니다.

'C'(Christian)도 미국이나 캐나다 같은 곳에서는 점점 없어져 가고 있습니다. 북미에서는 회원들의 상당수가 유대인이이고, 동남아시아권에서도 국민의 대다수가 불교인인 현실에서, 공산주의 국가인 중국에서도 'C'의 제한점 때문에 YMCA 운동이 지도력을 영입하지 못하거나 위축되고 있다고 합니다. 아까 영성을 말씀하셨는데, 크리스천(Christian)이라는 게 무엇인가 하는, 개념의 재정립 노력이 필요하지 않을까 생각해 봅니다.

끝으로 한마디만 더 하겠습니다. 생애 처음으로 중국의 고등학교 YMCA 청소년들과 만날 기회가 있었습니다. 학생 한명이 손을 들고 질문을 하더군요. "왜 통일이 안 됩니까? 통일 안 되는 이유를 말해 주십시오." 국제적, 정치적, 이념적으로 설명하려고 하니까 잘 안되더군요. 그래서 "늙은이 때문에 안 된다."라고 대답했습니다. 그런데 그 말을 하면서 왈칵 눈물이 흘렀습니다. "우리 늙은이들 때문에 안 된다"는 말이 나오자 부끄럽고 속상해서 말문이 막혔던 것이죠. 만남이 끝나고 행사장에서 퇴장하는 데, 남녀학생이 찾아와 내 손을 잡으며 말했습니다. "박사님, 저희들이 잘하겠습니다." 저는 그 학생들과 손을 잡으면서, 이것이 YMCA

의 가능성이요 미래가 아닐까, 용기와 희망을 가질 수 있었습니다.

안재웅 : 일제하에서 교회들이 신사참배를 하고, 대개 친일 쪽으로 기울고, 극히 일부만이 기독교의 신앙을 지켰던 흐름이 있었지요. 그러한 환경이 되고나면 '영성'에 대한 관심이 많아지는 것 같습니다. 그래서 유영모 선생의 금요성서연구 같은 프로그램 등으로 YMCA의 한 축이 영성운동의 흐름으로 전개되었던 것 같습니다. 그것이 아마 일제하에서의 암울한 상황에 대한 돌파구로서 모색되었던 노력의 한 결과가 아니었을까 생각해 봅니다.

오늘 우리는 21세기에 도달해 있습니다. 요즘 YMCA의 흐름 중 하나로서 '영성'에 대한 관심이 많습니다. 우리는 '사회적 영성'을 부각시키고 활성화하고, 그리스도인과 시민사회에 영향을 미치고자 합니다.(그 일례로서 '사회적 영성학교'도 준비하고 있지요) 이것 또한 우리의 어려움을 뚫고 나가고자 하는 노력의 한 결과라고 할 수 있을 것입니다. 하비콕스도 『신앙의 미래』라는 책에서 믿음의 시대, 신앙의 시대, 영성의 시대라고 시대구분을 하고 있습니다. 지금 YMCA도 '사회적 영성'을 제공하는 정신적 발전소의 역할을 감당할 수 있었으면 합니다. 그리고 한국교회와 소통하는 의미에서도, 과거에 YMCA가 노평구, 김정구, 유영모, 함석헌 등을 통해 그러했듯이 '성서연구'에 대한 집중적인 관심과 활성화가 이 시대에 요청되는 YMCA의 중요한 사업의 한 토대가 될 수 있지 않을까 생각해 봅니다.

또 평화와 통일에 대한 주요한 관심에 있어서 한국교회의 많은 지도력이 기여하는 과정에서 - 물론 다양한 교회의 지도력들이 애를 썼지만 - YMCA의 노력과 공헌이 크다고 볼 수 있습니다. '도잔소'(1984)와 '88선언'(1988년 인천 송도회의) 이후에 한반도의 평화와 통일을 위한 이렇다 할 성과들이 아직 없는 것 같습니다. 이제 새로운 시대 속에서 한반도 평화와 통일을 위해 일익을 담당해야하지 않을까 생각합니다.

YMCA가 이 시대에 맞는 '사회적 영성'의 하나의 흐름을 새롭게 구축하면서 분단된 한반도에 통일을 이루는 노력이 필요하겠습니다.

박재창 : 청년에 대해 교회가 다시 주목해주었으면 합니다. 정보화 사회 이후 청년의 정체성이 붕괴되고 있습니다. 사회적으로 양극화가 심화되고 핵가족화 되고 마을공동체가 파괴되면서, 전통적으로 부모들이 아이들을 돌볼 수 있었던 경제적, 정서적, 사회적 공간과 여유가 상실되고 있습니다. 아이들에 대한 도덕과 영성교육이 제대로 수행되지 못하고 있습니다. 그러다보니 부모 세대의 기독교적인 신앙의 유산이 후대에 제대로 전달되지 못하고 있습니다. 붕괴하는 노동시장 속에서 청년들이 자기 자신을 어떻게 기획하고

정체성을 확립해 나갈 수 있을 것인지에 대해 새롭게 이끌 수 있는 아이템을 고안하고 실행해야 합니다. 정보사회의 도래 이후 압도적인 영향력을 끼치고 있는 다양한 형태의 자기주도형 미디어들이 서구중심의 편향적인 가치를 확산하고 있습니다. 청년의 정신적 신념체제를 오염시키고 있습니다. 다양한 형태의 유사종교에 대한 정보가 새로운 미디어를 타고 확산되면서 기독교의 유일신적인 지위가 도전받고 있습니다. 격동하는 시대에 대한 불안감이 선각자에 대한 믿음을 흔들고 있습니다. 청년들이 처한 이런 어려움에 대해 한국교회와 YMCA가 보다 적극적으로 관심을 가지고 대응해야 합니다.

한 가지 대안으로 개체교회들이 YMCA 청년지부를 설치해서 운영하면 어떨까 제안해 봅니다. 교회 내에서 따로 청년예배를 드리는 곳들이 많습니다. 개체교회의 경계를 넘어서지 못하는 한국YMCA의 청년운동이 이런 교회내의 청년지부와의 연대활동을 통해 거듭나기를 소망합니다.

안재웅 : KB국민은행이 진행하고 있는 사회적 기여의 좋은 모델하나를 소개하고 싶습니다. '라오나띠' 프로그램을 통해 350여명의 청년들이 아시아의 7개국에 나가서 한 학기씩 지역사회봉사활동을 하는 것은 앞으로의 미래 청년 지도력 양성과 지구시민운동에 크게 이바지할 것으로 기대됩니다. 또 하나가 '폴라리스' 프로그램을 통해 경제 금융교육을

청년 대학생들이 어린이들에게 실시하고 있습니다.

이처럼 YMCA운동의 여러 프로그램에 한국교회의 재정적 지원이 필요합니다. 현재 한국사회가 당면한 '다문화 문제', '탈북자를 비롯한 이주민 문제' 등에 대해서도 구체적 프로그램과 대안을 찾아나가야 할 것입니다. 이러한 문제들을 해결하기 위해선 YMCA운동이 자칫 엘리트운동으로 비쳐질 수 있는 것에 대해서도 극복해야 할 것입니다.

세종특별자치시 YMCA가 100주년을 기해 새롭게 생겨서 환영합니다. 최상덕 박사를 중심으로한 YMCA청소년정책연구소 발족도 의미가 있습니다. 이러한 모든 것이 "생명의 물결, 평화의 바람" 한국YMCA연맹 100주년의 슬로건을 잘 이뤄 보고자 하는 노력의 일환이라고 봅니다.

남부원 : YMCA는 "교회와 세상을 연결하는 다리"라고 자기규정을 해 왔었습니다. 이제 다른 의미에선 "세상 한가운데 파견된 교회"라는 정체성으로 교회와 YMCA의 연결고리를 더욱 강화해 나가야겠습니다. 이제 YMCA는 한국의 청년을 책임지겠다는 다짐으로, 한국 청년들의 놀이터, 역동적인 활동의 장이 될 수 있도록 더욱 노력하겠습니다. 귀한 말씀 나누신 모든 분들께 깊이 감사드립니다.

(월간 「기독교 사상」. 한국YMCA연맹 100주년 기념 - 특별 좌담, 2014년 4월호)

2. 시민정치와 직접민주주의

대담 : 하승수 녹색당 사무처장, 김기현 부천 YMCA 사무총장,
전성환 천안 YMCA 사무총장,
남부원 한국 YMCA 전국연맹 사무총장,
박재창 숙대 정치행정학부 교수
정리 : 이필구 한국 YMCA 전국연맹 간사
일시 : 2012년 6월 8일
장소 : 한국 YMCA 전국연맹 회의실

박재창 : 우리만큼 정치에 좌절하고 있는 사회도 흔치 않을 것 같습니다. 여기에는 여러 요인이 작용하고 있지만, 우선 대의민주주의제도 자체가 외국에서 생겨난 것인 데, 거기에 필요한 역사·문화적인 토양이 준비되어 있지 않습니다. 둘째로는 남북 분단 상황, 결손국가가 갖고 있는 문제점 등이 정상적인 대의민주주의 운영에 부정적 요인으로 작용한 측면도 있습니다. 셋째로는 정치 지도자의 도덕성이 너무 취약하다는 점입니다.

그러나 보다 더 크게 보면 지금 우리는 범인류문화사적인 전환기에 있습니다. 대의민주주의는 산업사회의 생산양식에 기초한 사회관계를 다루기 위한 정치적 디자인으로 개발된 것인데, 그 동안 사회구조가 많이 바뀌었습니다. 특히

우리나라는 정보사회 등 사회구조변화가 선도적으로 이루어지는 나라입니다. 서구식 대의민주주의가 제대로 작동하는 나라를 정상국가라고 한다면, 정상국가를 회복한다고 해서 우리의 정치적 난제를 해결하기는 어려울 것이라고 보는 이유입니다. 그렇다면 어떻게 해야 하는가? 이것이 우리가 안고 있는 가장 큰 고민거리 가운데 하나입니다.

정치의 가장 큰 기능인 갈등조정이 잘 되고 있지 않습니다. 삼성경제연구소가 2009년에 발행한 보고서에 의하면, 우리가 1년에 지출하는 갈등비용이 300조원에 이릅니다. 금년도 우리나라 예산이 340조 인데, 그 정도의 비용을 갈등비용으로 지출하고 있는 셈입니다. 정치 정상화가 시급한 이유입니다. 경제가 어렵다고 하는데, 사회갈등비용만 줄여도 경제성장율을 연간 약 4%정도 높일 수 있습니다.

이런 고민 가운데 나온 대안 중 하나가 기성정치인에게 정치를 맡길 수 없다는 것, 시민이 나서야 한다는 것 아닌가 생각됩니다. 이런 이유로 YMCA가 시민정치운동을 선도적으로 주창한 바 있고 또 체계적으로 전개한 바도 있습니다. 최근에는 시민사회 영역에서 다양한 형태의 정치정상화 운동이 전개되고 있습니다. 그 가운데 하나로 하승수 사무국장이 주도해 온 녹색당 운동이 있고, 전성환 사무총장은 개인 차원에서 일종의 정당참여운동을 벌인 바 있습니다. 김기현 사무총장은 생활정치운동을 오랜 동안 주도해 왔습니다. 그래서 오늘은 여러분을 모시고 정치정상화를 위한 시민사회의 역할, 구체적으로는 한국YMCA의 과제가 무엇인가를 이야기해 보려고 합니다.

김기현 : 큰 틀에서 보면 한국사회는 정말 격동기에 있습니다. 대의민주주의-산업화 모델에서 직접참여주의-정보산업화 모델로 급속히 이동하면서도 정체되어 있는, 그래서 다층적으로 상당히 복잡하고 혼란스러운 상황이 아닐까 싶습니다. 이런 상황에서 긍정적인 변화라고 할 수 있는 것은 박원순 시장의 당선을 가능하게 했던 시민들의 원동력을 볼 수 있었던 점입니다. 상상할 수 없었던 무정파 시장의 당선이 있었습니다. 이렇게 드러나는 현상이 분명히 있고, 안철수 현상을 가져오는 층위가 있다는 생각이 듭니다. 이 층위가 사회변화에 어떻게 결합할 것인가 생각할 때, 생활정치라는 영역과 같이 만나면서 역동성을 발휘해야 하는데, 그 부분을 어떻게 구체화시켜 나갈 것인가 하는 점이 큰 과제로 남아 있습니다.

우리 사회의 정치가 이렇듯 급격한 변화 과정을 거치면서도 정체되어 있는 모습에 대해 말씀해주셨는 데 두 가지 생각이 듭니다. 첫째, 대의민주주의라고 하는 것은 대단히 합리적인 정신이 작동하는 양식인 데, 한국사회는 대단히 온정주의적인 사회입니다. 특히 지역사회로 가면 정(情) 중심 사회로서의 특성이 더 강해집니다. 이런 사회에서 대의민주주의가 어떤 형태로 작동할 수 있을까요? 또 하나는 남북

이데올로기 대치상황 속에서의 이념갈등 경험입니다. 예전과는 다른 형태로 표출되긴 하지만 여전히 우리에게는 그 영향이 큽니다.

일전에 이기호 교수에게 '일본 유학 시기에 가장 인상적인 것'을 물었더니 어느 지방선거 때의 기억을 말해주었습니다. 앞집에서 사람이 나오는데 공산당 깃발을 들고 선거 자원봉사를 하러 나오고, 그 옆집에서는 자민당 자원봉사자가 나와서 둘이서 인사하고 헤어지는 모습이 인상적이었다고 합니다. 사실 그것이 별 것은 아닌 데, 우리 사회는 그것이 굉장히 새로운 것이지 않습니까?

이번 선거를 통해서 바랐던 점 중 하나는 시대변화에 따른 긍정적인 양상이 드러나길 바랐던 것이고, 그 중의 하나가 과거 산업화시대의 패러다임과 정치의 고착화된 행태가 허물어지는 양상이 나타나길 기대했었습니다. 현재의 현실 정치는 기득권 구조와 강력하게 결합되어 있고, 실제로 새누리당 뿐만 아니라 민주당도 굉장히 기득권적인 요소가 있습니다. 사실 정치라고 하는 것은 대의제민주주의의 아주 기본적인 요소입니다. 사회 다양성을 반영하는 것이 곧 정치 과정입니다. 민주당 구조 안에서도 사회 다양성이 반영되었어야 하고, 녹색당 같은 소수정당들이 사회 다양성의 반영으로 현실 정치에 결합하는 것이 정치가 정상화되는 과정인 데, 그런 것들이 이번 선거 과정 속에서 이뤄지지 못한 것입니다. 그래서 소수정당은 살아남지 못한 형태로 마무리 되었고, 민주당의 경우에도 비례대표 선출과정이나 지역대표 선출과정에서 소수자에 대한 배려나 다양한 가치의 투입에 대한 배려가 전혀 없어서 지탄의 대상이 되고 있습니다. 기성정당의 장벽은 높아졌고, 그 안에서 당파적인 갈등들이 있었음에도 그것이 토론의 대상이 되는 것이 아니라 오히려 견고하게 구조화되었습니다. 그런 측면에서 19대 총선을 평가할 수 있지 않을까 합니다.

하승수 : 한국사회가 성숙하는데 가장 큰 걸림돌이 되는 요소는 견고한 기득권 구조라고 생각합니다. 기득권 구조가 너무 견고하게 형성되어서 새로운 가치나 새로운 주체가 정치 영역에 들어가는 것이 힘들게 되어 있습니다. 한국의 대의민주주의는 정당을 기본으로 하고 있는 데 정당 자체가 분권화되어 있지 못하고, 민주화되어 있지 못합니다. 이 상황에서 정당민주주의를 하고 있고, 정당이 대의민주주의의 핵심이 되어 있는 데, 당연히 정치에 문제가 있지 않겠습니까?

또한, 대의민주주의라고 하더라도 대의민주주의를 통해서 시민의 직접참여를 활성화시키는 정치를 할 수 있는 데, 한국의 기득권을 가진 정당이나 정치세력들은 표를 동원하는 것에 시민의 참여가 필요할 뿐이지 시민들로부터 새로운 가치나 의견을 받아들이려고 하지 않는다고 생각합니다. 그 기득권적인 사람들이 비민주적인 정당구조를 만들어냈고, 그 속에서 자신들의 기득권을 지키는 식으로 정당을 이용했습니다. 통합진보당 사태에서도 볼 수 있듯이 진보진영조차도 정당구조가 비민주적이고 폐쇄적인 구조를 가졌다고 보아집니다.

정당이라는 것이 대의민주주의의 핵심이고, 우리가 정당민주주의를 한다면 최소한 정당이라는 것이 시민들의 참여 통로로서 어느 정도 역할을 해야 하는 데, 우리 정당들은 그 기능을 못하고 있습니다. 시민정치, 생활정치라는 영역도 대의민주주의의 체제 안에서는 이 구조의 영향력을 벗어나지 못합니다. 지방선거 때 시민정치, 생활정치를 표방한 후보들이 나간 적이 있고, 여러 가지 도전들이 있었지만, 근본적으로 이 구조를 바꾸는 것은 쉽지 않았습니다. 시간이 가면 갈수록 이 구조가 견고해지고 있습니다. 녹색당 같은 시도는 이 구조에 대항하면서 오래 걸리더라도 새로운 가치와 새로운 주체가 정치에 드러날 수 있는 형태를 만들어보자는 시도였습니다. 이번에 그 시도가 열매까지 맺지는 못했지만, 끊임없이 새로운 가치가 들어갈 수 있도록 시도해야 합니다. 시민들이 자신을 누군가가 대표해주기보다는 스스로의 목소리를 내고 싶어 하는 것이 최근의 경향이고, 그것이 시민들의 직접참여욕구로 나타나고 있습니다. 그런 직접참여욕구를 정치의 영역에서 어떻게 반영시킬 것인지가 시대적으로 가장 중요한 화두인 데, 한국의 정당들은 그것을 못하고 있습니다.

정당을 통해서만 가능하다고 생각하지는 않습니다. 정당

은 여러 통로 중 하나일 뿐이고, 정당정치를 통해서 직접참여의 길을 열고 나아가 직접민주주의나 시민민주주의 제도들을 더 확대하면, 정당정치나 선거를 통하지 않고서도 시민들이 참여할 수 있는 길을 열게 됩니다. 지금의 우리나라 정당들은 그것을 다 가로막고 독점하려고 하고 있습니다. 서울시의 박원순 시장이 시민참여를 확대하려는 노력을 하고 있긴 한데, 그것만으로는 부족합니다. 아마 우리와 일본의 상황이 비슷할 수도 있겠습니다. 지역에서는 여러 가지 개혁적인 시도들이 나오지만, 국가 단위의 정치는 아직까지 크게 나아가지 못하는 상황입니다.

전성환 : 하승수 변호사께서 말씀하신 정당정치나 선거를 통하지 않고 정치영역에서의 시민참여가 어떻게 가능할 것인가가 어쩌면 오늘 간담회의 핵심적 논점이 아닐까 싶습니다. 지난 서울시장 선거와 민주통합당의 창당과정에서 정당 지도부를 뽑는 과정 등을 시민정치와 연계해서 회고하는 것은 매우 의미 있는 작업일 것이라고 생각합니다. 그동안 시민단체들은 선거과정에서 일정정도 개입을 통해서 한국정치문화를 바꾸려는 노력을 해왔었습니다. 아시다시피 공명선거활동과 정책캠페인 중심으로 노력해 왔었고, 2000년 총선시민연대를 통해서 후보자 공천과정에 간접적으로 참여하는 활동을 했습니다. 대체적으로 정당과 정파로부터의 중립이라는 원칙적 입장을 지켜 왔습니다. 하지만 특정후

보나 정당을 지원하는 활동을 시민단체차원에서는 진행하지 못했지만 언제나 야당 편향적이거나 정치집단화 했다는 혐의를 받아왔습니다. 정당들이 폐쇄적이고, 기득권층들에 의해 장악되었다는 진단은 맞는 말이긴 합니다. 그렇지만 현실적으로 시민들이 할 수 있는 일은 그런 정당에 참여해서 이를 바꾸거나 다른 건강한 정당을 만들거나 정치적 냉소집단으로 남든가의 선택뿐입니다.

박재창 : 제도화된 시민참여의 통로가 단절되어있다는 점이 문제입니다. 기성정당이 있지만 지금까지 우리가 목격해 온 정당은 권력 엘리트들의 음모정치적인 수요를 소화하는 장치에 지나지 않았습니다. 보통사람들이 자신의 정치적 욕구를 전달해서 그것이 프로그램으로 전환될 통로를 제공받지 못했습니다. 제대로 된 민주주의를 경험할 수 없었던 것입니다. 그런데다가 해방과 더불어 정치적 독립이 이루어졌지만 사실 경제적 독립이 이루어진 것은 70년대 경제개발 5개년 계획이 마무리 되면서 부터였습니다. 그 이전까지는 우리 스스로 국가재정을 마련하지도 못했습니다. 우리가 자기주체성, 자존감, 정치적 효능감 등을 깨닫기 시작한 것은 월드컵을 개최하면서 부터였습니다. '우리도 할 수 있다,' '내가 주도해서 무엇을 바꿀 수가 있구나' 이런 것들이 문화적으로 공유되기 시작한 것입니다. 그것이 효순이, 미선이 사건이나 노대통령 탄핵반대, 미국산 쇠고기 수입반대 촛불시위 등에서

일관되게 나타났고 과거와는 전혀 다른 유형의 시민들이 형성되어 나왔습니다. 시민참여욕구를 반영하는 장치가 절단되어 있는 데 참여하고자 하는 주체적 시민, 성찰적 시민들은 성장하기 시작했으니 갈등의 수위가 한층 더 높아질 것은 당연한 일입니다. 바로 그런 지점에서 터져 나온 것이 박원순 시장 당선, 검증되지 않은 안철수 교수에 대한 지지 같은 것이라고 생각됩니다. 16대, 17대 대통령선거, 박원순 시장선거 등에서 일관되게 나타나는 현상 가운데 하나는 지금까지 목격하지 못했던 새로운 유형의 유권자 집단이 생겨났다는 점입니다. 제3의 유권자 집단이라고 이름을 붙여봤습니다. 이들은 앞서 말한 선거에서 이쪽 저쪽으로 지지 대상을 바꾸면서 선거판을 결정짓고 있습니다. 이들은 기존의 프레임과 디자인을 부정하는 데에서부터 비롯되는 것으로 생각됩니다. 어떤 형태로든 이들이 참여할 수 있는 정치적 통로를 열어주는 것이 중요한 과제입니다. 대의민주주의가 잘된다는 서구사회를 보면 생활정치와 정당정치가 별개의 것이 아닙니다. 동일한 현상에 대한 다른 관점에서의 설명에 지나지 않습니다. 그러나 우리는 생활정치, 정치과정, 정치참여, 정당정치가 모두 따로 놀고 있습니다. 시민이 주인인 정치가 없기 때문입니다. 이것을 어떻게 해소할 것이냐 그런 고민이 시민정치 운동을 주창했던 사람들의 출발점 아니었나 생각합니다.

김기현 : 새로운 유형의 시민, 새로운 유형의 참여, 제3 유권자층 이런 표현을 쓰시는데 이건 한국사회에 나타난 변화의 근본인 것 같습니다. 문제는 이 변화의 근본이 직접행동과 이어져 큰 이슈와는 맞닿아 있습니다. 그러나 일상공간에서 구조적으로 사회변화에 유의미한 역할을 할 것인지 말 것인지는 지금 미지의 상태로 남아 있지 않나 생각합니다. 그러한 측면에서 시민정치라는 문제의식이 YMCA 안에서 생겨났다고 봅니다.

시민정치라는 측면에서 과거에는 YMCA가 생활정치라고 이야기 했는데 정치가 생활을 담아내어야 하고 생활인들이 주체로서 정치에 참여하는 것이 중요했습니다. 하지만 시민정치라고 했을 때는 시민이라는 주체는 있지만 시민정치 내용을 어떻게 할 것인가에 대해서는 여러 가지가 가능한 지점이 있습니다. 지난번 총선을 바라볼 때 다양한 형태들이 있었습니다. 새로운 유형의 시민과 참여가 정말 우리 사회에 유의미하게 작동하기 위해서는 생활정치영역과 만나면서 이 사람들이 생활공간 안에서 주인이 되면서 새로운 정치실험이 이루어져야 한다고 생각합니다.

지난번 총선을 놓고 보면 형태만 봐서는 첫 번째로 한국 노총처럼 집단이 정당에 대해서 적극적 지지 선언을 하는 형태가 있는 데, 이는 정당의 행위를 넓혀주긴 하지만 공익적인 형태로 보기는 어려운 양식입니다. 두 번째 형태는 노무현대통령을 사랑하는 모임(이하 노사모), 정봉주와 미래권력들(이하 미권스)이나 이학영 사무총장이 참여하게 되면서 YMCA가 시민참여경선에 들어간 것과 같은 맥락의 팬클럽 형태입니다. 어떤 정치인을 지지하고 그 정치인의 뜻에 동의하며 활동을 같이 해나가는 팬클럽 형태의 참여입니다. 이것도 시민정치이고 유의미하고 새로운 형태의 등장입니다. 세 번째는 이학영 사무총장이 최고위원선거에 나가면서 경험을 하게 되었는데 예전에 학생운동 하시던 분, 귀농하신 분들의 그룹 안에서 정치토론이 다양하게 이루어졌습니다. 이쪽 영역은 익숙하지 않지만 다양한 집단이 다양한 모임을 통해서 시민정치가 활발하게 이루어지고 있다는 것을 알았습니다.

민주당도 시민참여경선의 장을 열었습니다. 그러나 민주당의 시민참여경선은 그나마 중앙에서는 작동하였으나 지역으로 내려오면 전혀 작동하지 않았습니다. 자기의식이 강한 시민들이 이슈에는 강하게 반응하지만 일상의 공간에서는 잘 드러나지 않습니다. 우리 지역도 노사모 활동하시는 분이 여러분이 있는데 지역 활동은 안하시고 전국적인 이슈만 가지고 활동합니다. 생활공간, 지역의 삶의 질 개선과는 단절되어 있습니다. 이런 문제들을 어떻게 개선해 나가야 할 것인가. 생활정치영역에서는 사람들이 자신의 생활문제, 생활의제를 가지고 지역사회 안에서 유의미한 정치적 주체로 성장하는 것이 중요하다고 생각합니다. 부천시 같은 경우도 시정모토가 '시민이 시장'이라고 이야기 하면서 많은 공간들이 열리고 있습니다. 공간 안에서 유의미한 것들이 어떻게 생성되느냐 하는 문제가 굉장히 중요하다고 생각합니다.

하승수 : 말씀하신 부분이 새로운 정치의 흐름을 만들 때 제일 고민되는 부분입니다. 지역에서는 시민운동, 풀뿌리 운동하는 사람들에 의해서 생활정치의 시도들이 있었는데 별도로 노사모나 미권스처럼 주로 온라인으로 활동하고 전국적인 이슈에 대응하며 참여하는 것은 별개로 존재해 왔습니다. 그것이 한국 사회의 한 단면을 보여준 것 같습니다. 온라인 기반으로 활동하는 사람들은 지역과는 무관하게, 지역에서 활동하는 사람들은 여성을 중심으로 생활문제, 지역문제에 참여하는 형태입니다. 이 두 가지가 분리될 문제가 아님에도 불구하고 주체나 활동방식에 있어서 분리되어 있고, 노사모나 이런 곳들은 정치를 바꾸는 힘까지가 아니라 정치를 바꾸려고 하는 괜찮은 정치인을 밀어주는 역할에서 끝나버리는 경향이 있습니다. 지역이나 생활정치 공간에서 하는 것들은 사실 국가문제와 무관하지 않음에도 불구하고 국가문제로 연결되지 않는 문제도 있습니다. 그게 또 한국사회의 현실에 이유를 두고 있습니다. 장시간 노동해야 하는 과로사회가 직장인, 남성들로 하여금 온라인 의견 표출에 익숙하게 하고 지역 활동은 여성, 전업주부 중심으로 연결됩니다. 지역과 국가, 생활과 큰 의제를 연결하는 것이 고

민입니다.

일본은 생활정치 의제가 후쿠시마 사고를 계기로 반핵운동으로, 지역적인 문제가 국가문제로 확장되고 있고, 지역 의제가 확장되는 과정을 잘 보여주고 있습니다. 우리도 반핵운동의 경우 영역적인 문제가 국가문제로 확장되고 있고 그러다 보면 양자가 연결될 수도 있을 것입니다. 기존의 생활정치 흐름이 좀 확장되려는 노력을 해야 하고 어떻게 일상적인 삶과 연결할 것이냐 하는 문제를 고민해야 합니다. 단지 정치인집단에서 일어나는 문제가 아니라 자기 삶부터 변화시키고 구체적이며 지속가능한 것이 되어야 할 것 같습니다. 개인적으로 녹색당을 통해서 성취하려고 했던 것이 그런 것이라고 생각합니다. 지역에서 풀뿌리 활동하는 여성들, 온라인에서 목소리를 내고 싶어 하는 청년들, 지역에서 뿌리를 내리지 못한 사람들이 연결되고 소통할 수 있는 통로가 필요한 데 그것이 어떤 것이든 정당이 어느 정도 역할을 하고 시민정치 운동도 그 역할을 해야 합니다. 지금까지 시민정치 운동이라고 하는 것은 애매모호 했습니다. 기존의 생활정치, 시민정치의 한계입니다. 자칫 시민사회 인사들의 정치참여 운동, 시민단체들의 정치 참여로만 비쳐질 수도 있기 때문에 시민정치운동의 상(像)을 다시 그리는 것이 필요한 시점입니다.

김기현 : 시민정치가 내용적으로는 생활정치의 확대된 형태라는

것, 그리고 시민정치가 시민 개개인을 정치적 주체로 확장시키는 것이라는 점을 분명히 해야 합니다. 또 하나의 장벽을 이야기 하고 싶은 데 생활공간에서의 시민정치, 생활정치 그리고 시민들이 주체적 삶을 사는데 굉장히 중요한 것들 중 하나가 지역 안에서 시민들의 자율 공간을 확대시키는 일입니다. 이 때 굉장히 커다란 장벽이 국민운동단체 지원법(관변단체 지원법)이라고 생각합니다. 시민들의 자율적인 구조가 어떻게 생활공간 안에서 만들어지는가의 문제는 사회적으로 굉장히 중요한 과제라고 생각합니다. 독재시절에 만들어진 시민들의 타율적 구조는 관변단체지원법 형태로 운영되고 있습니다. 정치의 기득권과 결합하면서 시민들의 삶의 공간 안에서 시민들의 타율적 구조로 형성되어 있습니다. 그러다 보니 생활정치에 관심을 갖든 생활문제에 관심을 갖든 새로운 시민들, 새로운 참여의 공간에도 기득권이 자리 잡고 있는 것입니다. 숫자도 많지 않지만 기존의 관성에 따라 행정조직과 연계해서 작동하고 있는 것입니다. 이렇다 보니 새로운 참여의 공간이 열려도 보통 시민들이 좋은 생각으로 가서 활동하기도 어렵습니다. 끈기도 있어야 하고 참아내기도 해야 하고 이런 것들이 시민들의 자율 공간을 만들어 내는 데 장애가 됩니다. 시민들의 자율 공간을 만들기 위해서는 반드시 개선되어야 할 점이 아닌가 생각합니다.

온라인 상에서의 정치참여 형태가 생활공간에서 어떻게 만날까 하는 문제는 정말 시민정치와 생활정치가 발전하기 위해 중요한 문제입니다. 생활공간 안에서 생활의제와 이슈와 사람들이 같이 만나면서 상호 작용해야 합니다. 주민참여예산제 등 새로운 참여의 장(場)이 열리고 있고 이것은 YMCA차원에서도 중요한 과제입니다.

박재창 : 노사모 같은 팬클럽 스타일의 시민 정치참여와 생활정치라고 할까 일상의 생활주변문제 해결에 대한 수요를 어떻게 연결시킬 것이냐가 문제입니다. 인간 노무현이 아니라 노무현이 가지고 있는 정책 아젠다나 대안에 대한 지지운동이 되어야 합니다. 시민정치참여가 정책 중심으로 전환하기 위해서는 시민이 나서면 국가의 정책을 개선할 수 있다는 인식과 경험을 축적해서 자신감을 갖는 것이 중요합니다. 민주주의는 시민들이 자발적으로 참여해야 작동하는 체제입니다. 그것이 시민사회 영역에서 나오면 NGO이고, 자원봉사는 그 자체로서 자발적인 참여이고, 정당은 정치운동을 자발적으로 전개하는 것입니다. YMCA는 NGO라는 자기영역을 가지고 있습니다. 자발적 참여에 의한 정치운동이 YMCA 범주 내에서 어디까지 가능할 것인가? 현실적으로 제기되는 정치적인 요구와 NGO의 경계 사이에 잘 정리되지 못한 부분이 있다고 생각합니다. 노동조합, 종교단체, 정당을 NGO로 볼 것인가에 대해서는 학자들 사이에도 논쟁이 있습니다. 그러나 대체로 NGO로 볼 수 없다는 견해가 대종을

이룹니다. NGO는 당파성, 종파적 편향성을 지녀서는 안 된다는 것입니다. 두 번째는 공익 지향적이어야 한다는 것입니다. 노총이 특정정당에 참여한다던가 할 때 이를 어떻게 볼 것이냐의 문제입니다. NGO는 항상 공익 지향적이어야 한다면, NGO가 정치과정에 참여하여 보편적, 일반적 이익이 아니라 단체 자체의 이익을 추구하는 경우 이를 어디까지 용납해야 하는 것인가의 문제가 제기됩니다. NGO가 생활정치를 적극적으로 하면 정치과정 참여운동이 되고 이런 자발적 참여 없이 진정한 의미의 정당정치, 대의정치가 이루어질 수는 없습니다. 또한 대의제도 자체가 제도적으로 불안전한 장치이기 때문에 정치과정에 대한 시민의 적극적인 참여를 권장하는 것이기도 합니다. 그렇게 해서 생활정치하고 정당정치가 연결되면 자연스럽게 생활정치가 정책 프로그램으로 연결되는 것인 데 이게 우리의 경우는 단절되어 있습니다. 여기에서 NGO 현장에 있는 이들의 자기모순이나 갈등이 생겨날 수밖에 없습니다. 정당이 국민 개개인의 이익을 반영하지 않거나 오히려 동원하는 결과가 되고 있는 것입니다. 그렇다고 해서 정당이 백퍼센트의 허구적인 기구라면 혁명이라도 할 텐데 그런 것도 아닙니다. 그런데서 오는 모순이나 갈등이 NGO가 시민정치운동을 전개하면서 당면하게 되는 현실적인 고민들이 아닌가 싶습니다. YMCA 같은 NGO가 당면하고 있는 숙제라고 생각합니다. YMCA의 정체성 면에서 보면 비정파적이고 공익 지향적이어야 합니다. 그러나 생활정치의 실체를 담보하려면 정치과정에 대한 참여를 외면할 수 없습니다. 이 경계를 어디에서 설정해야 하냐가 문제입니다. 이때 정당이 정상적인 정당이라면 문제가 없습니다. 그러나 우리의 경우는 정당이 정상적인 정치기구가 아니기 때문에 정치과정참여가 파당적, 편당적, 권력투쟁적 참여로 평가되거나 규정되고 맙니다.

전성환 : 생활정치와 시민정치의 연관성은 매우 중요한 주제입니다. 제 생각으로는 생활정치를 중심 가치에서 생각하는 사람과 시민정치를 포함한 기성정치 변화를 중심 가치로 두고 있는 사람들 간의 이해충돌 부분이 분명히 있다고 생각합니다. 일반시민들이 정치인 팬클럽 이외의 활동을 할 수 있는 생활정치의 공간이 매우 협소한 게 사실입니다. 이 부분은 시민정치나 기성정치영역에서 생활정치 영역을 포섭하고, 포용하는 차원이 아니라 생활정치 영역 자체가 협소화 되어있어서 생기는 문제입니다. 예를 들어 노사모나 백만민란, 미권스 등도 정책집단화 되어 있진 않지만 단순히 팬클럽 수준만 고민하는 것은 아니라고 들었습니다. 실제 지역의 각종 이슈나 지역과제에 열심히 참여하는 일반시민들은 많은 부분 이들이 자리를 차지하곤 합니다. 결국 그들 또한 시민정치를 하고 있다고 봐야 합니다. 분명 참여의 열기는 확인되는 데 정작 참여를 끌어내지 못하는 정당의 문제도 있지만 시민단체의 편향도 있다고 봅니다.

하승수 : 조직적으로 단체의 성격이 정치적 독립성이 필요한 단체들이 많고 개인차원에서도 이중멤버십이 안 되는 것이 제도적인 문제라고 생각하지는 않습니다. 단체의 정관에서 규약하는 것보다는 심리적으로 정치나 정당과는 거리를 둬야하고 NGO는 정치와 거리를 둬야한다는 부분이 개인적으로 크다고 생각합니다.

박재창 : 문화적인 요인도 있습니다. 서구사회는 비공식성과 공식성에 대한 구분이 명확합니다. 하지만 우리는 그렇지 않습니다. '무엇 때문에 이렇게 열심히 일 하냐'고 하면 미국사람들은 '나를 위해서'라고 하는데 우리는 '가족을 위해서'라고 합니다. 가족은 굉장히 감성적, 정서적 연대가 큰 단어입니다. 그런 틀을 통해 사회를 보니까 비공식적 관계와 공식적 관계의 경계가 모호해집니다. 개인과 집단의 관계가 모호해지는 이유입니다. 이론적으로는 단체와 개인이 엄격하게 구분되고 개인으로서의 판단과 단체가 지향하는 정체성 유지의 문제는 별개의 것이어야 합니다. 그러나 우리의 경우는 문화적으로 이것이 잘 허용되지 않습니다. 우리는 어떤 사람을 볼 때 독립적 개체로 보는 것이 아니라 정서적 연대의 한 구성원으로 보는 것이 보통입니다. 사실 조직이나 단체를 볼 때도 서구사람들이 보듯 계약적 관계로 보지 않습니다. 더욱이 YMCA의 경우에는 YMCA 멤버로서의 형제애, 가족적 연대라는 것이 있습니다. 개인과 단체를 엄격히 구분

하지 못하는 데에서 오는 정체성 갈등이 우리 내부에 있습니다.

김기현 : 말씀하신 부분이 중요한 지점입니다. 우리 사회의 정치적 중립성이라는 것이 어디서 왔는지 모르겠습니다. 정치적 중립성과 비정파성은 다른 개념입니다. 기존의 정치적 중립성은 정확한 표현이 아니고 정치적 중립성은 있을 수 없다고 생각한다. 중요한 것은 정치적 비정파성입니다. 지역사회라는 것이 한국사회가 온정사회다 보니까 그게 강하게 작동합니다. 지역에서 활동하는 많은 사람들이 동창회를 가든 향우회를 가든 정당적인 목적을 가지고 가는 경우가 많습니다. 저 사람은 어느 정당 소속이고, 목적이 뭐라는 것을 바로 압니다. 그것을 가지고 사회를 바라보고 갈등이 형성되고 커지기 때문에 지역 안에서도 비정파성을 견지하는 것은 중요하다고 생각합니다. 그게 신뢰형성의 굉장히 중요한 지점입니다. 그 사람을 신뢰할 수 있다는 것은 저 단체, 저 사람은 비정파적으로 공익적 목적을 가지고 자기 이야기를 하는 거지 어떤 정파적 목적을 지니고 있지 않다는 의미입니다. 부천YMCA 같은 경우는 이사회 규정이 있습니다. 현직 국회의원이라던지 정당소속 지방의원이라던지 시청의 국장급 이상의 공무원은 이사를 할 수 없도록 했습니다. 최소한 이사장의 비정파성은 중요하기 때문에 이사장과 사무총장은 정당 소속을 하지 않도록 권유합니다. 개인의 자유권이니 안

된다라고는 할 수 없지만 스스로가 결정할 수 있도록 하고 있습니다.

남부원 : YMCA와 관련된 분들이 이번 총선에 17명 정도 나왔는데 10여명이 현재 이사 자격을 유지하고 있었습니다. 순천 YMCA 이사 중에 한 분이 당선이 되셨는데 이사직을 유지하고 싶어 하였으나 관례상 사퇴하는 게 맞다고 말씀 드렸습니다. 수원YMCA는 옛날에 현직 국회의원이 이사장이었던 적이 있었습니다. YMCA가 원칙이나 가이드라인은 있으나 현실적으로 비정당성이 지켜지지 않고 있습니다.

또 하나의 사례는 한국 사회의 병폐로 우리가 직접 사회공헌팀을 만나서 함께하자고 제시할 때와 Y 출신 국회의원이 배석한 상태에서 달라지는 태도입니다. 이학영 의원이 배석한 상태에서는 요청을 하지 않았는데도 그 쪽에서 먼저 같이하자고 어플라이를 했습니다. 권력을 가진 사람이 배석하는 것과 YMCA 사무총장이 공익적 목적을 가지고 기업을 만나는 것이 달라서 좌절감이 느껴졌습니다. 이렇게 권력을 지향하는 사회인가 싶었습니다. 그렇기 때문에 어떤 의미에서 시민정치의 유혹이나 NGO들이 권력을 가져야 뭔가 사회에 의미 있게 참여할 수 있다는 인식, 또 거꾸로 그렇기 때문에 훨씬 더 권력을 민주적으로 순치시켜야 되고 권력을 끼는 방식이 아니라 시민사회 기반을 강화한 민(民)주도의 사회를 강화해야 하는 과제가 있습니다. 이것을 어떻게 만들어 낼 것인가 이게 YMCA의 과제입니다.

박재창 : 권력의 획득이나 유지, 실존자체가 왜곡되어 있는 사회이기 때문에 공정성에 대한 요구가 큽니다. 특히 사회가 급진적으로 변하고 있습니다. 옛날의 피동적, 수동적 사회에서 능동적 사회로 변하고 있습니다. 더 이상 과거처럼 불공정을 묵시적으로 용인하거나 누리려고 하지 않습니다. 특히 2040세대의 이런 욕구는 큽니다. 과거와 비교하면 2040세대는 매우 어려운 입장에 있습니다. IMF 부터 서브프라임 모기지에 의한 세계 금융위기까지 삶 자체가 고단합니다. 2030세대는 88만원 세대 또는 캥거루 세대라고도 불립니다. 일자리가 없습니다. 세상의 모든 고통은 기존의 질서가 왜곡되어 만들어진 불공정 때문이라고 생각합니다. 현장에 가면 권력이 모든 것을 좌우하는 현실에 대해 굉장히 분노합니다. 예전에는 서로 권력을 가지려고 노력하거나 다 참고 살았습니다. 이것이 바뀌고 있습니다. 그런데 2030 세대는 경제발전 이후에 태어나고 민주화가 이뤄진 후에 성장했으니 현실적으로 먹고 사는 문제와 크게 관계없이 살아온 셈입니다. 탈물질주의 시대를 열게 된 이유입니다. 동시에 탈영웅주의 시대이기도 합니다. 대단한 영웅이 있어 영웅의 말이라면 모두 따르고 기성의 질서나 체계에 순치해서 살기를 선호하는 세대가 아닙니다. 왜곡된 기성의 질서를 거부하면서 공정성에 대한 요구가 커지는 이유입니다.

우리나라만 그런 것이 아니라 전 세계가 다 그렇습니다. '자본주의가 실패했다', '시장의 거래 자체가 불공정이었다,' 이런 반성이 생기면서 공정성에 대한 요구가 거셉니다. 바로 그런 공정성을 구현하려는 노력의 하나로 시민정치에 대한 수요가 커지는 것입니다.

하승수 : 정치적 중립성이라는 말은 정확히 말하면 비당파성인 데, 아까 말씀하셨던 당파성은 기득권 정당으로부터 비기득권 정당의 경우를 구분해야 한다고 생각합니다. 환경운동하는 사람이 환경운동의 가치를 담을 수 있는 방식의 하나로 선거에 나갔을 때는 그의 당파성을 인정할 수 있습니다. 형식적으로 겸직금지도 필요하지만 그런다고 그것이 비당파성으로 보이지는 않습니다. NGO 자체는 비당파성, 기득권 당파운동과는 거리를 둬야하는 데 다른 한편으로는 단체 구성원들의 정치적 관심이나 열의를 어떻게 하면 건강한 쪽으로 단체의 가치나 공익지향성을 살리는 쪽으로 가지고 가게 하느냐가 중요합니다. 그렇지 않으면 단체에 뭔가를 맡고 있는 사람들이 기성정당에 편입되는 일이 지역에서는 늘 생기기 때문에 지역사회에서 NGO들이 어려움을 겪게 되는 이유입니다. 그런 경우 어느 당 쪽이라는 식의 낙인이 찍히게 되는 것 아닌가 합니다.

남부원 : NGO와 NGO에 참여하는, YMCA와 YMCA에 참여하

는 개인에 대한 어떤 가이드라인을 만들 필요가 있다고 생각합니다. 광주YMCA를 보면 운영 규정에 이사들은 정당에 자유롭게 가입할 수 있으나 YMCA는 정당적 목적을 추구하지 않는다 라고 되어 있습니다. YMCA가 추구하는 공익성 가운데에서 행동해야지 개인이 가입한 정당의 목적을 YMCA에 와서 구현하려고 하면 절대 안 됩니다. 개인이 당파적 취향에 따라서 하되 공익성을 위해서만 활동해야 된다고 되어있습니다. 단체가 다르고 개인이 다르겠지만 전국 YMCA가 일정한 가이드라인 아래에서 움직이는 게 중요하다고 생각합니다.

김기현 : 원칙을 정립하는 것은 매우 중요합니다. 지역에서 이번 선거에 Y 이사님들은 '지역에서 정말 정파적이지 않는 단체가 하나는 있어야 한다'는 말씀을 많이 하셨습니다. 그리고 YMCA가 그 역할을 하자고 하셨습니다. 그래서 부천 YMCA 30주년을 정리하고 50주년을 준비하면서 핵심으로 뽑은 단어가 'Green, Community, Empowering the People' 이었습니다. 시민정치를 YMCA안에 가져왔을 때 YMCA가 무엇을 할 것이냐 할 때, 권력을 해체하는 것, 권력을 시민들에게 돌려주는 것, 시민 한명 한명의 '역량을 증진하는 것' 그리고 '역량이 증진된다'고 할 때 가치지향을 '지역공동체'와 '녹색'이라는 내용을 가지고 사회를 재구성하도록 하는 게 핵심이라고 생각합니다. 여러 가지 분란이

있지만 YMCA가 기본적으로 한국 사회 발전을 위해서 어디에 포커스를 두면서 시민정치를 발전시켜나갈 것인가 할 때 이 문제가 중요하다고 봅니다. 그게 되려면 우리가 참여하는 회원들 개개인의 정치적 관심을 높이도록 하고 정치적 의제에 대해서 토론을 하도록 해야 합니다. YMCA가 입장을 정하기보다 장을 만들고 사람들이 토론하게 만드는 것, 이것에 기반해서 사람들이 주인으로서, 생활의 주인으로서 서도록 하는 것이 중요한 것 같습니다.

전성환 : 저도 간혹 YMCA안에서 정치적 중립성, 비당파성을 얘기할 때 그것이 YMCA내의 충분한 자기고백과 점검이 없이 방어기제 혹은 비겁함으로 작용하는 것을 더러 경험했습니다. YMCA연맹에서 방폐장문제에 개입하는데 모 지역YMCA 이사들은 개인적으로 방폐장유치위원회 활동에 적극 참여하고 있었습니다. 실무책임자는 이사회 눈치만 보고 있는 데 이사회에서 YMCA는 지역갈등상황이나 정치적 상황에 중립을 취해야한다며 그냥 손 놓고 있었습니다. 절묘한(?) 선택이었고 Y안에서 별로 충돌이 없었습니다. 그래서 그 지역으로 방폐장이 유치되었는 데 실제 YMCA는 지역에서 정작 아무런 목소리를 내지 못했습니다. 난 노사모도 해봤고, 2002년 국민참여경선에도 열심히 참여해봤습니다. 그리고 이번 민주통합당 창당 최고위원 선출과정에도 참여했습니다. 또한 녹색당 창당에 직·간접적으로

참여해 왔습니다. 어쩌면 내 관점은 현재 대의민주주의의 왜곡, 현 거대정당들의 폐해들을 뚫을 수 있는 어떤 형태의 시민참여가 보장될 수 있다면 그것은 시민정치의 과정일 수 있다는 판단입니다.

박재창 : 시대정신이기도 한 것 같은데 시민이 자기 생각을 말하고 결정할 수 있게 해줘야 합니다. 정보화, 지구화 시대에 합당한 양식의 사회적 관계 재구성방식은 정치적 대리인들에게 맡겼던 참정의 권한을 시민에게 돌려주는 일입니다. 이것을 체계적으로 깨달은 결과라고 생각되지는 않지만 제3의 유권자 집단이 2040세대를 중심으로 등장하는 것은 매우 의미 있는 일이라고 생각합니다. 단순히 부패한 집단, 권력적으로 왜곡된 집단에 대한 저항으로 끝나는 것이 아니라 정치를 남에게 맡겨서는 안 된다는 자각이 일고 있는 것으로 여겨지기 때문입니다. 아무리 선의의 지도자에게 맡겨도 정부실패, 시장실패는 불가피한 일입니다. 중간집단이 나서서 담론의 장을 여는 일이 중요합니다. 시민이 나와서 직접 말하고 문제를 고민하고 필요한 것을 찾아낼 수 있도록 정치적 공간을 여는 일이 필요합니다. 녹색당도 그런 의미가 크다고 봅니다. 선제적으로 결정된 대안을 대중에게 먹이려고 드는 것이 아니라 기성정치가 녹색문제에 대한 공간을 내어주지 않으니 공간을 열어주고 관심 있는 팀들이 와서 문제에 관한 의견을 결집하고, 자기성찰의 계기 등을 마련해서

지역사회 나름대로 자생적인 대안들을 만들어 갔으면 좋겠다는 생각의 결과라고 봅니다. YMCA는 운동의 현장에서 바로 이런 공간을 만드는 일에 주목했으면 좋겠습니다.

하승수 : NGO도 정당도 마찬가지고 이제는 문제를 대신 해결해 주는 것이 아니라 시민들이 주체가 될 수 있도록 통로와 기회를 만들어주는 역할이 필요합니다. NGO가 시민사회영역에서 그런 역할을 한다면 정당은 정치의 영역에서 하는 것입니다. 패러다임이 바뀌고 있습니다. 정당이나 NGO도 거기에 맞게 바뀌고 있는 것입니다. 녹색당도 자발적으로 가입한 사람들을 보면 영웅을 원하는 것이 아니라 자기의, 자기방식의 말을 하려고 합니다. 그 분들은 정해진 내용이 아니라 같이 내용을 만들어 내고 목소리를 정치에 낼 수 있기를 바랍니다. 시민정치 운동이라는 것이 시민사회와 정치를 연결시켜주겠다는 의미인데 그 첫 번째 과제는 회원부터 시민이 정치의 주체로 될 수 있도록 하는 것이 지금 해야 할 중요한 과제인 것 같습니다. NGO가 정치에 대해서 이야기하는 것이 어려운데 요즘 시민정치학교 같은 것부터 시작하는 것이 방법 가운데 하나일 것입니다.

박재창 : 정치학계에서는 흔히 정치라는 말에 34가지 정도의 의미가 내포되어 있다고 말합니다. 우리 사회에서 정치는 정당 주도자들이 하는 권력놀음을 비판적, 부정적으로 이야기 하는

경우, 교과서적인 의미의 민주적인 시민참여 이 모두가 정치로 표현됩니다. 그러니 용어상의 혼란이 있습니다. 그도 그럴 것이 NGO의 존재나 활동 자체가 정치이고, 생활정치가 정치과정 및 참여 운동이고 그것이 정당운동이기 때문입니다. NGO 발전단계론의 관점에서 보면 초기단계에서 생활정치운동이 일어나고 더 나아가면 미국과 같은 정치과정 참여운동이 등장하게 됩니다. 관절염 환자를 위한 권익운동 단체라면 지역사회에서의 관련 활동뿐만 아니라 이를 위해 국회위원과 함께 입법활동을 전개하며 그런 관점에서 누구를 지원할 것인가? 모금을 해서 누구를 도와줄 것인가의 과제를 다루게 됩니다. 관련 정보를 신속하게 정치인에게 전달하고 관련 예산과 프로그램을 확보할 수 있도록 압력을 행사합니다. 이런 정치과정 참여운동에 만족할 수 없는 이들이 정당운동을 일으키게 됩니다. 우리의 경우도 녹색당이 창당되고 있으며, 시민운동의 1세대, 80년대의 민주화 운동세대 대부분이 정치권으로 수렴되는 변화를 보이고 있습니다. 시사하는 바가 큽니다. 서구사회의 경우 시민운동으로 시작해서 원외정당을 만들었고 의회에 진출해서 원내정당이 되었습니다. 이런 과정을 겪었기 때문에 정당과 지역사회의 지역주민운동에 단절이 없습니다. 이것이 서구식 정당정치의 실체이자 힘입니다. 영국의 노동당은 어느 위대한 영웅이 디자인한 결과물이 아니라 영국 사회의 역사 흐름 속에서 자연스럽게 주조된 결과물입니다. 우리나라의 경우 현대정당의 모태는 제3공화국의 공화당에서 찾아볼 수 있을 것입니다. 그런데 이는 소수의 엘리트가 탑다운식으로 디자인한 것일 뿐만 아니라 사회주의정당의 동원정당을 모델로 하고 있습니다. 그렇기 때문에 사무국중심이며, 당료 중심이고 중앙당 중심입니다. 이게 현재까지 우리 정당의 모델로 작동해 오고 있습니다. 국민의 의견을 아래로부터의 수렴하는 것이 아니라 권력의 정당성을 채우기 위해 국민을 동원하는 수단, 지역사회에 권력적으로 침투하려는 도구로 운영되는 것입니다. 지금 진행되고 있는 시민운동의 정당참여 현상은 시민의 정치과정참여운동이 정당운동으로 넘어가는 단계의 징검다리 정도가 되지 않나 생각됩니다. 그러나 이것이 생활정치와 연계되어 있지 않다는 점은 문제입니다.

김기현 : 우리 사회가 지향해야 할 시민정치도 여러 층위에서 이루어집니다. YMCA는 조직 자체에 독특성이 있기 때문에 시민정치의 본질적인 부분을 YMCA가 강화시켜나가는 것이 중요합니다. 예전에 홍성풀무학교에 갔었는데 홍성풀무학교의 교훈이 예전에는 '위대한 평민'이었는데 지금은 '더불어 사는 평민'으로 바뀌었습니다. 위대한 평민을 보고 굉장히 마음에 와 닿았습니다. 그것은 한국 시민운동의 오랜 전통입니다. 시민들, 평민들, 민초들을 강화하고 교육하고 학습모임을 만들어 나가고 사회에 참여하게 하는 것이 한국시민사회의 굉장히 중요한 전통이자 자산이라고 봅니다.

YMCA 운동은 생활현장에서 이 전통과 맞닿아 있다고 생각합니다. 시민정치를 이야기 할 때도 이런 측면에서 이를 어떻게 강화시켜낼 것이냐 그 측면에서 바라보면 확실히 옛날보다는 시민들의 변화가 빨리 일어나고 있다고 봅니다. 조직이 못 따라 갑니다. YMCA가 오래된 조직인데 YMCA운동도 새로운 시대에 조응하면서 단체와 개인을 가리지 않고 단체가 개인의 자율적인 공간을 강화시켜나가는 방식으로 재조정하면서 발전해나가야 한다고 생각합니다.

전성환 : 최근 지역에서 주민참여예산제, 원탁회의 등을 주최하면서 그냥 시민단체의 후원자로 있거나 관심 있는 일반시민들이 시민정치의 한 영역으로 간주하고 참여하는 것을 경험했습니다. 미국의 "미국이 말한다(American Speaks)"와 같이 투표기를 사용해서 현장에서 직접민주주의를 경험하는 타운홀미팅 등을 해보았는데 매우 유의미했습니다. Y에서 민주시민교육을 많이 해왔는데 모바일이나 인터넷 등의 도구(tool)들이 매우 발달해서 전국Y 차원에서 원탁회의, 이슈토론 등을 통해서 바로바로 정치권이나 언론을 대상으로 하는 시민참여 정책우선순위선정, 주요 의제에 대한 투표결정 등이 가능할 것입니다. 그리고 이 툴(tool)은 학교교육, 회사혁신 등 다양한 의사결정 단위에서 얼마든지 활용가능합니다.

박재창 : YMCA운동의 혁신이라고 할까 내부혁명이 아주 중요한 것 같습니다. 우리 사회의 사회운동 최전선에서 YMCA가 탄생했고 또 사회혁신을 리드한다는 자부심으로 살아왔습니다. YMCA는 어느 새 늙어버렸고 사회가 너무 빨리 성장하고 스쳐지나가는 것 같습니다. YMCA가 이미 세상의 변화 뒤편에 서있는 것이 아닌가 하는 느낌도 듭니다. 그래서 대대적인 YMCA 혁신운동이 필요한 때입니다. 아까 말씀하신 "시민 역량 강화(Empowering the People)"가 최우선적인 과제가 아닌가 생각합니다. YMCA 현장에서 일하시는 분들이 결국은 한국 사회의 변화나 정치 변혁의 중심축이 되어야 합니다. 파당운동이 아닌 진정한 의미의 생활정치 운동, 시민참여운동을 열어야 하는 이유입니다.

(「한국YMCA소식지」, 2012년 7/8월호)

3. 공선협 운동방향을 말한다

대담 : 박재창 공선협집행위원장,
김재목 정치부 기자
일시 : 1998년 4월 26일
장소 : 문화일보 회의실

6월 지방선거를 앞두고 28일 선거감시의 본격 개시를 선포한 공명선거실천시민운동협의회(이하 공선협)의 집행위원장인 朴載昌(박재창.50) 숙명여대 교수는 "각 지역정책 대안을 제시하고 이를 실현토록 하는 정책관철운동과 미디어 선거의 공정성 감시에 주력하겠다"고 말했다. 의회연구 전문가로서는 처음으로 시민단체연합의 공명선거운동 지휘탑을 맡은 朴교수는 "그간 시민운동단체들의 공명선거운동은 부정부패선거운동의 감시·고발이라는 소극적 캠페인에 머물러 왔던 게 사실"이라며 이 같이 밝혔다. 朴교수는 특히 "권위주의적 정치체제를 경험한 우리나라에서 참여의 의회민주주의를 실현하기 위해선 시민운동의 활성화가 긴요하다"고 역설하며 91년 지방선거를 앞두고 흥사단, 경실련, YMCA등 50개 시민단체를 중심으로 구성된 공선협에 참여, 정책위원장, 선거법개정위원장 등으로 활동하다가 지난 2월 공선협활동을 실질적으로 총괄하는 집행위원장에 취임했다.

김재목 : 6월 지방선거 감시운동의 방향은 무엇입니까?

박재창 : 그간 우리나라의 공명선거운동은 부정부패 방지를 위한 감시·고발 캠페인에 치중돼 있었습니다. 앞으로는 선거과정에서의 시민단체 역할을 한걸음 더 진전시킬 필요가 있습니다. 부패감시운동은 물론 효과적인 선거운동 전략과 기법을 개발하고 홍보하는 일, 지역사회 정책을 개발하고 보급 관철하는 작업, 매우 중요하게 부각된 미디어선거의 공정성을 확보토록 감시하는 일 등 다양하고 적극적인 운동으로 발전시킬 생각입니다. PC통신을 통한 사이버 세계에서의 공명선거운동도 구상중입니다.

김재목 : 정책관철운동의 구체적인 방식은 무엇입니까?

박재창 : 전국 90개 지역 공선협과 여성, 장애인 등으로 특화된 과제에 관심을 갖는 각 시민단체들이 지역별로 언론사들과 제휴해 후보자 초청 토론회를 갖고 정책 검증을 해나갈 것입니다. 후보자들로부터 약속을 확인하고 선거가 끝난 뒤에도 이를 검증해나가는 작업을 계속할 예정입니다.

김재목 : 미디어선거의 공정성을 확보할 수 있는 구체적인 방식은 무엇인가요?

박재창 : 전통적인 관권·금권선거는 지난 해 대선을 계기로 상당 부분 개선됐다는 게 일반적인 평가입니다. 그러나 정보화 사회에서 미디어 선거가 부각되다 보니 신종 불공정선거의 위험성에 노출되고 있습니다. 지속적인 언론 모니터를 통해 감시활동을 전개할 것이며, 공선협에 참여하고 있는 전문가들을 활용해 여론조사의 과학성과 객관성에 대해서도 검증해 갈 것입니다. 언론사 자체에서도 선거보도 후 여론조사 검증위 등을 설치해 이의 객관성, 정확성을 사후 검증하는 미국 언론사의 경험 등을 참고할 필요가 있다고 봅니다.

김재목 : 그간 공선협활동의 공정성과 실효성을 의문시하는 시각이 없지 않은데요.

박재창 : 그런 염려를 알고 있습니다. 50개 시민단체들이 공동으로 사업을 벌이다 보니 효율성에 문제가 없지 않았다고 봅니다. 그러나 우리나라 대부분의 시민단체들이 연대운동의 지평을 열었다는 점에서 의미가 있습니다. 앞으로 활동의 실효성을 높여가는 구체적인 방식 등을 개발할 계획입니다. 특히 지난 96년 4.11총선에서 공선협활동의 공정성 시비가 일었던 아픈 기억을 갖고 있습니다. 이 때문에 가족 중에 이번 4대 지방선거에 입후보 하는 인사들에 대해서는 임원 위촉에서 완전 배제하는 등 오해의 소지를 아예 없애

도록 노력하고 있습니다.

김재목 : 우리나라 시민운동의 현주소를 냉정히 평가한다면 어떻게 말씀하시겠습니까?

박재창 : 여전히 명망가 중심의 시민운동을 완전히 벗었다고는 할 수 없습니다. 운동의 양태 역시 초기 계몽운동을 벗어났지만 이슈 제기에 주력하는 수준이라고 할 수 있습니다. 이 단계를 넘어서야 합니다. 선거 등 정치과정 전반에 참여해서, 적극적으로 정책을 관철하는 양상으로 발전될 필요가 있습니다. 미국의 시민운동의 주요한 부분이 바로 선거, 입법 등 정치과정 전반에 참여하는 정책관철운동이라 할 수 있습니다. 물론 정책관철운동은 시민운동의 최대 한계선이라고 봅니다. 그런 점에서 정치단체나 정당과는 분명히 구별돼야 합니다.

김재목 : 시민들에게 하고 싶은 말씀은 무엇인지요?.

박재창 : 지난 시절 정치적 억압상황의 장기화 및 경제적 어려움으로 시민참여운동의 공간이 협소했던 게 사실입니다. 이제 막 시민운동이 본격화 단계에 진입하려는 데 국제통화기금(IMF)관리의 경제적 위기를 맞았습니다. 이런 상황 때문에 우리의 시민운동이 더 위축되지나 않을까 우려됩니다. 국

난의 시대일수록 시민들의 자발적 참여운동이 고양됐으면 하는 바람입니다.

(「문화일보」, 1998.04.28.)

저자소개

저자 박재창

한국외국어대학교 석좌교수(현)

숙명여자대학교 명예교수(현)

숙명여자대학교 정법대학장

미국 뉴욕주립대학교 행정학 박사(의회행정 전공)

(사)한국미래정부연구회 이사장(현)

독일 자유베를린 대학교 훔볼트재단 연구교수

미국 버클리 대학교 정부학연구소 플브라이트 교수

일본 동지사 대학교 정책과학대학원 객원교수

태국 창마이 라챳팟 대학교 방문교수

미국 메릴랜드 대학교 방문교수

한국 행정학회 회장

한국 NGO학회 회장

한국 국제지역학회 회장

한국 정치행정연구회 회장

미국 정치학회 의회연구원

대통령 소속 지방이양추진위원회 (국무총리) 공동 위원장
국무총리실 시민사회발전위원회 위원
부패방지위원회 교육홍보정책자문위원장
국민권익위원회 명예 옴부즈만
KOICA 대표 청렴 옴부즈만

아시아 태평양 YMCA 연맹 회장
공선협 집행위원장
시민사회 포럼 대표
지방자치발전실천포럼 공동대표
민주시민교육거버넌스 대표

<주요저서>

[한국의 국정개혁](2017), [한국YMCA운동의 전략 II](2017), [한국YMCA운동의 진로 I](2016), [Global Alternative Tourism Network](ed.)(2015), [New Governance: Issues and Challenges](2015), [정치쇄신 4.0](2014), [거버넌스 시대의 국정개조](2012), [Responses to the Globalizing World](2012), [지방분권과 한국시민사회](편저)(2012), [Global Citizenship and Social Movements](ed.)(2011), [지구화 시대의 한국시민사회](편저)(2011), [한국의 거버넌스](2010), [한국민주주의와 시민사회](편저)(2010), [국가와 시민] (2009), [위기의 한국시민사회](편저) (2009), [시빈참여와 거버넌스](공저)(2009), [지구시민권과 지구 거버넌스](편저)(2009), [민주시민교육의 전략과 과제](공편)(2007), [지구시

민사회와 한국 NGO](2006), [분권과 개혁](공편)(2005), [한국의회윤리론](2005), [한국의회개혁론](2004), [한국의회정치론](2003), [한국전자의회론](2003), [혼돈의 시대, 개혁의 논리](2001), [정부와 NGO](편저)(2000), [이렇게 바꿔야 나라가 산다], (1998), [한국의회행정론](1995), [정보사회와 정치과정](편저)(1993), [오늘의 정치, 내일의 정치](1992), [까마귀 우는 곳에 백로가 가야한다](1991), [열린 세상, 막힌 정치](1991), [의회와 민중](1989), [Legislative Staff in Korea](1986) 외.

한 국 의 시대정신

초판 인쇄 2017년 10월 27일
초판 발행 2017년 11월 3일

지은이 박재창
발행인 김인철
총괄 · 기획 가정준 Director, University Knowledge Press
편집장 신선호 Executive Knowledge Contents Creator
도서편집 박현정 Contents Creator
전자책편집 이리나 e-Contents Creator
재무관리 김은혜 Managing Creator
마케팅 파트장 백승이 Chief Marketing Creator
마케팅 박종원 Marketing Creator
발행처 한국외국어대학교 지식출판원
02450 서울특별시 동대문구 이문로 107
전화 02)2173-2493~7
팩스 02)2173-3363
홈페이지 http://press.hufs.ac.kr
전자우편 press@hufs.ac.kr
출판등록 제6-6호(1969. 4. 30)
디자인 · 편집 (주)이환디앤비 02)2254-4301
인쇄 · 제본 네오프린텍 02)718-3111

ISBN 979-11-5901-243-3 94340 정가 25,000원
ISBN 979-11-5901-244-0 (세트)

*잘못된 책은 교환하여 드립니다.

HU:NE은 한국외국어대학교 지식출판원의 어학도서, 사회과학도서, 지역학 도서 Sub Brand이다. 한국외대의 영문명인 HUFS, 현명한 국제전문가 양성(International +Intelligent)의 의미를 담고 있으며, 휴인(携引)의 뜻인 '이끌다, 끌고 나가다'라는 의미처럼 출판계를 이끄는 리더로서, 혁신의 이미지를 담고 있다.